WIZARD

バフェットからの手紙

第4版

The Essays of Warren Buffett : Lessons for Corporate America, Fourth Edition

世界一の投資家が見たこれから伸びる会社、滅びる会社

ローレンス・A・カニンガム
Lawrence A. Cunningham
長尾慎太郎［監修］

Pan Rolling

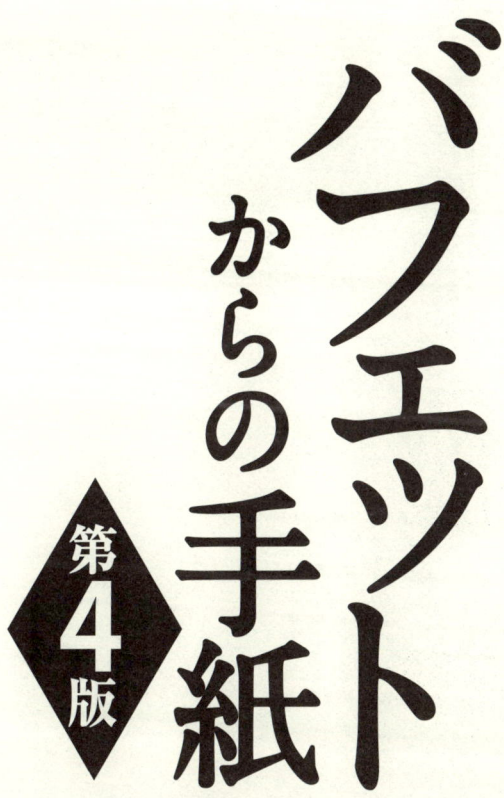

監修者まえがき

本書は、ジョージワシントン大学のローレンス・カニンガム教授の著した〝The Essays of Warren Buffett：Lessons for Corporate America, Fourth Edition〟の邦訳である。カニンガム教授は、バークシャー・ハサウェイの年次報告書に記載された株主宛ての手紙から、経営学の観点で重要と思われるものを抜粋・整理することで、バフェットの理念や哲学を一般の読者に分かりやすく伝えたのである。さて、『バフェットからの手紙』の邦訳が最初に出版されたのは実に一七年近く前になる。その当時から私は本書の翻訳に参加しているが、今だから正直に言うと、恥ずかしながら昔はその良さがよく理解できなかった。バフェットが人とは違うゲームをしていることは分かったが、果たしてそれがどれだけの威力があるのかを認識するだけの裏づけが私のなかに存在せず、若いころのバフェットと同じく、企業組織はおおむね合理的に運営されているはずだと思い込んでいたからだ。本書の真価に気づき目が開かれたのは、依然として「組織由来の旧習」に縛られ非合理な経営を行う企業の数々を身をもって体験したあとのことである。

ところで、バフェットの経営術はベンジャミン・グレアムやフィリップ・フィッシャーに学んだ投資家としての立場から構築されたものである。バークシャーのコングロマリット構造とマンガーの言うところの「バークシャーシステム」はそれを十分に生かすために必要なエコシステムである。それを踏まえれば、本書を経営学の教科書としてだけではなく、投資指南書としてとらえることも可能である。だが、投資書籍として読んだ場合にも、読者は大学などで説かれている通常の学説とのあまりの違いに驚くことになるだろう。しかし、マーケットは少数派が勝ち、多数派が負けるところである。多数派の行う経済学の教科書に書いてある投資方法と、他人と違う道を行くバフェットで、どちらが正しいのかは、結果が示すとおり自明である。本書が多くの経営者および投資家の目に留まり、組織経営や投資のあり方をより良いものに変えていくきっかけになれば、関係者一同、望外の幸せである。

翻訳にあたっては、井田京子氏はじめ歴代の本書の翻訳者の方々と編集者の阿部達郎氏に感謝の意を申し上げたい。また、改訂された本書が和訳される機会を得たのは、パンローリング社の後藤康徳社長のおかげである。

二〇一六年七月

長尾慎太郎

目次

「私の好きなのは単純で自然な演説であり、そんな話し言葉と同じようにまとめられている書物である――興味がそそられるような、そして力強く、簡潔でまとまったものである。激しくぞんざいなものではないほうがよいが、上品であったり整えられている必要もない」――ミシェル・ド・モンテーニュ（『随想録』［1580年］）

「人の誠実さや本性は言葉に現れる。書物はそれほど多くのことが書かれていないように見えても実際はそうではない。言葉に切り込んでみればそこからは血がにじみ出てくる――言葉には血が通っており生きているのである」――ラルフ・ウォルド・エマーソン（『偉人論』［1850年］。モンテーニュの『随想録』から引用）

「味わって読むべき本や貪り読む本はあるが、じっくり噛みしめてすべてを消化すべき本はほんのわずかしかない」――フランシスコ・ベーコン（『ベーコン随筆集』［1597年］）

まえがき

二〇一五年は、ウォーレン・バフェットがバークシャー・ハサウェイの経営を担うようになって五〇周年の節目を迎える記念すべき年である。五〇年間というのは、CEO（最高経営責任者）の在任期間の長さのみならず、価値を創造し続け、それについて詳細に説明し続けてきた期間としても記録的な長さである。ちなみに、『バフェットからの手紙』の第四版は、初版から二〇周年を迎える。本書は、バフェット自身が執筆した文章を独自にまとめたものであり、これが長い間、人気を誇ってきたことは、さまざまな人が彼の包括的でユニークで分かりやすい思考を知りたいと思っている証拠と言ってよいだろう。

本書の初版は、二〇年前にサミュエル&ロニー・ハイマン・センター・オン・コーポレート・ガバナンスの主催によってカルドゾ・ロースクールで行われたシンポジウムで最大の話題となったものである。このシンポジウムでは、数百人の学生が一堂に会し、さまざまな着想について二日間にわたる検討が行われた。約三〇人の著名な大学教授、投資家、経営者の活気ある議論が交わされ、ウォーレン・バフェットとチャーリー・マンガーも最前列に陣取ってすべての議論に加わった。

初版から二〇年、本書は広く知られるようになった。私は四つの大学において、講義やセミナーで本書を教科書として何度も使ってきた。他校でも、多くの教授が投資、財務、会計などの講義で採用している。一部の投資会社では、研修過程のなかで本書を専門職の社員や顧客に配布してきた。ありがたいことに、こうした学生や教師、ほかの利用者からは好意的な反響が寄せられており、本書に掲載された教訓が広く学ばれていることをうれしく感じている。

前版同様、本書でも初版の構成と哲学を維持するが、最近の「会長からの手紙」の抜粋を、五〇周年の回顧を含めて、追加している。すべての言葉は一つの織物として紡ぎあげられ、健全な企業と投資哲学についての完全で首尾一貫した物語として読まれるものである。すべての読者にとって役立つように、また、旧版の読者に今回の版で新たに加えられた部分が分かるように、巻末の構成表に本書の各部分が毎年の手紙のどの個所から抜粋されたものであるかを示している。本文中の脚注では手紙に抜粋された年次報告書の年を示している。また、本書では話の流れをさえぎらないため、抜粋した文章のなかで割愛した部分について省略記号やその他の記号によって示すことはしていない。

新たな版が必要となったのは、バフェットの健全なる企業運営と投資哲学の基本的な部分が変わったためではなく、バフェットの哲学を常に現代の出来事や企業運営環境に照らして明確に表現するためである。したがって、これを通用するものとして維持するための改訂は正当な作業なのである。

旧版の編集に際しては多くの人々の手を借りた。こうした人々への感謝は旧版でも述べてきたが、今一度、感謝を申し上げたい。特にバフェットには感謝する。彼の寛大な対応によってシンポジウムの開催が可能となっただけではなく、参加していただいたことで一層多様なものとなった。「会長からの手紙」の再構成と再出版を快く私に託していただけたことは大きな名誉である。また彼のパートナーであるチャーリー・マンガーにも改めて感謝する。マンガーは、一九九六年のシンポジウムに最前列の席で出席してくれただけではなく、パネリストの一人として参加するという急な依頼も快諾してくれた。そのうえ、彼の株主への手紙や五〇周年の回顧録を本書に掲載することも許可してくれた。

バークシャーの二〇一一年株主総会でマンガーと話をしたとき、彼はシンポジウムから一五年でバークシャーがどれほど変わったか、それでいてどれほど変わっていないかということを熱心に語っていた。かつてのバークシャーは投資信託に近い存在であり、資産の八〇％は少数株主として所有する普通株で、完全所有している会社は二〇％にすぎなかった。しかし今日、その割合は逆転しており、バークシャーはコングロマリットのようになっている。ただ、形態は変わっても、バークシャーと傘下の企業は当時も今も、共通の価値観で結ばれている。その価値観とは、バフェットが設定した気風であり、それが彼の株主への手紙に命を吹き込んでいる。初版発行から二〇年間、『バフェットからの手紙』を支持してくれた数多くの熱烈なファン、フォロワー、友人たちに感謝するとともに、これからの展開も楽しみにしている。

二〇一五年一一月一日

ローレンス・A・カニンガム（ニューヨーク）

序文

ローレンス・A・カニンガム

バークシャー・ハサウェイ社の年次報告書に掲載されているウォーレン・バフェットが株主にあてた「会長からの手紙」には、学校では学び得ない貴重な知識が無数に盛り込まれており、長年の読者はその恩恵を受けてきた。簡潔な文章で書かれたそれらの手紙には、健全なる企業運営を行ううえでの基本原理が凝縮されている。経営者や投資対象の選択、企業評価、財源情報の有利な活用法など、広範囲にわたる英知が結集されているのである。本書は、そのバフェットの経営理念と投資哲学を幅広い層に伝えるために、これらの手紙をテーマ別に整理したものである。

理論明快なバフェットの文章で一貫して中心となっているテーマは、投資を実践するうえでの指針となるファンダメンタルズ的評価分析の理論にある。これは彼の恩師であるベンジャミン・グレアムとデビッド・ドッドによって組み立てられた理論だ。この中心のテーマに関連して述べられているのが、投下資本の運用者たる被買収企業の経営者と、資本の供給者かつオーナーである株主の適切な役割を明確に表した経営原理である。これらの主要なテーマから、合併・買収、企業評価と会計、税務に関した実際的かつ理にかなった話にまで話題は広がっている。

バフェットはバークシャー・ハサウェイ社のCEO（最高経営責任者）として、経営に際して、この理論を応用してきた。バークシャー社は一九世紀初めに創立された繊維工場に端を発した企業である。バフェットが同企業の経営権を取得したのは一九六四年のことで、当時の簿価は一株当たり一九・四六ドルであったが、一株当たりの内在価値はそれよりもかなり下回っていた。一方、今日その簿価は一株当たりおよそ一〇万ドルであり、内在価値はそれをはるかに上回る。六四年から今日までの一株当たりの簿価における成長率は、複利計算で年率約二〇％となっている。

バークシャーは現在、持株会社として八〇もの注目される企業に従事している。バークシャーにとって最も重要なビジネスは保険業であり、一〇〇％出資の子会社である米国最大の自動車保険会社ＧＥＩＣＯや、世界最大の再保険会社の一つに数えられるジェネラル・リーなどを傘下に擁している。バークシャーは二〇一〇年に北米最大の鉄道会社バーリントン・ノーザン・サンタフェを買い取った。また、大手エネルギー会社も長年にわたり保有し経営を行ってきた。

バークシャーの子会社には巨大企業も含まれている。単体の企業として見た場合、フォーチュン五〇〇社に含まれる企業も一〇社に上る。バークシャーが保有する企業はほかにも幅広い。「バークシャーを見ればアメリカ企業の全体像が分かる」とバフェットは記している。例えば、食料品、衣料品、建設資材、工具、設備、新聞社、出版、運輸から金融商品にまで及んでいる。

バークシャーはまた、アメリカン・エキスプレス、コカ・コーラ、IBM、ウェルズ・ファーゴといった大企業の相当数の株式や、ハインツの約半数の株式、バンク・オブ・アメリカの相当数の株式を購入できる価値あるオプションなども保有している。

バフェットと、バークシャーの副会長チャーリー・マンガーは、素晴らしい経済的な特質を有し、かつ傑出した経営者が運営する企業に投資することによって、この壮大な企業体を築いてきた。彼らが好むのは、交渉のうえでそうした企業を妥当な価格で一〇〇％買い取ることであるが、市場を通じてそれよりもかなり下回る単価でそれら優良企業の株式を買うことができる場合には部分的に買うという二通りのアプローチをとっている。

こうした二通りのアプローチは素晴らしい結果を生み出してきた。バークシャーのポートフォリオのなかの有価証券は、一九六五年の一株当たり四ドルから、年率一九％の成長率で二〇一五年には同一四万ドルにまで価値が増大した。同じ期間における一株当たりの営業収益は、四ドル余りであったものが一万一〇〇〇ドル近くにまで増加しており、年率約二〇・六％の増加率である。バフェットによれば、これらの結果は何らかの計画に従って得られたものではなく、傑出した経済的特性と一流の経営者を備えた企業にまとまった資本を投下するという投資に注力したおかげである。

バフェットはバークシャーという企業を彼自身やマンガー、その他の株主たちによるパートナーシップであると考えており、自己財産のほとんどを、実質上バークシャーの株式の形で所有している。彼の経済的な目標は、長期的な視野に立ったものである。すなわち、キャッシュと平均以上の収益を生み出すバークシャー傘下にあるさまざまな企業の株式を、一〇〇％あるいは部分的に保有することで、バークシャーの一株当たりの内在価値を最大に高めることである。この目標を達成するにあたり、バフェットは拡大のための拡大は行わない。また、一度手に入れた企業は、それらがある程度のキャッシュを生み、かつ優れた経営陣によって運営されているかぎりは売却することはない。

バークシャーは、長期的に見て少なくとも一株当たりの市場価格がそれに見合って増加すると考えれば、収益を留保して再投資に回す。積極的に負債を抱えることはせず、保有株式を売るのはそれに相応したメリットが得られるときだけである。またバフェットは、真の経済的利益を不明瞭にする会計慣習のからくりを見抜いている。

バフェットが「株主に関する企業原則」と呼ぶこうした数々の理論が、この後に続く「会長からの手紙」を体系づける主題であり、よって本書は経営、投資、財務、会計における簡潔かつ有益なマニュアルとなっている。バフェットの基本原理は、ビジネスのすべての面における広範囲な事柄に関する基本的枠組みを示すものだ。その原理は、単に抽象的かつ平凡な説をはるかに超えている。投資家が企業のファンダメンタルズに重点を置き、忍耐強さを持ち、常識に基づく判断をすべきだというのは真実である。バフェットの手紙にみられるそうした有益なアドバイスは、彼自身がそれを実践して成功した、非常に具体的な原則に基づいたものなのである。

コーポレートガバナンス（企業統治）

バフェットが考える企業経営者とは、株主資本の管理者である。最良の経営者は、ビジネス上の意思決定において株主の立場で考え、また株主の利益を常に心がける経営者である。しかし一流と言われる経営者ですら、時として株主と利害対立を起こすこともある。こうした利害の対立を緩和し、株主資本の管理者としての認識を経営者に促すことが、バフェットの長いキャリアにおける変わることのない目標であり、それはこの「会長からの手紙」における主要なテーマでもある。文章のなかで彼は、最も重要な企業統治の問題に関して触れている。

第一の点は、経営者が株主へのコミュニケーションにおいて率直であることの重要性である。バフェットはありのままを話す。少なくとも自分の見解について包み隠すことはない。そしてそのような自分が少数派であることを嘆き悲しんでいる。バークシャーの年次報告書にはまことしやかなウソは書かれておらず、一般的な知識があれば理解できる程度の用語と数字を使った平易な内容である。すべての投資家は同じ時期に同じ情報を得ている。また、バフェットとバークシャーは予言を書かない。予言は悪しき慣習であり、しばしばほかの企業経営者が年次報告書に化粧を施す原因ともなっている。

バフェットの企業内容開示方式に反映されている株主重視の考え方や、右に要約した株主に関連する企業原則に加え、経営においては階層化組織は不要であるとする主張がある。ある特殊な場合を想定した机上の指揮系統を綿密に作り上げてもほとんど意味がないと、バフェットは言う。これは、組織行動の一般的ルールとは異なるものだ。重要なのは、能力と正直さを兼ね備えた勤勉な人々を選ぶことである。チームに一流の人間が存在することのほうが、組織を階層化して、だれがいつ何をだれに報告するかを細かく規定するよりも重要なのである。

企業内におけるCEOとその他の従業員には大きな三つの違いがあるために、CEOの選任にあたっては特に注意を払う必要があると、バフェットは考えている。その違いの第一は、CEOの業績評価基準は不適当なものか、不公正なものとなりがちであり、ほかの従業員と比較して基準設定が困難であること。第二に、CEOは文字どおり、企業の最高峰の地位にあるため、そうした者を評価すべき上司が存在しないこと。第三は、CEOと取締役会の間には慣習的になれ合いの関係が存在するため、取締役会がCEOの上司的な役割を果たすことを期待できないことである。

これらの主な解決策として、経営陣と株主の間の利害を合致させ、取締役会のCEOに対するチェック機能を高めることが、一般的には挙げられている。つまり、経営陣にストックオプションを与えることが一つの優れた方法としてもてはやされる一方で、取締役会の機能の重要性も説かれているのである。取締役会の会長とCEOを別個にして機能を切り離すこと、監査や任命権、報酬決定に関する永続的な委員会の設定も、功を奏すであろうという。恐らく最も浸透している対処法は独立した取締役会を設けるというものだろう。しかし、これらの改革案は企業統治の問題を解決するどころか、なかにはさらに悪化させたものもあるのだ。

バフェットが述べる最良の解決法とは、こうした構造的な制約が弱くとも適切に責務を果たすCEOを見分けるために細心の注意を払うことにある。上場企業に投資する機関投資家は、権限を行使して株主資本の管理者としての要請にそぐわないCEOを排除しなくてはならない。傑出したCEOに対してはオーナーがあれこれとアドバイスする必要はない。ただし彼らにとって、傑出した取締役会は有益なものだ。そのために取締役たちは、彼らのビジネスに対する知識や関心、株主尊重の考え方によって選任されるべきである。バフェットによれば、アメリカ企業の抱える最大の問題の一つが、メンバーを多様化させるためとか有名人であるといった理由によって、取締役会のメンバーの選任がなされていることだという。

その解決策のほとんどは、取締役会ごとの大きな違いを無視したまま大きな刷毛でペンキを塗ったようなものだとバフェットは指摘している。例えば、経営者イコール支配株主である場合には、取締役の力は非常に弱くなる。取締役サイドと経営者の間に意見の相違が起これば、取締役会には異議を唱えるか、あるいは事態が深刻な場合には辞任する以外ほとんど道はない。一方、支配株主が経営に参加しない場合には、取締役会の力は非常に強くなる。そして経営者と意見の相違が起きたときには、取締役はその内容を携えて支配株主に直訴すれば良いのである。

しかし、最も数が多いのは支配株主不在の企業である。そして経営問題が最も深刻になるのもこういった企業であると、バフェットは言う。必要な「目付け役」を取締役が果たすことができれば助けとなるであろうが、たいていは取締役会のなれ合い体質がそのための障害となる。こうした状況下において取締役会の機能を最大に高めるためには、取締役会を小規模なものとし、かつほとんどを社外取締役で構成すべきであるとバフェットは考えている。現状の下では、取締役の最強の武器は依然として「辞職」にとどまっている。

これらすべての状態には、共通した特徴がある――平凡な経営者は最悪の経営者と比較してはるかに扱いが難しく、辞任に追い込むのが困難だということである。バフェットが強調している管理組織全般にあてはまる最大の問題点は、アメリカ企業ではCEOの評価を当人不在の取締役会において行うことがけっしてないことだ。そうした場でCEOの業績を検討することによって、コーポレートガバナンスの問題は大きく改善されるであろう。

バークシャーが経営するさまざまな会社のCEOは、アメリカ企業のなかでは独特の立場に置かれている。彼らには一連の簡潔な指示が与えられている――会社経営に際し、①自分が単独のオーナーだと考える、②その会社が持てる資産のすべてだとみなす、③一〇〇年間は売ったり合併したりしない――というものである。このことによって、バークシャーのＣＥＯは長期的な時間軸で経営にあたることができる。短期的な業績を追い求め、株主の存在が重くのしかかり、最新の四半期業績予想の達成を求められる上場企業のＣＥＯとは趣が異なっている。もちろん短期的な業績も重要だが、その達成のために長期的な競争力の強化を犠牲にすることは避けるのがバークシャーの姿勢である。

もしも短期の結果だけを評価すればよいのなら、話は簡単だ。その企業の経済的特性に低下が認められる場合はなおさらである。バフェットがこれまでで最悪の投資だと考えているバークシャーの最初の買収を成し遂げるにあたって直面した、短期的課題と長期的課題の兼ね合いについて考えてみたい。バークシャーの伝統的な繊維ビジネスの経済的特性は、一九七〇年代後半にはすでに色あせ始めていた。バークシャーの繊維ビジネスがその従業員とニューイングランドの地域社会にとって非常に重要であり、会社の困難な状況に取り組むにあたって、経営陣と労働者がいかに有能で理解があったかを承知していたバフェットは、この不幸な状況を打開することを望んでいた。バフェットは財政的な問題に苦しむ工場の操業を続けたが、ついぞ状況は好転することなく、一九八五年にその幕は閉じられたのである。短期的な収益と地域の信頼を基本にすえた長期的収益をバランスさせるのは容易ではなく、知的な問題である。同様の教訓は、バークシャーが投資を行っているほかの業種にも当てはまる。インターネット時代の新聞事業、エネルギーや鉄道など規制の厳しい業種について、バフェットは民間企業と監督当局との間に暗黙の社会契約が存在すると考えている。

経営陣と株主の利害は時として、微妙なことやちょっとしたごまかしから対立することがある。その例として企業の慈善活動が挙げられる。大企業のほとんどは、経営陣が企業利益の一部を慈善活動に振り分ける。その慈善団体の選択は経営陣が行うが、企業や株主の利益とは無関係にそうした選択がなされることが多い。年間の寄付総額が妥当なもの——通常年間利益の一〇％以下——であれば、州法のほとんどが、これらの決定の権限を経営陣が握ることを認めている。

バークシャーのやり方はこれとは異なる。持株会社で寄付を行うことはなく、子会社については、バークシャーが買収する以前から実施されている慈善活動方針に従うことを認めている。さらに、バークシャーは二〇年間にわたり、企業として寄付する慈善団体やその金額を株主が指定するという理想的な制度を取り入れている。ほとんどの株主が、年間数百万ドルという金額の慈善団体への振り分けにかかわっている。ただし、この制度は中絶問題に対する政治的な論争によって水をさされた。政治団体がバークシャーの寄付に抗議するため製品の不買運動を起こし、バークシャーは「協調」に基づくこうしたやり方を取りやめざるを得なくなってしまった。

経営幹部にストックオプションを与えることで経営陣と株主の利害の連動をはかるという計

画は、実際の効力以上に評価されすぎているばかりか、オプション付与によってさらに根深いものとなる両者間の利害の不一致を、巧妙に取り繕うものでもある。多くの企業において、優れた資本活用ではなく単に利益を留保することで評価を高めた経営者に対して、ストックオプションが支給されている。しかしバフェットが述べているように、単に利益を留保して再投資に回すだけで、経営者は実際の資本収益を向上させることなく、いとも簡単に年間収益の増加を報告することができる。このようにして、ストックオプションはしばしば株主から財産を奪い取り、経営者たちに略奪品を割り当てる役目を果たしている。さらにストックオプションは、ひとたび付与されるとほとんど取り消し不可能かつ無条件であり、個々の業績とは無関係に経営者に利益をもたらすものなのである。

従業員が株主の立場で考えるような企業文化を作り出す目的で、ストックオプションを活用することも可能であるとバフェットは認めている。しかしストックオプションは、両者の完璧な利益連動策にはなり得ない。株主は、資本が適正に分配されないという、オプション所有者には無関係のリスクを負うことになる。そのため、オプション付与計画の承認を求める委任状を読む株主は、こうしたひずみを見抜くよう、バフェットは注意を促している。多くの株主は当然のごとく委任状を無視するだろうが、この問題は株主、特に定期的にコーポレートガバナンス（企業統治）の改善を促すことに携わる株主団体にとっては最優先とすべき事項なのである。

役員報酬の決定は個々の業績を基準とすべきだと、バフェットは強調している。経営陣の業績は、関連するビジネスに投下した資本や留保利益を控除した上での収益性によって評価すべきである。もしもストックオプションを報酬として支給するのなら、企業全体ではなく個人の業績に関して、企業価値を基にした価格設定がなされるべきである。役員報酬の単なる一部としてストックオプションが用いられるわけではないバークシャーのようなパターンは、さらに理想的である。結局のところ、自らの職務に関する業績を基に現金の特別賞与を得るような例外的に優れた経営者は、自分が望めば自社株を買うことができ、実際にそうしたのなら、真の意味で株主と同じ立場に立つことになるとバフェットは述べている。そして、役員報酬の決定にあたって株主の利益は、リスク・マネジメント、企業コンプライアンスおよび財務報告といったバフェットの扱うコーポレートガバナンスに関するその他の問題と同様に最も重要視されるべきものである。

企業文化は、企業を評価するうえで最も重要な要素のひとつではあるが、最も数値化が難しいことでもある。バークシャーには、深く根付いた文化がある。これは、オマハの本社で重視されている規範と価値がもたらす気風であり、それが株主への手紙に命を吹き込んでいる。バークシャーの企業文化はこの会社を構成し、ここを終の住み家としている子会社やさまざまな部門を統括する幹部たちにも浸透している。巨大かつ多岐にわたる複合企業としては驚くべきことだが、バークシャーの企業文化には統一感と永続性がある。バフェットは、自分自身とマンガーがいなくなったあともこの文化がバークシャーの末永い繁栄の助けになる、と言っている。

ファイナンスと投資

過去三五年における最も革命的な投資概念は、現代金融論と呼ばれているものだ。この精巧にまとめられた概念は、実質的かつ単純で誤解を招きやすい考えに要約される――有価証券の投資機会を研究することは、時間の浪費であるという考えだ。この見方によれば、個々の投資機会を考えるよりも、株式市場という的にダーツを投げて当たった銘柄によってポートフォリオを組んだほうがましだという結論になる。

現代金融論の主な要素の一つが現代ポートフォリオ理論である。この理論によると、分散されたポートフォリオを待つことによって、どんな有価証券にもある固有のリスクを排除することができるという。すなわち、「一つのバスケットにすべての卵を入れてはいけない」ということわざを定式化したものだ。残ったリスクは投資家にとっての報酬が伴った唯一のリスクである。

この残りのリスクは、有価証券がマーケットと比較してどれぐらい変動し易いかを示す、ベータと呼ばれる単純な数学用語によって測ることができる。ベータ値は、有価証券に関する情報が迅速かつ正確に価格に反映される効率的な市場で取引される有価証券のボラティリティリスクを正確に測る。現代金融論においては、効率的な市場が前提となっているのである。

この理論は、象牙の塔の学界や、大学、ビジネススクール、ロースクールにとどまらず、過去三五年におけるアメリカ経済学全体の標準的な教養となった。多くの専門家が、株価は常に正確にファンダメンタルズを反映し、唯一のリスクは価格のボラティリティであり、そしてそのリスクを管理する最善の方法は分散投資であると、いまだに信じている。

グレアムやドッドが過去に確立させた理論を用い、正しい論理と経験によってこの標準教養のウソをあばいた白眉の投資家バフェットは、完全に効率的なマーケットなどほとんど存在せず、ボラティリティとリスクを同等に扱うことははなはだしい事実のわい曲であると考えている。そのためバフェットは、MBA（経営学修士）や法学博士といった人々が現代金融論の影響下で、間違ったことを学んで重要なことを学べない状態にあるのではないかと危惧している。

現代金融論の実践によって人々が得た教訓のなかでも極めて高くついたものは、ポートフォリオインシュアランス――下落相場でポートフォリオを再調整するコンピューター技術――の蔓延によるものである。ポートフォリオインシュアランスの乱用は、一九八九年一〇月の暴落と同様、一九八七年一〇月の株式市場崩壊を引き起こすのにも一役買ったのだ。しかし、明るい希望もある。このことによってポートフォリオインシュアランスは、企業やロースクールで教えられ、ウォール街で信じられてきた現代金融論を粉々にしたのだから。

現代金融論はその後のマーケットのボラティリティや小型株、高配当株、低ＰＥＲ（株価収益率）株に見られる数多くの特異な現象も説明することができなかった。市場の非効率性によってもたらされた「最大の事件」は、一九九〇年代終わりから二〇〇〇年代初めにかけて見られたハイテク株やインターネット株のバブル崩壊である。このときは、企業価値とはほとんど無関係に、高揚感と絶望感の狭間で突発的な価格の乱高下が見られ、株価が激しく変動したことが特徴的だった。そのときは懐疑論者がどんどん増加して、ベータ値では重要となる真の投資リスクを測ることができない、どのみち資本市場はベータ値が意味をなすほど真に効率的ではない、と言い始めた。

議論が活発になるにつれ、人々はバフェットの優秀な投資結果に注目し始め、投資とビジネスにおいてグレアム・ドッド・アプローチへの回帰を求め始めた。結局のところ、四〇年以上にわたってバフェットは二〇％以上の年平均利益を上げ、それはマーケットの平均の二倍であった。それに先立つこと二〇年以上前に、ベンジャミン・グレアムのグレアム・ニューマン株式会社はすでに同様の成績を上げていた。バフェットが強調するように、グレアム・ニューマンやバークシャーにおける驚異的な業績は尊敬に値するものだ。なぜなら、双方の成功が非常に大きなもので、しかも長期間にわたって数少ない幸運な出来事に頼ることなく、データ操作はなされておらず、また、長期にわたる業績は後知恵によって捏造されたものではないからだ。

バフェットの業績に恐れをなした現代金融論の頑固な信者は、彼の成功を揶揄するという手段に出た。いわく、たぶん、単にラッキーなだけ――偶然にハムレットの作品をタイプしたサル――だとか、ほかの投資家が得られない内部情報を持っていたのだろう、といった具合だ。バフェットを信じない現代金融論の信奉者は、投資の最良の選択とはベータ値か、ダーツ投げに基づいて投資を分散し、常に自分のポートフォリオを入れ替えることであると、いまだ主張している。

これには、バフェットが次のような皮肉とアドバイスで応えている。その皮肉とは、「グレアム信奉者たちは効率的市場仮説が永遠に人々に講義され続けられるように、その講座に寄付し続けるべきであろう」というものだ。また、アドバイスとは「現代金融論や市場に関するその他の見かけばかりの高尚な理論は無視して、投資を続けてください」というものだ。多くの人にとってそのための最良の策は、インデックスファンドに長期投資をすることかもしれない。あるいは、投資家のコンピタンスに照らして、企業を合理的に分析することかもしれない。こうした考え方における重要なリスクはベータ値やボラティリティではなく、投資による損失の可能性である。

この種の投資リスクを算定するには、企業の経営陣、製品、競合他社や債務について考えることが必要である。問題となるのは、投資の税引後収益が最低でも当初の元本に妥当な利益率を加えたもの以上になるかということだ。ここでの主な関連要因は、企業における長期的な経済特性だ。つまり、経営陣の質と誠実さ、将来の税金とインフレの水準である。これらの要因は、ベータ値の魅惑的な精度と比較すればあいまいなものかもしれないが、投資家にとって不利となる場合を除き、こうした問題についての判断は避けられないのである。

バフェットはベータ値のバカバカしさを次のように指摘している。「市場平均と比べて急激に下がってきた株式を考えてみましょう。ベータ値のリスク測定方法によると、株価が高かったときよりも下がったあとのほうが『リスクが高い』ということになります。またベータ値は、バービー人形やモノポリーを独占的に販売している企業の抱えるリスクと、ペットロック（**訳注**　七〇年代にアメリカで流行したペットのように持ち歩く石ころ）やフラフープのみを扱う企業のリスクを識別できません」。しかし、一般の投資家は、消費者の行動と消費財生産会社の競争について考えることによって、それらを識別し、かつ大きな株価の下落は買い場を示していることを理解できる。

現代金融論とは違って、バフェットは分散投資を行わない。それどころか集中投資とさえ呼べるものかもしれない。集中投資といえなければ、少なくともその投資家の注意力の集中である。バフェットは私たちにケインズの言葉を思い起こさせる。この才知に長け、エコノミストというだけではなく素晴らしい投資家でもあったケインズは、次のように信じていた。投資家は自分がそれについてよく知っており、信頼のおける経営陣がいる二～三の企業に投資資金を集中すべきである、と。その見方に基づけば、投資資金や投資に対する注意力が分散されればリスクが上昇することになる。そして、資金的にも精神的にも集中を図ればリスクを減らせる可能性がある。つまり、株式を買う前に投資家がその企業についてよく考察し、企業の基本的な特性に関して自分が安全と考える基準を引き上げるということである。

ベータ値による戦略は、バフェットによれば「完全に間違っているよりは、だいたい正しいほうがずっと良い」というファンダメンタルズの原則の犠牲者である。長期にわたる投資の成功は、ベータ値を調査して多様化されたポートフォリオを維持することではなく、一人の投資家としてある企業の株主であるということを明確に理解することにかかっている。理想的なベータ・リスク・プロファイルのために頻繁に売買してポートフォリオを変更することは、長期にわたる投資の成功をくじくことになる。このように「花から花へ飛び回る」ことで、税金はもちろん、売値と買値の差額や売買手数料という形で莫大な取引コストを負うことになる。バフェットは、マーケットで活発に取引する人間を投資家と呼ぶことは「一夜の恋を繰り返す者をロマンチストと呼ぶようなもの」とジョークを言っている。バフェットの投資戦略は、現代金融論で用いられることわざを逆手に取っている。つまり、それは「一つのバスケットにすべての卵を入れてはいけない」ではなく、「一つのバスケットにすべての卵を入れてそのバスケットを見張りなさい」という教訓を、マーク・トウェインの『イカレポンチのウイルソン』から取っているのだ。

バフェットは一九五〇年代、コロンビア大学のビジネススクールで大学院生のときにベンジャミン・グレアムから投資の技法を学び、後にグレアム・ニューマン社で働くことになる。**『賢明なる投資家』**（パンローリング）を含む多くの素晴らしい著作のなかで、グレアムは歴史に残る投資上の深遠なる知恵を紹介している。それらは、企業の価値と株価は等しいという、当時一般的であったが間違った固定観念を拒絶するものだ。ここでグレアムは、株価は支払う対価にすぎず、価値は手に入る実体であると考えていた。これら二つが同一であることはめったにないが、人々がその相違に気づくこともめったにないのである。

グレアムの最も偉大な貢献の一つは、ウォール街に住んでいる変わり者「ミスターマーケット」を創造したことだ。ミスターマーケットは毎日現れては値付けをして、その価格で彼が投資家の持ち株を買うか、彼の持ち株を投資家が買う。彼はむら気が強く、喜びから絶望へと感情の起伏が激しい。実際の価値よりはるかに高い価値を提示することもあれば、実際の価値よりはるかに低い価値を提示することもある。彼の躁うつ病が一層ひどくなると、実際の価値と彼が提示する価格の格差が広がり、そのため彼が提供する投資機会はより大きくなる。現代金融論者には、ミスターマーケットの寓話は理解不能であるかもしれないが、バフェットは歴史に埋もれたミスターマーケットを再び紹介して、マーケット全般にかかわるグレアムの寓話が、規律正しい投資戦略のためにどれほど貴重であるかを強調した。

もう一つのグレアムの主な遺産は、「安全域」の原則である。得られる価値と比較して支払う価格が十分安いと信じるに足る確かな根拠がない場合には株に投資すべきではないということを、この原則は定めている。どうしても三語だけで賢明な投資の秘密を表さなければならないとするならば、「安全域（margin-of-safety）」であるとグレアムが言っていたことにバフェットは心をとめ、熱心にその原則に従った。その言葉に初めて触れてから四〇年以上たった現在も、バフェットはまだそれらが正しいものと考えている。現代金融論の熱狂的な信者がマーケットの効率性を引き合いに出して、価格（支払うもの）と価値（手に入るもの）とは同じものであるとしているのに対して、バフェットとグレアムはまったく異なるものであるとみなしている。

その相違は「バリュー投資」という用語が冗長であることも示している。真の投資とは、あまねく価格と価値の間の関係を査定した結果に基づくべきものだ。こうした価格と価値の比較を行わない戦略を投資と呼ぶのは見当外れであり、支払う価格が得られる価値よりも安いという確信からではなく、価格が上昇するという期待から行う投機にすぎない。多くの専門家は「成長株投資」と「バリュー投資」を区別することによってもう一つの共通したミスを犯していると、バフェットは指摘している。成長と価値は別個のものではないと、バフェットは言う。成長は価値の構成要素として取り扱われなくてはならないので、両者は完全に不可分のものである。

同じく「責任ある投資」という表現もバフェットにはなじまない。この用語は一九九〇年代半ばに人気が高まったものであり、株主のかかわり合いと経営者の監視を強めることによって、経営権と株主の距離を近づけるよう意図した投資スタイルを表現したものである。バフェットとバークシャーはこの投資手法の典型であると、多くの人々が間違った認識をしている。バフェットが少数の会社の株を多く買って、長い期間にわたってその投資を持続することは事実である。それは信頼する人々が運営する事業に彼が投資しているだけのことでもある。しかし、彼のやり方は「責任ある投資」とよく似ているように思われている。もしバフェットが自身の投資スタイルを形容する言葉を述べるよう強く求められたなら、それは「焦点の定まった」あるいは「思慮深い」投資ということになるであろう。しかしそれさえも冗長に響く。**投資家**というシンプルな言葉こそがバフェットを最も適切に表現しているのだ。

用語の誤用は、投機と、健全な資金運用の方法としての裁定取引の違いを曖昧にしていることにもみられる。後者の裁定取引は、かなり多くの余裕資金を持つバークシャーのような会社にとっては非常に重要である。投機と裁定取引はともに、現預金に近い性格を持つコマーシャルペーパーなどで運用することとは異なる余裕資金の運用手段である。投機とは、公式に発表されていない来るべき取引のうわさに基づいて、その企業に資金を賭けることを意味している。裁定取引は、二つの異なる市場における同じ投資対象の価格差を利用して儲けることと従来理解されてきたが、バフェットにとっては、公になっている数少ないチャンスにおいて短期的なポジションを取るという資金運用手法を意味している。それは同一対象に付けられた、異なる時点における異なる価格を利用する。このように資金を使用するかどうか決めるためには、うわさではなく、情報に基づいた四つの常識的な問題を評価することが必要である。つまり、①事象の発生する可能性、②資金が拘束される期間、③機会費用、④事象が起こらなかった場合のリスク――の四つである。

「コアコンピタンス領域」という原則は、ミスターマーケットや「安全域」と並び、グラハムやバフェットの「賢明なる投資」を支える第三の柱である。この常識的な規則に従うならば、投資家は自らがある程度の努力で理解できる事業に関連する投資のみを検討することとなる。バフェットは、自らが理解している範囲に専念するという規則を忠実に実行し続けたことで、ほかの投資家がたびたび繰り返す過ちを避けることができた。これは、投機的な市場を数世紀にわたり何度も出現させた技術的な流行や新手の美辞麗句によって、手軽な金儲けが約束されるという幻想を抱いていた投資家が特に陥りがちな過ちである。

すべての投資の考察においては、バフェットが「組織由来の旧習」と呼んでいるものを警戒しなくてはならない。それは、制度上の力学が引き起こす変化への抵抗、企業の利用可能な資金の吸収、平凡なCEOの戦略に対する部下による自動的な承認という、広範囲に及ぶ力である。多くの企業やロースクールで教えられていることとは逆に、この強い力はしばしば合理的なビジネスの意思決定を妨害する。こうした慣習の必然性の行き着く先は、業界のリーダーではなく業界の模倣者を作り出す、集団追随心理である。バフェットはこれをレミング（タビネズミ）のような事業アプローチと呼んでいる。

読者であればだれしも、債務の活用に関する説得力あるバフェットの「会長からの手紙」を堪能し、家族や友人と共有したいと考えるだろう。まさに的確に名づけられた「人生と借財(Life and Debt)」の章においては、個人金融と企業金融におけるレバレッジの誘惑と危険性について巧妙に説明されている。

投資の選択肢

これらの投資原則のすべては、バフェットの「会長からの手紙」で生き生きと描写されている。生産的な資産とは何かを定義し、その投資を選好すると述べたあと、ジャンクボンドやゼロクーポン債、優先株などの代替投資についても幅広く取り扱っている。ウォール街と学界に挑むバフェットは、グレアムの考えを再び引き合いに出し、ジャンクボンドを擁護する「短剣の命題」をはねつけた。短剣の命題とは、ハンドルに短剣が据え付けられた自動車を運転するドライバーは細心の注意を払って運転に臨むであろうという比喩を用いて、資本構成における巨額の債務が経営陣に及ぼす自制的な影響を過度に強調したものだ。

バフェットは、一九九〇年代初期の景気後退において多くの企業が債務負担に耐えかねて倒産したことに言及して、ジャンクボンドの高利率は高い債務不履行率を十二分に埋め合わせるものとする学問的な研究に異議を唱えた。そしてこの間違いの原因は、統計学の初心者さえ識別できるような誤った仮定にあると、彼は考えている。その仮定とは、検証期間中に優勢であった歴史的条件が、将来にわたっても同一であるとすることである。しかし、そんなことはありえない。これに関しては、さらにチャーリー・マンガーも、マイケル・ミルケンのアプローチを論じてジャンクボンドの愚行を解明している。

ウォール街は、経済的な知識よりも、収益を生み出す能力に基づいてアイデアを受け入れる傾向があり、それによって良い考えが悪用されがちである。例えば、ゼロクーポン債が導入されて以降、定期的に利子が支払われる通常の債券が提供し得ないような表面利率と同等の複利運用を、買い手が享受できるようになったことをバフェットは挙げている。このようなゼロクーポン債の利用法によって、当分の間、借り手は利子を支払うための追加のキャッシュフローの必要なしに資金を調達することができる。しかし、増加する借入債務を自社のキャッシュフローで維持できないような弱体企業がゼロクーポン債を発行し始めたときに、問題が生じた。「ウォール街の常ですが、賢い人間が始めたことを、愚かな人間がやり始めたらもうおしまいなのです」とバフェットは嘆く。

二〇〇八年の金融危機には多くの罪人が加担していた。そのなかでも金融派生商品の増殖は最たるものであり、バフェットはその数年前に手紙のなかで警告を発していた。現代の金融工学によって、金融派生商品として知られる複雑な金融商品が爆発的に拡大した。こうした商品の価値の変動は、契約上基準として指定された商品の価格変動から**派生**するものであるためこのように称されている。提唱者たちは、こうした基準がリスク管理に役立つものであると信じている――そしてバークシャーも、誤った価格で取引されているとバフェットが判断する場合、時として多少の金融派生商品のポジションを取っている。しかし、提唱者たちは金融派生商品によって金融システム全体に及ぶリスクが削減される傾向にあるとも考えているが、バフェットはそれが悪影響を及ぼすかもしれないと先見的に述べていた。金融派生商品は評価が難しく、評価額は急激に変わることがある。そして、これらによって金融機関の間に連鎖や相互依存が生まれる可能性がある。バフェットは、こうした要因が重なることによって、ある一つの事件によって一つの業界が苦境に陥った場合、それがほかの業界にも急速に広がり、金融システム全体に壊滅的な結末をもたらすドミノ効果が生じるかもしれないと警告を発した。二〇〇八年の金融危機もそうした事態だった。

バフェットは、自らがこうした見方をするのは、要塞のように確固たる健全性を誇るバークシャーの財務状態を危機にさらしかねない大規模な破壊的リスクに対して嫌悪感を抱いているためかもしれないと認めている。しかし、これは単なる評論家的な意見ではない。バフェットは、バークシャーがゼネラル・リインシュアランス・カンパニーを買収した際、金融派生商品販売会社を数年間直接経営したことがある。バフェットはこの企業を直ちに手放さなかったことで不愉快な思いをしたと説明するだけでなく、売ることができなかった経緯や、解消まで数年間苦しむこととなった同社の長期債務についても説明した。バフェットは、ほかの人々がバークシャーの試練から学ぶことができるように、この経験についての幅広い洞察を提供している。

普通株

バフェットは、一九八八年にバークシャーがNYSE（ニューヨーク証券取引所）に上場した日のことを回想している。彼はバークシャー株の取次業者（スペシャリスト）であるジミー・マグワイヤーに「もしこの株が次に取引されるのが今から二年後なら、君にとって大成功だろう」と言った。バフェットは、「マグワイヤーはそのことをあまり望んでいないようだった」とジョークを言いつつ、「もし取引所が閉鎖されているときにその企業の株式を保有しているのが不幸なら、取引所が開いているときにそれを所有していても幸せではない」と、株式を買うときの彼の考え方を強調した。バークシャーとバフェットは長期にわたる投資を行っているが、普通株の短期的な売買を行っている投資家があまりにも多く、こうした投資家の行動によってコストがかさむことになっている。

企業利益の相当部分が短期売買に関連する手数料などの摩擦コストで消えている。短期売買は、どの株式をだれが保有するかを再編成することである。この再編成には、証券会社への手数料の支払い、投資運用会社への手数料、そしてこの過程において一層多くの助言を売り込んでくるファイナンシャルプランナーや企業コンサルタントへの現金の支払いが必要となる。最近は、こうした摩擦コストは自らをヘッジファンドやプライベートエクイティ会社などさまざまに称する業界の全体にまで拡大してきた。バフェットは、アメリカ企業の年間利益の約二〇％がこのようなコストによって失われているかもしれないと推定している。

自社株がマーケットで可能なかぎり高値で取引されることを切望する多くのCEOと異なり、バフェットはバークシャー株が内在価値の近辺で、高すぎもせず、安すぎもしない価格で取引されることを好む。このことは、ある期間の業績が同じ期間にその企業株を所有した人々に利益をもたらすことを意味する。業績と株価の関連性を持続するためには、短期的な市場指向の戦略を持つ投資家よりも、企業志向の投資方針に基づいた長期投資を行う株主を必要とする。

バフェットは、企業というのは特定の嗜好を持つ人々を引きつけるメニューを提供するレストランのようだというフィリップ・フィッシャーの提案に注目している。バークシャーの定番メニューで重視しているのは、株式の売買コストが長期的な成果を害さないことである。実際にバフェットは、積極的に株を売買した場合の売買手数料や値付け業者の売値と買値の差額といった取引コストは、収益の一〇％以上に上っていると推定している。このようなコストを避けるか、あるいは最低限にすることは、長期投資で成功するためには必要なことであり、ＮＹ

SEにおけるバークシャー株の上場はそうしたコストを抑えるのに役立っている。

企業の配当政策は資本配分における主要な問題である。それは投資家にとっては常に重要であるが、めったに説明されてこなかった。「会長からの手紙」では、資本配分は企業経営と資産運用にとって極めて重大」だということを強調し、この問題について明確に論述している。一九九八年初めにバークシャーの普通株は一株当たり五万ドル以上の値を付けており、会社の簿価と収益、内在価値は平均的な利回りを超えて着実に増加している。しかしいまだかつて株式分割は行っておらず、現金配当もこの三〇年間で一回も行われていない。

定番メニューの反映と取引コストの最小化に加えて、バークシャーの配当政策における企業収益を配当するか留保するかの判断は、収益を留保することが株価を上げることにつながるならば留保されるべきであり、さもなければそれは配当に回されるべきであるという、一つの基準に基づくべきだというバフェットの信念を反映したものだ。収益の留保が正当化されるのは、「留保された収益が一般に投資家が得られる複利の収益以上のものを生み出す場合」のみなのである。

多くの経営者たちによって、バフェットの明快なルールの多くが無視されているのと同様に、子会社の配当決定を除くと、この主張もまた無視されている。企業帝国を拡大するため、あるいは経営陣が好きなように使える資金を提供するためといった、株主のためでない理由によってしばしば利益は留保される。

バークシャーにおける状況は、これとはまったく異なる。バフェットはあるシンポジウムで、「状況によってはバークシャーは収益の一〇〇％以上を配当することがあるかもしれない」と言い、これに応じてチャーリー・マンガーは「そのとおり」と言った。しかし、これまでのところそうはならなかった。バークシャーでは、優れた収益機会を見いだして資本を投資することができたからだ。

過小評価された自社株を買うことは配分された資本価値を高める方法であるが、これらは必ずしもそのように見えないこともある。一九八〇年代から一九九〇年代初めにかけて、自社株買いは一般的ではなかった。バフェットが信頼を寄せたのは、現金で一ドル支払うことによって二ドルの価値を買うことができるのであればこれ以上に望ましい資本の利用法はほとんど存在しないと認識している経営者であった。しかし残念なことに、こうした行為をまねる者が参入した結果、一ドルの価値の株式を買うために二ドルを支払っている企業がしばしば見られる。価格を無視したこのような自社株買いは、下落した株価のてこ入れや、執行価格が非常に低いストックオプションと同時に発行される株式の相殺を意図したものであることが多い。

バフェットは、バークシャーが時として自社株買いに乗り出す理論的根拠と条件を示している――株式が内在価値を著しく下回って取引されている場合である。このとき、バークシャー株を持ち続ける投資家にとって価値があるのは明らかであり、投資は容易となる。とはいえ、バフェットは自社株買いに複雑な感情を抱いている。バークシャー株を売却する投資家は内在価値を下回る現金しか手にできないからである。その解決策は、売却を行う株式保有者が情報に基づいて決定できるように明瞭な情報開示を行うことである。

株式分割はアメリカ企業におけるありふれた行動であるが、バフェットは、これが株主の利益を損なうことを指摘している。株式分割は次の三つの結果を招く。それは、①株の売買の回転率を上げることによって取引コストが上昇すること、②株価ばかりにとらわれた短期的で市場指向の株主を引きつけること、③その両方の結果として株価は企業の内在価値と乖離すること――である。なんらメリットがないのに、バークシャーの株式を分割することは愚かなことであろう。それればかりか、限られた長期保有の投資家で構成された株主を、ほかの主要企業よりも数多く五〇年にわたって引きつけてきたバークシャーの努力を無に帰す恐れがあるとも、バフェットは述べている。

バークシャーの高い株価とその配当政策によって、二つの重大な問題が生じた。第一に、バークシャー株の贈与に関してバフェットがいくつかの思慮深い戦略を提案したにもかかわらず、バークシャーの株価が異常なまでに高値となったことで、株主や家族が友人に株価を贈与することが困難となった。第二に、ウォール街の金融エンジニアがバークシャーの業績に連動すると称する投資信託を設定し、それをバークシャーやその事業や投資哲学を理解していない人々に売ろうとした。

こうした問題に対応して、バフェットとバークシャーは巧妙な手を打った。バークシャーはクラスBと呼ばれる株式の新しいクラスを作り出すことによって資本構成の改変を行い、それを一般に売り出したのだ。クラスB株は既存のクラスA株の三〇分の一の権利を持つが、議決権に関してはA株の二〇〇分の一しか持たない。したがって、クラスB株はクラスA株の市場価格の三〇分の一近辺で取引されるべきものであり、現実にもそうなっている。

クラスA株はクラスB株に転換可能であり、このことはバークシャーの株主が自分で株式分割を行って贈与するためのメカニズムとなっている。さらに重要なことに、バークシャーがこの資本構成の改変を行ったことで、バフェットが信じる基本原理のすべてに矛盾するバークシャー株のクローンファンドのマーケティングを阻止することになる。バークシャー株を組み入れるこれらのクローンファンドは、株主に大きな損害を与えるものだ。もしそれがバークシャーという企業およびその哲学を理解しない人々によって所有されれば、バークシャーの株価にくぎを打ち込み、株価と価値の間に相当な乖離をもたらしたであろうものなのである。

クラスB株は、集中投資というバフェットの投資哲学を共有できる投資家に対してだけ、魅力的であるように意図されている。例えば、クラスB株の公開時にバフェットとマンガーは、バークシャー株がマーケットで過小評価されていないことを強調した。そして彼らは二人とも、市場価格でクラスA株を買いたいとも、公開価格でクラスB株を買いたいとも思わないと言った。その趣旨は明快であった。すなわち、長期にわたり保有する気持ちがないなら、これらの株を買うなということである。長期保有の投資家だけをクラスB株に引きつける努力は功を奏したようだ。なぜなら、公開後の出来高はNYSEの平均をはるかに下回っていたからだ。

バフェットと、マンガーによる警告的な声明に対し、驚きの声もあった。なぜなら自社株を新規発行した経営者のほとんどは、その株が非常に良い価格で推移していると述べるものだからだ。しかし、バフェットとマンガーの言葉に驚いてはいけない。なぜならば、実際の価値を下回る価格で自社株を売る企業は、既存の株主から盗みを働いていることになるからだ。バフェットはそれが犯罪であると、当然ながら認識しているのだ。

合併・買収

バークシャーの買収方針には二通りのアプローチがある。すなわち、①バフェットとマンガーが好ましいと思い、信頼かつ尊敬する人々が経営する、②優れた経済的特性を備えた企業の「一部」、もしくは「すべて」を買う――という二つのパターンだ。一般的な慣習とは異なり、企業のすべてを買う場合でもプレミアムを支払う理由はほとんどないと、バフェットは論じている。

まれなケースとして挙げられるのは、特権的な特性を有する企業である。こうした企業は価格を上げやすく、追加資本投資が必要なのは販売高や市場占有率を増加させようとするときだけであり、平凡な経営者ですら高いROC（資本利益率）を生み出すことができる。まれなケースの二例目は、実力を出し切れていない企業を探し出し、その潜在価値を開花させるという難業を成し遂げ得る優れた才能を持つ経営者が存在するケースである。

これら二つのケースに当てはまるものは非常に数が少ないため、高いプレミアムを伴う買収が、毎年何百と行われていることの説明にはならない。バフェットは高プレミアムでの買収が発生する原因として、買収する経営者側の三つの動機を挙げている。①買収そのもののスリル、②事業規模拡大、③シナジー効果についての極端な楽天主義――である。

買収に際しての支払いにバークシャーが株式発行を選択するのは、それによって得られる企業価値が相手に与えるものと同程度の場合だけである。このため、バークシャーにとって買収はますます難しくなっている。このような事態が生じているのは、バークシャーがルーブル美術館に作品を集めるかのように企業の株式を集めてきたためである。新たにボッティチェリの作品を一つ加えることで既存の作品集の価値を高めることは極めて困難であり、ましてや、その作品を手に入れるためにレンブラントの作品を一部手放さなくてはならないのであればなおさらである。

この原則に従うことはほかの企業の経営者にとっても困難であったが、彼らの保有している企業はそれほど素晴らしいものでもないため、著しく困難であるという程ではない。その代わりに、売り手は買収価格を、買い手側の内在価値ではなく市場価格によって判断していると、バフェットは指摘している。買い手の株式が、例えばその内在価値の半分で取引されているなら、先の基準を適用する買い手は本来の企業価値に比べて二倍の株式を差し出すことになる。その経営者はたいてい、シナジー効果や事業規模拡大についての論拠によって自分の行動を正当化し、株主の利益を無視してスリルや極端な楽天主義に浸っている。

さらに、株式交換方式の買収では、必ずと言っていいほど頻繁に「買い手が売り手を買収する」、あるいは「売り手が買い手に売却される」という言い方がされている。しかしバフェットは、「売り手を買収するために買い手の一部が売却される」といったような表現がなされれば、一層明確な考えを導き出すことができると示唆している。結局、現実に起きているのはそういうことなのであり、こうした表現法を用いることで、買収に際して買い手が何を失うのかを正しく評価することができるだろう。

株式をあたかも通貨のように乱用するもう一つの事例は、グリーンメールと呼ばれているものである。これは、敵対的買収を避ける目的で高いプレミアムの付いた価格で自社株買いを行う行為である。過小評価された自社株を買うことはすべての株主の利益に資するにもかかわらず、グリーンメールというこのやり方をとることは、企業的強奪行為の一形態であるとバフェットは非難している。

本書の第2章に収録されているチャーリー・マンガーのウェスコ社の株主への手紙で述べられているように、一九八〇年代に数多く行われたLBO（レバレッジド・バイアウト。対象企業の資産を担保にした借入金による企業買収）は、同様に非難されてしかるべきである。自由放任主義的な法律によってＬＢＯは非常に儲かるものになったが、ＬＢＯは企業を弱体化させ、巨大な債務の返済に充てる現金を作るために重いプレミアムを課し、買収の平均コストを上げた。

高い買収の平均コストを追加的に負担することなしに、企業価値を高める買収案件を見いだすのは至難の業だ。現実に、ほとんどの買収は企業価値を減少させていると、バフェットは言う。企業価値を高める最良の取引を見いだすためには、機会費用――株式市場を通じて優秀な企業の一部を買ったときと比較した場合の見積もり――に着目する必要がある。こうしたことはシナジー効果と事業規模拡大に取りつかれた経営者にとっては相いれないものであるが、バークシャーの二通りの投資アプローチにとっては重要な部分である。

バークシャーは買収に関してさらなる強みを持っている。つまり、支払いに用いられる優良な株式と、取引が成立した暁には買収先企業に対してかなりの経営上の裁量を認めることである。これらはともに企業の買収ではまれであると、バフェットは言う。またバフェットは、自らの言動に対して実際の行動で裏付けをしてきた。そして将来的に買収したいと考えている企業に対し、バークシャーが家族経営の企業や非公開企業の多くを買収してきたことに言及し、買収後の行動においてバークシャーが当初の約束を守ったかどうかを彼らに問い合わせてみるよう勧めるのだ。要するに、バークシャーは魅力的な事業の売り手にとって最適な買い手であろうと努めるのだ。これは非常に重要な教訓であり、なぜバフェットが、買収した企業についてはたとえその事業が逆風にさらされていたとしても売却するのではなく保持し続けることを好むのかを説明するものとなっている。

評価と会計

バフェットの「会長からの手紙」は、財務情報を理解して活用するための愉快で有益なる指南書である。一般会計原則（GAAP）の重要な項目を分類することで、バフェットはあらゆる企業や投資を理解するうえでの一般会計原則の重要性とその限界の双方を示している。バフェットは、会計上の利益と経済的利益、会計上ののれんと経済的のれん、そして会計上の簿価と内在価値におけるそれぞれの間の重要な相違を詳しく解説している。これらの文章はすべての投資家や経営者にとって、企業評価を行ううえでの必要不可欠なツールである。

現代において企業について語った「会長からの手紙」に対するバフェットの姿は、古代世界の寓話に対するイソップの姿に重なる。語り部であるバフェットは寓話作家イソップを引き合いに出し、評価というものが数千年を経ても同じであることを示した――「手の中の一羽の鳥は藪の中の二羽に匹敵する」とイソップは述べ、バフェットはこの原則をドルに拡大した。評価というのは、夢や希望ではなく現金を数えることである。多くの人々は一九九〇年代後半の急激なハイテクバブルのなかで教訓を学んだ。それがはじけたとき、藪の中に鳥などほとんどいないことをだれもがついに理解した。しかし、だれもが教訓を学んだのかは疑わしい。その教訓はイソップの時代から繰り返し教えられてきたのであり、そして今なお、イソップの時代から繰り返し教えられているのである。

バフェットの特別な分析ツールの代表例は内在価値、つまり「企業が存続期間を通じて生み出す現金の割引現在価値」である。言葉にするのは簡単でも、内在価値をはじきだすのは容易ではないし、客観的なものともいえない。内在価値は、将来のキャッシュフローと市場金利の変動の推定値によって決まるからだ。

しかしこれこそが、企業に関して究極的に重要なものだ。これとは対照的に、企業の帳簿価値というのは、計算は容易でもほとんど役に立たない。株式の市場時価総額も、ほとんどの企業に関して同じことがいえる。内在価値と帳簿価額、株式時価総額の違いを明確にするのは困難かもしれない。どれかが大きい、あるいは小さい場合もあるだろうが、違いが存在することだけはほぼ間違いがないのである。

実用的な財務諸表の定義とは、それを利用することでその企業に関する次の三つの基本的な質問に対する答えを見つけることができるものであると、バフェットは強調している。それらは、①会社の価値がおおむねどの程度であるか、②将来の実務を履行する能力があるか、③経営者が事業運営においてどれほど優れた仕事をしているか――という三点である。バフェットは、一般会計原則がこれらの判断を難しくしている一方で、たとえ実際どんな会計制度を用いていても、ビジネスが複雑なために正確な答えを導くのは難しいであろうと嘆いている。一般会計原則よりも優れた会計制度を確立するのは途方もなく困難であることを認めつつも、バフェットは投資家や経営者が財務情報を用いる際に役立つさまざまな概念を明確に示している。

バフェットが「ルックスルー利益」と呼ぶ概念を考えてみよう。一般会計原則の投資に関する会計方法では、株式の過半数を所有する企業に対しては連結決算を行わなければならない。これは、投資先企業の財務諸表にあるすべての個別勘定を、親会社の財務諸表上ですべて報告することを意味する。また、持ち株比率が二〇～五〇％の株式投資については、投資先企業の収益をその持ち株比率に応じて計上することが求められ、二〇％以下の株式を保有する企業については、投資先企業の持ち分に応じた収益ではなく、実際に受け取った配当金のみを計上することが定められている。こうした会計原則によって、バークシャーの価値にとって非常に大きな部分を占めている主因が不明瞭となっている。バークシャーに経済的な業績をもたらしている投資先企業において配当金として分配されない利益は、一般会計原則に基づく財務諸表には反映されないのである。

投資の価値を決定するのは投資規模ではなく、投資先において配当金として分配されない利益がどのように利用されるかであると認識しているバフェットは、バークシャーの経済的業績を評価する目安として「ルックスルー利益」の概念を生み出した。ルックスルー利益とは、バークシャー自体の純利益に、投資先企業の利益のうち配当金として分配されない部分を加えて、それに対応する税金の見込み増加額を差し引いたものである。多くの企業にとっては、ルックスルー利益と一般会計原則上の利益に大差はない。しかし、バークシャーや恐らく多くの個人投資家にとって、それらは別物である。したがって、個人投資家は自分のポートフォリオの分析では同様の手法を用い、長期的に最大のルックスルー利益を生み出すようなポートフォリオを組むよう努めることができるのである。

会計上ののれんと経済的なのれんの違いについてはよく知られているが、バフェットはこの問題を新鮮な観点からとらえている。会計上ののれんの本質的な意味とは、企業の買収価格から、負債控除後の資産の妥当な評価額を差し引いた差額である。その金額は買収企業の貸借対照表に資産として計上され、通常四〇年間にわたって毎年費用として償却される。よって会計上ののれんは、時間とともに減少していく。

経済的なのれんはこれとは異なる。経済的なのれんとは、例えばブランドの認知度などが複合的に組み合わさった無形固定資産であり、それがあることによって工場や設備といった有形固定資産を基に企業が平均以上の利益率を産み出すことが可能となるものである。経済的なのれんは、そうした超過利益を資本化したものといえる。これは時とともに増大する傾向があり、平凡な企業であっても通常少なくともインフレ率程度は増加し、経済基盤が強固であったり、政治的特権を有する企業の場合ではそれ以上の増え方をする。実際、有形固定資産に対して経済的のれんが相対的に大きい企業は、そうでない企業と比較して、インフレによって受ける影響がはるかに小さくて済む。

会計上ののれんと経済上ののれんの違いから、次のような結論が導かれる。第一に、企業の経済的のれんの価値を計る最良の目安とは、ある企業が負債を持たないと仮定した場合、のれんの償却額を無視して、有形固定資産が生み出す利益額である。ゆえに企業買収が行われ、のれんと呼ばれる資産科目が計上されている場合、その企業の分析に際してはのれんの償却費を無視すべきである。第二に、経済的なのれんはその経済費用全体で、すなわち償却前で評価すべきであるため、企業買収を考える場合ものれん償却費を考慮すべきではない。

しかしバフェットは、減価償却費はこれとは違い、実体のある経済的費用であるがゆえに、無視できないものであると強調している。バフェットはこのことを説明するために、買収した企業の業績についてバークシャーが株主に説明する際に、なぜ常に一般会計原則が求める取得価格調整をする前の数値で示すのかを解説している。

通常、ウォール街ではキャッシュフロー――（A）営業利益＋（B）減価償却費およびその他の非現金費用――の計算を用いて企業の評価を行う。しかしこの計算方法は不完全であると、バフェットは考えている。営業利益と非現金費用を足したあとに、（C）企業が事業を継続するために必要な再投資額を引くべきだとバフェットは述べている。彼は（C）を定義して「ある企業が長期的な競争力と生産高を完全に維持するために必要な、工場や設備などに対する資本所要投資額」としている。この（A）＋（B）－（C）から導かれる値を、バフェットは「株主利益」と呼んでいる。

（B）と（C）が異なるとき、キャッシュフロー分析と株主利益分析も違った結果となる。ほとんどの企業の場合、通常（C）は（B）よりも大きいため、キャッシュフロー分析は経済的実態を過大評価する結果となりやすい。（B）と（C）が異なるすべての場合において、取得価格調整によって影響を受けるキャッシュフロー分析や一般会計原則上の利益よりも、株主利益のほうが企業業績をより正確に評価できる。それゆえにバークシャーは、買収先企業に関して一般会計原則上の利益やキャッシュフローのみならず、株主利益を補足的に株主に報告しているのである。

会計上のごまかし

会計とは結局のところ様式にすぎないという点は理解しておく必要がある。様式であるがゆえに、恣意的な操作が可能である。バフェットは一九三〇年代にベンジャミン・グレアムによって書かれた風刺を用いて、会計操作がどれほどひどいものとなり得るかを説明している。グレアムが示す「進歩的」な会計手法を用いれば、操業状態や売上高に変化がなく、また現金支出を行わずとも、架空のUSスチール社は見かけ上、「驚異的な利益」を計上できる。グレアムが会計上のまやかしに関して述べている内容は、アメリカ企業が現在頻繁に行っていることと大差がないのである。

一般会計原則には多くの問題がある。しかも二種類の人々が状況を一層悪化させている。すなわち、会計上の解釈を広げることによって一般会計原則の要件を満たそうとする人々と、一般会計原則を故意に利用して経済的な詐欺を働こうとする人々だ。前者は特に厄介である。これに関してバフェットは、ストックオプションの会計上の取り扱いを巡る論争を通じて多くの経営者や会計士の偏狭さが明らかになったことを例に挙げて説明している。例えば、ストックオプションを費用とみなすことに反対する意見を批判しながら、バフェットは簡潔に見解を述べている。「もしストックオプションが役員報酬でないとしたら、それは一体なんなのでしょうか。もし役員報酬が費用でないなら一体何なのでしょうか。もし費用が企業の利益の算出上、無視して良いとするならば、どこでそれを計上したらよいのでしょうか」。これまでのところ、彼はその答えを得られていない。

財務報告における誠実さの追及には限りがない。会計については定期的に新たな仕組みが開発され、多くのアメリカ企業のCFO（最高財務責任者）の顔ぶれは周期的に変わっている。最近広まっているのが「経理操作」のための会計処理である。経営者が収益管理に長年従事することを可能とする操作や、今までにないほどうまくいく巧妙な円滑化の技術全般がこのように呼ばれている。ほかでは、年金債務の計算にあたって必要となる見積もりや、発表された利益に影響を及ぼすような利益や損失をもたらす資産売却の時期である。投資家は警戒が必要だ。

財務情報に関してバフェットが述べたことからはっきり学び取れることは、会計は必要不可欠とはいえ、もともと制約が付き物だということだ。経営者は、企業利益を報告するうえで大きな裁量権を持ち、それを乱用する恐れがあるとしても、投資家にとって財務情報はとても役立つ可能性のあるものだ。バフェットはそれを毎日利用して、何十億も投資をしてきた。つまり、賢明な判断ができるのならば、だれでも入手できる財務情報を使って重要な投資決定を行うことが可能だということである。賢明な判断には、ルックスルー利益や株主利益、内在価値を把握するうえでの調整などが含まれるだろう。

税務

本書の第9章の総まとめには、明らかではあるものの見過ごされることの多い長期投資の税務上のメリットに関する文章を選んだ。なお、人生の二つの確実性との関連で、エピローグでは、自らの寿命に関して述べているバフェットによる数多いジョークの一つを取り上げた——「もし人生を謳歌することで長寿が促進されるとすれば、メトセラ（ノアの洪水以前のユダヤの族長で、九六九歳まで生きたとされる長命者）の記録さえも破れそうな勢いなのです」。この「会長からの手紙」を取り上げたシンポジウムで、バフェットの死亡によってバークシャーの株価にはどんな影響があるのかと質問した人がいた。別の人物が「マイナスに影響するよ」

と答えると、バフェットは間髪入れずに皮肉った。「私にとってのマイナスと比べれば、株主にそう悪影響を与えるものとは思いませんがね」

プロローグ――株主に関する企業原則（一九七九年、一九九六年株主マニュアル――初出は一九八三年、そして一九八八年から毎年、随時修正）

バークシャーの株主はかなり異質な集団であり、それによってみなさんへの報告形式も自ずと影響を受けます。例えば、毎年末、発行済み株式のおよそ九八％を保有する株主が、年初と同じメンバーです。そのため、年次報告書を作成するに当たってはすでに述べたことをくどくどと繰り返すことなく、前年述べたことを基に組み立てていくことができるのです。こうしてみなさんはより有用な情報を得ますし、私たちが退屈することもありません。

さらに、バークシャー株の恐らく九〇％は、この株式を最大保有銘柄として保有する投資家によって所有されています。これらの株主の多くは、年次報告書を読むことに喜んで多くの時間を費やすような人々であり、彼らに対して私たちは、株主の立場になってみて有用だと思える情報を提供しようと努力しているのです。

しかし、四半期報告書には談話を盛り込みません。バークシャーの株主と経営陣は、このビジネスに関して非常に長期にわたりともに歩んできており、長期的な重要性を持つ事柄について目新しいことや異議あることを四半期ごとに述べるのは難しいからです。

みなさんが私たちから何らかの連絡を受けるとき、それはみなさんがお金を支払って企業の運営を任せている人からの連絡です。みなさんの会長は、企業が現在どうなっているのか、C

ＥＯ（最高経営責任者）が自らの事業をいかに評価しているのかに関して、現在および将来的な視点から見たＣＥＯの直接的な言葉を聞く権利が株主にはあるという強い信念を持っています。未公開企業の株主はそうした権利を要求するはずですが、株式公開企業でも同様の権利が与えられてしかるべきです。資産運用者としての役目を果たすべき、年に一回の報告書を、経営者の立場で率直に語るのに適任ではなかろう専門スタッフや広報コンサルタントに一任すべきではないのです。

バークシャー傘下の個々の企業経営者から報告を得る権利を私たちが有していると考えるように、株主であるみなさんもバークシャーに対して同様の報告を得る権利があると思います。当然ながら、報告内容の詳細さは双方の場合において異なります。その情報が商売敵などにとって有用なものと思われるときはなおさらです。しかし、報告がカバーする範囲、内容のバランス、率直さにおいては、ほぼ同様であるべきです。経営者たちから事業報告を受ける場合、私たちは広報コンサルタントが作成したような書類を求めていませんし、私たちもそのような報告書類をみなさんに提出すべきではないと思っています。

多くの場合、企業は互いに理想とするような株主を獲得します。短期的な収益や短期的な市場動向を重視して、そのような面ばかりを株主に報告する企業は、ほとんど同様の要因を重視する株主を引きつけることになります。そして企業がもしも株主を冷遇すれば、投資会社から同様のしっぺ返しを受ける可能性がとても高いのです。

尊敬を集める投資家であり著述家でもあるフィリップ・フィッシャーは、株主を引き付けるための企業の方針を、潜在顧客を引きつけようとしているレストランにたとえました。レストランはファストフード、高級料理店、東洋料理店などの常連の好みを調べ、やがては店に合った人々を顧客として獲得できるでしょう。そうした調査を巧みに行えば、サービスやメニュー、価格に満足した顧客は必ずやリピーターになるはずです。しかし、レストランが店に満足した常連顧客を得られるのは、一貫してその特徴を変えない場合だけです。もしその店がフランス料理と持ち帰り用チキンの間でどっちつかずの状態を続ければ、戸惑いや不満を抱えた顧客が次々と入れ替わる結果になるでしょう。

この話は、企業とその株主の関係にも当てはまります。高い直接利回りや長期的な資産の成長、果ては株式市場における「打ち上げ花火」など、投資の第一目的は人によって異なるため、すべての種類の投資家を引き付けることなどできないのです。

自社株が激しく売買されることを望む経営者たちの主張には当惑します。実際こうした経営者たちは、非常に多くの株主たちが彼らを捨てて別の企業へと絶え間なく乗り換えていくことを望むと述べています。なぜなら、既存の株主を多く失わないことには、別の期待を抱いて投資する株主を数多く獲得することができないからだ、というのです。

私たちにとっては、バークシャーのサービスやメニューを気に入っている、何年も変わらない「常連」株主が理想です。すでにバークシャーで株主としての「席」を得ている人々以上に望ましい株主を得るのは困難でしょう。そのため、経営を理解し、方針に賛同し、期待を共有してくれる株主たちが、今後もほとんど入れ替わらないでほしいと思っています。そして、そうした期待に応えたいと願っているのです。

1．株式会社という形態をとっていても、バークシャーはパートナーシップであると私たちは考えています。チャーリー・マンガーと私は、株主を有限責任のオーナーパートナーとして、また私たち自身のことを無限責任のマネージングパートナーとして位置づけています（保有株式数の多さから、私たちは好むと好まざるとにかかわらず、パートナーシップを管理しているのです）。私たちは、企業資産の究極的な所有者として企業があるのではなく、株主を資産と結びつける導管の役割を果たすものが企業であると考えているのです。

マンガーも私も、みなさんには次のような考え方をしていただきたくありません。つまり、自分は価格が日々小刻みに変動する紙切れを保有しているにすぎず、経済的な、あるいは政治的な不安をもたらすような問題が起きれば、株を売却してしまおうという考えです。そうではなく、例えば、農地やマンションを家族と共同で所有する場合のように、無期限で付き合っていこうと考える企業を部分的に所有しているのだという、明確なイメージを持っていただきたいのです。私たちとしてはバークシャーの株主を、入れ替わりが激しい集団のなかの顔のない人々としてではなく、自分たちの資金を私たちに委ね、残りの人生を通じてその結果を見守ってくれている共同投資家であると思っています。

そして、バークシャーの株主の大半が現実に、長期にわたり株式を保有してくれています。私の保有分を計算から除外したとしても、バークシャー株の年間出来高は、アメリカのその他の主要企業と比較すれば非常に少ないものになっているのです。

事実上、私たちの株主はその持ち株に関し、バークシャー自身がほかの企業に投資をする場合と同様の態度で臨んでいます。例えば、バークシャーはコカ・コーラやアメリカン・エキスプレスの株主ですが、私たちはこの卓抜した両社を支配を伴わないパートナーとして認識しており、その投資に関する成功は、毎月の株価の変動ではなく、長期的な成長によって測っています。実際、もしこれらの企業の株式に関して、数年にわたり一切売買がなされなくても、あるいは価格の値付けがなくとも、私たちはまったく気にかけないでしょう。好ましい長期的な展望があれば、短期的な株価変動はそれが魅力的な価格で保有高を増やせる機会であるということ以外に、私たちにとっては意味のないものなのです。

2．バークシャーにおいては、ほとんどの役員はその財産の大部分をバークシャー株に投資しています。自分たちで作った料理を自分たちで食べているわけです。

マンガーの家族は自己資産のほとんど、私自身は自己資産の九九％以上がバークシャー株です。加えて、私の親戚の多く――例えば、姉妹や従兄弟たち――も、資産のかなりの部分をバークシャーに投資しているのです。

マンガーも私も、全部の卵を一つのバスケットに入れるような、すなわちほとんどの資産を一事業にかけるようなこの状況に、大変満足しています。なぜならバークシャー自体が、多業種にわたる真に卓抜した企業群を保有しているからです。経営権を握っているものもそうでないものもありますが、バークシャーはその保有する企業群の質と多様性において、ほとんどたぐいまれな存在であると私たちは自負しているのです。

マンガーも私も、結果を約束することはできません。でも、みなさんに保証できることがあります。それは、私たちをパートナーとして選び続けるかぎり、皆さんと私たちは財務上の運命共同体であるということです。私たち経営者は高給やオプションを得たいとか、あるいはその他何らかの形で自分たちに優遇措置を設けようなどとは考えていません。パートナーたるみなさんが利益を得るときに、それと同じ割合で利益を得たいと考えるだけです。さらに申し上げれば、私が何かヘマをやったことによって私自身がこうむる損失も、みなさんと同様に保有株式数に応じた額であるという事実が、少しでもみなさんの慰めになれば幸いです。

3．私たちの長期的な財務上の目的（後述の条件が前提となりますが）は、バークシャー株の内在価値の一株当たり平均年間収益率を最大限に高めることにあります。私たちはバークシャーの経済的重要性やパフォーマンスを、企業規模ではなく一株当たりの成長率で測っています。

純資産が非常に大きくなることによって、一株当たりの成長率は将来的には下がるでしょう。そうではあっても、バークシャーの成長率がアメリカの主要企業の平均値を下回ることがあれば、私たちは失望を隠せないことでしょう。

4．私たちが目標を達成するにあたって好ましく思う状態は、多業種にわたる企業を直接的に所有し、それらが現金を生み出し、かつあまねく平均以上の対資本利益率をもたらすことです。それに次いで好ましいのは、私たちの保険会社が、主として公開株を購入することで企業を部分的に所有することです。対象企業株の株価と入手可能数および保険金支払準備金によって、毎年の資本配分が決定されるのです。

近年、私たちは幾つかの企業を買収しました。今後、収穫のない年もあるでしょうが、数十年のうちにはさらに多くの大企業を買収ができたらと思っています。それらの買収先企業の質が過去に買収してきた企業のそれに匹敵するものであれば、バークシャーは十分に報われることでしょう。

私たちが抱えている問題は、現金を稼ぎ出すのと同じスピードでアイデアを生み出さなければならないことです。この点において、株式市場の下落は私たちに大きな利益を提供してくれる可能性が高いでしょう。第一に、弱気相場では企業を買収できる価格が下がる傾向にあります。第二に、私たちの保険会社が優良企業の株を少量購入する場合に――すでに保有している企業株を買い増す場合も含めて——魅力的な価格で購入しやすくなります。そして第三に、コカ・コーラやウェルズ・ファーゴ銀行といった優良企業のなかには自社株買いを恒常的に行っている企業もあり、彼らが安い価格で自社株を購入できれば、彼らにも、そして私たちにも利益になるということです。

全体的にみると、バークシャーとその長期株主は、食料品の価格が下がれば消費者が得をするように、株式市場が低迷すれば利益を得ることになります。ですから、時として市場が急落しても、慌てたり嘆いたりすべきではありません。なぜなら、バークシャーにとっては天からの贈り物なのですから。

5．企業に対する私たちの投資法には二通りのパターンがあること、また従来の会計手法の限界によって、連結収益には真の業績が相対的に反映されづらくなっています。大株主であり経営者としてのマンガーと私は、実際には連結決算の数字を気にしていません。しかし、私たちが経営権を握る各主要企業の収益は重大な意味を持ちますので、みなさんに報告しています。これらの数字や個々の企業に関してお伝えする情報は、それら企業をみなさんが評価されるうえで役立つことでしょう。

簡単に申し上げれば、年次報告書には真に重要な数字や情報だけを記載するように心がけています。マンガーと私はバークシャーの企業群の経営状態に最新の注意を払い、各企業の経営環境の理解に努めています。例えば、ある一社が現在追い風に乗っているのか、それとも向かい風に直面しているのか、マンガーと私はその状況を正確に把握し、かつそれに応じて見込みの修正を行う必要があります。その結果はみなさんにも報告していきます。

私たちが投資してきた実質的にすべての企業は、時とともに期待を上回る業績を上げてきました。とはいえ、期待が外れることもあります。そうしたときも、喜ばしいことをお伝えするときと同様に、誠実さをもってみなさんに報告するつもりです。一般になじみの薄い基準を用いてバークシャーの業績向上をみなさんに示そうとする場合は、その基準の概念、およびなぜそれが重要であると私たちが考えるのかを説明するように努めます。言葉を換えれば、みなさんに私たちの考えを理解してもらうことによって、バークシャーの企業群のみならず、企業経営や資本配分への取り組みについても、みなさん自身に評価してもらえると考えているのです。

6．私たちは会計報告の結果によって経営方針や資本配分を変えることはしません。買収コストがほとんど同じならば、通常の会計基準の下で、会計報告に記載できる一ドルの収益を上げる企業よりも、会計報告に記載できない二ドルの収益を上げる企業のほうにずっと魅力を感じます。このどちらを選ぶかというような場面に、私たちはたびたび直面しています。というのも、企業を買収する（その全収益を会計報告に記載できる）場合には、同じ企業の株式を少量購入する場合（その収益の大部分は会計報告に記載できない）と比較して、購入単位がしばし

ば倍になるからです。私たちが望んでいるのは、会計報告書に記載されない収益のすべてが、時間とともにキャピタル・ゲインを通してバークシャーの内在価値に反映されることなのです。

投資先の留保利益は実際にはバークシャーに分配されていないにもかかわらず、概して完全に分配されたかのような利益を私たちにもたらしている（そしてそれゆえにバークシャーの報告書に記載している）ということが、時がたつにつれて明らかになってきました。こうした喜ばしい結果が得られるのは、私たちの投資先のほとんどが極めて傑出したビジネスを展開しているからであり、彼らは頻繁に資本増強を図って企業内容を大きく向上させ、自分たちのビジネスに役立てたり、自社株買いを行ったりしているのです。たしかに、投資先の資本にかかわる決断のすべてによって株主の私たちが利益を得るというわけではありませんが、全体でみれば、留保利益一ドルに対して、一ドルをはるかに上回る価値が蓄積されているのです。よって私たちは、ルックスルー利益こそがバークシャーの実際的な年間収益を表していると考えています。

7．私たちはあまり借り入れを行いませんが、実際に行うときには、長期固定利率で資金を調達するようにしています。興味ある投資対象があったとしても、バランスシートを上回るような借り入れを行ってまで投資することはしません。この保守的な考え方によって業績にはマイナスの影響を与えていますが、個人資産の多くを託してくださっている保険契約者や貸し手、

そして多くの株主のみなさんに対して私たちが負うべき責任を考えると、それ以外に安心できるやり方はないのです（インディ五〇〇マイルレースのある優勝者が以前言っていました。「一着でゴールするには、まずゴールに着くことさ」と）。

数％の利益を狙って短期的なトレーディングを行うことは、マンガーと私が採用している財務分析手法が許しません。家族や友人たちが望まないもののために彼らの資産や期待をリスクにさらそうなどと、私はこれまで一度も考えたことはないのです。

さらに、バークシャーには低コスト・低リスクで借り入れることができる――リスクを負わずに私たちの株主資本をはるかに上回る資産を所有できる――繰延税と「フロート」（滞留資金）という二通りの資金源があります。フロートとは、バークシャーの保険会社が保険料を徴収してから、損害発生によって保険金支払いの必要が生じるまでの間に、保険会社が預かっている被保険者の資金です。これら二つの資金源は急速な伸びを見せており、現在では総計約一四六〇億ドルあります。

さらに良いことに、この資金調達法は今日までのところコストがまったくかかっていないケースがほとんどです。繰延税には利子がかかりません。そして保険引き受けにおいて損益分岐点に達しているかぎりは、その事業から発生するフロートにかかるコストはゼロなのです。当然、これらは自己資本ではなく、まさに負債です。証文も返済期限もありません。それでも、事実上、運用資産を増加させるという負債のメリットを享受しながら、それによる不利益はこうむらなくてよいのです。

もちろん、今後ともコストなしにフロートを得られるという保証はありません。でも私たちは、同業他社がその目標を成し遂げるのと同程度の可能性はあると考えています。これまでも私たちはその目標を達成してきています（われわれの会長の犯した数々の重大なミスにもかかわらず）が、GEICOを買収したことによって、今や私たちは将来における目標達成の可能性を飛躍的に高めたのです。

二〇一一年以降、追加の借入は公共事業と鉄道の企業に集中すると予想しています。これらはバークシャーに対する償還請求権のない融資です。この場合、私たちは長期の固定金利型融資を好みます。

8．バークシャー経営陣は、株主を犠牲にしてまで「欲しいものリスト」をクリアしていこうとは思いません。株主への長期的な経済的影響を無視するような形で、経営権を取得するべく企業を買収して多角化を図ろうなどとは考えないのです。株主のみなさんが株式市場で直接に投資をして、みなさん自身のポートフォリオを多様化させた場合に得られる価値を慎重に評価して、自分のお金を投資する気持ちでみなさんのお金を運用していくだけです。

マンガーと私は、バークシャー株の一株当たりの内在価値を高めると思える買収にしか興味はありません。支払小切手の金額や事務所の規模は、バークシャーのバランスシートとはまったく関係がないのです。

9．崇高なる意思を持つのは結構なことですが、定期的にそれを結果と照らし合わせるべきだと考えています。留保利益に関しては、例えば、一ドルを長期に留保し続けることによって、市場価値で一ドル以上の価値を株主に分配できるかを判断して、それが賢明な選択かどうかを考えます。今日までのところ「合格基準」に達していますが、私たちは五年複利ベースでこうした判断を怠らずに続けていくつもりです。純資産の増加に伴い、留保利益の賢明なる扱いには困難さが増しているのです。

なお、「五年複利ベース」の部分は違う書き方をすべきでした。この問題について二〇〇九年の年次株主総会で質問を受けるまで誤りに気づいていませんでした。

株式市場が五年連続で急落した際、簿価に対する市場価格プレミアムは時に縮小しました。こうした事態が生じた場合、基準は当てはまらなくなりました。不適切な公式を用いていたのです。実際には、早くも一九七一～一九七五年も基準に当てはまりませんでした。この原則について一九八三年に執筆するはるかに前のことです。

五年複利ベースの基準の達成については次のとおり確認しています。①その期間において簿価の上昇がS&P五〇〇指数の実績を上回っているか、②株価は常に簿価を上回って売られているか、つまり留保利益一ドルが常に一ドルを上回る価値を有しているか。これらの基準が達成された場合に、留保利益が意味を持つこととなるのです。

10．私たちが普通株を発行するのは、企業価値で見たときに、それによって生じるプラスとマイナスが同程度である場合だけです。この原則は、合併や公開株放出ばかりでなく、デットスワップやストックオプション、転換証券も含むすべての発行形態に適用します。私たちはみなさんの企業たるバークシャーを、全企業的にみて矛盾するような形で切り売りしたりはしません。私たちにとって株式発行とは要するにそういう位置づけのものです。

クラスB株式を発行した際、バークシャー株は過小評価されていないと私たちは申し上げました。なかにはショックを受けられた方もいましたが、そうした反応は根拠が不確かなものです。本当にショックを受けるべきなのは、自社株が現実に過小評価されているときに、私たちが株式を発行した場合です。自社株が過小評価されているなどと口にしたり、そうほのめかしたりする経営者は、ほとんどの場合、事実を隠しているか、既存の株主のお金を大切に考えていないかのどちらかです。一ドルの価値を有する株を経営者が故意に八〇セントで売れば、不当な損害をこうむるのは株主たちなのです。クラスB株式の発行に際して、私たちはこの種の犯罪行為は行っていませんし、今後も一切するつもりはありません（しかし、私たちは売却に際して株価が過大評価されるとは言っておりませんが、多くの報道では私たちがそうしたことを述べたと書き立てました）。

11．マンガーと私がある姿勢を貫くことによって、バークシャーの業績に損害を与えていることを、皆さんには十分にご承知しておいていただきたいと思います。その姿勢とは、バークシャーが所有している卓抜したビジネスについては、その株価にかかわらず、一切売るつもりがないということです。芳しくないビジネスであっても、それが多少の現金を生み出し、またその経営陣や労使関係が好ましいものだと感じていれば、それを積極的に売りたいとは思いません。また、芳しくないビジネスを買ってしまうような資本配分上の判断ミスも、繰り返したいとは思いません。ですから私たちは、「大きな資本支出を行えば、業績の思わしくないビジネスが満足のいく収益率を回復できる」という誘いには慎重に対処します（誠実な人物が目の眩むような計画を持ちかけてきたとしても、お粗末なビジネスに大きな資金を追加すれば、ほとんどそれは流砂の上でもがいて終わるものなのです）。とはいっても、ジンに酔ったような、将来性の不確かなビジネスから切り捨てていくような経営手法は好みません。そうしないことによって業績全体が多少下がったとしても、私たちはそちらを選ぶのです。

私たちは現在に至るまで、ジンに酔ったような経営手法はとっていません。実に二〇年にわたる苦闘の末、一九八〇年代半ばに繊維事業から手を引きましたが、その唯一の理由というのは、今後も営業損失を垂れ流し続けるであろうと感じたからでした。しかし、私たちは、法外な価格で売れるかもしれない工場を売ろうと考えたことはありませんし、問題解決に向けて力は注いでも、なかなか成長しない企業を切り捨てたこともないのです。

12．みなさんに報告を申し上げる際には、企業価値を評価する上で重要となるプラスとマイナスをはっきりと示し、率直な態度で臨むよう心がけています。私たちが指針としていることは、もしも私たちとみなさんの保有株式数が逆の場合、私たちが知りたいと思うであろう企業情報をみなさんにお伝えするということです。私たちのみなさんへの「借り」は小さいものではないのです。さらに言えば、大規模なメディア通信企業を擁する企業として、私たち自身が報告を行うときに、その正確さやバランス、厳格さにおいて手ぬるい基準を採用することは、私たちが保有している新聞社の記者たちがニュースを発信するときに同様の基準で行うこと以上に許されないものなのです。また、経営者として率直な態度を取れば、それ以外でも得るものがあると考えています。というのも、他人を公然と欺くCEOは、結局は自分自身をも欺くことになりかねないからです。

バークシャーが「大風呂形式」の会計手法や経理操作を行っていないことは、みなさんご承知のことと思います。私たちは、四半期ごと、あるいは毎年の業績を「調整」することはありません。本社に報告された数字がデコボコであれば、みなさんにもそのままお伝えします。また、保険会社にとっては宿命的なことですが、報告された数字が非常におおまかな「予想値」であるようなときには、筋道の通った保守的なアプローチをもって対処しています。

私たちがみなさんとお互いの意思伝達を図るには、いくつか方法があります。年次報告書においては、報告書としての限られたスペースで私が伝えることのできる、価値評価に役立つ最大限の情報を株主に届けようと心がけています。インターネット上で公開している四半期の報告書でも——リサイタルは年に一回で十分ですのでこの報告書は別の者が書いていますが——重要かつ密度の濃い、豊富な情報をお伝えしたいと思っています。さらに重要なコミュニケーションの機会、それはバークシャーの年次株主総会です。マンガーも私も、五時間あるいはそれ以上にもおよぶ時間をかけて多くの質問に答えられるこうした機会があることを、うれしく思っています。しかし、意思の疎通を図れない方法も一つあります。それは一対一でのやりとりです。バークシャーの株主が何千人といることを考えれば、それは実行不可能なことなのです。

みなさんとのコミュニケーションを図るときには、一人たりともほかの株主より優遇することがないよう留意しています。世間では慣例的に行われている収益の「指針」や、それ以外の当社の価値にかかわる情報をアナリストや大株主だけに伝えるようなことはしません。すべての株主が同時に同じ情報を得ることが、私たちの理想なのです。

13．率直であることが私たちの信条ですが、こと有価証券の売買に関しては、法に触れない程度までしかお話しするつもりはありません。投資に関する良い案というのはそうそう出合えな

い価値のあるもので、素晴らしい製品や企業買収案と同様、競合者に盗用されやすいのです。ですから通常、投資案件を口外することはありません。これは私たちが買うと根拠なく噂されている株式についても、すでに売却したものについても同じ（なぜならばまた買い直す場合もありますので）です。根拠ない噂に対して私たちがそれを否定しながらも、別の機会には「ノーコメント」と言った場合は、その言葉は前言を確認するものになるからです。

特定の株式銘柄に関する話を好まないのは今も同じですが、私たちの企業哲学や投資哲学については惜しみなく公開します。私自身、金融史上最も偉大な師であるベンジャミン・グレアムの知的な寛大さによって、計り知れない利益を享受しました。彼自身そうであったように、知識を他人に伝えることでバークシャーにとって手ごわい投資上の競争相手を作り出すことになったとしても、そうしたほうがいいと信じているからです。

14．バークシャー株主のみなさんには株式保有期間を通じて、市場における株価の変動と一株当たりの内在価値とが常に比例していることを、可能なかぎり記録してもらいたいと思います。その二つが比例するためには、バークシャー株の内在価値と市場価格が一定の相関関係を保つ必要があり、私たちの望みはそれが一対一となることです。このことからお分かりのように私たちは、バークシャーの株価が「高い」というよりは「ほどほどの」レベルにあってほしいと考えています。当然ながら、マンガーも私も株価を自由に変動させることなどできません。でもしかるべき方針を持ち、かつ意思の伝達を行えば、株主のみなさんに知的かつ合理的な行動を促し、引いてはそれによって株価も合理的なものとなるのです。株主によっては「過大評価されるのは過小評価されるのと同じくらい悪い」という私たちの考え方を好まない方もいるかもしれません。しかし、こうした手法を取ることによって、企業経営者の投資ミスによってではなく、企業の成長によって利益を得たいと考える長期株主を引きつけることができると、私たちは信じているのです。

15．私たちはバークシャーの一株当たり簿価の増加率とS&P五〇〇指数を定期的に比較しています。私たちはこの基準を長期間にわたって凌駕したいと望んでいます。そうでなければ、なぜ投資家は私たちの株式を必要とするのでしょうか。しかしこうした評価方法には欠点があります。さらに、今や前年との比較は以前ほど意味を持ちません。これは、私たちの保有する株式の価値がS&P五〇〇指数とともに変動する傾向にあり、純資産に占める保有株の割合が以前よりはるかに小さくなっているからです。さらに、S&P五〇〇株価指数の算出にあたって対象銘柄の価格の上昇は完全に算入される一方、バークシャーの保有する株式の上昇分については六五%しか算入されません。これは連邦税のためです。したがって、私たちは株式市場が精彩を欠いた年にはS&P五〇〇指数を上回り、市場が好調であった年には下回ると予想しています。

第1章

コーポレートガバナンス（企業統治）

Corporate Governance

経済番組に出演するマンガー（左）とバフェット

毎年開かれる年次総会の多くは、株主にも経営者にとっても時間の無駄にすぎないものです。企業の本質にかかわるような事例を開示したくないと考える経営者にとっては、それは当然の思いでしょう。総会が非生産的なものとなる原因は、多くの場合、企業の問題よりも自分が壇上で話すことばかりに気を取られるような出席株主にあります。ビジネスに関する討議をすべき場が、素人芝居、恨みのはけ口、あるいは議論を擁護するための場と化してしまっているのです（これはどうにもならない現実です。人は株価を払った見返りとして、話を聞かざるを得ない立場の観客に対して、いかに世界を動かすかについて得々と語るものなのです）。こうした状況の下、自分自身にしか関心を持たない株主の常軌を逸した言動によって、企業に関心を持つ人々の出席率は下がり、総会の質は年々、低下の一途をたどっているのです。

しかし、バークシャーの株主総会は違います。出席者数は年々増加していますし、つまらない質問や自己中心的な批判などはいまだ経験したことがありません（続く本文中には、年次総会への出席株主数について言及している個所がいくつかある。出席者数は一九七五年の一二人から一九九七年には約七五〇〇人へと増加しており、二〇〇〇年代初めには一万五〇〇〇人を越え、二〇〇八年には三万五〇〇〇人、二〇一五年には四万人に達している。一九八四年以降は徐々に増加する傾向にある）。出される質問は、ビジネスに関する多岐にわたる思慮深いものばかりです。年次株主総会とはこのような人々のための場ですから、マンガーも私もどれほどの時間がかかろうと、株主の質問に答えることをうれしく思っています（しかし、株主総会以外で手紙や電話で寄せられる質問にはお答えすることはできません。なぜならば、もしそれぞれに別個の報告を行えば、何千人もの株主を抱える企業にとって、それは経営者の時間の有効活用とは言えないからです）。事業に関する事柄のうち年次株主総会で機密とされているものは、わが社が大きな損失を被るとすればどの投資案件によってか、ということだけです。証券投資がその主要な例となるでしょう（一九八四年の手紙の導入部分）。

A．完全で公正な開示（二〇〇〇年、二〇〇二年）

バークシャーにおいて完全な開示というのは、もし私たちが逆の立場であれば教えてほしいと望む情報を提供することです。そのような状況では、マンガーも私も現在の事業に関するあらゆる重要な事実を示してもらうとともに、事業の長期的な経済特性について、CEO（最高経営責任者）から率直な見解を聞きたいと願うでしょう。財務の詳細が十分に示されることや、解釈を必要とする重要な数値については話し合うことも期待するでしょう。

マンガーも私も報告書を読む際、個人や工場、あるいは商品の写真に興味はありません。EBITDA（利息支払前、税引前、減価償却前、のれん償却前営業利益）に関して述べた部分については身震いを感じます――この経営者は歯の妖精が資本支出を支払ってくれる（訳注　抜けた子供の乳歯を枕の下に入れておくと夜のうちに妖精がやってきてお金に換えてくれるという言い伝え）とでも思っているのだろうかと（第6章「Ｅ．株主利益とキャッシュフローの詭弁」を参照）。私たちは、会計手法が曖昧であったり、不確かであったりする場合には大いに疑ってかかります。経営者が何かを隠そうとしているため、そのような記述となっていることがあまりにも多いからです。そして、広報担当部門やコンサルタントによる説明を読むことは望んでいません。そうではなく、何が起きたのかを企業のＣＥＯが自分の言葉で説明することを期待しているのです。

私たちにとって公正な報告とは、三〇万人の「パートナー」が同じ情報に同時に接するか、あるいはできるかぎりその水準に近い状況を指します。そのため、私たちの年次報告書や四半期報告書は、金曜日の市場が閉じてから翌朝までの間にインターネット上で公開しています。こうすることによって、株主や関心のある投資家は重要な発表を時宜を逃さずに把握し、その情報の内容を月曜日に市場が開くまでに程よく時間をかけて解釈することができます。

最近までＳＥＣ（証券取引委員会）の委員長を務めていたアーサー・レビット・ジュニアが、近年ガンのように広まってきた「選択的開示」という企業の慣行を厳しく取り締まったことに、私たちは心から拍手を送ります。たしかに、アナリストや大株主に対し、企業が実際に予想する正確な値、あるいはそれを若干下回る値で収益予想を「案内」することは事実上、一般的な慣行となっています。企業が小出しにほのめかしたり、目くばせをしたりうなずいてみせたりすることで、利に聡い機関投資家やアドバイザーは投資指向の個人投資家よりも多くの情報が得られることになります。これは誤った行いですが、残念なことにウォール街とアメリカ企業では受け入れられているのです。

レビット委員長は、投資家の行動に関してさまざまな努力をたゆみなく効果的に重ねてきました。そのおかげで、今や企業はすべての株主を同じように扱うことが求められています。この改革が企業の良心からではなく、外部からの強制によってもたらされたという事実はＣＥＯとＩＲ担当部門にとって恥ずべきことです。

さらにもう一つ意見を述べさせてください。マンガーも私も、ＣＥＯが自らの会社の成長率を予想することはごまかしであり、危険なことだと考えています。もちろん、アナリストや会社のＩＲ担当部門からは予想を行うように、頻繁に求められます。しかし、彼らに煽り立てられても抵抗すべきです。こうした予想によって問題が生じることが、あまりにも多いからです。

ＣＥＯが自ら個人的な目標を持つことは結構です。また、ＣＥＯが将来の希望を公に示すことも、適切な警告を付け加えたうえであれば悪くはないでしょう。しかし、例えば一株当たり利益は長期的に年率で一五％増加すると大手の企業が予想することは、問題を招きます。

これは本当のことです。なぜならば、成長率の大きさが維持できるのは、大企業が非常に小さな予想数字を示している場合だけだからです。ちょっと調べてみましょう。例えば、一九七〇年から一九八〇年までの期間における利益の上位二〇〇社について、どれだけの会社がそれ以降年率一五％の一株当たり利益の増加を達成しているかを一覧にして見てみましょう。わずか一握りにも満たないはずです。二〇〇〇年の利益上位二〇〇社のうちで、その後の二〇年も一株当たり利益の年率換算増加率一五％を達成するのは一〇社に満たないというほうに大金を賭けても構いません。

高い予想値によってもたらされる問題は根拠のない楽観論を広めることだけではありません。それ以上に問題となるのが、こうした予想によってCEOの行動が退廃的なものとなることです。発表した利益目標を達成するため、CEOが合理的でない経営操作に関与した多くの実例を、マンガーも私も長年にわたり目にしてきました。しかもなお悪いことに、あらゆる操作の手立てを尽くしたあとで、「数字を作る」ためにさまざまな会計上のお遊びを繰り広げることもありました。こうした会計上のごまかしは雪だるま式に膨らんでいきます。企業が無理に利益を計上した会計期間から次の会計期間に移った場合、その後に生じた営業利益の不足を埋めるためにはさらに会計操作を行う必要があります。その場合の操作は一層「大胆」なものとなってしまうはずです。これらはごまかしにとどまらず詐欺行為になりかねません（お気づきのとおり、銃口ではなくペン先を使って多くのお金を盗んできたわけです）。

マンガーも私も魅力的な予想を語り、投資家に言い寄るCEOについては疑ってかかる傾向があります。先見的な能力のある経営者も何人かはいます。しかし、そのほかの経営者は、最後には先天的に楽天家であるかペテン師だということが分かるでしょう。残念ながら、投資家にとって自分たちがかかわっているのがどちらの種類の人間なのか、前もって知ることは容易ではありません。

投資家のみなさんに三つ提案があります。第一に、会計に疎く見える企業には用心してください。企業が依然ストックオプションの費用を計上していなかったり、年金コストの想定が現実的でないものであったりする場合には注意が必要です。経営者が目に見える部分で恥ずべきことを行っているのなら、陰でも似たようなやり方をしている可能性が高いのです。台所にゴキブリが一匹しかいないことなどほぼありません。

ＥＢＩＴＤＡについて吹聴することは特に悪質な慣行です。減価償却費は「非現金」費用であることを勘案すれば、それは真の費用ではないと暗に分かるはずです。これはバカげたことです。実際には、減価償却費は特に魅力の低い費用です。そこに示される現金支出は、手に入れた資産が企業に利益をもたらす前に前払いで支払われています。今年初めに企業が全従業員の今後一〇年間の給与をすべて支払うことを想像してみてください（この場合、企業は現金を耐用年数一〇年の固定資産として扱うことになります）。それ以降の九年間、見返りとなるのは「非現金」の費用――すなわち、今年積み上げられた見返りとなる資産の減額です。形式的な記帳にすぎない二年目から一〇年目までの費用の記録についてだれが論じたいと思うでしょうか。

第二に、年次報告書の難解な脚注は、その経営者が信頼できないことを示す場合が多くあります。脚注やそのほかの経営に関する説明事項が理解できないのは、たいていの場合、ＣＥＯがそれを望んでいないからです。エンロンの一部の取引について書かれた部分は今でも首を傾げたくなります。

最後に、利益予想や成長予想を吹聴する企業は疑ってください。企業が平穏で予期しないことが何も起きない状況で経営されることはめったになく、利益が苦もなく予想できることなど断じてありません（もちろん、証券会社の作った資料のなかなら別ですが）。マンガーも私も、私たちの会社が来年どれだけの利益を上げるかは今のところ分かりません。それどころか、次の四半期についてさえも分からないのです。私たちは将来のことが分かると繰り返すＣＥＯを疑います。そして、公に打ち出した目標を一貫して達成し続けているのならまったく信じられないと考えます。「数字を作る」ことを常に約束している経営者は、ある時点で数字を捏造する誘惑に駆られることになります。

Ｂ．取締役会と経営者（一九八八年、一九九三年、二〇〇二年、二〇〇四年、一九八六年、一九九八年、二〇〇五年）

私たちが身近に見てきている「投資先企業のＣＥＯたちの能力」は、幸いにも傍観者として眺めることができるその他大勢のＣＥＯたちの能力とは際立った違いがあります。その他大勢のＣＥＯは時として、明らかにその職にふさわしくない行動をとります。それにもかかわらず、彼らの地位は、そのほとんどが保証されています。企業経営における最大の皮肉とは、能力に欠けるＣＥＯは、能力に欠けるほかの低い地位の者よりも、その椅子を守るのははるかに容易だということです。

毎分最低八〇の単語をタイプできることを条件に雇われた秘書が、現実には毎分五〇の単語しかタイプできなければ、彼女は即刻解雇されるはずです。この職には論理的な基準が存在するために、能力を簡単に測ることができ、その基準に達していなければその人はアウトです。同様に、新たに雇われた販売員が早々にそのノルマを達成できなければ、彼らも首になります。言い訳はお客の注文の代わりにはならないのです。

しかし、何の成果も上げずにいつまでもその地位にとどまっているＣＥＯはたくさんいます。その理由の一つに、ＣＥＯという職に関する業績の評価基準を設定している企業がほとんど存在しないことが挙げられます。基準が存在したとしても、それは曖昧なものであることが多く、ＣＥＯの能力不足が重大かつ明白な場合ですら、基準が撤回されたり言い逃れをして済ませることもあるのです。あまりに多くの企業のボスは、経営業績という矢を放ったその後に、矢が当たった場所の周りに急いで標的の中心を作り直すという行為をしているのです。

あまり知られてはいませんが、司令官たるＣＥＯと歩兵たる部下たちにはもうひとつの大きな違いがあります。それは、ＣＥＯにはその業績を評価すべき直属の上司が存在しないということです。使えない人間が多くいる営業部隊を統括する営業部長は、たちまち彼自身が窮地に陥ることになります。ですから、人員採用上の失敗を取り除くことが彼の直接の関心事となります。そうしなければ、自分の地位を失うことになるからです。能力不足の秘書を採用した事務担当責任者も、同様の憂き目に遭います。

ＣＥＯにも取締役会という上司に当たるものがありますが、取締役会自身が自らを評価することもまずなければ、多くは標準に満たない企業業績を言い訳するための場であったりします。取締役会が採用上のミスを犯してそのミスを抱え続けたからといって、だから何だというのでしょうか。たとえそうした失敗によってその企業が買収されたとしても、その際の契約によって、去りゆく経営陣は恐らくかなりの恩恵を得ることでしょう（その数が多ければ多いほど、取締役会は愚かな行動を取るものなのです）。

最後になりますが、取締役会とＣＥＯは、意見を述べ合える関係にあることが理想です。取締役会においてＣＥＯの業績を批判することは、多くの場合、一般社会において人前でゲップをすることに等しいのです。つまり、事務担当責任者が能力不足のタイピストにマイナス評価を下せるのとは違って、ＣＥＯにマイナス評価をして、足かせをはめることはほとんどできないのです。

私は何も、ＣＥＯや取締役会すべてを非難しているわけではありません。そのほとんどは有能かつ勤勉で、なかには本当に傑出した人々もいます。それらの人々も経営上の失敗をしてきましたが、マンガーと私が永久にその株を保有するつもりでいる会社の経営陣とかかわりを持てたことには感謝しています。彼らは自らの企業を愛し、株主の立場でものを考え、誠実さと能力がにじみ出るような人物なのです。

年次株主総会では、「もしあなたがトラックにひかれるようなことがあれば、この会社はどうなってしまうのですか」という質問がよく出ます。株主のみなさんがいまだにこういう形でこの種の質問を投げかけてくださることを、私はうれしく思っています。そう遠くない将来、この問いかけはこう形を変えて質問されるかもしれません。「もしあなたがトラックにひかれるようなことがなければ、この会社はどうなってしまうのですか」と。

総会に限らずこういった質問を受けたとき私は、最近話題となっているコーポレートガバナンス（企業統治）について話すことにしています。全般的にみて、近年経営者たちは背筋をこわばらせ、また株主たちは少し前とは変わって、より真の企業所有者として扱われるようになっています。しかし、コーポレートガバナンスについて語る評論家たちは、上場企業ならば必ずどこかに分類される経営者と株主の関係についての根本的に異なる三つのパターンを区別することはめったにありません。取締役会の法的責任は徹頭徹尾変わりませんが、変化をもたらす能力は取締役によって異なります。注目を集めるのはほとんど取締役の法的責任ばかりなのです。バークシャーは現在第二のケースに属し、将来的には第三のケースとなると思いますので、三つすべてに関してお話ししたいと思います。

第一のケースは、そしてほとんどの企業がこれに該当しますが、経営権を握る株主が存在しない企業の取締役会の場合です。この場合、企業経営陣は、不在にしている株主が一人いて、彼の長期利益をさらに高めていくことに最善を尽くすつもりで経営にあたるべきであると、私は考えています。しかし残念ながら、「長期」であるということは経営陣に多くの逃げ道を与えることになります。もし彼らが自己判断のできない誠実さを欠いた人々であれば、株主の長期利益のために努力していると口では言いながら、株主にひどい損害を与えることもできるのです。でも取締役が正しく機能して、月並みか、あるいはそれ以下の経営者にきちんと対処していくべきだという前提に立てば、賢明なる大株主が存在すればきっとそうするように、取締役たちには経営者の首をすげ替えるべき責任があります。そして、能力はあっても図に乗って株主の財産をかすめ取ろうとするような強欲な経営者がいれば、取締役たちがその手をピシャリと叩くべきなのです。

こうした明らかなケースにおいては、好ましくない状況を察知した取締役は、ほかの取締役たちに自分の意見を述べるべきです。もし彼が説得に成功すれば、取締役会には適切なる経営者交代を行う力があることの証明です。でも、もし不幸なことに説得に失敗したらどうなるでしょう。そのとき彼は遠慮なく、自分の考えを株主たちに伝えようとすべきです。しかし、そんなことをする取締役は無論ほとんどいません。実際上こうした批判的な行動を取るような気質を、多くの取締役たちは持ち合わせていません。当然ながら、その取締役が不服を申し立てれば、彼の意見に反対の取締役たちから強い反駁を受けるかもしれないので、つまらない主張をして立ち向かうことを思いとどまってしまうのです。

今述べたような取締役会では、例えば一〇人以下といった比較的少ない人数で構成し、かつそのメンバーのほとんどを社外取締役とするべきだと私は考えます。社外取締役というのは、ＣＥＯの業績に対する基準を制定すべき人々であり、またＣＥＯのいない状況で定期的に集まって、彼の業績をそうした基準に照らして評価すべきなのです。

取締役会のメンバーとしての必須条件は、事業に精通し、自分の職務に関心を持ち、株主本位に行動することです。ほとんどの場合、単に彼らが有名であるとか、毛色の違う人間を加えるためといった理由で、取締役が選任されています。この慣習は正すべきです。さらに言えば、取締役会の選任を誤ることは、極めて深刻な問題です。なぜなら、ひとたび任命したものを取り消すことは非常に困難だからです。愛想の良い魂の抜けた取締役たちが職を失う心配はまったくないのです。

二番目は、バークシャーのように、経営権を握る株主がＣＥＯを兼ねているケースです。企業によっては、持ち分に対して不均等な議決権を付与する二種類の株式が存在することで、この第二のケースに該当することがあります。このような状況で明らかなことは、取締役会が株主と経営者の間に立つ代理人の役目を担うことはなく、また本人を説得する場合を除き、取締役たちには経営者を交代させる影響力がないということです。そのため、大株主たる経営者が月並みか、あるいはそれ以下の能力しかなくとも――あるいは、度を越した振る舞いをしても――異議を唱えることを除けば、取締役にはほとんど手の施しようがないのです。大株主たる経営者と何ら利害関係を持たない取締役が先頭に立って抗議すれば、いくらかは影響力があるかもしれません。でもその可能性はとても低いのです。

もし状況に変化がなく、問題がいやというほど深刻である場合、社外取締役は辞職すべきです。彼らが辞職することで、経営者に対する疑念をほかに知らしめ、社外取締役すら大株主たる経営者の能力欠如を正すことができないという事実を際立たせることになるのです。

三番目は、経営権を握る大株主が存在しても経営に参加しないケースです。ハーシー・フーズやダウ・ジョーンズなどがこれに該当しますが、このケースでは、社外取締役は潜在的に有利な立場に立ちます。経営者の能力や誠実さに疑問を抱いた場合に、彼らは自分たちの不満をオーナー（取締役会の一員の場合もある）に直訴することができます。こうした立場こそが社外取締役としての理想です。なぜなら、彼はその問題を一人の、そして恐らく興味を持って話を聞くであろうオーナーに持っていけばよく、オーナーはその話に納得すれば、即座に状況を変革することができる人物だからです。しかし、疑問を抱いた取締役が踏める手順はほかにありません。重要な問題に関して納得できない状況が続けば、辞職以外に道はないのです。

論理的に考えて、最高の経営環境が保証されるためには、第三のケースが最も効果的です。第二のケースでは、オーナーが自分自身の首を切ることはあり得ず、また、第一のケースでは、経営者が凡庸であったり多少の度を越した行動をとっても、取締役がそれに対処するのは非常に困難な場合が多いからです。疑問を抱いた取締役が不幸なことに、もし取締役会の過半数の賛成を得られなければ――経営者の行動が、不快ではあるが言語道断とまでは言えない程度である場合は特にそうであるように、社会的また組織的には困ったことになりますが――、彼らの手と手は事実上、結ばれることになるのです。実際、こうした状況に陥った取締役の多くは、自分ならもう少しはマシにやれると周囲に語ることで、自分自身を納得させているのです。一方、経営者に足かせがはめられることはないのです。

第三のケースでは、オーナーは自分自身を裁くこともなければ、過半数を得ようと努力する必要もありません。また社外取締役が取締役会にとって有益な存在であることを疑う必要もありません。それと引き換えにこれら社外取締役は、理にかなった忠告をすれば、強硬に抵抗する経営者によって息の根を止められることなく、その忠告をきちんと聞いてもらえるのだと考えることができます。経営権を握るオーナーが賢明かつ自分に自信を持った人物であれば、能力主義に基づいた、株主に利益を与えるような企業経営に関する決断を下すでしょう。さらに言えば――そしてこれは非常に重要なことですが――、そうした人物ならば自分が犯した過ちを躊躇なく正すことができるのです。

現在バークシャーは第二の方式で運営され、その状況は私がその機能を果たせるかぎり続くでしょう。ついでに述べさせていただくと、私の健康状態は良好です。好むと好まざるとにかわらず、あとしばらくはオーナー兼経営者であり続けることになりそうです。

経営者の能力と忠実さは長い期間にわたって監視する必要があります。実際、キリストは二〇〇〇年近くも前にこの問題について取り上げています。ルカ伝一六章二節において、「ある裕福な男」が自分の家令に、「会計の報告を出しなさい。そうでなければ、もう管理を任せておくことはできません」と告げたことをもっともだと認めているのです。

この一〇年間で責任を果たす能力と管理の責務はすっかり影が薄くなり、巨大なバブルに取りつかれた人たちは経営者の質にあまり重きを置かなくなりました。株価が上昇するにつれ、経営者の行動の基準は悪化しました。その結果、九〇年代後半まで、CEOはハイウエーを走っているかのように渋滞に悩まされることはありませんでした。

これは注目すべきことですが、ほとんどのCEOはみなさんの子供たちの資産の受託者または隣人として喜んで迎えていただけるような人々です。しかしＣＥＯのなかには、近年職場で良くない行動をとる者があまりにも増えており、数字をごまかし、さほど良くもない業績に常識を外れた報酬が支払われています。

知性ある慎み深い取締役たちはなぜこれほどまでに落ちぶれてしまったのでしょうか。それは法が不適切であったからではなく――取締役たちが株主の利益を代表する義務を負っていることは常に明確にされてきました――私が「会議室の空気」と呼んでいるもののためです。

例えば、とてもお行儀の良い人たちが集まる会議室で、ＣＥＯを交代させるべきかどうかという問題を提案することはほとんど不可能です。同じように、ＣＥＯがＯＫを出した買収の提案に疑問を投げかけることも気まずいものです。特に、内部のスタッフと外部のアドバイザーが出席し、口をそろえてＣＥＯの提案に賛成しているのであればなおさらでしょう（もし賛成していなければ会議室にはいないでしょう）。最後に、報酬委員会――高額の報酬を受けているコンサルタントの後押しがあるのが常です――がＣＥＯに巨額のストックオプションを与えると報告する場合、一人の取締役が委員会に再度検討するように提案することは夕食会の席でゲップをすることと何ら変わりはありません。

ＣＥＯを出席させずに外部の取締役たちが定期的に会合を持つべきだという考えは、こうした「社交上の」困難を踏まえたものです。こうした改革は現在行われており、私が強く勧めていることです。しかし、このほかの新しいガバナンス規則や提案は、導入にかかる金銭的、あるいはその他のコストと見合う効果が得られないものがほとんどなのではないかと、私は考えています。

私が現在不満を感じているのは「独立した」取締役という考え方です。独立して考え、意見を述べる取締役が望ましいというのはたしかにそうでしょう。しかし、こうした取締役は、事業に精通しており、興味を持つとともに、以前の手紙に記したとおり、株主本位でなくてはなりません。

私はこの四〇年以上の期間に、バークシャーを除いて、一九社の企業の取締役会に加わり、恐らく二五〇〇人ほどの取締役とやりとりをしてきました。その大部分は、今日の定義によれば大部分が「独立」していました。しかし、こうした取締役たちの大部分は、私が高く評価している三つの資質のうち少なくとも一つが欠けていました。その結果、こうした取締役たちが株主の幸福に貢献する度合いは良くても最小限にとどまり、多くの場合は不利益をもたらしました。

こうした取締役は慎み深く知性もあるのですが、事業について十分に知らないか、あるいは株主に十分配慮していないために、バカげた買収案件や途方もない報酬に疑問を持たないのです。私自身の振る舞いについても、残念ながら至らないことが多かったと付け加えなくてはなりません――私からみれば株主の利益を損なうと考えられる提案が経営者から出された際、何も言わなかったことがしばしばありました。独立性よりも仲間意識のほうを優先してしまったのです。

「独立性」を欠いてしまう場合について理解を深めるために、数千社を対象とした六二年間の事例研究について考えてみましょう。一九四〇年以降、投資会社（その大半は投資信託〔ミューチュアルファンド〕です）の取締役はその相当数を独立した取締役とすることが連邦法で求められています。当初この割合は四〇％でしたが、現在は五〇％になっています。いずれにしても、通常の投資会社は長い期間にわたって独立しているとされた取締役たちが運営してきました。

独立した取締役、そして取締役会全体は数多くの形式的な義務を負っていますが、実際に重要な責任は二つだけです。できるだけ有能な投資運用会社を獲得し、手数料をできるだけ安くするようその投資運用会社と交渉することです。もしあなたが投資機会を自ら探しているのであれば、この二つの目標だけが重要であり、ほかの投資家の代理人として振る舞っている取締役たちもまさに同じ優先事項を抱えることとなります。しかし、独立した取締役の場合はどちらの目標についてみても、その実績はまったく情けないものでした。

何千社もの投資会社において取締役会が毎年開かれ、彼らが代理人を務める何百万人もの保有者の貯蓄を運用する会社を選ぶという必須の業務を遂行しています。毎年、投資信託Aの取締役は運用会社Aを選び、投資信託Bの取締役は運用会社Bを選ぶ、というように、運用者を選ぶ形式だけの手続きがまるでゾンビのように繰り返されているのです。取締役会が反抗するのはごくわずかな場合だけであり、ほとんどの場合、サルがシェイクスピアの作品をタイプしたあとで、「独立した」投資信託の取締役が別の運用会社に資産を運用させようと提案するのです。これはたとえ現在の運用会社がずっと平凡な実績を上げていた場合でも同じです。もちろん、もしその投資信託が取締役自身の資金を扱っている場合、取締役たちは別の投資顧問を探すでしょう。しかし、他人の受託者となっている場合にはそのような考えが浮かぶことはけっしてないのです。

投資信託の運用会社――A社としておきましょう――が巨額の資金と引き換えに運用会社Bに売却された場合、偽善が染みわたった体制がはっきりと明るみに出ることになります。今や「独立した」取締役たちは「逆の新事実」を経験し、探しうる範囲では運用会社Bが一番良いと決めることになります。たとえB社が過去にも利用できた（そして無視されていた）としても、です。また、運用会社Aを買収したあとでB社は支払うことになった金額よりもはるかに安い報酬で以前にBを雇うこともできたはずだということは、それほど偶然でもありません。これはB社がA社を獲得するという幸運に恵まれた結果、B社は今やその取引の一部として「誕生した」A社の株主が支払う手数料によってそのコストを回収する必要があるためです（投資信託事業についての素晴らしい考察についてはジョン・ボーグル著『インデックス・ファンドの時代―アメリカにおける資産運用の新潮流』［東洋経済新報社］を参照）。

投資会社の取締役たちは運用報酬の交渉にも失敗してきました。あなたか私に権限があるのであれば、ほとんどの投資信託の現在の運用会社と交渉し、簡単に運用報酬を引き下げさせることをお約束しましょう。そして、私を信じていただきたいのですが、運用会社が報酬の引き下げを実現させると約束した場合、ちまたでは報酬の引き下げが相次ぐことでしょう。しかし現在の制度の下では、報酬の引き下げは「独立した」取締役たちにとっては何の興味もなく、一方、運用会社にとっては報酬を引き上げることこそがすべてなのです。したがって、だれが勝者となるのか考えてみてください。

もちろん、投資信託にとって運用報酬を引き下げることよりも適切な資金運用会社を擁することのほうがはるかに重要です。とはいうものの、いずれも取締役にとって重要な仕事なのです。そしてこれらすべての重要な責務への取り組みについて、何万人もの「独立した」取締役たちが六〇年以上にもわたり、悲惨にも失敗してきました（しかし自らを守ることについては成功してきました。ファミリーファンドの各々のファンドのすべての取締役会に名を連ねることで、報酬は合計で実に一〇〇万ドル台に達することもしばしば見られました）。

現状に著しい懸念が抱かれる一方で取締役たちが意に介していない場合、必要とされるのは強力な対抗する力です。そして、これは今日のコーポレートガバナンスに欠けている要素です。二流のＣＥＯを解任し、有能なＣＥＯに代えることによって問題を解消するにはオーナー、それも大口のオーナーが必要です。これを実行するのはそれほど複雑なことではありません。株式の保有はこの数十年集中が進んでおり、今日では、問題が生じた場合でも機関投資家がその意思を行使することが容易になっています。二〇社か、あるいはこれよりもさらに少数の大手機関投資家が足並みをそろえて行動を取り、浅ましい行為を見逃してきた取締役たちへの支持を差し控えるだけで、特定の企業のコーポレートガバナンスを有効に改革することができるのです。こうした集団による行動こそが、経営者の受託者責任を有効に改善しうる唯一の道なのだと考えています。

コカ・コーラ社の一部の法人株主やそのアドバイザーは、私がコカ・コーラの「独立した」取締役としての資質を欠いていると判断しました。あるグループは、私を取締役会から外そうとしましたし、ほかのグループは私が監査委員を辞めることを望んでいました。

私がまず驚いたのは、後者の意見を支持しているグループに密かに資金が提供されていたことでした。なぜだれかが監査委員になりたいと思ったのかは、私には分かりません。しかし、取締役にはいずれかの委員を割り振らなくてはならず、私に報酬委員を務めてもらいたいと思うCEOなどだれもいなかったため、多くの場合、監査委員が私の割り当てとなってきました。結局のところ、私に反対した組織は失敗し、私は監査委員として再任されることとなったのです（投票の数え直しが求められましたが撃退しました）。

一部の組織が私の「独立性」に疑問を呈したのは、特に、マックレーンとデイリークイーンがコカ・コーラの製品を大量に購入していたことが理由とされました（彼らはペプシを選んでほしいのでしょうか）。しかし、「独立した」という言葉はウェブスターの辞書では「他者による支配に従わないこと」と定義されています。バークシャーが保有する八〇億ドルのコカ・コーラ株が堅調に推移しているというのに、どう考えればコカ・コーラの製品を買ったからといって私の意思決定が「支配」されているという結論になるのか、私には訳が分かりません。少しばかりでも合理性があれば、私がコカ・コーラの経営者ではなく、オーナーに心を捧げていることは初等の算術からでも明らかに分かることでしょう。

私は、抗議を並べ立てる組織よりもキリストのほうが「独立」の意味をはるかに分かりやすく言い換えているのだと言わざるを得ません。キリストはマタイ伝第六章二一節で次のように述べています。「あなたの宝のあるところに、あなたの心もあるのです」。機関投資家の場合であっても、八〇億ドルは「宝」としての資格があるはずであり、コカ・コーラとの日常の取引からバークシャーが獲得する収益を左右しかねないものです。

聖書の基準からみれば、バークシャーの取締役会は模範的なものです。（A）すべての取締役が少なくとも四〇〇万ドルの株式を保有する家族の一員であり、（B）これらの株式はバークシャーからストックオプションによって受け取ったものでもなければ与えられたものでもなく、（C）取締役は少額の年収のほかには委員会報酬、コンサルティング報酬、あるいは取締役会報酬などを受けておらず、（D）標準的な企業補償制度を設けているにもかかわらず、取締役への保険負債はまったく抱えておりません。バークシャーでは、取締役会のメンバーは株主と同じ道を歩いているのです。

マンガーも私も、聖書の「宝」の部分を確認する多くの振る舞いを目にしています。私たちがこれまで会議室で経験してきた多くのことから考えると、最も独立していない取締役というのは取締役としての報酬が年収の大きな部分を占めている（そしてほかの会社の取締役として推薦を受け、収入をさらに高めたいと望んでいる）人々である場合が多いようです。しかし、取締役会のなかでまさにこうした人々がしばしば「独立した」取締役として分類されています。

彼らの多くはまともな人たちで、最上級の仕事をします。しかし、生計を脅かす行為となれば、阻止したいとの誘惑に駆られることもあるでしょう。そのような誘惑に負けてしまうこともあるかもしれません。

そのような状況が起きてしまった例を考えてみましょう。私が直接経験したことですが、最近、X社がある会社（バークシャーではありません）から買収の提案を受けました。この提案にはX社の経営者が賛成しており、その会社の投資銀行も大いにほめそやし、この数年間売買されている（あるいは現在売買されている）株価を上回る水準で実施される予定でした。さらに、何人かの取締役たちがこの取引に賛成し、株主に提案したいと望みました。

しかし、年間総額一〇万ドルを超える取締役報酬や委員会報酬を受け取っている一部の取締役が提案を断りました。このため、この数十億ドル規模の提案について、株主が知ることはなかったのです。経営者ではない取締役たちは会社から受け取った株式以外はほとんど株を保有していませんでした。X社の株価はそれまでずっと買収提案を受けた価格よりもはるかに安かったにもかかわらず、この取締役たちが市場で購入したのはほんのわずかでした。言い換えるならば、自己の勘定で少額のX社株を安く買う機会があっても一貫して断り続けていたにもかかわらず、この取締役たちはX社が高く売れる買収案件を株主に提案したくなかったのです。

株主に買収の申し出を知らせることに反対した取締役がだれなのか私は知りません。しかし、一〇万ドルが「独立した」とみなされている取締役の年収の大きな割合を占めていることは知っています。これはまさにマタイ伝第六章第二一節にある「宝」の定義に当てはまるものなのです。もし取引が成立していれば、その報酬の支給は終わってしまったでしょう。

反対した取締役の動機が何だったのかは株主も私も知る由はありません。事実、自己の利益によって必然的に内省がぼやけたものとなってしまうのであれば、そうした取締役自身も分からない可能性が高いでしょう。しかし、一つだけ分かっていることがあります。取引を却下したその取締役会で、取締役報酬の大幅な引き上げが承認されたのです。

バークシャーの副会長であるチャーリー・マンガーと私には、偽りなく二つの仕事しかありません。一つは傑出した経営者を引き留めて、私たちの多岐にわたる事業を運営し続けてもらうことで（もう一つの資本配分については第2章と第6章で論じている）、これはそう難しいことではありません。経営者は通常、私たちが買った企業の経営者そのままで、彼らの手腕は、さまざまなビジネス上の状況をこなしてきた実績によって明らかだからです。彼らは私たちと知り合うずっと以前から優れた経営者であり、私たちにできる主なことは、彼らの邪魔にならないようにすることなのです。これが基本的な対応でしょう。なぜなら、例えば、私がゴルフチームの監督で、ジャック・ニクラウスかアーノルド・パーマーが私のチームでプレーしてくれるというとき、彼らのどちらにもスイングについて私がアドバイスすべきことがないのと同じだからです。

バークシャーの主たる取締役のなかには、バークシャーとは無関係に裕福な人たちもいます（みんながそうなると良いのですが）が、そのことで彼らの興味が失われる恐れはありません。彼らは自分の仕事を愛し、卓越した業績を上げるスリルを味わいたくて働いているのです。彼らは間違いなく株主の立場で考え（これは取締役に対する最高の賛辞です）、自分の仕事に魅力を感じているのです。

（私たちの仕事に関する情熱と同様の情熱を持った人の話です。カトリック信者の仕立て屋は、何年もかけてコツコツと貯めたお金をはたいてバチカン宮殿への巡礼の旅に出ます。彼が旅から戻ると、実際に彼が目にしたローマ法王の話を聞こうと、村の人々は特別な集会を開きます。熱心な信者が尋ねます。「ねえ、一体、彼はどんな人だったんだい」。われらが英雄は必要最小限しか口にしません。「四四のMサイズ」）

マンガーも私も、選手さえ優秀ならば、ほとんどのチームマネジャーも同じく優秀に見えるものだということを知っています。私たちはオグルビー＆メイザーの創始者である天才デビッド・オグルビーの「自分よりも小さい者を雇えば、会社も小さくなる。しかし、自分より大きい者を雇えば会社も大きくなるのだ」という言葉を信奉しているのです。

現在のような経営スタイルをとることによる副産物として、バークシャーの活動範囲を容易に広げられるようになったことが挙げられます。一人の監督者の下で何人までの人が働けるかについて調べた経営学の論文を読んだことがありますが、私たちにとって何ら参考にはなりませんでした。自らの職務に情熱を傾け、優れた人格を備えた経営者たちに事業経営をそれぞれ任せた場合、たとえあなたに事業報告をしてくれる人が一二人以上だったとしても、まだ昼寝をする余裕があります。その逆に、報告してくる人間がたった一人だったとしても、狡猾で無能な人であったり、職務に関心のない人ならば、あなた自身も何かしないわけにはいかないでしょう。現在の経営者たちと同じような資質を有した経営者ばかりであれば、マンガーと私は現在の倍の経営者たちと仕事をすることができると思います。

好ましく、かつ尊敬できる人物としか仕事をしないというやり方を、私たちは曲げるつもりはありません。このポリシーを守ることによって、高収益の可能性を最大限にできるばかりではなく、並外れて楽しい時間が保証されるからです。他方で、胃がむかむかするような人々と仕事をするのは、まるで金目当てに結婚するようなものです。恐らくどんな状況下でも良い考えとはいえないでしょうが、すでにあなたが財産を築いているのなら、尊敬できない人と仕事をするのは完全に血迷っているとしか言いようがありません。

バークシャーにおいて、例えばナイスリーのような（彼はＧＥＩＣＯのＣＥＯを見事に務めています）優れたＣＥＯに対して企業の経営方法を説くことは愚の骨頂だと感じています。余計な干渉をしてしまうと、バークシャーの大半の取締役は私たちのもとで働いてくれなくなるでしょう（大体、私たちのもとで働く取締役は七五％程度がバークシャーとは無関係に裕福であるため、他人のために働く必要はないのです）。それに加えて、彼らは実業界のマーク・マグワイアであり、どのようにバットを持っていつ振ればよいのか私たちが教える必要はないのです。

しかし、バークシャーが株式を保有することで、最高の取締役ですらさらに効率を高めることができるかもしれません。第一に、私たちは通常ＣＥＯの仕事とされているような儀礼的で非生産的な活動をすべてなくしています。バークシャーの取締役は全体として自らの仕事に専念しています。第二に、私たちが取締役に与えるのは使命は単純です。会社を経営する際には、①自らがその会社を一〇〇％保有していると考える、②その会社があなたやあなたの家族が持つ資産のすべてであり、この先もそうであると考える、③少なくとも一世紀の間はその会社を売ったり、合併を行ったりしてはならない――というものです。当然ながら、私たちは彼らに対して、例えわずかであっても、会計の問題を考慮して決定を変えるべきではないと伝えています。バークシャーの取締役には、何を重視するのかを考えてほしいのです。それがどのように計算されるか、ということではありません。

バークシャーと同じような使命に基づいて経営を行っている上場企業のＣＥＯはごくわずかにすぎません。これは、オーナーが短期的な見通しと報告された利益にこだわっていることが主な理由です。しかし、バークシャーには素晴らしい株主の基盤があり――これは今後数十年間変わらないでしょう――、投資期間は上場企業で考えうる最も長い期間を想定しています。たしかに、私たちの株式の大半は、一生保有し続けようとする投資家が持っています。そのため私たちは、次の四半期の利益ではなく、最大限長期にわたる価値を追求する経営を行うようＣＥＯに求めることができます。たしかに、私たちは現在の事業の結果を無視してはいません――ほとんどの場合、それは非常に重要だと考えられます――が、より大きな競争上の強みを築き上げることを犠牲にしてまで、短期的な成果を達成しようとは思っていないのです。

ＧＥＩＣＯの事例はバークシャーのやり方が効果的であることを示すものだと考えています。マンガーも私も、ナイスリーには何も教えていません――そしてこれからもそのつもりです――が、重要なことに才能をすべて発揮できるような環境を作りました。ナイスリーは取締役会や記者会見、あるいは投資銀行家の説明や金融アナリストとの面談に時間と労力を費やす必要はありません。さらに、金融、信用格付け、あるいは一株当たり利益についての「ウォール街の」予想について一瞬たりとも考える必要はないのです。バークシャーの所有権の構造のおかげで、こうした事業の枠組みが今後数十年間続いていくこともナイスリーは分かっています。この自由な環境のなかで、ナイスリーもＧＥＩＣＯもほとんど無限とも言える可能性をそれに見合う業績へと変えていくことができるのです。

私たちの事業の競争力は、日々さまざまな形で変化し、弱まることもあれば強まることもあります。私たちが顧客に喜びを与えているのであれば、不必要なコストを削り、商品やサービスを充実させることで私たちの強みは増すでしょう。しかし、顧客に無関心であったり、顧客の不満が高まっていたりする場合には、私たちの事業は衰えることになります。一日当たりでみれば、私たちの行動がもたらす影響はわずかなものです。しかしこれが積み重なれば、非常

に大きなものとなるのです。

このようなほとんど目立たない行動の結果として長期的な競争力が高まる現象について、私たちは「堀の拡張」と呼んでいます。そして、そのようにすることは、私たちが今後一〇～二〇年の間に取り組む予定としている事業では不可欠なのです。もちろん、私たちは常に短期的により多くの利益を稼ぎ出したいと望んでいます。しかし、短期と長期がかち合う場合には、まず堀を広げるほうを取るのです。

経営者が短期の利益目標を達成するために誤った決定を下し、その結果、コスト、顧客満足度、あるいはブランド力の面で不利な状況に陥った場合、その後いかにうまく運ぼうとも被った損失をあがなうことはできないでしょう。今日の自動車と航空産業の経営者が陥っているジレンマについて考えてみましょう。彼らは前任者から引き継がれた大きな難問に取り組んでいます。マンガーはベンジャミン・フランクリンの「一オンスの予防薬は一ポンドの治療薬の効果がある」という言葉を好んで使います。しかし、過去の過ちがいかなる治療薬をもってしても克服できない場合もあるのです。

C．工場閉鎖の苦悩（一九八五年、二〇〇六年）

私たちは繊維部門を閉鎖する決定を七月（一九八五年）に下し、この愉快とはいえない仕事は年末までにほぼ完了しました。この企業の歴史は教訓的なものです。

私がゼネラルパートナーを務める、投資パートナーシップであるバフェット・パートナーシップ・リミテッドがバークシャー・ハサウェイ社の経営権を取得したとき（一九六五年）の簿価は、二二〇〇万ドルで、そのすべてが繊維業に使われていました。しかし、繊維事業では、資産の簿価に見合った収益を上げることはできず、企業の内在価値は帳簿価格よりかなり低くなっていました。実に、バークシャー社とハサウェイ社が合併企業として運営してきたこの過去九年間は、総売上高五億三〇〇〇万ドルに対し、実質収支は一〇〇〇万ドルの赤字という結果に終わりました。収支がプラスとなることも時折ありましたが、結果は常に「一歩進んで二歩下がる」ような状況だったのです。

私たちが同社を購入した当時、南部の繊維工場――そのほとんどは労働組合を持たない――の競争力はかなり強いというのが定説でした。北部の繊維工場はすでにほとんどが閉鎖されており、私たちも繊維部門を閉鎖するだろうと思われていました。

しかし、古くからの従業員で真っ先にその名が挙がったケン・チェースに同社を任せれば、もっと良い業績を上げられるであろうと私たちは考えました。この点においては、百パーセント間違いはありませんでした。チェースとそのあとにその職を引き継いだギャリー・モリソンは、利益を上げているグループ企業の経営者に一歩も劣らない一流の経営者でした。

一九六七年初め、繊維部門から得られた現金を投じてナショナル・インデムニティ社を購入し、保険業への参入を果たしました。その際の資金には、収益のほかに、受け取り勘定手形や固定資産、さらには繊維製品在庫への投資を減らしたことによる資金も含まれていました。この「計画的撤退」作戦は、後から見れば賢明なものでした。なぜなら、チェースの経営手腕によってかなり業績は向上しましたが、周期的に好転はしても、繊維事業はついぞ儲かる事業にはならなかったからです。

バークシャーの事業の多様化が進み、次第に繊維事業の全体に占める割合が小さくなる一方、徐々に繊維部門の業績不振が私たちの全体収益を圧迫し始めました。一九七八年の年次報告書のなかで述べた（そして機会をとらえては述べてきた）、私たちが繊維事業を続けてきた理由は、「①ニューイングランド地方における一大雇用主である、②経営陣は誠実で、問題点の報告を怠らずそれに精力的に対処してきた、③直面している問題に関して、労働者たちが協力的で話が分かる人々である、④繊維事業は、資金投入によって相応の現金収益を上げられるはずである」――ことでした。さらにこうも申し上げました。「これらの状況が続くかぎりは――また私たちがそう信ずるかぎりは――資本を振り向けるべきさらに魅力的な投資対象に巡り合おうが、繊維事業を続けていく所存です」と。

④について大きな間違いであったことが判明しました。一九七九年はほどほどに収益を上げましたが、それ以降は多額の現金を費やすこととなりました。一九八五年半ばまでにその状況は変わらないであろうことが明らかとなりました。運営を引き継いでくれる買い手を見つける

ことができれば、たとえそれによって正味の手取金が多少減ることになろうとも、清算よりは売却の道を必ずや選んだことでしょう。しかし、私が最終的に認識した「経済状況」は、ほかの人々にとっても周知のことであり、だれ一人興味を示す人はいなかったのです。

利益率をわずかに上げるためという理由だけで、収益が普通以下のビジネスを整理しようとは、私は考えません。しかし、桁外れに業績を上げている企業でも、将来も損失が続くであろう事業に資金を投入し続けることは同様に適切ではないと思います。アダム・スミスなら前者の考えに賛成しないでしょうし、カール・マルクスなら後者に反対でしょう。私にとって居心地が良いのは、その中間辺りなのです。

再度申し上げますが、繊維事業経営を成功させようとするにあたって、チェースもモリソンも精力的かつ機知や構想力に富んだ人物でした。継続的に収益を上げようと、彼らは生産ラインや機械配置、流通を見直しました。また、大きなシナジー効果（相乗効果のこと。これは無意味な買収を正当化するために広く用いられる経済用語です）を期待して、ウォンベック・ミルズの合併という大掛かりな買収も行いました。でも結局は、それらすべてが失敗に終わり、もっと早くに手を引かなかったことで私は非難されても仕方ありません。最近のビジネス・ウィーク誌に、一九八〇年以降二五〇もの繊維工場が閉鎖されたという記事がありました。そのオーナーたちが、私の知らなかった業界内情に通じていたというわけではありません。単に客観的視点からそうしたのです。私はフランスの哲学者であるコントの忠告「知性ある人間は感情のしもべとなるべきであるが、その奴隷となってはならない」に逆らって、自分の信じたいことを信じてしまったのです。

コモディティビジネスと化したアメリカ国内の繊維産業は、生産能力が過剰状態にある「世界の市場」で闘っています。私たちが抱えていた問題の源は、直接的にも間接的にも、アメリカ人が受け取る安い賃金のさらに数分の一で働く労働者を擁する外国企業との競争にありました。といって、私たちが企業を閉鎖したのは、労働者たちが悪いからだと言っているのではけっしてありません。実際にアメリカ企業全般と比較して、その他の繊維企業と同様、私たちの労働者は低賃金で働いていました。労使交渉の場でも、組合員たちはみな会社の不利なコスト状況に敏感に反応し、非現実的な賃上げや非生産的な労働条件を強く要求してくるようなことはありませんでした。その逆に、彼らはバークシャーの競争力を高めようと、私たちと同様に努力してくれました。その姿勢は事業の清算期間中でさえ変わりませんでした（皮肉なのは、組合側が数年前に非合理的な行動をとっていれば、財政的にはずっと楽だったろうということです。そうであれば、後に私たちが直面した抜き差しならない状況を事前に察知して、その時点で工場を即座に閉鎖し、重大な損害を免れていたはずだからです）。

これらの期間を通じて、繊維部門における資本支出を増加させ、それによってさまざまな経費を多少なりとも抑えるという選択肢がありました。そしてすべての計画案が、即座に効果を上げるように思われました。実際、標準的な投資収益分析によれば、これらの計画案のほとんどは、ほぼ同じ資本支出によって高収益を上げている私たちの製菓会社や新聞会社よりも、はるかに大きな経済効果を確実なものにしていたからです。

しかし、繊維部門に投資することで利益を上げるという計画は非現実的なものでした。国内外を問わず、多くのライバル企業が同様の資本支出に踏み出しており、その数が一定数に達すれば、彼らの到達した低コストが基準線となり、業界全体の製品価格を押し下げたからです。各企業の資本投資決定は、企業ごとにみれば合理的かつ費用効率を高めるものでしたが、業界全体で見れば、お互いの首を絞める非合理的な決定だったのです（これは、パレードを少しでもよく見ようと、全員が背伸びをするようなものなのです）。一通りの企業が投資を完了すると、みんながそのゲームによって多少のお金を手にしましたが、収益が停滞していることに変わりはありませんでした。

こうして、私たちは不幸な結論に至りました。莫大な資本投資を行えば繊維部門を閉鎖せずに済んだかもしれませんが、そうすれば微々たる利益のために永久に資本を投じ続けることになったでしょう。さらに言えば、投資を行ったとしても、労働力が安いという外国企業の重大なる強みは変わることがなかったはずです。しかし投資を行わなければ、国内の同業他社と比較しても競争力は下がる一方でしょう。私は、自分は常に、ウディ・アレンがある映画で語った状況に置かれていると思っていました――「人類は歴史上、常に岐路に直面している。道の一本は自暴自棄とまったくの絶望へと続き、残された道は完全なる死滅へと続く。正しい選択をするための知恵がわれわれに備わっていることを祈ろう」。

コモディティビジネスを行う企業にとっての「投資すべきか、投資せざるべきか」というジレンマがどのようにして尽き果てるものなのかを知るには、二一年前も現在も変わらず繊維メーカーのトップに君臨しているバーリントン・インダストリー社の例がとても参考になります。一九六四年、バークシャーの五〇〇〇万ドルに対して、バーリントン社は一二億ドルの売り上げを計上していました。同社は流通と生産の両面でバークシャーには足元にも及ばないような強みを有しており、もちろん収益面にもその差が表れていました。一九六四年当時の同社の株価は六〇ドル、対してバークシャーは一三ドルでした。

バーリントンは繊維事業を徹底して推し進めるという方針を下し、一九八五年には約二八億ドルの売り上げを記録しました。一九六四年から一九八五年までの期間に、同社は三〇億ドルという国内繊維企業としては異例の額を資本支出に投じましたが、それは一株六〇ドルに対して二〇〇ドル以上を割り当てた計算になります。その資本支出のかなりの部分は、コスト改善と事業拡大に費やされたはずです。繊維事業を貫くというバーリントン社の基本理念を考えれば、この資本決定は極めて合理的なものと言えると思います。

にもかかわらず、二〇年前と比較して、バーリントン社は売上高の多くを失ったうえに、対売上収益も純資産額も激減しています。一九六五年に二対一の株式分割が行われた同社株の株価は現在三四ドルで、調整後の株価は一九六四年の六〇ドルからわずかに上昇したにすぎません。そしてその間に、消費者物価指数は三倍以上に上がっており、すなわち一九六四年末に同社株が有していた購買力は三分の一に下がっています。定期配当は支払われてきていますが、それとて購買力の低下とともに大幅に減額となっているのです。

株主にとって惨憺たるこの結果が示すものは、誤った前提に対して多くの知力とエネルギーを注げばどうなるかということです。この状況をうまく言い当てているのは、サミュエル・ジョンソンの馬の話です。「一〇まで数えられる馬は優秀な馬ですが、優秀な数学者にはなり得ません」。同様に、あざやかな資本配置を行う繊維企業は注目すべき素晴らしい繊維企業ですが、素晴らしいビジネスにはなり得ないのです。

私自身のこれまでの経験と、今までさまざまな企業を見てきたことから導き出した私の結論は、経営業績（経済的収益の観点から見て）で良い結果を出すためには、乗り込んだボート（ビジネス）をいかにうまく漕ぐかということよりも、どのボートに乗り込むかということのほうがはるかに重要だということです（とはいえもちろん、知性と努力がどんなビジネスにおいても大きな助けとなることに変わりはありませんが）。もしもあなたの乗っているボートがいつも水漏れを起こしているようならば、その修復に労力を費やすよりも、ボートを乗り換える努力をするほうが、よほど生産的でしょう。

すべての事業が利益を増やすものとは限りません。業界の基本的な経済環境が悪化しつつある場合でも、才能ある経営者であれば利益を減らす割合を抑えることができるかもしれません。しかし結局のところ、天才的な経営者であっても外部環境の悪化を乗り越えることはできないでしょう（「優れたビジネスマンとしての名声を得たいのであれば、必ず優れた事業に取り組むようにしなさい」と一人の賢明な友人が遠い昔に言っていました）。そして、新聞業界の外部環境は間違いなく悪化しており、このため私たちの保有するバッファロー・ニューズの利益は減ることとなりました。破滅への道が続いていくことは間違いないでしょう。

マンガーと私が若かったころ、新聞事業で莫大な利益を上げることはアメリカで暮らすのと同じくらいたやすいことでした。「私の幸運はアメリカの二つの偉大なる仕組みによってもたらされたものです。その二つとは独占と縁故主義です」と、あまり聡明とはいえないある有名な新聞事業者は言っていました。どんなに商品が粗悪であろうとも、どんなにまずい経営を行っていたとしても、一つの都市に一つの新聞しかないのであれば、あふれんばかりの利益を得ることができたのです。

新聞業界の驚異的な利益については簡単に説明することができます。二〇世紀の大半の期間において新聞はアメリカ一般大衆の主な情報源でした。テーマがスポーツであろうと、金融や政治であろうと、新聞は一人勝ちになっていました。同様に重要だったのは、新聞広告が求人の機会を見つけたり、町のスーパーマーケットの日用品価格を知ったりするための一番手っ取り早い方法だったということです。

そのため、家族のほとんどが新聞は毎日必要だと感じていましたが、当然ながら二紙を並行してまで読みたいとはみんな思っていませんでした。広告主は一番発行部数の多い新聞に広告を掲載したいと考え、読者は広告と記事が一番豊富な新聞を読みたいと思っていました。こうして、新聞業界というジャングルの法則――すなわち「最も太った奴が生き残る」という法則が生まれたのです。

したがって、大都市に二紙以上ある場合（一〇〇年前にはこれがほぼ普通でした）、抜きん出たところがたいてい一人勝ちとなりました。競争がなくなったあとは、その新聞が広告についても販売についても思うがままに料金を決めることができたのです。広告主に対しても読者に対しても一般的には年間広告料と購読料が引き上げられ、利益が増えることとなりました。オーナーにとっては経済的な天国とも呼べる状態となったのです（興味深いことですが、新聞というのは定期的に――そしてしばしば批判的な論調で――例えば、自動車業界や鉄鋼業界が多くの収益を上げていることを取り上げていますが、触れるものすべてが金に変わったというミダス王のような自分たちの状況を読者にはけっして知らせません。何たることでしょう……）。

しかし私はかなり以前、一九九一年の株主宛の手紙で、こうした世間とかけ離れた状況は変わりつつあるとして次のように述べました。「このメディア事業は……私や業界の人々、あるいは債権者がわずか数年前に考えていたほど素晴らしいものではないことが分かるでしょう」。新聞業界の一部の人間は、この発言とそれに続く警告を不快に感じたようです。新聞社はまるで止まることないスロットマシンのように商売を続けました。実際のところ、知性ある多くの新聞社の重役は、世界中で起こっている重要な出来事を絶えず記録し分析する一方で、自分の鼻先で起きていることには目をつぶるか無関心を装っているのです。

しかし、今やほとんどすべての新聞社のオーナーが、世間の注目を集めるための競争で徐々に足場を失いつつあることを理解しています。簡単に言えば、ケーブルテレビや衛星放送、さらにはインターネットが先に登場していれば、私たちの知っている新聞というものは恐らく存在しなかっただろう、ということです。バークシャーの世界では、スタン・リプシーはバッファロー・ニューズの経営について素晴らしい働きを見せましたし、編集者のマーガレット・サリバンについては大いに誇りに感じています。バッファロー・ニューズは、わが国の大新聞では最も深くその市場に浸透していました。また、バッファローの人口は少なく、景気は良くありませんでしたが、財務面でも私たちはどんな大都市の新聞よりもうまくやってきました。

それでも、この事業への圧力が弱まることはなく、利ザヤは減りました。たしかに、私たちはバッファローでは中心的なオンラインニュース事業を営み、依然多くの利用者を引きつけ、広告も集まっています。しかし、新聞社のウェブサイトは、経済的な可能性の面では――代わりとなる情報源や娯楽はたくさんあり、ワンクリックで手軽に無料で利用できることを考えると——過去の競争がない時代に印刷された新聞から得られたものに比べれば良くてもごくわずかにすぎないでしょう。

地元の住民からすれば、プロのスポーツチームを持つことと同様に、都市の新聞社を保有することで今でも手っ取り早く評判を高めることができます。典型的には権力と影響力を持てるのです。これは多くのお金持ちの人たちに共通する魅力的な行動です。公共心のある資産家ならさらに、新聞社を地元の人間が保有することは地域社会に大いに役立つと考えるかもしれません。ピーター・キューイットが四〇年以上も前にオマハの新聞社を買ったのはこのためです。

私たちは、有名なプロのスポーツチームの経営権を買っている人たちを見かけますが、こうした買い手のように経済的な面にこだわらない個人が現れて新聞社を買ってくれるのではないかと考えています。しかし、向上心のある新聞王は注意深くなくてはなりません――新聞社の収入が経費を下回ることがなく、損失が急拡大することがないという法則などありません。新聞社の事業の固定費は高く、発行部数の減少は悪材料となります。例えば、プロのスポーツチームの所有権が持つ社会的な価値や威信はこれまでも将来も変わらないでしょうが、新聞の重要性が薄れるにつれ、新聞社を保有する「精神的な」価値は下がるでしょう。

取り返しのつかない資金の流出がなければ、以前述べたとおり新聞社を持ち続けると思います。マンガーも私も新聞は大好きです――一日に五回も読んでいます――し、自由で精力に満ちあふれた新聞社は偉大なる民主国家を維持するための重要な要素だと信じています。私たちは印刷物とオンラインの組み合わせによって、新聞業界が置かれている経済的な破滅への道を避けたいと考えています。そして、バッファローで持続可能な事業モデルを発展させるよう鋭意取り組んでいきます。私たちはうまくいくと信じています。しかし、新聞社から莫大な利益が得られた日々は終わったのです。

D. 社会契約（二〇一〇年に翌年の変更を加味、二〇〇九年）

私たちが保有する2つのとても大きな事業であるBNSF（バーリントン・ノーザン・サンタフェ・レイルロード・コーポレーション）とミッドアメリカン・エナジー（後にバークシャー・ハサウェイ・エナジーに社名変更）は、ほかの多くの事業とは違った重要な共通の特性を有しています。両社の重要な特徴は、極めて息の長い規制された分野に巨額の投資を行っているものの、これらを賄う長期の債務についてバークシャーは保証を付していないということです。私たちは信用の供与を行う必要はありません――両社の事業は収益力があり、事業環境が非常に悪いなかでも必要な金利を十分に支払うことができます。

両社に対する規制は非常に多く、どちらも工場や設備への大規模な投資ニーズは尽きることがありません。また、いずれの会社も地域の評判を高め規制を順守するために効率的で顧客に満足を与えるサービスを提供する必要があります。その代わり、両社は将来の資本投資によって合理的と考えられる利益を獲得することが確実に認められるべきです。

鉄道はわが国の将来にとって不可欠のものです。鉄道はアメリカの都市間貨物輸送の四二％（トン／マイルで測定）を担っており、ＢＮＳＦはほかの鉄道会社よりも多くの量――業界全体のおよそ二八％を扱っています。ざっと計算すれば、アメリカ全体の都市間輸送の一一％以上をＢＮＳＦが担っているのです。人口が西部に移っていることを考えると、私たちが引き受けている割合は若干高まっているかもしれません。

こうしたことをすべて考え合わせると、私たちは大きな責任を担っているということになります。私たちはアメリカ経済の流通機構のなかで重要にして欠くことのできない部分となっており、二万三〇〇〇マイルに及ぶ線路と、それに付随する橋やトンネル、エンジンや車両をたえず維持し、改善していかなくてはなりません。この仕事をするにあたって、私たちは社会のニーズに対応するだけではなく、予想もしていかなくてはなりません。社会的な義務を果たすために、私たちは毎年減価償却費をはるかに上回る支出を行っています。二〇一一年の場合、その超過額は二〇億ドルに達するでしょう。私たちは莫大な追加投資に釣り合うだけの妥当な見返りを手にすることができると確信しています。賢明な規制と賢明な投資はコインの裏表の関係なのです。

私たちはミッドアメリカンでも同様の「社会契約」に加わっています。顧客の将来的なニーズに応えるために、さらに多くの金額を投資することが期待されています。その一方で信頼のおける効率的な営業を行えば、こうした投資から公平な見返りが得られることを私たちは理解しているのです。

ミッドアメリカンは二四〇万のアメリカの顧客に電力を供給しています。アイオワ、ワイオミング、ユタでは最大の事業者で、ほかの州でも重要な電力供給会社として営業しています。また、私たちのパイプラインでは、アメリカの天然ガスの八％を輸送しています。何百万ものアメリカ国民が毎日私たちを頼りにしてくれているのです。

ミッドアメリカンは、オーナー（バークシャーの持ち分は八九・八％）に対しても、顧客に対しても素晴らしい成果を上げています。ミッドアメリカンは二〇〇二年にノーザン・ナチュラル・ガス・パイプラインを買収しました。その直後において同社のパイプラインとしての業績は、この分野の第一人者の評価によると四三社中四三位と最下位でしたが、最近発表された報告書では第二位となることができました。ちなみに、第一位となったのは私たちが保有する別の会社のカーンリバーです。

電力事業については、ミッドアメリカンと比較できる記録があります。私たちはアイオワ州の会社を一九九九年に買収していますが、それ以降、アイオワ州では電気料金を上げていません。アイオワ州のほかの主要電力会社は同じ期間に七〇％以上も料金を引き上げ、今では私たちの料金を大きく上回っています。ある大都市では電力会社二社が並んで営業していますが、私たちの顧客が受け取る請求書の金額は近所の人たちと比べてはるかに低いものです。住宅についても、私たちの営業地域の同じような住宅と比べるとはるかに高い価格で売られていると私は聞いています。

ミッドアメリカンは二〇一一年末までに風力によって二九〇九メガワットの発電を行う予定です。これはわが国で規制を受けるほかの電力会社を上回ります。ミッドアメリカンが風力発電に投資または投資を予定している総額は五四億ドルにも達しています。私たちがこうした投資を行うことができるのは、ミッドアメリカンがすべての利益を留保しているためです。ほかの電力会社が一般的には稼いだ金額の大半を払い出さなくてはならないのとは異なります。

ミッドアメリカンは一貫して社会との契約当事者として責任を果たしており、社会からの信頼によって報われています――幾つかの例外を除いて、私たちが資本の投資額をたえず増やしていかなければならないなかで、公平な見返りを獲得することを規制当局も速やかに認めてきました。今後私たちは、地域の役に立つためにできることすべてを期待どおりの方法で行っていくでしょう。その一方で、私たちが投じた資金からはそれに釣り合う見返りが得られると信じています。

私たちは、電力会社の場合のように大衆と鉄道事業の間にも「社会契約」が存在すると考えています。いずれかがその義務を怠れば、両者が苦しむことは避けられません。したがって、契約の両当事者は、相手に正しい振る舞いを促すような態度で臨むことが有益だと理解するべきであり、そして理解するようになると私たちは信じています。最高級の電力と鉄道網がなければ、わが国は経済的な潜在力を完全に近い形ですべて実現することはできません。それを実現させるために、私たちは自らの役割を果たしてまいります。

E. 株主主体で行う企業の慈善事業（一九八七年、一九八一年〔一九八八年に再出〕、一九八一年、一九九〇～一九九三年、一九九三年、二〇〇三年）

最近の調査によると、アメリカの主要企業の約五〇％が、その取締役の行う慈善行為に資金を（時にはその三倍を）援助しています。実際、株主の代表者たるこれら取締役たちは、株主にはなんら相談することなく、自分の気に入った慈善事業に資金を注いでいます（もし立場が逆で、株主が選んだ慈善事業に自分のポケットマネーが好き勝手に使われたとしたら、彼らはどう思うのでしょうか）。AがBからお金を受け取ってCに渡す場合、Aが立法者側の役人ならば、それは徴税と呼ばれます。ところが、Aが企業や団体の役員であると、それは慈善行為と呼ばれるのです。企業にとって明らかに直接的な利益をもたらす場合を除いて、慈善活動を行うときには、取締役たちではなく、株主たちの意向を反映させるべきだと私たちは常に考えています。

一九八一年九月三〇日、バークシャーは、みなさんの選択による慈善事業にほぼ毎年相当額の収益を投じるべく、米財務省からの税務通達を受け取りました。

バークシャーの株主全員がその所有株数に応じて、バークシャーによる慈善寄付金の受取人を指定することができます。みなさんが慈善団体名を決定して、バークシャーがその小切手の裏書きをするのです。受け取った通達によれば、そのように団体名を指定することによって、株主のほうに個人的に税金が発生するようなことはありません。

こうしたことは非公開企業では恒常的に行われていますが、株式上場企業ではほとんど取締役たちが独占的に行使している特権を、今やバークシャー株主のみなさんも行使できるのです。

株式公開企業において、通常株主の意向確認を一切行わずに慈善行為を行う主なものは、次の二つに分類される場合です。

①寄付金費用にほぼ見合った形で、直接的に企業に利益をもたらすと考えられる寄付

②寄付による利益の程度が確定しにくく、長期間過ぎたあとにさまざまな形で間接的に企業に利益をもたらすと考えられる寄付

私以下バークシャーの経営陣は、これまで①に分類される慈善行為を行ってきており、今後も続けるつもりです。しかし、こうした慈善活動に振り分ける資金合計は非常に低い水準にとどめてきており、それは恐らく将来的にも変わらないでしょう。なぜならば、概算で見積もっても、金額に見合った直接的な利益を生むようなパターンはそう多くないからです。

②に関しては、バークシャーは事実上一度も行っていません。というのは、私は一般的な企業慣習による寄付を好まず、そうかといってそれに代わる適当な寄付の方法もないからです。私の嫌いな一般的な企業慣習とは、慈善行為が行われるにあたり、慈善団体の活動の客観評価よりも、だれが言い出してそれにほかの経営者がどう反応するかということが基本になりがちだということです。こうした因習はほとんど、合理性を失わせることになります。

結果は共通して、ある特定の強い社会的圧力にさらされている企業経営者たちが、自分の選んだ慈善事業に株主のお金を使うことになります。そして、往々にしてさらなる不条理が存在します。企業経営者の多くが納税者の納めた税金について政府による使い方を嘆いているにもかかわらず、彼ら自身は好き放題に株主のお金の配分を行っているということです。

バークシャーにはもっと違うやり方のほうがふさわしいように思います。みなさんが選んだ慈善事業に寄付するために、私の銀行口座で小切手を切ってほしくないと私が思うのと同じように、私の好きな慈善事業のためにみなさんの会社の「企業口座」で小切手を切るのも適当でないと私は考えます。慈善事業の選択において、みなさんの意見も私の意見と同様に尊重されるべきであり、そして税額控除がなされる慈善事業への関心に注ぎ込むための資金は、私たち全員にとって個人ではなく、むしろ企業レベルでとらえるべきものなのです。

こうした状況の下、バークシャーは大きな上場企業ではなく、非公開企業をもっと見習うべきだと私は思っています。もしあなたと私がある企業を五〇％ずつ所有していたとしたら、慈善事業を決めるのは簡単です。企業経営に直接的に影響を与えるような慈善事業が、まず第一に候補にあがるでしょう。そこに寄付をして残った資金のすべては、私たち二人の持ち分にほぼ比例した割合で、それぞれの好きな慈善事業に寄付することになります。もし経営者が助言をしてくれれば、注意深く耳を傾けるでしょうが、最終判断を下すのは私たち自身です。企業の形態にかかわらず、慈善事業に関しては、私たちは恐らくこうしたパートナーシップ的な手法を取ると思います。

バークシャーは大規模かつ株主数も多い上場企業ですが、可能なかぎり、こうしたパートナーシップのような精神を持ち続けるべきだと考えます。この問題に関しては、こうしたパートナーシップ的なやり方が通達上、認められるのです。

バークシャーの寄付金に関して、株主たちが決定できるようになるというのは喜ばしいことです。大企業の多くが従業員主導の慈善事業計画を採用しています（前述のとおり、取締役主導の慈善事業計画を採用している企業も多くあります）が、私の知るかぎり、株主が主体となって行うような企業の慈善事業計画は一つもなく、これは皮肉ではありますが、理解できるものと言えます。私が「理解できる」と言ったのは、多くの大企業の株式は長期的に保有するという視野に欠けた短期的展望で意思決定する機関投資家によって「回転ドア」ベースで所有されているからです。

でもバークシャーの株主たちは違う種類の人々です。例年、年初から年末まで、九八％の株主に入れ替わりはありません。このように長期的に株を保有してくださるという株主のみなさんの姿勢に、経営者として可能なかぎりの謝意を表明したいと思います。先に示した寄付に関する方針も、そうした気持ちの表れなのです。

企業として寄付をする慈善事業団体名を、株主が指定できるというこの新規プログラムは、驚くべき熱狂を持って歓迎されました。該当する九三万二二〇六株（実際の株主名が株主リストに記載されていた株式数）のうち、九五・六％分に相当する返答がありました。私自身が関係する株式を計算から除いても、九〇％以上からの反応があったのです。

さらに、三％以上の株主が自発的に手紙を送ってくださり、それらは一通を除いてすべてがこの計画に賛同する内容でした。プログラムへの参加者やそれに関する手紙の数において、今まで株主からこれほど凄まじい反響があったことは過去にありません。企業スタッフや、高額を支払って依頼するプロの委任状回収機関が熱心に返答を促した場合でも、このような反応は得られませんでした。この自発的な行動が、プログラムの正しさを証明し、かつバークシャー株主の質の高さを証明しているのです。

私たちの企業の株主たちは明らかに、寄付先を決める権利を有し、またそれを行使することを好む人々です。コーポレートガバナンス（企業統治）に関する「パパは何でも知っている」学派は、バークシャーの株主から自分の持ち分株に関する寄付先の決断を役員に委ねる——もちろん、知恵が勝っているという理由で——文書が一枚も送られてこなかったことを知ったら、驚くに違いありません。また、取締役たちが選んだ慈善団体に、自分の慈善資金分も寄付するよう言ってくる株主も皆無だったことも驚きでしょう（取締役が全慈善資金分を振り分けるというのは、多くの大企業において、人気があり急速に広まっているものの、公表されることのない方針です）。

総計すると、株主の指定によるおよそ六七五の慈善団体に、一七八万三六五五ドルが寄付されました。さらに、バークシャーとそのグループ企業は、それぞれの経営者の判断によって、何がしかの寄付を継続していきます。

バークシャーにとって慈善事業への寄付を行うことによる減税効果が低水準、あるいはまったくない年が一〇年につき二～三年程度あると思われます。そういう年には、「株主が選ぶ慈善事業」プログラムは実施いたしません。それ以外のすべての年には、一〇月一〇日前後に、慈善事業を指定できる一株当たりの金額をみなさんにご通知できると思います。通知書には返信用紙を同封致しますので、三週間以内にお返事をお願いいたします。

慈善団体を株主が指定するというプログラムは、その他多くの成功したプログラムと同様、バークシャーの副会長であるチャーリー・マンガーの発案によるものです。マンガーも私もその肩書にかかわらず、経営権を握る企業すべてにおいて、共同経営者として経営に携わっています。ほとんど罪深いといえるまでに、二人ともその仕事を楽しんでいます。そして、みなさんが私たちの財務上のパートナーであることをうれしく思っているのです。

バークシャーが実施している株主の指定による慈善行為以外にも、私たちが経営権を所有する企業の経営者たちは、その製品の寄付を含め、年平均一五〇万ドルから二五〇万ドルの寄付を行っています。これらはユナイテッド・ウエーなどの慈善団体の地元支部に寄付され、その貢献にほぼ見合った利益を得ています。

しかし、親会社たるバークシャーの経営陣は、彼らが一株主として行う寄付を除けば、バークシャーの資金を使って個人的に興味がある全国的な慈善団体や慈善活動へ寄付を行うことはしません。企業のＣＥＯも含めた社員が、自分の母校など個人的に愛着を感じているような機関に寄付したいと思うのならば、株主のお金ではなく、本人のお金でやるべきだと私たちは考えているからです。

もう一点、私たちのプログラムは、実行が容易であるということを付け加えておきます。昨年秋の二カ月間、ナショナル・インデムニティ社から一人派遣してもらい、七五〇〇人の登録株主から届いた指示文書をさばく手伝いをしてもらいました。一般に、従業員寄付を行う企業プログラムでは、管理コストが莫大にかかるものだと思います。実は私たちの場合、企業全体の経費でさえ、慈善事業にかかる金額の二分の一以下なのです（しかしマンガーは、四九〇万ドルの諸経費のうち一四〇万ドルは、バークシャー社所有のジェット機「言語道断号」にかかる経費だとみなさんに報告すべきだと強く主張しています）。

〔［原文抜粋〔一九八六年〕〕　昨年私たちはジェット機を購入しました。噂をお聞きの方もいると思いますが、本当のことです。辺境の地に出張することなどほとんどない私たちにとって、ジェット機は高価な贅沢品です。しかも運行させるのに多額の費用がかかるだけでなく、維持費だけでも莫大です。税金を別にしても、一五〇〇万ドルで買った新品の飛行機を維持するには、資本コストと減価償却として恐らく年間三〇〇万ドルほどかかる計算になります。八五万ドルで購入した私たちのジェット機にかかるこれらのコストは、年間およそ二〇万ドルとなります。

これらの数字を承知しているわれらが会長は過去、社有ジェット機に対して不運にも手厳しい批判を行ってきました。よって、購入に先立って私は「ガリレオ」式の姿勢を貫かざるを得ませんでした。当然ながら私は即座に「非公表」という道を選び、その結果、現在では旅行はずいぶんと楽に――かつ相当に高くつくものと――なりました。バークシャーがジェット機に支払った金額にふさわしいものを得られるかというのは、今や大変な疑問となっていますが、ビジネス上の成功を収めてそれを正当化できるよう［どれほどうさん臭そうとも］努力するつもりです。怖いのは、ベンジャミン・フランクリンが私の考えを見透かした言葉を残していることです――「道理をわきまえた人間になるのはとても簡単だ。なぜならすることすべてに理由を作り出せばよいだけだからだ」。

［原文抜粋〔一九八九年〕］　私たちは昨年の夏、三年前に八五万ドルで購入した社有ジェット機を売却し、六七〇万ドルを投じて中古ジェット機を一機購入しました。エピローグで取り上げた、バクテリアの指数関数的な増殖ペースを妨げる障害に関して述べたカール・セーガンの話が笑い話では済まなくなると、これを読んでいるみなさんのなかには気が動転された方もいるかもしれません。というのも、私たちの純資産が現在のペースで増加するとして、ジェット機を買い替えたことで確定的となった年間複利一〇〇％で増え続けるコストを負担すれば、

バークシャーの資産がジェット機によって食い尽くされる日はそう遠くないからです。

マンガーは、私がジェット機とバクテリアを同一視するのを嫌います。バクテリアに対する冒涜だというのです。彼が考える旅行のスタイルとは、空調付きのバスで旅すること――しかも、それは運賃割引が適用されるときだけの贅沢――なのです。社有ジェット機に対する私の姿勢とは、分かりやすく説明すればアウグスティヌスが俗世の楽しみを捨てて聖職者になろうと熟考したときの祈りのようなものです。厳しい葛藤のさなかで、彼は祈りました。「神よ、私を汚れのない人間へと導き給え。まだ俗世を捨てきれないのです」。

ジェット機の命名は難航しました。私が最初に提案した「ザ・チャーリー・T・マンガー号」に、マンガーは「常軌逸脱号」で対抗してきました。最終的には「言語道断号」に落ち着きました［一九九八年の手紙では、バフェットがバークシャーの社有ジェット機を売却したことが示され、現在彼の移動はすべてバークシャーの航空サービス事業でまかなっている］。

バークシャーの株主による慈善事業への寄付のうち、数の多いものを以下にまとめました。

①三四七のキリスト教会およびユダヤ教会（五六九人）
②二三八のカレッジおよび総合大学（六七〇人）
③二四四の一二学年制学校（うち三分の一は普通校、三分の二は宗教関連。五二五人）

④二八八の美術、文化、博愛関係の機関（四四七人）
⑤一八〇の宗教関連社会奉仕団体（キリスト教とユダヤ教がほぼ半々。四一一人）
⑥四四五の非宗教関連社会奉仕団体（うち四〇％は青年に関するもの。七五九人）
⑦一五三の病院（二六一人）
⑧一八六の健康関連団体（アメリカ心臓協会、アメリカ・ガン協会など。三二〇人）

この結果から、私にとって興味深かったことが三つありました。第一は、社会的圧力や慈善団体からの情に訴えるような懇願とは無縁で、自発的に寄付を行おうという人々は、どういう団体を選ぶのかということがある程度表れているという点です。第二は、上場企業の慈善プログラムでは、キリスト教やユダヤ教への寄付はまず行いませんが、これらの教会は、明らかに多くの株主が寄付したいと思っている団体であるということ。そして第三は、私たちの選んだ慈善団体に、相互には相いれない博愛主義を掲げる団体が含まれていた点です。すなわち、一三〇人が女性の人工妊娠中絶を推進する団体を指定し、三〇人が中絶に反対か反感を持つ団体（教会を除く）を指定したのです。

昨年、私はこのプログラムに関してバークシャーの株主が寄付できる金額を引き上げようかと考えており、みなさんの意見をいただきたいと言いました。それに応えて、私たちの仕事は、企業経営であって株主に慈善行為を強いることではないという理由から、理路整然とこの考えに全面的に反対する意見もいくつか見られました。しかし、いただいた手紙のほとんどは、このプログラムによる租税上の有効性に触れたうえで、寄付金額を引き上げるよう促す内容でした。自分の株式を子供や孫に譲ったという数人の株主からは、若者たちに早いうちから慈善行為について考えさせるのに、このプログラムは特に優れているという称賛の手紙をいただきました。つまり彼らは、このプログラムを博愛主義を満たすだけでなく、教育のための手段であるともとらえているのです。最終的に、私たちは一九九三年、一株当たり八ドルを一〇ドルに引き上げました。

私たちは不本意ながら、株主の指定による慈善行為プログラムを二〇〇三年に終了しました。中絶問題についての論争のためです。ここ数年、私たちの株主の多くが、この問題に関する両極の組織を数多く寄付の受取先として指定してきました。その結果、妊娠中絶合法化推進事業を寄付の受取先として指定することについてしばしば反対を受けるようになりました。そうした反対意見を表明した人々や組織の一部は、私たちの子会社の商品について不買運動を始めました。

二〇〇三年には、パンパードシェフの提携先で私たちとは直接資本関係のない会社も不買運動の対象になり始めました。こうした動きは、私たちに信頼を寄せている――しかし私たちの保有する会社の従業員でもなければバークシャーの意思決定にあたって発言権も持たない――人々の収益に深刻な損失が生じることを意味しました。

私たちの株主にとって、税務上バークシャーを通じて寄付を行ったほうが直接行うよりも若干効率が良かったようです。また、このプログラムは私たちの「パートナーシップ」的な手法とも一貫性がありました。しかし、自ら事業を確立するために多大な努力を払ってきた忠実な取引先に損害が生じていることを踏まえると、こうした利点は薄れてしまったのです。実際、マンガーも私も、私やほかの株主がわずかばかりの税効果を得るためだけに慎み深く勤勉な人々を傷つけてしまうようなことは慈善ではないと考えています。

バークシャーは現在親会社として慈善活動は行っていません。さまざまな子会社では、バークシャーが買収する以前から実施している慈善活動方針に従っています。ただし、元のオーナーが会社の勘定から個人的な寄付を行っていた場合については自分の資金でやってもらうようにしています（二〇〇二年までの毎年の手紙のなかでは、株主の指定による慈善行為プログラムに参加した該当株式数のおおよその割合、寄付の金額や寄付先の数が述べられている。プログラムに参加した株式の割合は常に九五％を超えており、たいてい九七％を超えていた。年間の寄付金額は徐々に増加しており、一九八〇年代初期の一〇〇～二〇〇万ドルから二〇〇二年には約一七〇〇万ドルに増加した。この期間に、個別の寄付先の数は一〇〇〇先弱から約三五〇〇先に増加した。また、二〇〇二年にプログラムが終了するまでの寄付額の総計は一億九七〇〇万ドルに上った)。

F.経営者報酬の正しい決め方（一九八五年、一九八五年、一九九四年、一九九一年、二〇〇五年、二〇〇三年、二〇〇二年）

ROC(資本利益率)が平凡なものであるときに、「投入量の拡大による成果の拡大」方式で良い数字が得られようと、それは経営者の功績とはいえません。自宅のソファーに居ながらにして、個人でも同様の結果を得ることができます。預金口座の元金を単に四倍にすれば、利子も四倍になるのです。そのことであなたを熱狂的に称賛する人など恐らくいないでしょう。にもかかわらず、任期中に収益を四倍にしたCEOは、その退任発表時にはほとんど褒めちぎられます。彼の業績が長年にわたる留保利益や複利の効果によるものなのかなど、だれ一人調査する人などいないのです。

もしもその企業が彼の任期を通じて一貫して高いROCを上げていれば、あるいは資本を二倍にしただけで四倍の収益を達成したのであれば、彼への称賛は的を射たものといえるでしょう。しかし、もしROCが大した数字ではなく、投下資本と収益の増加率が同程度でしかなければ、彼への称賛は取り下げなければなりません。複利計算方式の預金口座は毎年同じ割合で利子が増加していき、利率がたった八%のときでも、一八年後には年間利子が四倍になるのです。

企業においては、こうした単純な数学が株主の犠牲の下にしばしば無視されます。経営者への報酬は収益増加率のみによって、あるいは留保利益――すなわち、株主に配当として本来支払われるべき利益――によって大部分が決定され、手厚く支払われています。配当が収益に対してほんのわずかな割合でしかないような企業において、例えば、行使期限一〇年間・行使価格固定のストックオプションなどが、ごく当然のものとして経営者に与えられているのです。

こうした状況の下、どのような不公正が行われるのかの例を示しましょう。年利八％の預金口座に一〇万ドルの預金がある人がその「管理」をある信託人に依頼して、毎年どれだけの金利を現金で引き出すかを彼が決定するとします。引き出さない金利は預金口座で複利運用される「留保利益」となります。そしてその「賢明な」信託会社が「現金引き出し率」を年間金利の四分の一に設定したとします。

こうした仮定の下では、一〇年後の預金残高は一七万九〇八四ドルになります。さらに、この的確なる口座管理法によって年間収益も八〇〇〇ドルから一万三五一五ドルと、約七〇％増加します。また、配当に当たる「受取額」も同率に、一年目の二〇〇〇ドルから一〇年後には三三七八ドルに増加します。そして、その信託会社のPR会社がこの件に関して作成する年間報告書では、毎年すべてのグラフが順調な伸びを見せることになるのです。

ここで試しに話をもう一歩進めて、この「仕事」（すなわち預金口座管理）に関して信託管理者に、初年度の公正なる価値判断を基本に行使期間一〇年、行使価格固定のストックオプションを与えるとしましょう。こうしたオプションを与えられることでその管理者は、預金者の犠牲の下――収益のほとんどを取り上げることで――、かなりの利益を得ることができます。もしも彼がマキアベリ主義者で多少なりとも数学的素養のある人間ならば、ひとたび腰を据えたら現金引き出し率も切り下げるかもしれません。

この話は、みなさんが思うほど非現実的な話ではありません。多くの企業におけるストックオプションはまさにこうした形で行われてきました。経営陣は与えられた資本でどれだけの収益を上げたかではなく、単に利益を留保したという理由だけでストックオプションを得るのです。

経営者たちはオプションに対して、まさにダブルスタンダードを適用しています。発行企業が即座に実質的なメリットを得ることになるワラントは別にして、ビジネスの世界で事業全体、あるいはその一部に対して行使期間一〇年間・行使価格固定のストックオプションを第三者に与えることなどあり得ないと思います。実際、一〇カ月ですら考えられません。ですから、定期的に資本を追加している事業を運営する経営者が長期オプションを得るなどということは、まったく問題外なのです。そうしたオプションを確実に得たいなどと考える者は、おしなべてオプション期間中に追加した資本を自分で全額支払うべきなのです。

しかし、経営者が第三者に対して積極的に行いたくないと思うことと、自分自身に対して行いたくないと思うこととは一致しません（自分自身と話し合っても、普通いざこざは起きないのです）。経営者たちは、留保利益が自動的に利益を生み出すという事実や、資本の持ち越しコストをまったく無視しつつ、自分やほかの役員たちに行使期限一〇年間、行使価格固定のストックオプションを付与します。その結果、経営者たちは自動的に残高を増やし続ける預金口座に関してオプションを設定した場合のように、多くの利益を手中に収めることになるのです。

もちろんストックオプションは、企業価値を高めるような才能ある経営者に与えられることも多く、その貢献度にまさに見合ったものであることもあります（ひときわ優れた経営者たちは実際には、往々にして本来得るべきよりはるかに少ない報酬しか得ていません）。しかし、報酬が相応であることはまれです。オプションはひとたび付与されれば、その後の個人の業績はもう関係ありません。オプションは（それを持つ経営者が会社に席を置くかぎり）取り消し不可能かつ無条件のものなので、業績を上げなくとも、まるで優れた経営者のようにオプションによって報酬を得るのです。一〇年間も眠り続けるようなリップ・バン・ウィンクル的経営者に、優れた「インセンティブ」システムは無用の長物なのです。

「第三者」に付与された長期オプションに関して、私には書かずにいられない事例があります。それは、クライスラーが会社再建のための融資に、アメリカ政府による保証を受けることへの見返りの一部として、クライスラー株のオプションを政府に付与したという事例のことです。オプションが政府に有利に働いているとき、当初考えられていたよりも政府の得る見返りが大変大きくなり、そしてクライスラー再建への貢献度からみて大きすぎるということから、同社は政府に対するオプション契約に基づく支払いの減額を、要求しました。政府保証のコストとその貢献の不均衡からくる同社の苦悩は全国的なニュースとなりました。この「苦悩」は恐らく特殊なものでしょう。なぜなら私の知るかぎり、経営者やその他の役員に付与されたオプションに関して生じた正当とは言い難い報酬に関して、同様の不平を訴えた経営者など一人もいないからです）。

皮肉なことに、ストックオプションについて語られるとき、経営者と株主が運命をともにすることになるので望ましいものであるという表現がたびたびなされます。しかし実際には、両者の運命は大きく異なります。ストックオプションの所有者は資本コストを負うことがないのに対して、株主が資本コストの重荷から逃れられることはありません。株主は、上昇余地を下方リスクに照らしてよく比較して考えるべきですが、一方、オプションの保有者には下方リスクなどないのです。実際、オプションの付与を事業計画に盛り込むことは、株主の権利の切り捨てにほかならないのです（宝くじを人からもらうのは歓迎です――でも自分で買おうとはけっして思わないのです）。

配当の方針においても、株主を不当に扱うことで、オプション所有者の利益は高まります。預金口座の例を思い出してください。オプションを得た信託管理者は、利子の引き出しを行わないことによって利益を得ます。逆にいえば、口座の所有者は、オプションを有する管理者が口座の留保利益の恩恵にあずかることを防ぐために、利子の全額引き出しをすべきなのです（第4章「C．配当政策と自社株買い」を参照）。

こうした短所もありますが、オプションは状況によっては適切な働きをします。私が批判しているのはその無分別な利用法なのです。これに関して以下の三点を特に申し上げたいと思います。

第一に、ストックオプションは必然的に、企業全体の業績にかかわるものだということです。つまり理論的に言えば、企業全体に対して責任を負う経営者のみに与えられるべきものです。限られた範囲のみに責任を負う経営者には、その範囲における業績に伴って報酬を与えるインセンティブ方式をとるべきです。打率三割五分のバッターならば、彼のチームがたとえ最下位だとしても、多額の年俸を期待できるでしょうし、その資格もあります。そして打率が一割五分のバッターは、たとえチームがペナントレースで優勝したとしても、それによって報酬を受けるべきではありません。チームの出した結果によって報酬を得る権利があるのは、チームに関して全面的に責任を負う者だけなのです。

第二に、オプションの仕組みには細心の注意が必要です。オプションには、留保利益や持ち越し費用といった要素を必ず組み込むべきです。そして、現実的な価格設定も同様に重要です。自社への買収話を持ちかけられた経営者は、企業の正当な価値を測るにあたって株価がどれほど非現実的なものとなり得るかを必ず指摘します。しかしそれではなぜ、彼らが自分自身に企業の一部を売ろうとするときに、そうした低い株価を評価基準額としなければならないのでしょうか（もっとひどい場合もあります。取締役たちは税法を精査したうえで、企業の一部を社内の関係者に実質的に「最低」の価格で売ることがあります。こうしたとき、彼らはたいてい、企業にとって「最悪」の課税結果をもたらすプランを選ぶのです）。非常にまれなケースを除いて、企業の一部をバーゲン価格で売却することは――その売却先が第三者であろうと、社内の人間であろうと――、株主に好ましい結果をもたらしません。明白なる結論、すなわちオプションは正当な企業価値に基づいた価格設定がなされなければならないのです。

第三の点は、私が心から称賛し、私よりもはるかに良い業績を上げている経営者たちのなかには、ストックオプションに対する見解が私と異なる人もいるということです。彼らは独自の企業文化を作り出し、そのなかでストックオプションは彼らを助けるための道具として使われてきました。リーダーシップを発揮して手本となり、またインセンティブとしてストックオプションを有効活用することで、全社員に株主の立場になって考えるよう教えてきたのです。こうした例はたぐいまれなもので、そうした企業文化が存在するのなら――たとえそのオプションのシステムが非能率的で不公正がはびこっていたとしても――、恐らく口をはさむべきではないでしょう。「どんなプライスも清廉潔白」よりは「破綻していないならば放っておけ」式のほうがましなのです。

例えば、行使期間一〇年間・行使価格固定のストックオプションを考えてみましょう（だれがこれ以上うまい例を挙げられるでしょうか）。スタグナント株式会社（**訳注**　架空の会社。スタグナントは「低迷」の意味）のＣＥＯであるフレッド・フュートル氏は、例えば同社の価値の一％を獲得することになるような巨額のオプションを付与されています。こうした場合、フレッドの利己心は明らかなものとなります。すなわち、フレッドは配当をまったく実施せずに、会社の利益すべてを自社株買いに充てるはずです。

フレッドのリーダーシップによって、スタグナントはその名前のとおり業績が低迷してしまったとしましょう。オプションが付与されてから一〇年ごとに、純資産一〇〇億ドルに対して一〇億ドルの利益が生じます。この純資産は当初一株当たり一〇ドルで一億株が発行されています。フレッドは配当を実施せずに、すべての利益を使って定期的に自社株買いを行います。株式が常に一株当たり利益の一〇倍で売却されたとすれば、オプション期間の終わりまでに株価は一五八％上昇することになるでしょう。そのため、自社株買いによってその時点までに株数は三八七〇万株まで減り、一株当たり利益は二五ドル八〇セントまで増えるのです。株主に配当を控えただけで、会社の業績がまったく上がっていないにもかかわらず、フレッドは一億五八〇〇万ドルを稼ぎだし、非常に裕福になることができるのです。驚くべきことに、スタグナントの利益が一〇年間で二〇％減少しても、フレッドは一億ドル以上を稼ぐことができるのです。

またフレッドは、配当を支払わず、株主に還元しなかった利益をさまざまなつまらないプロジェクトや買収に費やすことによって、自分自身のために素晴らしい成果を得ることができます。こうした戦略が五％程度のつまらないリターンしか生まなくても、フレッドは大金を手にすることになるのです。特に――スタグナントの株価収益率が一〇倍で変わらなかったとしても――、フレッドはストックオプションによって六三〇〇万ドルを獲得するでしょう。一方、株主のほうはフレッドにオプションが付与された際に想定されていた「利益の連動」は、一体どうなってしまったのかと不思議に感じるでしょう。

言うまでもなく、「正常な」配当政策――例えば利益の三分の一が支払われるというようなもの――であれば、それほど素晴らしい業績は上がらないものの、それでも何の成果も上げていない経営者にぜいたくな報酬を支払うことができます。

CEOはこの算術を理解しており、配当を支払うことですべての発行済みオプションの価値は下がるということを知っています。しかし、私はまだ一度も、こうした経営者とオーナーの利害の対立を明示したうえで、行使価格固定のストックオプション計画の承認を株主に求める委任状にはお目にかかったことがありません。CEOはいつも内部に向けて資本の獲得にはコストがかかるものだと説教していますが、固定価格のストックオプションを使えばタダで資本を手にすることができると、株主に説明するのはどういうわけか忘れてしまうのです。

これは必ずしもこのような方法で行われる必要はありません――利益を留保する場合、自動的に価値が積み上がるような効果を上げるストックオプションを考案するのは取締役会からすればいとも簡単なことです。しかし――大いに驚くべきことですが――、こうした種類のオプションが発行されることはほとんどありません。実際、内部留保のために行使価格が調節されたオプションの概念は報酬の「専門家」にとってあまり馴染みがないように見えます。専門家といっても、存在するありとあらゆる経営者に有利な報酬プランをすべて把握しているわけではないのです（「私はパンをくれる人の歌を歌う」ということわざもあります）。

ＣＥＯにとって、首になる日は特にたくさんの支払いが受けられる日かもしれません。実際、彼はわずか一日、自分の机を整理している間に、アメリカの労働者が生涯かけてトイレを掃除して得られるよりもたくさん「稼ぐ」ことができるのです。「成功が成功を生む」という格言は忘れましょう。現代の重役室で広まっている法則は、「失敗が成功を生む」というものなのです。

しかしバークシャーでは、主要な経営者たちがそれぞれの領分で目標を達成したときにかぎ

り、インセンティブ報酬制度によって彼らに報いています。シーズ・キャンディーの業績が好調でも、バッファロー・ニューズにおけるインセンティブ報酬は発生しません。逆も、しかりです。また、特別賞与の小切手を切るときに、私たちはバークシャーの株価を見たりはしていません。株価が上がろうと下がろうと、あるいは変わらずとも、個々の業績に対して報いるべきだと考えているからです。同様の考え方から、もしもバークシャーの株価が急騰するようなことがあっても、月並みな業績しか上げていない経営者に対しては、特別な報酬を出すべきではないとも考えます。さらに言えば、「業績」という言葉は各ビジネスの根底をなす経営状態に応じて解釈がそれぞれ異なります。なぜなら、自身の努力とは無関係の追い風を受けて業績を伸ばす経営者もいれば、本人の力ではどうにもならない逆風のなかで奮闘している経営者もいるからです。

この制度によって生じる報酬は莫大なものとなります。さまざまな業種にわたるバークシャーの企業群においては、経営者たちの受けるインセンティブ賞与は基本給の五倍、あるいはそれ以上となることもあり、一九八六年は、ある経営者の賞与が二〇〇万ドルを超す可能性があります（私もそう祈っています）。私たちは賞与に上限を設けることはしませんし、序列的な考えで賞与を決めることもありません。業績に見合ったものならば、相対的に小規模の企業の経営者がそれより大きな企業の経営者よりもはるかに高い賞与を受けることもあります。また、勤続年数や年齢といった要因によって、インセンティブ報酬が影響を受けるべきではないとも考えます（基本給には加味することもありますが）。たとえ二〇歳であろうと、彼が三割バッターならば、私たちにとって良い業績を上げる四〇歳の経営者と同じだけの価値があるのです。

当然ながら、バークシャーの企業群の経営者たちは、手にした賞与（あるいは借入金などその他の資金）で市場からバークシャー株を購入することができます。多くの経営者たちが実際にそうしてきており、なかには多くの株式を保有している経営者もいます。公然とバークシャー株を購入し、リスクと持ち越し費用の双方を負うことによって、彼らは真の意味で株主の立場になって考えることができるのです。

報酬に関してバークシャーは、資本配分と同様の論理的なアプローチを行います。例えばラルフ・シーへの報酬は、バークシャーの業績ではなくスコット・フェッツァー社の業績に基づいて決定します。彼がある一つの事業に対して責任を負っているかぎり、それ以上に合理的な方法は存在しないのです。バークシャーの業績に比例して現金報酬やストックオプションを得るとしたら、それはシーにとってまったく彼自身の業績を反映しないものとなってしまいます。例えば、彼がスコット・フェッツァー社でホームランを打っても、マンガーと私がバークシャーでヘマをやらかせば、そのたびに彼の業績が無効になることになります。また逆に、スコッ

ト・フェッツァー社の業績が上がらないときに、バークシャー傘下のほかの企業が好調だからというだけで、シーに対してストックオプションや特別賞与を与える理由など、どこにもないのです。

報酬制度を設定するにあたり、私たちは喜んで大きな「褒美」を差し出すことを約束しますが、その実現にあたっては経営者それぞれの領分における業績に直接結びついた形で行います。大きな増資が行われれば、その増加分を経営者の評価にあたってマイナスとして加味しますし、減資にあたっては、それを同様にプラスの要素として加味するのです。

こうした「資本はタダではない」という考えに基づく手法は、スコット・フェッツァー社においてはまさに厳格に実行されています。もしもシーが増資によって収益を上げれば、それは彼にとって実行する価値のあるものです。資本を増加させたことによって高くなった収益目標をクリアすれば、彼の賞与はそれだけ増額されるからです。しかし、賞与計算はシンメトリーです。もしも投資額を増やしたにもかかわらず低水準の収益しか上げられなければ、それはバークシャーと同じくシーにとっても手痛い失敗となります。この信賞必罰な制度によって、シーは十分な罰――彼が有効活用できない現金をオマハに送ること――を受けるのです。

上場企業においては最近、ほとんどすべての報酬計画が、経営者と株主の利益を連動させるものとして表現されます。利益の連動とは、良いときだけではなく悪いときも禍福をともにすることであると私たちは考えます。「連動」計画の多くはこの基本を欠いており、巧みに取り繕われた「私がいいとこ取りして、あなたはその尻拭い」方式なのです。

典型的なストックオプション制度によく見られる「非連動」とは、留保利益によって企業資産が増加しているにもかかわらず、定期的にオプション価格を引き上げていかないというものです。実に、期間一〇年、低配当、複利を組み合わせることで、努力もせず無為に過ごす経営者たちが甘い汁を吸うことになるのです。皮肉屋なら「株主への支払いを低く抑えれば、オプションを所有する経営者の利益は増える」とさえ言うかもしれません。私はまだ一度も、この点を明示したうえでオプション計画の承認を株主に求める委任状にはお目にかかったことがありません。

ここでどうしても申し上げたいことがあります。ラルフ・シーへの報酬制度は、スコット・フェッツァー社買収直後に、法律家や報酬コンサルタントの「助け」を借りることなく、相談時間約五分で取り決めたものです。この制度のなかで具体化されているのはいくつかの単純明快な考えです。コンサルタントたちのように、顧客の抱えた大きな問題を確固たるものとしなければ（そして当然ながら、毎年の見直しを必要とするものでなければ）、多額の請求書を発行することができない人々が好むような契約条件ではありません。シーと交わした合意は、これまで一度も手直しを行っていません。一九八六年も現在も、両者にとって納得のいく内容だからです。バークシャー傘下のその他すべての企業経営者との報酬制度も、これと同様に明快です。ただし各々の合意条件には多少の違いがあり、それによって各企業の経済的特性や、経営者がその企業を部分所有している場合はそれも加味しているのです。すべての場合において、私たちが追及しているのは合理性です。経営者の個人的な業績にかかわらず、不規則な支払われ方をする報酬取り決めを歓迎する経営者もいるでしょう。結局のところ、タダの宝くじを断る人などいないのです。しかし、そうした制度は企業にとって非経済的、かつ経営者にとっては真に取り組むべきことを見失う原因となります。加えて言えば、親会社の非合理的な振る舞いは、その傘下企業での同様の振る舞いを助長することにもつながるのです。

バークシャーにおいて全事業に経営的責任を負っているのはマンガーと私だけです。ですから、理論的にいえば、全企業体の業績を基に報酬を受けるべき人物は二人だけです。そうだとしても、それは私たちの望む報酬制度ではありません。私たちはバークシャーという企業と、そこでの私たちの仕事を慎重に設計してきており、その結果、好きな人々と楽しい仕事をしています。同じく重要なことは、退屈で不愉快な仕事はほとんどしなくてよいということです。私たちは企業のトップとして、物質的かつ精神的にさまざまな役得も得ています。そうした牧歌的な状況の下では、株主に負担をかけて必要ともしない報酬を得ようなどとは考えてはいないのです。

実際、もしもまったくの無報酬だとしても、マンガーと私はこの楽しい仕事を喜んで引き受けることでしょう。私たちは心の中でロナルド・レーガンのモットーに共感を覚えていまする」。

――「仕事がきつくても死にはしないであろう。しかし、それを証明する必要などないのであ

一九九一年、私たちは大規模な買収を行いました。それは、北米における代表的製靴企業のH・H・ブラウンで、同社は対売り上げおよび対資産の収益が非常に素晴らしい企業でした。靴のビジネスは難しく、米国で年間一〇億足の売り上げがあるうち、約八五％は輸入品で、国内メーカーはみな苦戦しています。サイズや型が種類に富んでいるため在庫は多くなり、実質的な資本も売掛金に形を変えています。

H・H・ブラウン製靴の特筆すべき点は、他社には見られない非常に風変わりな「心温まる」報酬システムを取っていることです。つまり、主な経営陣は年俸として七八〇〇ドルと、資本勘定への繰り入れ後の収益について一定率の配分を受け取るというものです。そのため、彼らはみんな株主と同じ立場に立っているといえます。それとは対照的に、ほとんどの経営者は口は達者でもやることが追いつかず、アメばかりでムチが少ない（その結果、ほとんど必然的に投下資本をまるでタダのように扱う）報酬システムを選ぶのです。いずれにせよ、ブラウン社における報酬システムは、企業と幹部社員双方に対してひときわ素晴らしい働きをしています

が、それは当然のことです。なぜならば、自分の能力に比重が置かれる評価法を望む者の多くは、能力に自信があるからです。

ＣＥＯの報酬が、いかにして手に負えないものとなったのかは理解できます。経営者が従業員を雇う際や会社が納入業者と交渉する際には、両方の当事者の関心の強さは同じです。一方の当事者に利益がもたらされるのであれば、もう一方の当事者には損失が生じ、そこに絡むお金は両者にとって実際の意味を持ちます。その結果、本当の交渉が行われるのです。

しかしＣＥＯ（またはその代理人）が報酬委員会で顔を合わせる際は、交渉で取り決めが行われる内容について一方の側――すなわち、ＣＥＯ側――が他方に比べてはるかに関心を持つことが多いのです。例えばＣＥＯは、付与されるストックオプションが一〇万株か五〇万株かの違いを常に重要視しています。しかし報酬委員会にとっては、その違いは重要ではありません。特に、ほとんどの会社の場合に当てはまるのですが、どちらの形でオプションを付与しても会社の収益に影響がない場合にはなおさらです。このような状況では、あたかも「ゲーム用のニセのお金」を巡って交渉が行われるようなことがたびたび出てきます。

最も貪欲な経営者が獲得した報酬体系――その肩書きを求めて活気ある競争が行われました

――はすぐにあちこちでまねされるようになったため、ＣＥＯの行きすぎは一九九〇年代に著しく加速しました。たいていの場合、この「貪欲」という名の伝染病を媒介したのはコンサルタントや人事関連部門であり、こうした人たちにとってだれが巨額の報酬を手にしたのかを知ることは造作もないことです。ある報酬コンサルタントがこんなことを言っていました。「その意向に逆らうべきではない顧客には二種類あります――実際の顧客、そして潜在的な顧客です」

最近、報酬委員会は、まるで尻尾を振る子犬のようにコンサルタントの提案を追認するだけのことがあまりにも増えています。一方、コンサルタントは報酬を支払ってくれる顔の見えない株主に対して、さほど忠実ではない種類の動物として知られています（だれかがどちらの味方についているのか分からないのであれば、それはあなたの味方ではないのです）。実際、ＳＥＣ（米証券取引委員会）は各社の報酬委員会に対して、その報酬を支払う理由を委任状に明示することを求めています。しかしその文言は、たいてい会社の弁護士か人事部の書いた決まり文句にすぎないのです。

こうした金のかかる言葉遊びはやめるべきです。株主のために自ら交渉することができないのであれば、取締役たちは報酬委員を引き受けてはなりません。報酬委員会は、報酬についてどのように考え、業績をどのように測定したのかを説明しなくてはならないのです。さらに、株主のお金を扱うにあたっては、それが自分自身のお金だと考えて振る舞うべきです。

一八九〇年代に、サミュエル・ゴンパーズは労働組合の目標を「もっと多くを！」と表現しました。一九九〇年代、アメリカのCEOは彼のスローガンを採用しました。その結果、多くの場合CEOが富を築く一方で、株主は経済的困窮に見舞われるという事態が起きたのです。

取締役がこんな権利の侵害を行ってはなりません。本当に飛び抜けた成果を残しているのであれば、十分な報酬を支払っても構いません。しかし、それに満たないのであれば、取締役は「もっと少なく！」と叫ぶべきなのです。最近見られるように、不当に高い報酬が将来にわたって基本となるようであれば、それは不正になってしまいます。報酬委員会は最初からやり直すべきです。

G．リスク、風評、監督（二〇〇九年、二〇一〇年年次報告書補遺、二〇〇二年）

マンガーと私は、CEOがリスク管理を他者に委託することがあってはならないと考えています。それは非常に大事なことであるから、というだけです。例えばバークシャーにおいては、ミッドアメリカンなどの一部の子会社の営業に関する契約やジェネラル・リーの小口のランオフ契約を例外として、私がすべてのデリバティブ契約について取引を開始し、その監視を行っています。バークシャーが困難な状況に陥ったとしたら、それは私の失敗であり、リスク委員会や最高リスク責任者の判断が誤っていたからではありません。

リスク管理についてＣＥＯが全面的に責任を負うことをはっきりと示さないかぎり、規模の大きな金融機関の取締役会は見捨てられたようなものだと私は考えています。その仕事がＣＥＯの手に負えないとしたら、彼はほかの勤め先を探すべきです。そして、ＣＥＯがその仕事で失敗すれば――政府がその後すぐさまファンドや保証人の介入を求めてくるため――、彼や取締役会に財務面でもたらされる結果は厳しいものとなるでしょう。

わが国の一部の大手金融機関の経営を台無しにしてしまったのは株主ではありませんでした。それなのに、株主は負担を押し付けられ、大部分の事例では資産価値の九〇％以上を失うこととなりました。全体で見ると、わずか四つの大手金融機関で過去二年間に株主が失ったのは五〇〇〇億ドルにも上ります。こうした株主に対して「救済された」と表現することはふざけた言葉遊びでしょう。

しかし破綻した会社のＣＥＯや取締役はほとんど痛手を受けていませんでした。自らが見過ごした厄災のため彼らは財産を失ったかもしれませんが、それでもなお裕福に暮らせているのです。このようなＣＥＯや取締役たちの振る舞いは変える必要があります。機関や国家が彼らの不注意で被害を被ったのであれば、重い代償を支払うべきです。それは自分たちが被害をもたらした会社や保険によって賠償することが可能な額ではありません。ＣＥＯと、そして多くの場合取締役も、長い間あまりにもたくさんのアメ（報酬）をもらっていました。彼らの働き方のなかに意味のあるムチ（処罰）を取り入れることも今や必要なのです。

（二〇一〇年の年次報告書にはバークシャー傘下の各経営者に対する二〇一〇年七月二六日付の以下の文章が掲載されている）。これは、バークシャーが最優先すべきこと、すなわち私たち全員が熱意をもってバークシャーの社会的評価を守り続けていかなくてはならないということを、改めて強調するために二年に一度書いている手紙です。私たちは完全にはなり得ませんが、そうなろうと努めることはできます。私は二五年以上にわたって手紙のなかでこのように言ってきました――「お金を失っても――たとえたくさん失ったとしてもなんとかなります。しかし、信用を失ってしまえば――たとえほんのわずかであったとしても取り返しのつかないことになるのです」。私たちは一挙手一投足について慎重に運ばなくてはなりません。それは法的な問題に対してだけではなく、私たちが全国紙の一面で、冷淡ながら知性ある記者の担当した記事のなかで書かれた内容に関しても同じです。

「ほかの人はみんなそうしている」と、みなさんの同僚は言うこともあるかもしれません。

この理屈は、事業に関する行動を正当化するための主な理由として使おうとするのであれば、まずほとんど誤りとなります。道徳的な決定を評価する場合にこんな理屈はまったく認められません。だれかが理由としてこの言葉を出してきた場合には、実際にはうまい理由が見つからなかったと言っているようなものです。だれかがこのように説明するのであれば、記者や判事にそのように説明したうえでそれがどれだけ理解されないか試してみるとよいでしょう。

みなさんが妥当性や適法性について迷うような事態に出くわしたなら、必ず私に電話してください。しかし、そうした迷いが与えられた行動計画についてのものであるなら、そうした計画はルールから外れていると疑われるものであり、取りやめるべきこととなる可能性が高いでしょう。ルールの範囲内で稼ぐことのできるお金はたくさんあります。ある行動がルール違反かどうか疑問に感じる場合は、それはもはや違反しているものだと考えて距離を置き、忘れてしまうことです。

当然のことですが、非常に悪い知らせがある場合には速やかに知らせてください。悪い知らせに対応することはできるのですが、さらに悪化したあとで対処することは好きではありません。悪い知らせをすぐに受け止めることを嫌がったために、ソロモンの問題は簡単に処理できたはずのものが従業員八〇〇〇人を抱える会社をほとんど潰してしまうような問題にまで悪化してしまいました。

現在バークシャーでは、みなさんや私がそれについて知ってしまうと不機嫌になってしまうようなことをだれかがやっています。これは避けられないことなのです。今や私たちは二五万人を超える従業員を雇っており、これだけの人々が何もまずいことをやらずに一日が過ぎていく可能性など皆無なのです。しかし、わずかでも不適切な振る舞いの兆しが見られた際にはすぐさま対策を取ることで、被害を最小限に抑えるという大きな効果が得られるのです。そのような問題に対するみなさんの態度は、言葉だけでなく振る舞いによっても表現されるものであり、みなさんの事業のうえでの文化がどのように発展にするかについて最も重要な要因となるものでしょう。文化はルールブックよりも組織の振る舞いを決定づけるものなのです。

ほかの面に関して言えば、何が起こっているかについては話したいだけいくらでも話してください。みなさんはそれぞれの職務について最上級の仕事を個人のやり方でなさっており、私の助けなど必要としていません。私との間で明確にすべき項目は、退職給付の変更と異常に大きな資本支出や買収案件だけなのです。

監査委員会は監査することができません。経営者が稼いだと主張している利益が疑わしいものであるかどうかを判断することができるのは外部の監査役だけです。こうした現実を無視して、監査委員会の構成や憲章に重点を置いた改革を行うのではほとんど効果はありません。監

査委員会の重要な仕事は、監査役に自分たちの知っていることを暴いてもらうことだけなのです。

この仕事をなすために、委員会は、監査役が経営者の気を損ねることではなく、監査委員に誤解を与えることのないよう気を使うことのできる状態を確保しなくてはなりません。最近、監査役はそのように感じてはおらず、株主や取締役ではなくＣＥＯを顧客とみなしています。これは毎日仕事をしている関係であり、また、ルールブックにどのように書いてあろうとも、監査役に対して報酬を支払い、監査やそのほかの仕事のために彼らを雇い続けるかどうかを決めるのがＣＥＯやＣＦＯ（最高財務責任者）であると監査役が理解しているのであれば、自然ともたらされる結果です。

取締役会の監査委員会による内部統制の監査や報酬を規定するサーベンス・オクスリー法（上場企業会計改革および投資家保護法）が二〇〇二年に成立したとはいえ、こうした現実が大きく変わることは見込まれません。この居心地の良い関係を打ち破るためには、監査委員会が監査役の逃げ場をふさぎ、彼らが知っていることや疑わしいと考えていることをはっきりと述べなければ多額の違約金を支払うことになると、理解させなくてはならないのです。

監査委員会がその使命を遂行するには監査役に記録すべきことや株主に報告すべきことに関する四つの質問を投げかけてみることだと私は考えます。その質問とは次のとおりです。

1. 監査役が会社の財務諸表の作成についてのみ責任を負う場合、多少なりとも経営者が選んだ方法とは違うやり方で作成を行ったことがあるでしょうか。それは大きな違いであるか些細な違いであるかにかかわりません。監査役が何か違ったやり方をとったのであれば、経営者の論拠と監査役の責任の両方について明らかにしなくてはなりません。そのうえで監査委員会が事実を評価します。

2. 監査役が投資家である場合、彼は報告対象期間の会社の財務的業績を理解するために不可欠な情報について――分かりやすい言葉で――説明していただでしょうか。

3. 会社は、監査役自身がCEOであったなら従うものと同じ内部監査手続きに従っているでしょうか。そうでなければ、その違いはどのようなものであり、なぜそれを採用したのでしょうか。

4. 監査役は――会計面あるいは業務面のいずれかで――収益や費用をある会計期間から別の会計期間に移すことを狙った、あるいはそうした効果が生じる行為に気づいているでしょうか。

監査委員会がこれらの質問を投げかけるのであれば、その構成――大部分の改革が重視しているもの――はさほど重要ではなくなります。さらに、この手続きによって時間と費用が節約できます。監査役は追い込まれれば自分の義務を果たすでしょう。追い込まれることがなければば、結果は見てのとおりです。

この四つの質問の良いところは、予防薬として作用する点です。経営者の行為に黙って従うだけではなく、肯定的に支持することを監査委員会が求めてくるということを理解すれば、監査役はプロセスの早い段階、すなわちもっともらしい数字が会社の勘定に乗る前に、誤った行為に抵抗するようになるでしょう。被告席に立たされるという恐れから、事態はうまく取り計らわれることになるでしょう。

H．企業文化（二〇一〇年）

バークシャーの今日の発展には、私たちが資本を柔軟に配分してきたことが大きく寄与しています。例えば、BNSFへの出資は、シーズキャンディーズやビジネス・ワイヤー（経営は非常に良好でも再投資の機会が限られている子会社）の利益の一部を使って行いました。そして、もうひとつの強みは、他社にはまねのできない企業文化が浸透していることです。企業にとって文化は重要です。

まず、株主の代理人である取締役は、オーナーのように考え、行動します。このような考え方は、傘下企業の経営者にも行き渡っています。彼らの多くは、代々家族で所有してきた会社の買い手としてバークシャーを探し当てた人たちだからです。私たちがこれらの会社を買ったたとき、彼らはすでにオーナーとしての考え方を持っていたため、私たちはそれを奨励する環境を提供したにすぎません。自分の仕事が大好きな経営者がいることの利点は小さくないのです。

文化は自己増殖します。官僚的な取り決めはさらなる官僚主義を呼び、華美な本社は専制的な行動を誘発します（ある人の言葉を借りれば、「後部座席に陣取って車を動かさなくなれば、その人はもうＣＥＯではない」ということです）。バークシャー全体を統括する「世界本部」の賃料は二七万〇二一二ドルです。さらに言えば、本社の家具、美術品、コカ・コーラの自動販売機、食堂、ＩＴ機器にかかった費用はすべてを含めて三〇万一三六三ドルでした。マンガーと私がみなさんのお金を自分のお金を使うような気持ちで使っていれば、バークシャーの経営者たちも同様に注意深く会社のお金を使ってくれると思います。

私たちは、報酬体系から年次総会、年次報告書に至るまで、すべてにバークシャーの企業文化を強く反映させ、それになじまない経営者は寄せ付けないし、追い払います。バークシャーの文化は、年を追うごとに強化されており、マンガーや私がいなくなっても、長く受け継がれることでしょう。

第2章
ファイナンスと投資
Finance and Investing

始球式をするバフェット

私たちの保有するワシントン・ポスト社（ＷＰＣ）の株のすべては、当時の企業価値で見ると一株当たり四分の一以下の価格で一九七三年半ばに購入したものです。この件ではプライス・バリュー比に関して深く考えるまでもありませんでした。証券会社のアナリストやメディアブローカー、あるいはメディア企業経営者のほとんどが、私たちの計算と同様、ワシントン・ポスト社の内在価値を四〜五億ドルと見積もっていたからです。そして、証券市場におけるワシントン・ポスト社の評価は一億ドルでした。私たちは、かつてベンジャミン・グレアムから学んでいた「投資を成功させるためには良い企業の株を、その企業の真の価値よりも大きく下回った市場価格で取引されているときに購入すること」だというアドバイスを生かしたのです。

他方では、一九七〇年代初め、ほとんどの機関投資家たちは株の売買価格を決定するにあたり、対象企業がどれほどの価値を持っているかということをあまり重要な要因とみなしてはいませんでした。これは今ではほとんど信じられないことです。しかし、当時の彼らを魅了していたものがあります。それは著名なビジネススクールで教えられていた最新の理論でした。その理論とは、マーケットは完全に効率的なもので、そのために企業価値の計算やそういったことを考えることすら、投資活動においては何の重要性も持たないものだという考えです（私たちは当時の学者たちに絶大なる感謝をしています。知的ゲームにおいては、それがブリッジやチェス、あるいは投資銘柄の選択であれ、「考えることは時間の無駄だ」と敵が教え込まれることほどありがたいことはないのです［一九八五年の手紙の導入部分］）。

A．農場と不動産と株（二〇一三年）

一九七三～一九八一年にかけて、歯止めのきかないインフレが起こるという考えが広まり、小規模の地方銀行の融資方針が変わったこともあって、中西部の農場価格が高騰しました。しかし、バブルが崩壊すると、価格は五〇％以上下落し、借金を抱えた農場経営者とその貸し手に大打撃を与えました。このとき、アイオワ州とネブラスカ州で破綻した銀行の数は、リーマンショック（二〇〇八～二〇〇九年）のときの五倍にも上りました。

一九八六年、私はオマハから北に五〇マイルほどのところにある四〇〇エーカー（約一六〇ヘクタール）の農場をFDIC（連邦預金保険公社）から購入しました。価格は二八万ドルで、これは破綻した銀行がその二～三年前にこの農場に貸し付けた金額よりもかなり割安でした。私は農場経営についてまったく知りませんでした。しかし、農業が大好きな息子が、この農場のトウモロコシや大豆の収穫量と、その経費を教えてくれました。その予想に基づいて農場のリターンを算出すると、約一〇％でした。また、生産量と穀物価格は時とともに上昇するだろうと思いました。そして、どちらも実際にそうなりました。

この投資については、特別な知識や知能がなくても、デメリットはないのに大きな可能性があることは分かりました。もちろん、時には、凶作の年や作物が期待した価格で売れない年もあるでしょう。しかし、それが何だというのでしょうか。時には大豊作の年もあるでしょうし、将来、この農場を売らざるを得なくなる日が来るとも思えません。あれから三〇年、農場の収益は当時の三倍になり、価値は購入価格の五倍になっています。今でも私は農場については何の知識もありませんし、この農場を訪れたのは購入時と最近の二回だけです。

一九九三年、私は別の小さな投資をしました。私がソロモン・ブラザーズのCEO（最高経営責任者）を務めていたとき、本社ビルを所有していたラリー・シルバースタインが、ニューヨーク大学に隣接した商業不動産をRTC（整理信託公社）が売りに出していると教えてくれたのです。このときもバブル崩壊後で（商業不動産バブル）、RTCはバブルを加速させた楽観的な貸し付けが高じて破綻した貯蓄銀行の資産を処分していました。

このときの分析も、単純でした。農場の場合と同じで、この資産の現行利回りは、レバレッジなしで約一〇％でした。またこの物件はRTCの管理下にあって空室を埋める努力がされていなかったため、数カ所あった空き店舗が埋まれば利益は増えるはずでした。そして何よりも、最大テナント（約二〇％を占有していた）の賃料が、一平方フィート（約三〇センチメートル四方）当たりわずか五ドルだったのです。ちなみに、ほかのテナントは同じ面積当たり約七〇ドルを支払っていました。この格安の賃貸契約（九年契約）が修了すれば、利益は大きく跳ね上がります。また、この物件は場所も素晴らしく、NYUが移動する心配もありませんでした。

私は、シルバースタインや私の友人であるフレッド・ローズを含めた何人かでこの区画を買いました。ローズは高級不動産投資の経験が豊富で、彼と彼の家族がこの物件の管理をしてくれることになっていました。するとどうでしょう。それまでの賃貸契約が切れると、利益は三倍になったのです。今では、年間配当が最初の投資額の三五％に上っています。そのうえ、当初のローンを一九九六年と一九九九年に借り換えたことで、数回の特別配当が実施され、その総額は初期投資額の一五〇％に上っています。ちなみに、私はまだこの物件を見ていません。

農場とニューヨークの不動産から上がる利益は、次の一〇年間も上昇を続けるでしょう。これは特大の利益ではありませんが、どちらの投資も、私と子供と孫の世代まで堅実かつ満足できる利益を提供してくれると思います。私は、このエピソードを投資のファンダメンタルズについて説明するなかで用いています。

●その分野の専門家でなくても、満足のいく投資リターンを上げることはできます。ただ、その場合は自分の限界を認識し、必ずある程度はうまくいく道を選びます。単純なことに徹し、ホームランは狙いません。そして、簡単な儲け話は、即座に却下します。

●投資を検討するときは、資産の将来の生産性に注目します。将来の概算利益の予想に自信が持てなければ、その件は忘れて別の案件に目を向けてください。すべての投資先を評価できる人はいません。ただ、すべてを知る必要はなく、自分がかかわることだけ理解しておけばよいのです。

●買おうとしている資産の将来の利益ではなく、価格変動に注目しているのならば、それは投機です。それも間違いではありません。ただ、私は自分が投機で成功できないことは分かっていますし、投機で成功し続けることができると主張する人は信用できません。コイン投げでも、半分の人が一回目は当たります。しかし、そのなかに、その先も勝ち続けることが期待できる人は一人もいません。また、検討している資産が最近値上がりしたという事実は、買う理由にはなり得ません。

●二つの小さな投資について、私はそこからどれだけのインカムゲインが得られるかのみに注目し、日々の資産価格の変動については考えませんでした。試合で勝利するのは、プレーに集中した人であり、スコアボードばかり見ている人ではありません。週末を株価を見ずに楽しめる人は、平日も試してみてください。

●マクロ的な見解をまとめたり、他人のマクロ経済やマーケットの予想に耳を傾けたりするのは時間の無駄です。実際、これは本当に重要な事実に対する見方を曇らせる可能性もある危険なことです（テレビでコメンテーターが今後のマーケットについて語っているのを見ると、ミッキー・マントルが言った「放送席に座るまで、野球がこれほど簡単だとは知らなかった」という痛烈なコメントを思い出します）。

●二つの投資を行ったのは、一九八六年と一九九三年です。この投資を行うとき、その翌年（一九八七年と一九九四年）に、経済や金利や株式市場がどうなろうと私にとってはどうでもよいことでした。当時、新聞が何を伝え、学者が何を言っていたのかは覚えていません。彼らが何と言おうと、ネブラスカ州ではトウモロコシが育ち、ニューヨーク大学には学生たちが集まっています。

ただ、この二つの小さな投資と株式投資には一つ大きな違いがあります。株の場合は、自分の資産の価値が分刻みで分かることです。ちなみに、私の農場やニューヨークの不動産の相場はまだ聞いたことがありません。

株の投資家にとって、大きく変動する保有資産の価値が分かるのは大きな利点のはずで、一部の投資家にとっては実際そうなのでしょう。もし私の土地の隣の地主が気分屋で、私の土地を買いたい価格や、私に土地を売りたい価格を毎日大声で叫んできたとしたらどうでしょうか。しかも、その価格が彼の気分によって短期間で大きく変わるとしたら、この異常な行動は私にとってはメリットしかありません。もし彼があきれるほど安い価格を叫び、私に多少の余裕資金があれば、私は隣の農場を買います。もし彼が非常識な高い価格を言ってくれれば、自分の農場を彼に売るか、それを無視して農業を続ければよいのです。

しかし、株を保有している人は、別の所有者の気まぐれで、たいていは非合理的な行動につられて、非合理的な行動をとってしまうことがよくあります。マーケットや経済、金利、株価動向などに関するくだらないおしゃべりが氾濫するなかで、投資家のなかには学者の言うことを聞くべきだと思ってしまう人もいれば、さらに悪いことに、彼らの言ったことに基づいて行動すべきだと思い込む人もいる始末です。

農場や集合住宅を買って数十年持ち続けることができる人でも、変動する株価情報を見せられ、「黙って見てないで、行動しなければダメだ」などというコメントを聞かされ続けたら、動転してしまうことはよくあります。このような投資家にとっては、メリットでしかないはずの流動性が、呪いに変わってしまうのです。

「フラッシュクラッシュ」などのマーケットの極端な変動が投資家に与える影響は、せいぜい隣の農場のやかましい地主が私の投資に与える影響くらいのものです。実際、混乱するマーケットで価格が実際の価値から大きく外れたときに手持ちの資金があれば、本物の投資家にとっては大いに助かります。投資において、みんなが恐れている時期は友だちであり、世界が楽観的な時期は敵なのです。

二〇〇八年末に起こった一〇〇年に一度の金融恐慌のとき、深刻な不況が迫っていることは明らかでしたが、農場やニューヨークの不動産を売ろうとはまったく考えませんでした。もし私が一〇〇%所有している堅実な会社が長期的にも有望ならば、それを投げ売りするなどバカげています。そう考えれば、素晴らしい会社の一部分である持ち株をなぜ売る必要があるのでしょうか。もちろん、いずれうまくいかなくなる銘柄もあるでしょうが、全体として見れば必ずうまくいきます。アメリカにある素晴らしく生産的な資産や人間の無限の創意工夫がすべて破壊されてしまうようなことが起こると、本気で思っている人などいるのでしょうか。

マンガーと私が株を買うときは、会社の一部分を所有するつもりで買い、会社ごと買う場合と同じような分析を行います。まず、その会社の五年後以降のおおよその利益を無理なく予想できるかどうかを考えます。もしそれができて、価格が予想利益の下限と比較して妥当ならば、その株（または会社）を買います。しかし、もし将来の予想ができなければ（その場合が多い）、次の候補に移ります。マンガーと働き始めて五四年がたちますが、魅力的な買い物をマクロ経済や政治状況や他人の見方に影響されて見送ったことは一回もありません。実際、判断を下すときにこのようなことが話題になったことすらありません。

B. ミスターマーケット（一九八七年、一九九七年）

マンガーと私がバークシャー傘下の保険会社のために普通株を購入するときは（裁定取引に関しては次の項参照）、いつでもまるで未公開企業を買い取るような取引手順を踏みます。その企業の財政面を見て、経営者たちを見て、最後に支払うべき価格を見るのです。いつ、いくらで買おうかなどということは、念頭に置きません。ウソ偽りなく、その企業が満足のいく成長率で内在価値を高め続けることを望めるかぎりは、喜んで無期限に株を保有し続けるつもりです。こと投資に関しては、私たちは自らを企業アナリストであると考えています――市場アナリストやマクロ経済アナリストでもなく、ましてや証券アナリストなどではないのです。

私たちのアプローチでは、売買市場は活況であることが望まれます。というのは、それによってよだれの出そうな好機が定期的に訪れるからです。しかし、必ずそうでなければならないというわけではありません。保持している株式の売買が停滞した状態は、ワールドブック株やフェッチハイマー株のように毎日の相場が立たないことと比べればましだからです。最終的に私たちの経済的運命は、その保有が一部であれ全体であれ、私たちが保有している企業の経済的運命によって決まるのです。

私の友であり師でもあるベンジャミン・グレアムは、投資で成功するためには市場の変動に対する心構えが最も大切な要素であるとかつて言ったことがありますが、私もそう信じています。彼が言ったのは、「市場の値付けというのは、あなたの個人事業のパートナーであるミスターマーケットという名の非常に気分の変わりやすい男によってなされたものだと考えなさい」という言葉です。ミスターマーケットは毎日必ず現れて値付けをし、その価格で彼があなたの持ち株を買うか、彼の持ち株をあなたが買うのです。

たとえあなたたち二人が売買する企業が安定した財政状況にあったとしても、ミスターマーケットの値付けはそれをきちんと反映しません。悲しいかな、彼は気の毒なことに矯正不能の感情的問題を抱えているからです。時としてやたらと上機嫌になり、企業にとって好ましい要素しか見えなくなってしまいます。そういう気分のときには非常に高い売買価格を付けます。あなたが彼の持ち株をひったくり、彼からささやかな含み益を奪い取ってしまうのを恐れてのことです。また時として彼は落ち込んで、企業と世界の先行きに暗雲しか見えなくなってしまいます。そういうとき彼は、あなたが持ち株を自分に対して大量に売ってくるのではないかとおびえて、非常に安い価格を付けます。

ミスターマーケットには、ほかにも愛すべき特性があります。彼は無視されることを気にかけません。もし彼の値付けが今日のあなたにとって興味をそそらないものであれば、彼は明日またやってきて新しい値付けをします。売買しようがしまいが、それはまったくあなたの自由なのです。こうした状況では、彼が躁うつ病のような態度をみせればみせるほど、あなたにとっては好都合です。

しかし舞踏会のシンデレラ同様、注意を怠らないようにしないとすべてがカボチャとネズミに変わってしまいます。ミスターマーケットはあなたの助けとなることはあっても、あなたを手引きすることはありません。あなたが役立てることができるのは、彼の知恵ではなく資力なのです。もしある日、彼が目立っておどけた調子で現れたら、彼を無視するのもいいですし、あるいはその状況に付け込むのも一案です。だが、もし彼の術中に落ちてしまえば、悲惨な目に遭うでしょう。ミスターマーケットよりはるかに企業の価値評価にたけているという自信があなたにないのなら、真の意味でゲームに参加しているとは言えないでしょう。「三〇分以上ゲームに参加していてだれがカモか分からなければ、あなたがカモなのだ」とポーカーで言うように。

グレアムによるミスターマーケットの寓話は、現在の投資の世界においては時代遅れなものと映るかもしれません。プロの投資家や学者たちのほとんどが、マーケットの効率性やダイナミックヘッジやベータ値について口にする時代ですから。それらに関する彼らの関心事は「理解可能」なことにあります。謎に包まれた技術というのは、投資関連の情報屋たちにとって非常に価値があるものだからです。結局は、どの「占い師」が単に「アスピリンを二錠飲みなさい」とアドバイスすることで富と名声を得るかということだけです。

投資情報を買う者にとって、マーケットの奥義が持つ価値というのは別の話になります。投資での成功は、株価やマーケットの動きに応じてコンピューターが瞬時に出す売買サインや不可解な公式などによって生み出されるものではないと、私は考えます。それよりも投資家として成功するためには、優れた企業判断と自分自身の考えや行動を市場に渦巻く強い感情から隔絶できる能力との両方を備えることが必要なのです。私が自分自身を市場の感情から隔絶しようとするとき、グレアムのミスターマーケットの話をしっかり心にとめておくことがとても役に立っています。

グレアムの教えに従いマンガーと私は、投資が成功しているかどうかは、毎日の価格でも、ましてや毎年の価格などでもなく、保有する市場性資産が何を生み出すかによって測っています。企業の成功が株価に反映されるのは一時的に遅れるかもしれませんが、必ずマーケットは追随するものです。「短期的にみるとマーケットは投票機にすぎないが、長期的で見れば計量器だ」というグレアムの言葉が示すとおりです。さらに言えば、事業の成功が人々に認知されるのに時間がかかろうと、その企業の内在価値が満足のいく成長率で高くなっているかぎりは、大した問題ではありません。実際、人々の認知が遅れたほうが都合のよいこともあります。よいものをたくさん、バーゲン価格で買えるチャンスがあるかもしれないからです。

もちろん時として、マーケットはある企業を実体以上に過大評価する場合もあります。そうした場合、私たちは持ち株を売ります。また時には、適正に評価された、あるいは過小評価された有価証券でさえ売ります。それ以上に過小評価された投資対象や、もっと価値が高いと私たちが判断したものを買うための資金が必要なときです。

しかし、ここではっきり言っておかねばならないことがあります。それは、私たちが持ち株を手放すのは単にその相場が上がったとか、長く持ちすぎたからという理由からではありません（ウォール街の格言のうち最もバカらしいものは、「利益を確定すれば破産はしない」でしょう）。どんな企業の有価証券でも、払込資本に対して将来的に受けられるであろう見返りが満足のいくものであり、経営者が有能かつ誠実で、さらにマーケットがその企業を過大評価しないかぎり、無期限で持ち続けることは正しいことなのです。

しかし、私たちの保険会社には、市場でどれほど高値を付けようが手放すつもりがない普通株銘柄がいくつかあります。実際に私たちは、これらの投資を、うまく管理された事業――ミスターマーケットが十分な高値を提示してきたからと簡単に売り払ってしまうような「もの」

ではなく、永遠にバークシャーの一部であり続けるもの――だと考えています。しかし、これには一つ制限事項があります。これらの株式は私たちの保険会社の所有するものであり、もし保険会社に特別な損失が生じてそれを補填するためにどうしても必要な場合には、部分的に保有株を手放すかもしれないからです。しかし、そういった必要が生じないように業務を推進していく所存です。

マンガーと私の有価証券の取得や保有についての考え方は、明らかに個人的な思考と、金融上の思考が合わさったものです。突飛な考え方のように思う人もいるでしょう（マンガーと私は長いこと宣伝の天才であるデビッド・オグルビーの「若いうちに突飛なことをどんどんやれ。そうすれば年をとっても君がイカレタなどと人は思うまい」という忠告に従ってきました）。取引を行うことがすべてに優先する最近のウォール街では、私たちの姿勢は妙なものに映るはずです。そこにいる多くの人にとっては、会社も株も売買に必要な原材料というほどにしか考えられていないのです。

しかし私たちの投資に対する態度は、お互いの個性や生き方と直結するものです。チャーチルは、「人が家を作り、家が人を作る」という言葉を残しました。私たちは、自分たちがどう「作られ」たいか、分かっています。だから、大好きで尊敬もする人々と交流しながらXの利益を上げることのほうを、彼らとの関係をつまらなく不快なものにしてまでXの一一〇％の利益を上げることよりも望むのです。

ここでちょっとしたクイズです。みなさんは生涯を通してハンバーガーを食べたいと考えましたが、ご自身では家畜を育てていません。さてこの場合、牛肉の価格は上がってほしいと思いますか、それとも下がってほしいと思いますか。同じように、車を買おうと思うことはあっても自分が自動車メーカーではないという場合、価格は上がってほしいと思いますか、それとも下がってほしいと思いますか。もちろん答えは自明です。

さて、最後の問題です。みなさんがこの先五年間にわたって蓄えを増やしていくとします。あなたはその間株式市場は値上がりしてほしいと思うでしょうか、それとも値下がりしてほしいと思うでしょうか。多くの投資家がこの答えを間違います。今後長い間株式を買い越すにもかかわらず、株価が上がれば喜び、株価が下がれば悲しむのです。つまり、これから買うことになる「ハンバーガー」の価格が上がったといって有頂天になっているわけです。こうした態度はバカげています。株価が上がるのを見て喜ぶのは目先に株を売る人だけです。これから株を買おうとしている人は、株価が下がるほうがありがたいはずなのです。

株を売る気のないバークシャーの株主の場合、選ぶ答えはもっとはっきりしています。まずバークシャーの株主は、自分で稼いだお金はすべて使ってしまったとしても、自動的に蓄えが積み立てられる仕組みになっています。バークシャーは、配当を出す代わりにすべての利益を留保して企業や証券を買うというやり方で株主のために「貯蓄して」いるのです。企業や証券をより安く買うことができれば、株主向けの間接的な貯蓄プログラムの利益が一層高まることは明白です。

さらに、みなさんはバークシャーを通じて、継続的な自社株買いを行っている会社の重要な部分を所有することになります。このプログラムが私たちにもたらす利益は、株価が下がれば大きくなります。株価が低い場合、私たちの投資した会社が自社株買いに費やす資金によって、その会社に対する私たちの持ち分は株価が高い場合よりも大幅に増えることになります。例えば、コカ・コーラ、ウェルズ・ファーゴなどについては、過去に非常に安い価格で自社株買いを行いましたが、今であればはるかに高い価格で自社株買いを行わなければならず、結果としてバークシャーにとって大きな利益となりました。

毎年年末、バークシャーのほとんどすべての株式は年初と同じ株主が保有していますので、バークシャーの株主は貯蓄者だということになります。そのため、市場が下落して、私たちもそして私たちが投資した会社も資金をより有利な形で配分できる場合には、バークシャーの株主は喜ぶに違いありません。

「市場は下落し、投資家に損失発生」という見出しを目にすれば、笑みがこぼれることでしょう。みなさんは心の中でこのように言い直しているはずです。「市場は下落し、投資を引き揚げる人々には損失発生——しかし、これから投資する人々にとっては利益に」。記者はこの自明の理を忘れがちですが、すべての売り手には買い手がおり、一方が損失を被れば、もう一方には利益となるのです（ゴルフの試合でもこのような言葉があります。「すべてのパットはだれかを幸せにする」）。

私たちは、一九七〇年代と一九八〇年代に多くの株式や企業に安い値が付けられたことによって、大きな利益を手にしました。そのときの市場は、短期投資を繰り返す者にとっては冷たいものでしたが、終の住み家を探している投資家は温かく迎え入れられました。最近、私たちが過去数十年にわたって取ってきた行動が正しかったことが証明されましたが、新しい投資機会についてはほとんど見当たりませんでした。企業の「貯蓄者」としての役割において、バークシャーは資本を割り振る賢明な方法を絶えず探していますが、本当に興奮するような投資の機会を見つけるまではまだしばらく時間がかかるかもしれません。

C. 裁定取引（一九八八年、一九八九年）

子会社の保険会社では、短期の現金持ち高の運用の意味で裁定取引（アービトラージ）をすることがあります。もちろん、いくつかの銘柄を長期に保有することのほうが好ましいのですが、現金が余って投資し切れないことも多いのです。そういうときに裁定取引をすれば、米財務省証券よりもずっと大きな収入が見込めて、それと同じくらい重要なことに、長期投資の基準を緩めてしまいそうな誘惑に駆られる気持ちを落ち着かせることができます（裁定取引を行うことについて話し合ったあとで、マンガーが決まって口にする承認の言葉はこうです。「オーケー、少なくともそれでブタ箱に入れられることはないだろう」）。

一九八八年は金額の絶対量と収益率の両面で、裁定取引によって非常に大きな利益を得ました。約一億四七〇〇万ドルの平均投資額に対して、税込みで七八〇〇万ドルの利益でした。

こういったレベルの利益を上げることで、裁定取引に関する細かな話し合いや私たちの取り組み方が正当化されます。裁定取引という言葉は、かつては有価証券や外国為替などの二つのマーケット間で、同時に売りと買いをすることについてのみ用いられていました。その目標は、マーケット間にあるかもしれない小さな差が収斂するときに益を得ることでした。例えば、アムステルダムではギルダーで取引され、ロンドンではポンド、ニューヨークではドルで取引されているロイヤル・ダッチ・シェル株の市場間裁定取引といったものです。このことを「スキャルピング」（素早い転売でわずかな利益を稼ぐこと）と呼ぶ人もいるかもしれません。現場の人間がこの取引について、フランス語である「アービトラージ」という言葉を選んだのは驚くに値しないはずです。

第一次大戦以降、裁定取引という言葉は――現在では「リスクアービトラージ」と呼ばれることもありますが――定義の範囲が広くなり、企業の身売りや合併、資本再構成、組織の再編成、債務返済、自社株の公開買い付けなどの企業発表に乗じて利益を得るという意味も含むようになりました。ほとんどの場合、裁定取引者は株式市場の動きにかかわらず、利益を得ようとします。このときの彼が背負うべき主たるリスクは、その発表されたことが現実に行われない可能性です。

裁定取引の世界では、予想だにしなかった機会がときどき訪れるものです。私がそれを経験したのは二四歳のとき、ニューヨークでグレアム・ニューマン社に勤めていたときでした。ブルックリンに本拠を置く収益制限があるチョコレート製品製造会社のロックウッド社は、ココアが一ポンド当たり五セントで取引されていた一九四一年に、棚卸資産評価に後入先出法を採用しました。一九五四年に一時的にココアの供給が不足したとき、価格が一気に六〇セントまで急騰しました。そのためロックウッド社は、自らが保有する価値の上がった在庫品を、価格が下落する前に素早く売りたいと考えました。しかし単に売ってしまうと、その収益に対して五〇%近い税金を納めなければなりません。

そのとき助けとなったのは一九五四年税法でした。この税法には、企業がその事業を縮小する計画の一環として在庫品が株主に割り当てられれば、後入先出にかかわる利益に対しては課税されないという、難解な条項が含まれていました。ロックウッド社は事業の一つであったココアバターの販売を打ち切ることを決め、在庫中のカカオ豆のうち一三〇〇万ポンドはココアバター事業のためのものであると発表しました。それに応じて、同社は一株当たりに対して不要となったカカオ豆八〇ポンド分で、自社株買いをする意向を示しました。

それから数週間の間、私はせっせと株を買って豆を売り、定期的にシュローダートラストに出かけて、株の預り証を倉荷証券と交換しました。得られたかなりの利益に対して、私が支払った代償はほんの電車賃程度でした。

ロックウッド社再構築の立役者は、シカゴ出身で無名であるが際立った能力を持った当時三二歳のジェイ・プリッツカーでした。プリッツカーのその後の業績を知る人ならば、この再構築がロックウッド株の長期保有者に対しても、むしろ良いほうに働いたと聞いても驚くことはないでしょう。株式買い取り前後にわたる短い間、大きな営業損失を出していたにもかかわらず、株価は一五ドルから一〇〇ドルへ上昇しました。ＰＥＲ（株価収益率）を無視して株の評価が上がることも、時にはあるのです。

最近のほとんどの裁定取引では、それが友好的であれ敵対的であれ、企業買収が付き物となっています。買収熱が横行し、反トラスト運動がほとんどなくなり、またほとんどの場合、せり値が徐々に上がったことによって、裁定業者たちが大いに潤っています。うまくやるために特別な才能など必要ありません。秘訣は、映画のピーター・セラーズによれば、単に「そこにいる」ことなのです。ウォール街での古いことわざに少し手を加えました。いわく「男に魚を与えれば彼は一日分の食糧を得ることになる。彼に裁定取引の手法を教えれば彼は一生食うに困らない」（だが、もし彼がアイバン・ボウスキーの裁定取引数室で学べば、彼に食事を供するのは国家機関［刑務所］かもしれません）。

裁定取引の状況を評価するためには、次の四つの点について考えなければなりません。①約束された事柄が本当に実行される確率はどの程度か、②資金がどのくらい固定されるのか、③例えば、競合する公開買い付けが行われるなど、さらに好都合なことが起きる可能性はどれくらいあるのか、④独占禁止法や突然の資金調達上の問題から約束された事柄が行われなくなった場合にはどうなるのか――などです。

私たちが経験した裁定取引で非常に運が良かったアルカタ社の例は、事業の紆余曲折を表すものでした。一九八一年九月二八日にアルカタ社の経営陣は、当時も、そして現在もＬＢＯ（レバレッジド・バイアウト。対象企業の資産を担保にした借入金による企業買収）業者の大手であるコールバーグ・クラビス・ロバーツ社（ＫＫＲ）に身売りすることで合意しました。アルカタ社は印刷や林業に従事する企業ですが、それだけではありませんでした。一九七八年にアメリカ政府はレッドウッド国立公園を拡張するために、セコイアの原生林であるアルカタ社所有の森林地一万七〇〇〇エーカーを収用しました。この土地に対して政府は九七九〇万ドルを数回の分割で支払っていましたが、アルカタ社はその金額に対して不十分であると抗議し、さらには土地の譲渡から最終支払い完了までの利子を支払うべきだと訴えていました。授権法では六％の単利が明記されていましたが、アルカタ社側はもっと高い金利でかつ複利にすべきであると主張していたのです。

投機性が高く大規模な法的請求を行っている企業を買収するには、その請求が企業のためであれ、その意思に反したものであれ、交渉時には問題が発生します。その問題を解決するため、ＫＫＲはアルカタ株一株当たり三七ドルに加え、原生林に政府が支払った場合の追加金総額の三分の二を支払うという条件を提示しました。

この裁定取引の一件に関し、私たちにはＫＫＲがこの買収を成功裏に終わらせられるかどうかじっくりと話し合う必要がありました。なぜなら、彼らの提示した条件は、彼らが「十分な資金繰り」をつけられるかという一点にかかっていたからです。この手の条件は売り手にとって常に危険をはらんでいます。プロポーズから結婚に至るまでの期間に情熱がさめる求婚者にとっての安易な逃げ道となるからです。しかしＫＫＲの過去の買収実績から、その恐れはあまりないと私たちは考えていました。

もう一つ私たちが話し合ったのは、もしＫＫＲの買収劇が失敗した場合どうなるかということでしたが、この点に関しても懸念すべきことはありませんでした。アルカタ社の経営陣はＫＫＲへの売却が決まる以前にも自社を売りに出しており、彼らの決意が揺るがないことははっきりしていたからです。もしＫＫＲが手を引いても、アルカタ社はきっと別の買い手を探すことになったでしょう。もちろん、売却価格が下がったとしても。

そしてついに、原生林の補償請求がどれほどの価値を持つものなのかを話し合うべきときが訪れたのです。楡と樫の区別すらつかないわれわれの会長は、迷うことなく決断しました。彼は冷静に補償請求の評価を行い、その価値が「ゼロ」から「大金」の間であるとの結論を出しました。

私たちはアルカタ株を三三・五〇ドル前後で買い始め、八週間後の九月三〇日には四〇万株、つまり発行済株式数の五％を入手していました。最初の公開買付価格は、一九八二年一月に発表した三七ドルでした。そのため、「凍結」されることになったであろう原生林の補償請求を除いても、もしすべてがうまく運んでいれば、年利回りにして約四〇％を達成していた計算になります。

すべてがうまく運んだわけではありませんでした。値決めが多少遅れるとの発表が、一二月にあったのです。結局、一月四日に最終的な合意に達しました。そして、私たちは投資額を積み増したのです。一株当たり三八ドル前後で買いを入れて、発行済株式数の七％を超える六五万五〇〇〇株まで保有株を増やしたのです。私たちは――値決めが延期されてしまうという事態もありましたが――原生林の補償請求に対する評価が「ゼロ」よりも「大金」に近いと考えるようになり、前向きに買いを進めていったのです。

その後、二月二五日に銀行団は「ひどい落ち込み状態にある住宅供給業界と、その状況がアルカタ社の前途に与える影響を考慮に入れ」、資金調達面に関して「再考」しているところだと言ってきました。株主総会は再度延期され、開催予定は四月になりました。アルカタ社のあるスポークスマンは「買収自体が行われるかどうかの瀬戸際にあるとは考えていない」という考えを表明しました。そんな安堵させてくれるような文句を裁定業者が聞けば、「彼はまるで平価切り下げ前夜の大蔵大臣のごとくにウソをついた」という古い言葉を、瞬時に思い出すことでしょう。

三月一二日にKKRは当初の計画どおりにはいかなくなったことを発表し、まず提示額を三三・五〇ドルに切り下げ、二日後には三五・〇〇ドルに修正しました。しかし三月一五日には、アルカタ社経営陣はこの提示価格を拒否して、原生林に対する政府補償額の半分を受け取るという条件付きで一株当たり三七・五〇ドルを提示した別のグループの申し入れを受諾しました。株主はこの取引に応じ、六月四日に取引が成立しました。

私たちは二二九〇万ドルの支払いコストに対して、平均保有期間六カ月で二四六〇万ドルを得ることになりました。この取引が大きな問題を含むものであったことを思えば、一五％の年利回り――原生林の補償請求による収益は除いて――は、非常に満足できるものでした。

しかしここから先がもっとオイシかったのです。判事が二つの委員会を任命して、一方には原生林の価値を調査するように命じ、またもう一方には利子の問題に取り組むよう命じました。一九八七年一月に、第一の委員会は原生林の価値は二億七五七〇万ドルであると決定し、第二の委員会は複利で約一四％と決定を下しました。

一九八七年八月に判事はこれらの勧告を承認しました。すなわちアルカタ社に総額約六億ドルを支払うよう、政府に対して判決が下されたのです。これに対し、政府は上訴しました。しかし一九八八年、上訴請求が受理される前に、五億一九〇〇万ドルで和解が成立しました。その結果、私たちは一株当たりさらに一九・四八ドル、すなわち一九三〇万ドルを得ることになりました。一九八九年にはさらに八〇万ドル前後を得ることになるでしょう。

バークシャーが行う裁定取引は、ほかの多くの裁定取引とは異なっています。まず、毎年非常に限られた数の、そして通常大規模な案件しか扱わないという点です。裁定取引を行う実務家のほとんどは、毎年とても多くの案件――恐らく五〇以上――を扱います。それほどの数を扱えば、取引の進行状況と関連株の市場動向をモニターするのに多大な時間をつぎ込まなければなりません。それはマンガーと私のライフスタイルには合わないのです（ティッカーテープを日がな一日凝視し続けてまで、金持ちになることに何の意味があるのでしょうか）。

私たちは対象を分散しないので、典型的な裁定取引者と比べて、ある一つの取引で利益を上げるか否かが年間収益に大きな差を生みます。これまでのところ、バークシャーは真に悲惨な経験はしたことがありません。でも、いずれはそういうこともあるでしょうし、そのときはみなさんに血なまぐさい経緯を報告するつもりです。

それ以外で私たちがほかと異なるのは、参加する取引は公に発表されたものだけだということです。風説から裁定取引を行うことはありませんし、公表されていない買収案件を物色することもありません。新聞を読み、数多い候補のうちほんのいくつかに関して検討し、自分たち自身の分析に従います。

年末時点における主たる裁定取引の持ち高は、市場価値三億四五〇万ドル分を二億八一八〇万ドルで取得したRJRナビスコ株三三四万二〇〇〇株であり、一月にさらに買い増しておよそ四〇〇万株としました。二月にはRJRナビスコ社を買収したKKRに私たちの株を渡して三〇〇万株を受け取り、その受け取った株は即座に市場で売却しました。税込み収益は期待以上の六四〇〇万ドルでした。

それより前に、RJRナビスコ社の説明会の会場で見慣れた顔に出会いました。ジェイ・プリツカーです。彼は税務対策のパッケージを売り込んでいたファースト・ボストン・グループの人間として来ていました。大リーガーのヨギ・ベラの言葉を借りれば「デジャブが再来した」のです。

私たちはRJRナビスコ社の買い手となっていた時期のほとんどにおいて、RJRナビスコ社の株式売買を通常は派手に行わないようにしていました。ソロモン・ブラザーズがTOB（株式公開買い付け）に参加していたからです。マンガーと私はソロモンの取締役ですが、慣例上、彼らのM&A事業に関する情報はもらいません。私たちがそう頼んだのです。そうした情報は私たちにとってマイナスとなりかねないし、時として実際にバークシャーが裁定取引をできなくなってしまうことさえあります。

しかし、今回のRJRナビスコ社の一件に関しては、ソロモンが並外れて大掛かりに関与していたため、すべての取締役に細かい情報が伝えられ、その内容にもかかわらざるを得ませんでした。そのために、バークシャーがRJRナビスコ株を買ったのはたった二回だけでした。一回目は、ソロモンがRJRナビスコ社の裁定取引に乗り出すより前、経営陣による買い占め計画発表に従う形でそのほんの数日後に行われました。二回目はそのかなりあと、RJRナビスコ社の取締役会がKKRを売却先に選ぶ結論を出したよりもあとでした。それ以外でRJRナビスコ株を購入することができなかったため、マンガーと私がソロモンの取締役だったことでバークシャーに多大な損失を与える結果となりました。

一九八八年にバークシャーが裁定取引であれほどの成功をしたのだから、みなさんは一九八九年も果敢に攻めたと思うでしょう。しかし私たちは傍観者の道を選んだのです。

喜ばしいその理由の一つが、私たちの現金保有額が下がったことにあります。というのも、長期にわたって保有したい株式のポジションが大きく増えたからです。この手紙をいつも読んでくださる方はご存知のとおり、私たちは株式市場である銘柄が短期的にどう動くかということを考えて新たな投資をすることはありません。むしろ、長期的事業展望を問題にします。私たちは株式市場や金利、あるいは事業の様子が今から一年後にどうなるかなどということは考えませんし、過去にもなければ今後もそうしたことを話し合うことはあり得ないのです。

たとえ大量の流動資金があったとしても、私たちは一九八九年にはほとんど裁定取引をしなかったでしょう。企業買収の世界で常軌を逸した加熱ぶりが見られたからです。『オズの魔法使い』でドロシーが、子犬のトトに「もうカンザスには住めない気がするよ」と言ったように。

いつまでそんな状態が続くのか、どうすれば政府の、そして加熱ぶりをあおっている売り手と買い手の態度が変わるのか、私たちにはまったく予想もできません。しかし、他人が事の慎重さを欠いているときほど一層慎重にならなければならないということは分かっています。買い手と売り手の、たがが外れてしまったような――また私たちからみれば往々にして正当とはいえないような――楽観主義に支えられた世界で裁定取引をしたくはありません。「永遠に続くことができないものには必ず終わりがくる」というハーブ・スタインの名言を、私たちは常に胸にとどめているのです。

一九八九年にはほとんど裁定取引をしないつもりだと昨年みなさんに申し上げ、実際にそのとおりになりました。私たちにとって裁定取引のポジションは同量の短期資金の代わりであり、一時的にはたしかに比較的流動資金が少ない時期がありました。しかし、それ以外の時期には十分な現金持ち高があったにもかかわらず、裁定取引をしないことを選んだのです。その主たる理由は、私たちにとって経済的道理にかなわないものだからです。そんな裁定取引をするのはまるでバカげたお遊びのようなものです（ウォール街の主、レイ・デボーが「エンジェルたちがトレードすることを恐れる場所に、バカどもが駆け込んでくる」と言ったように）。私た

ちはときどきしか裁定取引に参加しません――やるときは大規模なもので、しかもオッズが良いと判断したときだけです。

D．一般的なドグマの正体を暴く（一九八八年、一九九三年、一九九一年、一九八七年）

これまで述べてきた裁定取引には、「効率的市場理論」も少し関係してきます。この教義はかつて大変流行し、一九七〇年代の学問的集団の間ではほとんど「聖典」といってもよいほどの扱いでした。その理論の本質は、個々の銘柄に関する情報はすべて株価に適切に反映されているので、株の分析は無意味なものだというものです。言葉を換えれば、マーケットは常にすべてを知っているということです。そのため「株式銘柄表という的をめがけてダーツを投げればだれでも、最も頭の切れる努力家の証券アナリストが選ぶものと同様の株式ポートフォリオを構築することができる」と効率的市場理論を教える教授たちは講釈していました。驚くべきことに、効率的市場理論は大学のみならず多くの投資のプロや企業経営者たちにも支持されました。マーケットは「たびたび」効率的であるという観察結果を、彼らは無理やり「常に」効率的であるとこじつけました。「たびたび」と「常に」では昼と夜ほどの違いがあるにもかかわらず、です。

私に言わせていただければ、効率的市場理論がどれほどバカげた理論であるかは、グレアム・

ニューマン社やバフェット・パートナーシップ、バークシャーでの六三年にわたる裁定取引実績が物語っています（それ以外の例も枚挙にいとまがないほどです）。グレアム・ニューマン社では一九二六年から一九五六年までの企業存続期間中の裁定取引による収益を分析しました。借入金による投資はなしに平均で年率二〇％の収益でした。一九五六年からはベンジャミン・グレアムの裁定取引原理を、まずはバフェット・パートナーシップで、続いてバークシャーでも採用しました。正確な計算はしたことがありませんが、一九五六年から一九八八年までの平均年間収益率は優に二〇％を超えており、自分でもよくやったと思っています（もちろんグレアムの、特に一九二九年から一九三二年にかけての厳しい状況と比べると、私は彼よりはるかに恵まれた環境で仕事をしていたといえます）。

ここでのポートフォリオ・パフォーマンスの公正なる分析に求められる条件は以下のとおり。①この六三年間の記録が築かれるまでに、三つの企業は何百という銘柄の有価証券を売買した、②この結果は、幸運によって大きな利益を上げたサンプル数の少ない取引結果によってもたらされた結果ではない、③あやふやな情報を得ようとしたり、対象企業の製品や経営陣を厳しく洞察するような必要はなかった――単にだれでも知っているような企業情報にしたがって行動しただけ、④この裁定取引のポジションのユニバースは明確に定義されており、後付けで選んだわけではない。

この六三年間のマーケットの平均的な収益率は、配当金を含めても年間一〇％以下にすぎませんでした。つまり全収益を再投資したとして、一〇〇〇ドルが六三年間で四〇万五〇〇〇ドルとなる計算です。かたや年間二〇％収益で計算すると、九七〇〇万ドルにもなります。これは統計学上非常に大きな違いであり、きっと人々の好奇心を刺激することでしょう。

それでもなお、かの理論の支持者たちは、自分たちの教義と相いれないこうした「証拠」にはまったく関心を示さないように見えました。彼らが昔ほど効率的市場理論を話題に取り上げなくなったのは事実です。しかし私の知るかぎり、何千人もの学生に間違った事実を教え続けていた人でさえ、自分が間違っていたと認めた人はだれ一人いません。さらに現在もなお、効率的市場理論は主要なビジネススクールで、投資に関するカリキュラムの重要な地位を占めているのです。前言を撤回し、その結果として聖職者の神秘性が失われるのを嫌がるのは、神学者に限った話ではないようです。

学生たちや効率的市場理論を鵜呑みにしたプロの投資家たちが被った損害のおかげで、私たちをはじめグレアムの教えに従った人たちは、自然と大きな恩恵を得る結果となりました。争いの世界では、それが金融上のものであれ、精神や肉体にかかわるものであれ、試すことすら無駄だと教え込まれた敵と戦うことほど有利なことはありません。自己本位な言い方をしますと、グレアム信奉者たちは効率的市場理論が永遠に人々に講義され続けられるよう、それらの講座には寄付し続けるべきでしょう。

ここで一つ警告をしておきます。最近では、裁定取引は簡単なもののように思われています。

しかし裁定取引は、年間二〇%の利益、あるいはどんな種類の利益をも保証する投資形態ではありません。すでに述べたように、マーケットは多くの場合において「ほどほどに」効率的です。過去六三年間で、私たちがとらえた裁定取引の機会のうち、株価が適正に思えるという理由から投資を見合わせた例は、実行した以上の数に上ります。

ある特定の投資の分野やスタイルをただ単に実行するだけでは、投資家は人より素晴らしい利益を株式市場から上げることはできません。多くの利益を手中に収めるには、慎重な事実の分析とたゆまざる鍛錬が必要です。なんとなく裁定取引を行うだけでは、ダーツを投げてポートフォリオを選ぶことと、なんら大差はないのです。

優秀な経営陣を有する優れた企業の株は、願わくは永遠に保有し続けたいと考えます。つまり、投資先の企業が芳しい業績を上げると急いで売って利益を確定し、業績が失望させられるようなものだと塩漬けにして保有し続ける人々とは対極にあるのです。ピーター・リンチはこの対照的な行為を「雑草に水をやる者」「花を切り落とす者」と、うまくなぞらえました。

長期的に見れば素晴らしく、かつ理解のできる企業の株式を売り払ってしまうのは、ほとんどの場合、愚かなことであるという私たちの考えは変わりません。こういった企業の株式とい

うものは、そう簡単にほかのものと置き換えられるものではないのです。

面白いことに、企業経営者たちは、自分たちの事業に関してはこの点を見誤ることはありません。卓越した経済状態を長期に誇る子会社を有する親会社は、株価がどれほど上がろうとその子会社を手放すことはないでしょう。親会社のCEOはこう言うでしょう。「なぜ、わざわざ金の卵を生むニワトリを手放さなくちゃならないんだ」。しかし、その同じCEOが、こと個人の投資ポートフォリオのことになると、株の乗り換えを勧めるブローカーのいいかげんな話に乗って、迷いもせず即座に乗り換えてしまいます。この行動パターンにおける最悪な点は「利益を上げていれば破産はしない」という考え方です。こうした考えで、ほかの重役たちに花形の子会社を売却するようせき立てるようなCEOなど存在するでしょうか。私たちは、通常のビジネスの世界で通用する常識は株式市場でも通用すると考えます。そういう意味で、卓抜した業績を上げる企業の株を保有する投資家は、その保有数が少量であれ、通常はその企業の親会社と同程度に粘り強く保有し続けるべきなのです。

一九一九年にコカ・コーラに四〇ドル投資していれば得られたであろう投資結果については以前、触れたことがあります〔「この文章と同じ一九九三年分からの関連する原文の抜粋」〕過去から学び取れることを付け加えて述べたいと思います。コカ・コーラが上場した一九一九年、その株価は一株当たり四〇ドルでした。しかし一九二〇年の終わりには、コカ・コーラの将来性への根拠のない再評価によって、株価は五〇％以上も下落して一九・五ドルを付けました。

一九九三年の年末時点では、配当の再投資分も含めると同じ一株が二一〇万ドルになっています)。コーラの製造が開始されて五〇年以上が過ぎ、すでにアメリカの象徴としての地位を確立していた一九三八年に、同社についての素晴らしい記事がフォーチュン誌に掲載されました。記事の第二段落にはこうありました。「多くの真剣な投資家たちはコカ・コーラの過去の目覚ましい業績から、長期的かつ厚い信頼をこの会社に寄せてきた。だが、彼らはその考えがいまや間違っていたと後悔している。残念ながら、それは遅きに失した行為である。彼らの前には、恐るべき市場の飽和状態と多くのライバルが立ちはだかっているのである」

たしかに一九三八年時点も、そしてこの一九九三年にも、ライバルはごまんといます。でも注目すべきことがあります。それは、コカ・コーラのソフトドリンク出荷量が当時の計量単位である「ガロン」を現在の「一九二オンス」に換算すると、一九三八年には二億七〇〇〇万ケースであったのに対して、一九九三年は一〇七億ケースである点です。一九三八年に業界での首位の座をすでに獲得していた企業が、この五〇年余りで実に五〇倍の伸びを見せたのです。そして、投資家にとっての宴も一九三八年に終わったわけではありませんでした。一九一九年に四〇ドルで一株買って配当金を再投資に回したとしても、一九三八年末までに三二七七ドルにしかなりませんが、一九三八年に四〇ドルをコカ・コーラ株に投資すれば、一九九三年末には二万五〇〇〇ドルになった計算になります。

先ほどのフォーチュンの記事には、まだ見逃せない表現がありました。「コカ・コーラ以外に、その規模と売り上げの点で、コカ・コーラのように変わらない製品で一〇年も売り上げ記録を更新し続けるような企業を挙げるのは難しいであろう」。それから五五年後、その製品ラインは多少の広がりを見せたものの、この表現が今なお当てはまるというのは、驚くべきことです。

マンガーと私はずっと昔に、投資で一生のうち何百回もの賢い決断を行うのは無理だと悟りました。その考えは、バークシャーの資本が膨らみ、また投資領域が劇的に縮小して収支に多大な影響を与えかねない状況となったことで、さらにやむにやまれぬものとなりました。そこで私たちは、賢くなりすぎず、ほんの何回か賢い決断をするという戦略を選んだのです。現実に、私たちは今では年に一回良い考えが浮かべば良しとしています（マンガーによれば、次は私の番だそうです）。

私たちが取ったこの戦略は、あとに述べる標準となっている分散効果の教義を排除したものです。学識者の多くが私たちのこうした戦略を、普通の投資家たちの戦略よりもリスクが高いと考えるかもしれません。しかし、私たちはそうは考えません。投資家がある業種に関心を強く集中させ、かつ株式購入に際して候補企業の財務状況に対する基準を高く設定することができれば、ポートフォリオを集中させることによって、十分にリスクを低く保てると考えています。ここで私たちが定義するリスクとは、辞書にあるとおりの「損失か、あるいは損害の可能性」です。

しかし学者たちは、投資における「リスク」を、株式や株式ポートフォリオの相対リターンのボラティリティであると定義しています。つまり、株式全体のリターンと比較した、特定の株式や株式ポートフォリオのリターンのボラティリティが「リスク」だというのです。彼らはデータベースや統計学の知識を駆使して、株式の過去の相対的ボラティリティを示す「ベータ」値を正確にはじき出し、その結果をもとに、不可解なる投資理論や資本配分理論を打ち立てます。しかし、リスク算定のために単一の統計にこだわるあまり、彼らは基本原則を忘れてしまっています。それは、確実に間違えるよりは、およそ正しいほうがよい、ということです。

企業の所有者、すなわち株主たちにとって、学者たちのリスクのとらえ方はまったくもって的外れで、バカバカしいほどです。例えば、一九七三年に私たちが買ったワシントン・ポスト株のように、データベースを基に計算すると市場に比較して非常に鋭く下げた銘柄は、過去高値圏にあったときよりも値が下がったときのほうが「よりハイリスク」であることになります。驚くべき安値で企業を買収できるのに、学者のこうした考え方のほうをもっともだと考える人などいるでしょうか。

実際は、真の投資家ならばボラティリティをむしろ歓迎します。ベンジャミン・グレアムがその理由を『**賢明なる投資家**』（パンローリング）の第8章で述べています。そのなかで彼は、毎日現れる世話好きな「ミスターマーケット」――あなたの意図とは関係なく、あなたの持ち株を買おうとするか、あなたに自分の持ち株を売ろうとする男――の話を取り上げました。この男の躁うつ状態が激しければ激しいほど、投資家にとってはより大きなチャンスなのです。

その証拠に、大きな変動を見せる相場では、堅実な企業に対して考えられないような安値が付けられることがあります。マーケットを無視しようが常識外れの安値を利用しようが、百パーセントその裁量権を握る投資家が、どういう根拠でそうした絶好のチャンスを「リスクを高めるもの」と考えるに至るのかは理解に苦しむところです。

純粋なるベータ値の信奉者はリスクの計算に当たり、企業が何を製造し、そのライバル企業が何をし、またどれくらいの借入金があるのかなどを調査することなどには意味を見いださないでしょう。企業名さえも知ろうとしないかもしれません。彼らにとって大切なのは、その株式の過去データなのです。彼らとは対照的に、私たちは過去データなどを気にかけません。その代わり、企業の事業内容をより一層理解するために役立つすべての情報を集めたいと考えます。そして株を買ったあとは、たとえ一年や二年、マーケットが閉鎖されようと焦りはしません。私たちは、シーズ社やH・H・ブラウン社のすべての持ち高の値動きを毎日チェックして、自分たちの投資がうまくいっていることを確認することはありません。同様に、私たちが保有するコカ・コーラ（七％）の株式に関しても、値動きの確認など必要ないのです。

私たちが考える投資家が見積もるべきリスクというのは、投資によって得られる税引き後の合計受取額（売却時に受け取る金額も含めて）によって、保有期間終了後に最低でも今まで以上の購買力が得られ、かつ当初の投資金額に対する相応の利息を得られるかどうか、ということです。このリスクをコンピューターで正確に数値化するのは不可能ですが、実際役立てられる程度の精度で算出できる場合もあります。この計算に当たっての主な要素は以下のとおりです。

①企業の長期的経済的特性を評価できるという確信
②企業の持つ潜在力を生かしきる能力やキャッシュフローをうまく利用する能力の両面で、経営者を評価できるという確信
③事業で得た利益を自分たちより優先して株主に還元するという点で信頼が置ける経営者であるという確信
④企業の買い付け価格
⑤予想される税率とインフレ率と、それによる総収益から投資家の購買力である収益が目減りする度合い

これらの要素は、どんなデータベースを用いようが数値化するのは不可能なので、多くのアナリストにとって恐らく耐えがたいほどあいまいな要素に思えるでしょう。でも正確に数値化できないという理由から、これらが重要ではないとは言えず、また絶対計算できないという結論に至るわけでもありません。これは、わいせつ性を系統立てて説明することはできないというスチュワート最高裁判所判事が、それにもかかわらず「見れば分かる」と強硬に主張した

ことと共通します。判事と同様に投資家たちも、複雑な方程式や過去データに頼ることなく、正確ではなくとも役立てられるレベルで投資対象が個々に抱えるリスクを「見る」ことができるのです。

ベータ値を信奉する理論家は、例えば、バービー人形やモノポリーを独占的に販売できるおもちゃ企業の抱えるリスクと、ペットロック（**訳注**　一九七〇年代にアメリカで流行したペットのように持ち歩く石ころ）やフラフープのみを扱うおもちゃ企業のリスクを見分けるための方法を知りません。しかし、ごく普通の投資家でも、消費者の動向や企業の長期的な競争力を左右する要因をある程度理解していれば、これらのリスクを識別するのはけっして難しいことではありません。どんな投資家であっても判断を誤ることはあります。しかし、相対的に数少ないが容易に理解できる事例に限定すれば、それなりに知的で努力家であり、情報を得ることさえできれば、ある程度の正確さで投資リスクを判断することが可能なのです。

もちろんマンガーも私も、そのときかかわっているのがその業界における「ペットロック」なのか「バービー人形」なのかを、判断しかねる場合も少なくありません。そうした場合、何年もかけてその業界について研究し続けても答えを出すことはできません。私たちの知力が足りないのかもしれませんし、本質的に理解しにくい業界もあるでしょう。例えば、目まぐるしい技術革新を追いかけざるを得ない企業では、長期的経済状態に関して安定した評価を得るのは困難です。今から三〇年前にテレビ製造業やコンピューター業界の現在の状況を予想し得た人などいたでしょうか。もちろんいません（これらの業界に強い興味を抱いていた投資家や企業経営者たちのほとんどだって同様でした）。それではマンガーと私はなぜ、その他の変化を続ける企業の将来を予測できるなどと考えているのでしょうか。それは私たちが簡単なケースに的を絞っているからです。目の前に針が見えているときに、干し草の山に埋もれている針をわざわざ探すのは無意味なことです。

もちろん、私たちが何年も行ってきた裁定取引などのように、投資戦略によってはポートフォリオを十分に分散化させる必要があります。もしある取引が重大なリスクを含んだものであれば、全体的なリスクを下げるためには、その「買い」は相互に独立した多くの取引の一つでなければなりません。つまり、損失を出す以上に利益を得る確率のほうがかなり高いとあなたが信じ、かつ同種のものであっても相関関係のない取引にも投資するならば、大きな損害を被る可能性が非常に高いハイリスクの投資案件にも意識的に手を出すこともできます。これがほとんどのベンチャービジネス投資家のやり方です。もしあなたがこの手法を取ろうとするのなら、カジノにあるルーレット盤を参考にするべきです。ルーレットでは確率的に有利なようにコインを分散して賭けるほうが勝率が良く、一カ所に山のようなコインを賭けるのはバカげています。

それ以外にポートフォリオを分散化させる必要があるのは、ある企業の経済的な状態を理解していないにもかかわらず、投資家がその企業をアメリカ産業の長期的な盟主になると信じているような場合です。そうした投資家は多くの持ち株を取得するべきですが、その購入の間隔はあけるべきです。例えば、インデックスファンドに定期的に投資すれば、「何も分かっていない」投資家でもプロの投資家以上の利益を上げることが実際に可能なのです。逆説的でありますが、「愚鈍な」投資家が自分の限界を認識すると、もはやその投資家は愚鈍ではなくなるのです。

他方で、もしあなたが企業の経済状態を理解し、相応の値付けがされている重要な長期的競争力を有する企業を五社から一〇社ほど見つけられる「物の分かった」投資家なら、ありきたりの分散は勧められません。単に収益結果にダメージを与え、リスクを増やすことになりかねないからです。私が信じられないのは、この手の投資家が最高の潜在的収益力を持ち、自分が最もその事業内容を理解しリスクも最小であることが分かっている銘柄に資金を追加するよりむしろ、二〇番目にいいと思う企業に投資しようとすることです。預言者メイ・ウエストがこんなことを言っていました。「いいものがたくさんありすぎるのは、素晴らしいこと」

私たちが常に求め続けているのは、有能で株主を大切にする経営者によって運営され、その経済状態は永続的に儲かりそうで、私たちが理解可能な大きな企業です。そういう企業を見つ

けられたからといって、結果が保証されるわけではありません。妥当な価格で購入しなければならないし、また、その企業の業績は、私たちの投資が正しかったことを証明できるようなものでなければなりません。しかし、スーパースター企業を探すというこうした投資へのアプローチによってのみ、私たちは真の成功を手に入れることができるのです。単純に言えば、私たちの運用額を考えると、大したことのない企業の一部を機転よく売買して大金を儲けられる人々ほどマンガーと私は賢くないということです。花から花へと舞っていては、投資における長期的成功を収めることはできないと私たちは考えます。派手に取引する「機関」を「投資家」の名のうえに冠するのは、一夜の恋を繰り返す者をロマンチストと呼ぶようなものです。

もし投資のユニバースが、例えばネブラスカ州東部オマハの未公開企業に限られていたら、私はまず全企業の長期的な経済的特色を調べ、次にその企業の経営者たちの資質を価値評価し、第三に最高と思える企業のいくつかを妥当な価格で買収しようと試みるでしょう。しかし、オハマの企業すべてを等しい比率で買おうなどとはけっして考えません。ユニバースをオマハの企業だけではなく、全上場企業にした場合でも同じです。なぜバークシャーが全上場企業を対象に投資を考えたときに、別の方針を取る必要などあるのでしょうか。また、素晴らしい企業や傑出した経営者を探し出すのが非常に困難なら、なぜすでに証明済みのものに頼ろうとしないのでしょうか。私たちのモットー、それは「もし初めに成功したら、それ以外やるな」ということなのです。

ジョン・メイナード・ケインズは、実践的な投資家としてのすぐれた才能と素晴らしい思考力を調和させた人物でしたが、彼は一九三四年八月一五日に仕事仲間のF・C・スコットにあてて手紙を書きました。その内容がすべてを語ってくれています。「時がたつにつれて、私がますます確信を深めていることがあります。それは、正しい投資法というのは、投資家自身がその何がしかを理解していると信じ、かつその経営陣を完全に信頼する企業に、かなりのまとまった額を投資することだということです。とりたてて自信を持つべき根拠がないにもかかわらず、自分がほとんど理解していない多くの企業に投資を分散することでリスクを限定できるなどという考えは誤りです……人間の知識や経験は疑うべくもなく限定されたものであり、私自身完全に自信を持てる投資対象が同時に二～三社以上存在することなど、めったにないのです」。

一九八七年の株式市場は人々を大いに沸かせましたが、正味の動きはほとんどない一年でした（ダウのその年の上げは二・三％でした）。みなさんもご承知のとおり、この小幅の変化はジェットコースターのような激しい動きがもたらしたものです。ミスターマーケットの躁うつ病が爆発して一〇月まで大暴れを演じた後、突如、大きな発作を起こしたのです。

何十億ドルという資金を運用し、この大騒動を歓迎する「プロの」投資家が世の中には存在します。多くの高名な資金運用家たちのそのときの関心は、企業がこれから数年後にどうなっていくのかということよりも、ほかの資金運用家たちがここ数日どういう行動に出るかということに集中していました。彼らにとって株はゲームの駒にすぎないものです。モノポリーの駒や権利証カードのようなものなのです。

そんな彼らが行き着くことになる極端な例が「ポートフォリオインシュアランス」です。これは多くの一流の投資顧問が一九八六年から八七年にかけて信奉していた資産運用手法です。小規模の投機家が置くストップロス注文を、単に体よく名前をすげ替えただけのこの手法の概要は、個別株式のポートフォリオ、あるいはそれと同量の指数先物を株価が下がれば売りに出すということです。あらかじめ定めた値幅以上に前に付いた値よりも安い取引があれば自動的に莫大な売り注文を出すということが、この手法のほとんどすべてといってよいものです。ブレイディーレポートによれば、一九八七年一〇月半ばの株式暴落では六〇〇～九〇〇億ドルの株式が売りに出されたのです。

もしあなたが投資顧問というのは実際に投資を行うために雇われていると考えているとすれば、この手法を知ればあきれ返るかもしれません。道理をわきまえた人物が、農地購入後にその近隣の農地が安値で売りに出されるたび、不動産仲介者に自分の土地を切り売りするように指示したりするでしょうか。また、似たような家が前日に付けた以下の安値で九時三〇分に売れたというだけの理由で、あなたは自分の家をだれでもいいからそのときにいる入札者に朝の九時三一分に売ろうなどと考えるでしょうか。

しかし、年金基金や大学がフォードやGE株などを保有しているとき、ポートフォリオインシュアランスに従えば、要するにそういうことになります。株価が下がれば下がるほど、その企業株はより積極的に売りに出せということです。「論理的に」類推すれば――別に私が勝手にデッチ上げているわけではありませんが――、この手法に従うかぎり、投資家はこれらの手放した株式がひとたび大きく値上がりすれば、買い戻さなければならないということになります。こんな『不思議の国のアリス』のようなやり方をしているファンドマネジャーたちが巨額のカネを動かしているとすれば、マーケットが時に常軌を逸したとしても何ら不思議ではないでしょう。

しかし、多くの評論家たちは、最近の出来事に関して誤った結論を導き出しています。彼らが好んで口にするのは、大口投資家の軌道の定まらない行為によって揺さぶられるマーケットにおいては、小規模の投資家には勝ち目がないという考えです。このような考えは断じて誤りです。こうしたマーケットは、投資家がその職分に専念するかぎりにおいては、資金量にかかわらず全投資家にとっての理想です。不合理な思惑売買で巨額な資金を動かすファンドマネジャーによってボラティリティが生じれば、真の投資家にとって賢い投資行動を取るための機会を増やすことになります。そうしたボラティリティによって投資家が損失を出すことがあれば、それは彼が財政的、あるいは心理的なプレッシャーによって不適当なタイミングで売りを出した場合だけなのです。

E．バリュー投資──冗長性（一九八七年、一九九二年、一九八五年）

企業の全支配権を買う場合と株式の一部を買う場合を比べたとき、本質的には大差がないと私たちは考えています……どちらの場合でも、長期的に好ましい経済状態が見込める企業を買収しようという点は同じだからです。私たちの目標は素晴らしい企業を見つけて、それを相応の価格で買うことであり、月並みな企業をバーゲン価格で買おうなどとは思いません。マンガーも私も、絹の財布は絹で作るのが一番だと、これまでの経験から学んできました。絹以外を使えば必ず失敗します。

（常にものを理解するのが早いわれわれの会長でさえも、優れた企業を購入することの重要さを認識するまでに二〇年かかっているのです。その間、私は「バーゲン品」を物色し、不運なことに何社かが私の眼鏡にかなってしまいました。生産ラインが短い農具製造業者や三等地のデパート、ニューイングランドの繊維業者で、痛手を被ることとなりました）。

もちろん、マンガーと私が企業の根本的な経済状況を見誤ることもあるかもしれません。そうした場合に私たちが直面する問題は、その企業が完全子会社化されたものか、あるいはその株式が市場で売ることができるものかということです。もちろん通常は後者のほうが手を引くのは簡単です（事実、企業を見誤ることは珍しくありません。その好例があります。アンドリュー・カーネギーを記事にしようとアメリカにやってきたあるヨーロッパの記者が、編集者にこう電報を打ちました。「なんということだ、図書館運営にこんな莫大な金額をつぎ込むなんて、けっして信じられないだろう」）。

支配権を買う場合も株式の一部を買う場合も、私たちはそれが良い企業であるかということばかりでなく、優秀で才能があり、かつ好ましい人間性を持った経営者によって運営される企業であるかということにも目を向けます。経営者に関しての判断を誤ると、経営者を代える力を持つのは私たちであるがために、被支配企業は一時的にはがんばりを見せるでしょう。しかし実際問題として、このがんばりというのは幻想に近いものにすぎません。経営陣の入れ替えは、結婚におけるゴタゴタと同様に、痛みを伴えば時間もかかり、また予測のつかないものなのです。

支配権を買う場合には、主に二つの長所があります。第一に、企業の実権を握れば私たちが資本を配分することになりますが、株式の一部を取得する場合には、その過程で現実的に私たちはほとんど口をはさむことができません。このことがなぜ重要かといえば、企業トップの多くが資本配分に関してあまりよく理解していないからです。これは別に驚くべきことではありません。トップに君臨する人間は、マーケティングや製造、技術開発、事務管理、また人によっては社内政治などの分野にたけているという理由で出世していった者がほとんどなのです。

そんな彼らがひとたびCEOとなれば、新たな責任に直面することとなります。かつて経験したことのない、容易に習熟できないような重大な任務である資本配分の決定も、突如彼らの肩にかかってきます。その状況を例えれば、優れた才能を誇るミュージシャンがその地位を決定づける最後のステップとしてカーネギー・ホールで演奏する代わりに、FRB（連邦準備制度理事会）の議長に任命されるようなものです。

多くのCEOが抱える「資本配分能力の欠如」という問題は、けっして看過することができないものです。年に純資産の一〇％相当の利益を上げ続ける企業のCEOが一〇年間その任務を遂行すれば、彼にはその企業の全稼動資本の六〇％以上の配分に関して責任があるということになるのです。

自分に資本配分能力が欠如しているという認識を持つCEOは、（そのすべてがそうだというわけではありませんが）しばしば社員や自分以外の経営幹部、投資銀行家などに頼ることで、その能力を埋め合わせようとします。マンガーと私はこれまでに何回もそうした「手助け」の結末を見てきましたが、結局のところ資本配分の問題は、その助けによって解決を見るというよりも、むしろ問題を悪化させてしまっているようです。

結局は、アメリカ企業の多くが愚かな資本配分を行っています（その結果がよく耳にする「リストラ」です）。その点、バークシャーは幸運です。私たちが株の一部を保有している主な企業では、資本配分はおおむね順調に行われており、目を見張るべきケースさえあります。

企業の支配権を買うことの第二の強みは税金に関することです。ここで、バークシャーは一部の株式を保有することで、かなりの税金コストを負担しています。それは株式保有割合が八〇％以上のときにはかからないものです。私たちは長期にわたってそうした税制上のデメリットを受けてきていますが、税法改正により一九八六年はかなりの増税を余儀なくされました。その結果、ある企業の株式を八〇％以上保有する場合に得られる実績は、保有率がそれ以下の場合と比較して、バークシャーの業績に与える影響が五〇％も高くなる結果となったのです。

一部の株式のみを保有することで生じるデメリットは、大きな利益をもって相殺されることもあります。時として、素晴らしい企業の株式を、信じられないほどの安値で市場から調達できる場合があるのです。それは支配権の譲渡を前提とした交渉で、相手側から提示される価格とは比較できないほどの安値です。例えば、ワシントン・ポスト株は一九七三年に一株当たり五・六三ドルで購入したものですが、一九八七年の税引き後の一株当たり利益は一〇・三〇ドルです。同様に、ＧＥＩＣＯ株は一九七六年、一九七九年、一九八〇年に一株当たり平均六・六七ドルで購入し、昨年の税引き後の一株当たり利益は九・〇一ドルでした。こうしたケースでは、ミスターマーケットは心強い親友なのです。

私たちの株式投資戦略は以前からほとんど変わっていません。一九七七年の年次報告書からここに一部を抜粋します。「私たちは株式売買益を目的として投資先を選ぶときも、企業全体を買収するときと同様の評価基準であたっています。私たちが選ぶ企業の条件は、①その内容を私たちが理解し、②将来にわたり長期的に好ましい業績が見込め、③経営幹部は誠実で有能な人々であり、④魅力的な価格で購入できることです」。このときに挙げた条件のうち、市場の形勢や私たちの企業規模が変化したことによって一点だけ修正を加えました。それは、「魅力的な価格」を「非常に魅力的な価格」に変えたという点です。

だがここでみなさんは、何をもって「魅力的」な価格であると判断するのかと疑問に思われるでしょう。アナリストたちがこの質問を受ければ、一般的に対立関係にあると思われている二つの要素――「価値」と「成長性」――のどちらかに視点を合わせるべきだと感じるはずです。実際に、プロの投資家の多くは、この二つの要素の混同を、滑稽ですらあると考えています。

私たちから見れば、こうした考え方は適当ではありません（正直に告白しますが、実は私も数年前まではそういう考えでした）。二つの要素は切っても切れない関係にあると、私たちは考えています。「成長」は、「価値」計算の際に必要な変数なのです。そしてその変数の重要性は、無視してよいレベルから重大レベルまでの範囲にわたり、また変数はプラスにもマイナスにも作用します。

ついでに述べますが、「バリュー投資」という言葉は重言になっています。「投資」が、少なくとも支払った金額に見合った価値を求めた結果の行為でないとすれば、一体何なのでしょうか。それと気づきながら、ある株式に価値以上の金額を支払うこと――すぐにさらなる高値で売れるであろうという見込みで――は、投機と呼ぶべきです（それは非合法でも非道徳的な行為でもありませんが、私たちの考えでは経済的には魅力的なことではありません）。

その言葉遣いが適当かは別にして、「バリュー投資」という言葉は広く使われています。PBR（株価純資産倍率）が低い株やPER（株価収益率）の低い株、あるいは配当利回りの高い株などを購入するというのが、その典型的な用いられ方です。しかし残念ながら、ある株式がこれらの条件をすべてクリアしていたとしても、それが支払い額に見合った買い物かどうかということとはほとんど別問題であり、そのためそうした「バリュー投資」は、利益を生む原理に従って行われている投資活動とはけっして言えないのです。またこれとは逆に、PBRやPERが高く、配当が低い株であっても、「価値」を買うことが不可能であるなどということは断じてないのです。

同様に、企業の成長自体はその株の価値とはほとんど関係はありません。企業の価値がその成長によって大きくプラスの影響を受けるということはたしかに多いでしょう。しかしそれは、「確実」とは言えないものです。例えば、これまで投資家たちはアメリカの航空会社に途切れることなくお金をつぎ込むことで、儲けを生まない、あるいは負の成長のために資金を提供してきました。そうした投資家にとっては、ライト兄弟のオービルがキティホークで史上初の飛行に失敗したほうがはるかに良かったでしょう。産業が巨大化するほど、株主にとっての不幸はより深刻なものになるのです。

成長によって投資家が利益を享受できるのは、投資対象がしかるべき企業であり、魅力ある収益率増加が望める――すなわち、成長を支えるために利用されたお金が、長期的市場価値に照らして、それ以上のお金を生み出す場合だけです。収益率が低いにもかかわらず、必要資金ばかりが増えていく企業では、投資家が傷を負い続けます。

今から五〇年以上も前に書かれた『**投資価値理論――株式と債券を正しく評価する方法**』（パンローリング）のなかで、著者のジョン・バー・ウィリアムズが価値の方程式を示しました。その内容をここに要約します。「今日では株式や債券、企業などの価値はすべて、その資産価値が存在するかぎりにおいて起こり得る、現金の流入量または流出量――それは適当な利率で割り引かれる――がどれほどであるかによって決定されている」。注目すべきは、その公式が株式と債券で同じであることです。だが、重要かつ扱いが難しい違いがあります。債券にはクーポンがついており、将来のキャッシュフローを定めた支払日が記載されています。一方、株式の場合は、アナリスト自らが将来の「クーポン」を見積もらなければなりません。さらに付け加えると、経営者の資質によって債券のクーポンが影響を受けることはまずなく、あるとすれば主に、経営者が無能か不正直であることによって、金利の支払いが滞るような場合です。これとは対照的に、経営者の能力が株式の「クーポン」に与える影響は絶大なのです。

現在価値に割り引き後のキャッシュフローの合計を計算して、それが最も割安なときこそ、投資家が買うべき機会です。その企業が成長していようがいまいが、ボラティリティがあろうとなかろうと、また直近の収益力や簿価に照らして安かろうと高かろうと問題ではありません。さらに言えば、ほとんどの場合、価値の方程式では債券よりも株のほうが割安だということになりますが、それは絶対的な評価ではありません。債券のほうがより魅力があると思えるときには、そちらを買うべきです。

価格の問題は別にして、所有すべき最も良い企業というのは、長期間にわたり大量の資本を利用し、非常に高い利益率で増やしていくことのできる企業です。最も所有してはいけない企業というのは、その逆のことをしなければならない、あるいはすることになる企業です。すなわち、大量の資本を使い続けながら、一貫して非常に低い利益率しか上げられない企業です。残念なことに、最初のタイプの企業は見つけることが非常に難しいものです。利益率の高い企業のほとんどはそれほど多くの資本は必要としません。こうした企業の株主は通常、大半の利益が配当として支払われるか、大規模な自社株買いによって利益を得るということになるでしょう。

株式の評価計算は難しいものではありませんが、経験豊かで聡明なアナリストでさえ「クーポン」の将来価値の計算ではしばしば間違います。バークシャーでは二つの方法を用いて、この問題に対応しています。第一に、私たちは自分たちが理解していると思える企業にしか投資しません。つまり、投資対象は、企業としての特徴が比較的明快かつ安定していなければならないということです。複雑であったり常に変化するような企業の将来のキャッシュフローは、私たちの能力では予測できません。ちなみに、この能力の欠如は、私たちにとって何ら問題ではありません。ほとんどの人にとって投資において最も重要なことは、自分がどれだけ知っているかではなく、むしろ、自分が知らないということを正しく知ることにあります。つまり、大きな間違いを起こさないかぎり、投資家がしなくてはならないことはかなり限られているのです。

第二に、これも同様に重要なことですが、私たちは「安全域」にある価格でしか購入しません。もしある普通株の価値が私たちの計算よりほんの少しでも高ければ、購入を考えることはありません。ベンジャミン・グレアムが力説していたこの「安全域」の原則こそ、投資で成功するための要石であると信じています。

賢明な投資家は、新規上場銘柄をＩＰＯで買うより既市場の銘柄を株式市場で売買したほうが良い成績を上げられるでしょう。その理由は、値決めの仕組みと関係があります。周期的に全体の狂気に支配される株式市場では、頻繁に「バーゲンのような」価格が付きます。どれほどバカげたような価格であったとしても、保有する株式や債券を売りたがっている人にとってそれは重要な価格であり、彼らのうちで実際に売ることができるのはほんの一握りです。多くの場合、企業の価値がXである株式が市場で売られるときの価格は、その二分の一か、それ以下なのです。

他方、IPO市場は、統制された株主と企業により支配されています。企業は通常、IPOの時期を決めたり、もし市場の状況が良くないと判断すれば上場そのものを取り止めたりもできます。当然ながら売り手は、市場で売る場合も交渉による場合も、安い価格を提示することはありません。ここではXがXの半値で取引されることはまれなのです。実際、普通株の保有者が売却しようと考えるきっかけとなるのは、市場が高値を付ける傾向にあると彼らが判断したときだけです（売り手たちはもちろん、これに関して幾分異なる言い分を述べるでしょう。自分たちの持つ銘柄に対して、マーケットの評価が安すぎるときには売らないだけだと）。

年が明けてすぐ、バークシャーはキャピタル・シティーズ・ABC（キャピタル・シティーズ）株三〇〇万株を、一九八五年三月初旬に合意がなされた時点の価格である一株当たり一七二・五〇ドルで購入しました。私は何年間にもわたりキャピタル・シティーズの経営陣を観察してきましたが、同社はアメリカの上場企業のなかでは群を抜いていると思っています。トム・

マーフィーとダン・バークは経営者として優れた手腕の持ち主であるばかりか、娘がいる人ならぜひとも結婚させたいと思わせるようなタイプの男たちなのです。彼らを知る人なら分かるでしょうが、彼らと付き合うことはとても誇らしく、また最上の楽しみでもあるのです。

私たちが株式を購入したことによって、キャピタル・シティーズにとってABCを買収するための資金を得ました。キャピタル・シティーズは三五億ドルでABCを買数年先までの経済的見通しは楽観的とは言えません。だが、そんなことは微塵も気になりません。私たちはじっと辛抱することができます（どれほどの才能や努力をもってしても、時間をかけなければできないこともあります。一カ月に九人の女性を妊娠させることができても、一カ月で赤ん坊を作ることはできないのです）。

私たちの辛抱強さを示す例として、キャピタル・シティーズと交わした型破りな合意があります。それは、CEOのトムが――あるいは、ダンがCEOならダンが――無期限でバークシャーのキャピタル・シティーズ株の議決権を持つという合意です。この取り決めの発案者はトムではなく、マンガーと私です。私たちはこれ以外にも、私たちの保有する株式の売却に関し、自らにさまざまな制限を設けてきました。その目的は、経営陣による合意なしに、保有株がまとめてほかの大株主（あるいはそうなろうとしている者）に売られることがないように、ということです。GEICOとワシントン・ポストとも、数年前にこれに類した合意を交わしています。

大量の株の売買ではしばしばプレミアムが上乗せされることから、こうした制限を設けることによってバークシャーの財務状況がダメージを受けてきたのではないかと考える人もいるでしょうが、私たちの見方はむしろその逆です。所有者である私たちの将来的利益にもつながるこれら企業の長期的な将来性は、適切な取り決めによってさらに向上すると考えます。提携先となった企業の一流経営者たちを適所に配することで、彼らは自分たちの企業の運営に専念し、所有者である私たちにとっての長期的な価値も最大限にまで増加させることができるのです。彼らを手玉に取ろうと入れ代わり立ち代わりやってくる資本家に翻弄されるよりも、私たちのようなやり方が経営者たちにとってははるかに好ましいことは、自明の理です（もちろん、なかには会社や株主よりも自分の利益を優先するような、してやられて当然の企業経営者もいるでしょう。しかし投資においては、私たちはそういうたぐいの人々には近づきません）。

議決権株式を多くの人が少しずつ保有していることで引き起こされる企業の不安定さは、今日では避けられないものです。人を安心させるような美辞麗句を口にしながら、傍若無人な要求を突き付けてくる大株主が突如として現れる可能性はいつでもあります。私たちが、所有する株をまとめて長期保有することの意図は、安定を確固たるものとすることにあります。そうしなければ、安定性が保てない恐れがあるのです。こうした対策と良い経営者、良い企業がそろうことで、利益という名の収穫を豊作にするための土壌作りができるのです。それが経済面で考えた取り決めの意味なのです。

これに劣らず重要なのが、人的な面です。私たちが株式の大部分を保有しているという理由で、好きで尊敬もしている――そして財務面における私たちの大きなかかわりを歓迎してくれている――経営者たちが何か恐ろしいことが起こるのではないかと、不安で眠れないなどということがけっしてないようにしたいのです。驚くようなことは何も起こらないと私は彼らに話をしていますし、これに関してバークシャーとしての署名入りの合意書も存在します。この合意書は次のような内容も含んでいます。経営者たちは企業を委任されており、よってもしも私が早期（私はこの言葉を三桁に満たないすべての年齢の意味で用いています）に職を辞することがあっても、心配には及びません。

キャピタル・シティーズは高値での購入となりました。ここ数年でメディア株やメディア企業に対して、人々の熱が異常に高まっているためです（いくつかのメディア企業買収劇では、その熱はほとんど熱狂というべきレベルにありました）。バーゲン価格どころの話ではない状況なのです。しかし私たちはキャピタル・シティーズを買収したことによって、企業と経営者の素晴らしい調和を手に入れました。そして、もちろん私たちの規模が大きくなることもうれしく思います。

当然、みなさんのなかには不思議に思われている方もいるでしょう。一九七八年から八〇年にかけて、知性あふれるわれわれの会長がキャピタル・シティーズの持ち株を一株当たり四三ドルで売却していたことを考えると、私たちがなぜ現在その同じ銘柄を一株当たり一七二・五

○ドルで買っているのか、と。みなさんの質問を見越して一九八五年に私は、これらの行動の合理性を説明するため、気の利いた答えを探し続けました。

すみませんが、もう少し時間をください。

F．賢明な投資（一九九六年、一九九九年、一九九七年）

私たちにとっての賢明な振る舞いとは、「積極的には動かない」ことです。FRBによる公定歩合変更がささやかれたり、ウォール街の見識者が市場認識を翻したりといった理由で、好業績な子会社の株が活発に取引されることを望まないのは、私たちだけでなくほとんどの企業経営者とて同じでしょう。それではなぜ、保有株数が少ない銘柄に対して、異なったアプローチをとる必要があるのでしょうか。上場企業に投資する場合も企業買収の場合も、成功するための方法はほとんど変わりません。どちらの場合にも投資家が望むものは、有能な経営者が素晴らしい財務状態で運営する企業の株式を、それに見合った価格で買うことです。買ってしまえば、あとはその企業が良い状態を保っていることを監視してさえいればよいのです。

こうした投資手法をきちんと実行できれば、初めは少量の株式が、ほとんどの場合いずれはその投資家のポートフォリオの非常に大きな部分を占める銘柄に成長するものです。もしもこれと同様の手法に基づいて、大学バスケットボールのスーパースター選手何人かに、将来の稼ぎ高の、例えば二〇％で投資すれば、投資家はやはりこれと似た結果を得られるはずです。彼らのうちほんの一握りでも一躍ＮＢＡ（全米バスケットボール協会）の花形選手にのし上がれば、彼らからの取り分はすぐに投資家のロイヤリティ収入の大きな柱となるのです。ある銘柄（選手）がポートフォリオ中で大部分を占めるまでに成長したので、その最も成功した投資銘柄をこの「投資家」が売却するとすれば、それはまるでチームにとって重要な存在になったので、マイケル・ジョーダンをシカゴ・ブルズがトレードに出すようなものなのです。

企業買収でも普通株を購入する場合でも、あまり大きな変化が起きそうにない企業や業界を、その対象として私たちが好んで投資していることをみなさんはお気づきでしょう。その理由は明快です。どちらの投資形態の場合も私たちが探し求めているのは、今から一〇年、二〇年後に、確実に傑出した競争力を持つであろうと私たちが信じる事業なのです。変化の早い業界に投資すれば莫大な利益を得られるかもしれませんが、そこには私たちが求める確実性は存在しないのです。

ここで言っておきますが、アメリカ国民としてマンガーも私も「変化」には賛成です。斬新なアイデアや新製品、技術革新などは、この国の生活水準を向上させるもので、喜ばしいものです。しかし、騒々しい業界には、一投資家としては宇宙探検のような印象を抱いてしまうのです。つまり、その努力は素晴らしいと心から思っても、自分が宇宙船に乗りたいとは思わないということです。

　もちろん、どんな企業でもある程度の変化は必要です。シーズ社は現在いろいろな面で、私たちが買収した一九七二年とは変わってきています。さまざまなキャンディーの詰め合わせを発売したり、製菓機械も変わっているし、販路も変化しています。しかし、一九二〇年代にシー一家がこの仕事を始めて以来、人々が箱詰めのチョコレートを買う理由も、シーズ社が現在も変わらずに人気製菓メーカーであり続けている理由も、実質的に変わっていません。さらに言えば、これらの点は今後二〇年、あるいは五〇年後にも変化しそうにないのです。

　株式の一部を買う場合でも、私たちは同様に将来を見通せることを条件としています。例えば、コカ・コーラ。コークが持つ強いブランドイメージは、ロベルト・ゴイズエタが作り出したものです。彼は株主にとっての株の価値を高めるために、信じられないような偉業を成し遂げた人物です。ドン・キーオとダグ・アイベスターの協力の下、彼はコカ・コーラ社を全面的に見直し、あらゆる面でその価値を高めました。しかし企業の基礎的条件――コークが強い競争力によって成し得た高いシェアと素晴らしい財務状態の基礎を形作った資質――は、その間もまったく変わっていないのです。

　最近、私はコークの一八九六年の事業報告書を詳細に読みました（みなさんも読みたいと思われるでしょう！）。当時はまだコカ・コーラがソフトドリンクのトップメーカーとなって一〇年ほどでしたが、すでに一〇〇年先までの青写真が出来上がっていたことがうかがえます。一四万八〇〇〇ドルの年間売上高を報告したその報告書のなかで、社長のエイサ・キャンドラーがこんなことを述べています。「コカ・コーラが健康に良く、また飲んだ人に爽快感を与える素晴らしい商品であるという事実は、世界中の人々に着実に浸透しつつあります」。「健康に良い」という表現には少々疑問がありますが、私はコークが一世紀を経た現在もなお、キャンドラーの抱いていた基本テーマを変えていないという事実にとても魅力を感じます。キャンドラーはさらにこうも述べています。「類似した商品で、これほど強く人々の支持を得たものはほかにありません」。ご参考までにシロップ（コークの凝縮液）の販売量は、一八九六年は一万六四九二ガロンでしたが、一九九六年には三二億ガロンになりました。

もう一つだけキャンドラーの言葉を引用させてください。「今年の三月一日に……一〇人の巡回セールスマンを採用しました。系統立てた指示をオフィスから彼らに送ることで、国内のほぼ全エリアを網羅しました」。これは私好みのやり方です。

コカ・コーラのような企業は「インエビタブルズ（必要不可欠な企業）」と言ってよいかもしれません。もちろん、一〇年後、二〇年後の業績予想は、人によって多少違うでしょう。また、コカ・コーラといえども、製造、流通、梱包、商品開発の面で今後もたゆまざる努力を続けていかなければならないでしょう。とはいえ、分析能力にたけた最強のライバル会社でなくても、率直に評価すれば、投資家が生涯この銘柄を持ち続けても、コカ・コーラがこの業界で世界的なリーダーであり続けることに疑問をいだくことはないはずです。むしろ、コカ・コーラの優位性は、今後も高まると思います。

発展の初期段階にあるハイテク産業に従事する企業の多くが、数字で見れば間違いなく「インエビタブルズ」な企業よりも数段早い成長を見せるはずです。でも私は急成長を期待するよりむしろ、確実な成果を安心して見守りたいのです。

むろんマンガーも私も、一生かけてもほんの一握りしか「インエビタブルズ」な企業を探し当てることはできないでしょう。リーダーシップの存在だけでは、確実な企業とはいえないのです。長期にわたり最強を誇っていたゼネラル・モーターズやＩＢＭやシアーズで起こった数年前の衝撃的な出来事を思い起こせば、お分かりのはずです。業界や企業の分野によっては、業界のリーダーが実質上最強の優位を得てトップに君臨するものであり、その結果「肥える者だけが生き延びる（肥満者生存）」という自然の法則が成立しますが、ほとんどの場合それは永遠ではありません。つまり「インエビタブルズ」のように見える企業のなかには、現在は波に乗っていても他社との競争に弱い多くの「詐称者」が紛れているということなのです。「インエビタブルズ」な企業の条件を考えてみましたが、マンガーも私も「ニフティ・フィフティ（突出した内容を持つ企業群）」や、ましてや「トゥインクリング・トゥエンティー（きらめく二〇社）」を探し当てることなどできないことは分かっています。そのため、私たちはポートフォリオの「インエビタブルズ」企業のなかに、「かなり有望」な銘柄もいくつか加えることにしているのです。

最高の企業を買ったとしても、高すぎることはあり得ます。高値をつかんでしまうリスクは時折表面化しますが、「インエビタブルズ」な企業を含め、事実上すべての株式に投資する人々にとって、このリスクは極めて高いものであると私たちは考えています。過熱したマーケットに投資する人は、たとえ傑出した企業の株式を購入する場合でも、その株が株価に見合った価値に追いつくまでにはかなりの時間がかかるかもしれないことを肝に銘じておくべきなのです。

さらに問題が深刻になるのは、卓越した企業の経営陣が脇道にそれて、素晴らしい本業の事業をおろそかにし、大したことのない企業を買収しているようなときです。こうした場合、投資家の受難は長引くことになります。残念なことに、コカ・コーラでも、以前現実にそういうことがありました（今から数十年前にコカ・コーラがエビの養殖を行っていたなどと信じられますか）。全体的に見て優れていると思える企業への投資をマンガーと私が考える場合に最も恐れるのが、こうした「焦点がずれること」なのです。企業を思い上がりや倦怠感が取り巻くことで、経営者たちの関心が横道にそれてしまった例は枚挙にいとまがありません。コカ・コーラではこうしたことは二度と起こらないでしょうが、それも現在、そして将来の経営陣次第なのです。

＊　＊　＊　＊　＊　＊　＊　＊　＊　＊　＊

投資全般に関する考えをさらにいくつか述べます。機関投資家であれ個人投資家であれ、普通株を購入する場合、手数料が最も安いインデックスファンドを通じた投資が最良であるとほとんどの人が考えるでしょう。この方法ならば､正味の売買結果（手数料や経費差し引き後）は、ほとんどのプロの投資家よりも良いはずです。

しかし、投資家自身がポートフォリオを組み立てる場合、覚えておいて損はないことがいくつかあります。賢明な投資というのはけっして簡単にできるものではありませんが、複雑なものでもありません。投資家に求められるのは、選択した企業を正しく評価する能力です。重要なのは「選択」なのです。すべての企業に関する知識を有する必要はありませんし、数多くの企業について知る必要すらありません。自分のコアコンピタンス領域にある企業の価値を見極められれば、それでよいのです。その範囲が広いか狭いかは問題ではありません。ただ、不可欠なのはその境界を自らが認識することなのです。

投資で成功するのに、ベータ値や効率的市場、最新のポートフォリオ理論、オプション価格決定、新興国市場などを理解する必要はありません。実際、このすべてを知らないほうがうまくいくかもしれません。これらの科目が金融論の課程のほとんどを占めるようなビジネススクールでは、もちろん私のこうした考え方は主流ではありません。でも、私たちが考える投資を学ぶ学生に必要なことは、二つの科目を徹底的に学習することだけです。それは「企業価値の評価法」と「市場価格のとらえ方」です。

投資家の目的は、十分に理解ができ、かつ五年、一〇年、二〇年後に実質上確実に高い収益を上げるであろうビジネスの一部を、合理的な価格で購入することに尽きるはずです。これらの条件を満たした銘柄には、時間をかけてもほんの一握りしか出合えないでしょう。だからもし見つけられたら、その銘柄は大量に買うべきなのです。また、自分の信条を破らせるような誘惑に打ち勝つ努力も必要です。つまり、喜んで一〇年間株を持ち続ける気持ちがないのなら、たった一〇分でも株を持とうなどと考えるべきですらないのです。何年にもわたり利益が上昇する企業群をポートフォリオにまとめれば、そのポートフォリオの市場価値もまた上昇するのです。

注目を集めるような手法ではありませんが、これこそがバークシャーの株主に利益をもたらした手法です。私たちのルックスルー利益はこれまで順調に伸び、それに呼応して株価も上がりました。もしこうした利益が実現していなければ、バークシャーの価値もほとんど上がることはなかったのです。

昨年、私たちが多額の投資を行っている幾つかの会社の業績は期待はずれに終わりました。それでも私たちは、これらの会社には長い間にわたって続いていく重要な競争上の強みがあると信じています。このような特徴によって、長期的には優れた投資の成果が得られるのであり、

マンガーと私は、時としてこうした特徴を見つけだすことができたと感じることがあります。しかし、そのように感じられない――少なくとも強い確信を抱くことができないことのほうが多いのです。ところで、これは私たちがハイテク企業の株を保有していないことの理由でもあります。とは言っても、私たちの社会がハイテク企業の商品やサービスによって変わってきたという一般的な見方については私たちも賛成です。私たちにとっての問題――つまり、丹念に調査しても解決することができない難問――は、ハイテク分野で本当に「長続きする」競争上の強みを持ち合わせているのはどの企業なのかを理解する能力を持ち合わせていないということです。

ハイテク業界について私たちが洞察を欠いていることについて補足しますと、このことによって私たちが困難に見舞われているということはありません。結局のところ、資本の配分にあたってマンガーと私が特に詳しくもない事業の分野はたくさんあるのです。たとえば、特許、製造工程、あるいは地質学の見通しに関する評価については、何も議論したことがありません。したがって、私たちはこういった分野については判断を行わないだけなのです。

私たちが強みを持ち合わせているとするならば、それは自分たちのコアコンピタンス領域のなかやその範囲に近いところではうまくやっているということを認識していることです。急速に変化する業界の会社について長期的な経済性を予言することは、私たちの能力の及ぶ範囲をはるかに超えています。ほかのだれかがこういった業界について予想する技術を持っているとしても――そして、株式市場の動きからその主張が正当であるように見受けられるとしても――私たちはうらやみもしませんし、まねをしようとも思いません。そんなことはせずに、私たちが理解しているものに従うのです。もし私たちがそこから外れるようなことがあればそれは不注意によるもので、落ち着きを失い合理性ある別の希望を得たためではありません。幸いなことに、バークシャーにとって私たちの能力が及ぶ範囲内でうまくやる機会が随時あることはほぼ間違いなさそうです。

目下のところ、私たちがすでに所有している素晴らしい事業の価格はそれほど魅力的ではありません。言い換えるならば、私たちは株式よりもその事業について満足しているのです。そのため、私たちは今持っている株を買い増してはいません。とはいえ、ポートフォリオを大幅に減らしてはいません――価格は満足できるものであるものの事業の見通しに疑問がある企業と、事業内容に満足できるものの価格に疑問がある企業のいずれかを選ぶ場合は、後者のほうが断然良いのです。しかし、私たちが実際に注目するのは、満足できる事業内容で価格も満足できる企業なのです。

保有する証券の価格についての控え目な姿勢は一般的な株価の水準についても当てはまります。私たちは、株式市場が来月、あるいは来年どのような動きを見せるかを予測しようとしたことは一度たりともありませんし、今もそのようなことをする気はありません。しかし、一九九九年も終わりにさしかかる今、株式の投資家は将来の利益予想について極めて楽観的であるようにみえます。

私たちは、企業利益の伸びは国の事業、すなわちGDP（国内総生産）の動向と強く結びついていると考えています。そして実質GDP成長率は約三％です。さらに、インフレ率は二％を想定しています。マンガーも私も、二％の正確性について特に確信があるわけでもありませんが、市場はそのようにみています――TIPS（インフレ連動国債）の利回りは一般の国債利回りを約二％下回っており、インフレ率はこれよりさらに上昇すると考えるのなら、TIPSを買って国債を売れば利益が得られることになります。

実際に利益がGDPと歩調を合わせて五％の伸び率で増加するのであれば、アメリカ企業の評価額は恐らくこれを大きく上回ることはないでしょう。配当を行うために何がしかが加えられ、みなさんに提示される利益は大部分の投資家がこれまでに受け取った、あるいは将来受け取ると予想される配当を大きく下回るものとなってしまいます。投資家の期待がより現実的なものとなる場合――そしてほぼ間違いなくそのようになるはずです――、市場の調整は深刻なものとなるでしょう。それは特に投機が集中してきた分野については著しいものとなります。

バークシャーはいつの日か多額の現金を株式市場に投ずる機会があるでしょう。私たちもそのように確信しています。けれども、歌の歌詞にもあるとおり、「いつかどこかで」なのです。もし、この「魅惑の」市場で熱狂的な何かが起きているとだれかが語り始めたときには、別の部分の歌詞を思い出してください。「愚か者は多くの理由を並べるが、賢者は愛している理由など言おうとしない」

企業と株式の価格が両方とも高い時期には、テッド・ウィリアムズの規律を当てはめてみるようにしています。ウィリアムズは自身の著作『テッド・ウィリアムズのバッティングの科学』(ベースボール・マガジン社)のなかで、ストライクゾーンを野球ボールの大きさで七七個の升目に区切っていると説明しています。「最良」の升目に来たボールだけを振れば、四割の確率で打てることが彼は分かっています。そして「最悪」の升目である外角低めのコーナーに手を出せば、打率は二割三分まで落ちてしまうでしょう。言い換えるならば、打ちやすい球を待つことで野球殿堂への道が開けます。無差別にバットを振っていてはマイナー落ちは避けられません。

ストライクゾーンに入っていると言っても、私たちが今、目にすることができる企業の「投球」はまさに外角低めの球です。このコースに手を出しても、私たちの見返りは少ないでしょう。しかし、今のボールをすべて見逃しても、次にもっと得意なコースにボールが来るという保証はどこにもありません。恐らく、現在の価格から考えると、過去に見られた魅力的な価格というのは異常だったのです。ただし、ウィリアムズとは違い、ストライクゾーンのギリギリに入ってくる三球を見逃し続けてもアウトと言われることはありません。そうでなければ、来る日も来る日もバットを構えたまま打席に立ち続けるだけというのは、私にとって楽しいことはなくなってしまいます。

G．「しけモク」と「組織由来の旧習」（一九八九年）

ユーモア作家のロバート・ベンチリーの言葉を借りれば、「犬を飼うことによって少年は忠誠心、自制心、そして三回回ってから伏せをすることを学ぶ」のです。経験を手短に言うとそうなります。しかし、新しい過ちを犯す前に、過去の過ちを振り返ってみるのは良いことです。ということで、過去二五年を簡単に振り返ってみます。

●もちろん私が犯した最初の過ちは、バークシャーの経営権を取得したことです。この企業――繊維製造業――が有望なものではないということは分かっていましたが、価格が安いように思えたので、買いたい誘惑に負けてしまいました。それ以前にこうした形で行った株式投資では、そこそこの成功を収めていました。ただ、バークシャーの経営権を取得した一九六五年には、この手法が最適なものではないことに気づきつつありましたが。

もし十分に安い価格で株を買えば、たとえその企業の長期的収益力が悲惨なものであるとしても、まずまずの利益を出して持ち株を利食う機会がたいていはあるものです。私はこのやり方を「しけモク」手法と呼んでいます。道端に落ちているような、あとひと吸い分だけ残ったしけモクでは満足な一服はできませんが、タダ同然であれば、その残ったひと吸いをすべて利益にすることができるということです。

しかし、清算人でないかぎり、これは企業を買うための手法としてはバカげたものです。第一に、そもそも「タダ同然」で買っても、通常それが掘り出し物となることはありません。困難なビジネスにおいては、一つの問題の片が付く前に、次の問題が起きるものです。台所に一匹ゴキブリがいれば、それはほかにもたくさんいる証拠なのです。第二に、当初の条件が確実に有利なものであったとしても、その企業が生み出す収益が低ければ、それは即座に意味を失います。例えば、八〇〇〇万ドルで購入した企業が一〇〇〇万ドルで売れるか、あるいは負債を整理したあとに一〇〇〇万ドルの価値で清算できるとして、即座にそのどちらかを行えば高い利益を得ることができるでしょう。でも、もしその企業が一〇年後に一〇〇〇万ドルで売れたとして、その間の年間収益や配当が購入コストに照らしてほんの数%でしかなければ、その投資は目算が外れたものになります。時間というのは、素晴らしいビジネスには友だちであっても、月並みなビジネスにとっては敵なのです。

そんなことは当然であるとみなさんは思われるかもしれませんが、私は非常に苦労してこのことを学びました。実際、何度か過ちを犯しています。バークシャーを買収して間もないころ、メリーランド州ボルチモアの百貨店であるホーチスチャイルド・コーンを、後にバークシャーに併合されることになるダイバーシファイド・リテーリングという企業を通じて取得しました。購入価格は帳簿価格をかなり下回るものでしたし、経営陣は第一級の人々で、かつさらなる付加要素までありました。帳簿上には記されていない不動産の含み益と、後入先出法による在庫予備費です。これが買わずにいられましょうか。ですから、支払った代価とほぼ同額で三年後にこれを売却できたのは、まだ幸いでした。

●この教訓は、関連したもう一つの教訓につながります。つまり、優れた競馬騎手は優れた馬によって良い結果を出すことができますが、ガタガタの老いぼれ馬ではだめなのです。繊維業のバークシャーも百貨店のホーチスチャイルドも、ともに経営陣は有能で誠実な人々でした。彼らがもし経営状態の良い別の企業の経営者であれば、優れた業績を上げたかもしれません。しかし、「流砂」の上を走っても、一歩たりとも前進はできないのです（第1章「C．工場閉鎖の苦悩」を参照）。

有能と評判の高い経営者が経営状態の悪さで評判の企業の運営に取り組んだとしても、その企業の評判は変わらない、というのは、私が繰り返し言ってきたことです。今後、私に右のような例をまた作ってしまうほどの気力がないことを、望むのみです。私の行ったことにはメイ・ウエストの言葉がしっくりきます。「私はあてどもなく歩く白雪姫だったわ」

●関連したさらなる教訓があります。それは、簡単なことをやれ、ということです。業種が多岐にわたるビジネスの取得や管理を二五年間行ってきましたが、マンガーも私も、難しい状態にあるビジネスを立て直す方法を学ぶことはできませんでした。代わりに、そういうビジネスは避けるべきであるということを学びました。私たちはある程度の成功を収めることができましたが、それは、飛び越えられるであろう三〇センチのハードルを探すことに精を傾けたからであり、二メートルのハードルをクリアできる能力があったということではないのです。

三〇センチのハードルを探すのはフェアではないと思われるかもしれません。しかしビジネスでも投資でも、問題解決に取り組むよりも、初めから対象を単純明快なものに絞ったほうが通常はるかに高い利益を上げられるものです。もちろん、時には難題と格闘しなければならないこともあります。それ以外の場合では、かつてのアメリカン・エキスプレスやGEICOのように、最高のビジネスが一度きりの、非常に大きいけれど解決することができる問題に直面したときが、素晴らしい投資の機会なのです。しかし結局、私たちは竜を避けたことによって、竜を殺すよりも良い結果を得ることができました。

●私が最も驚いたこと、それは「組織由来の旧習」と私たちが呼ぶ目に見えない力の、ビジネスにおける驚くべき影響の大きさです。ビジネススクールではその存在をまったく教わりませんでしたから、ビジネスの世界に入っても直観的にそれを理解することはできませんでした。当時の私は、どの組織でも優秀で知性と経験の豊かな経営者が合理的なビジネス上の判断を当然行っているものと思っていたのです。しかしその後、そうではないと気が付きました。現実には、組織由来の旧習が動き始めると、おおむね合理性の出番はもうないのです。

その例は以下のようなものです。①ニュートンの運動の第一法則に支配されているかのように、企業は現状の方向をかたくなに守ろうとする、②暇な時間をつぶすために仕事を増やすかのように、企業は事業計画や買収計画を実行して手持ちの余裕資金を使い尽くす、③トップが入れこんでいる事業は、それがどれほどバカげたものでも、部下たちによる収益上、あるいは戦略上の詳細な分析によって迅速にサポートされる、④事業拡張、買収、役員報酬の設定など何であれ、同業他社が行えば、企業は無意識に追随する。

企業の力学（企業の無節操、愚行ではなく）によって、ビジネスはこういう道をたどりますが、ほとんどの場合その方向は誤っています。私自身、組織由来の旧習を無視したために、金銭上手痛い失敗をいくつか犯しましたが、その後はその影響を最小限に抑えるべく、バークシャーの事業計画や運営にあたるよう努力しました。さらにマンガーと私は投資対象を、この問題に気づいて注意を怠らない企業に絞ろうと試みたのです。

●その後もいくつかの失敗を犯したことで、自分が好ましく思い、信頼かつ尊敬のできる人々以外とは一緒にビジネスをすべきではないことを学びました。すでに述べましたが、このことはビジネスで成功するための要素の一部にすぎません。二流の繊維メーカーや百貨店は、自分の娘を結婚させたいような人たちが経営しているというだけでは、成功しないのです。しかし、オーナーは（あるいは投資家は）そうした人々と一定水準以上の経済状態にあるビジネスにおいてかかわることができれば、驚くべき結果を上げることができます。逆に言えば、彼らのビジネスがどれほど魅力的なものであっても、称賛に値するような資質を持ち合わせない経営者とかかわりたいとは思いません。邪悪な人間と組んでうまくいった試しはないからです。

●私の犯した失敗には、みなさんの目に触れないものもあります。それは、優れたものであると分かっていた株式やビジネスを購入しなかった、という失敗です。大きな投資機会を逃したとしても、投資対象がその人の能力外にあったのならば、それは過失になりません。しかし私は、自分のためにわざわざ用意されたような、その内容を十分に理解することのできる大きな買い物のいくつかを、みすみす逃してきたのです。私を含めたバークシャーの株主にとって、この無能さがもたらしたコストは莫大です。

●私たちがこれまで取ってきた一貫して保守的な財務方針は誤りであったように思われるかもしれませんが、私たちはそう考えません。振り返ってみて、もしバークシャーのレバレッジ率が高ければ、ＲＯＥ（自己資本利益率）では実際の平均である二三・八％をかなり上回る数値を上げられたであろうことは明らかです。一九六五年でさえ、レバレッジ率を高くすれば九九％の確率で良い結果を得られるであろう、という判断ができたかもしれないのです。同様に、どうということのない負債比率が内外の衝撃的要因によって一時的な苦悩や不履行を招くという可能性は、たったの一％しかなかったかもしれません。

こうした九九対一という確率といった考え方は好きではありませんし、今後もけっして用いないでしょう。ひどいことになる可能性はそれが低くとも、さらなる利益を上げる大きな可能性によって相殺することはできない、というのが私たちの考えです。もし思慮ある行動が取れれば、きっと良い結果が得られます。そういうときのレバレッジは、ほとんど仕事の進む速度を増す働きをしてしまうものです。マンガーも私も先を急ぎすぎることはありません。私たちには結果よりも過程のほうがはるかに楽しいのです――前述のような失敗という過程を甘んじて受け入れることも学びましたが。

H．人生と借財（二〇〇五年、二〇一〇年）

わずかばかりの額を別にして私たちは債務にあまり頼らないようにしており、借り入れを行うのは、①米財務省証券（または政府機関証券）の保有に伴う特定の短期投資戦略の一部としてレポ取引を使う場合があり、こういった購入は機会をとらえることが極めて重要で、流動性の高い証券だけを対象としている、②利息の付く債権のポートフォリオに関してお金を借りる場合があり、これはそのリスクの特性について私たちが理解している、③バークシャー・ハサウェイ・エナジーなどの子会社で借り入れを行い、それがバークシャーの連結財務諸表に計上されることがある――の三つの場合のみです。ただし、バークシャーはその債務について保証は行っていません。

リスクの観点からすると、金利費用の例えば二対一の割合を占めているさまざまな相関性のない一〇社の公益事業による利益のほうが、単一の公益事業ではるかに大きな割合を占めている場合よりもずっと安全です。大惨事が発生してしまうと、単一の公益事業会社では支払い不能になってしまうことがあります。私たちはハリケーンのカトリーナによってニューオリンズの電力会社がどのような影響を受けたのかを目にしました。これは債務の利用についてどんなに保守的な方針をとっていたとしても関係はないのです。地理的災害――例えば、西部の州での地震など――がミッドアメリカンに同じ影響を及ぼすことはありません。そして、マンガーのような苦労性の人間でも、公益事業の利益が全体として大きく減少するような事態など想像もつかないでしょう。ミッドアメリカンの収益源は極めて多様化した安定的なものであるため、常に多額の債務を利用することになるでしょう。

そして、これはただそれだけのことです。私たちはバークシャーで多額の借り入れを行って買収や事業を行うことに関心はありません。もちろん、事業を行ううえでの伝統的な知恵からすれば、私たちはあまりにも保守的であり、バランスシート上にほどほどの借り入れを加えれば利益を安全に増やすことができるということになります。それは恐らくそうでしょう。しかし、バークシャーの何十万という株主の多く（なかでも強調すべきは多くの取締役や重要な経営者）が、純資産のかなりの部分を私たちの株式に投資しており、会社が大惨事に見舞われれば彼らも大惨事に見舞われることになるのです。

さらに、私たちの保険会社が五〇年以上にわたって保険金支払いの債務を負っている、一生治らない傷を負った人たちもいます。このような顧客に対して、私たちは何が起きても安全であると約束してきました。金融パニック、証券取引所の閉鎖（大規模な閉鎖は一九一四年に起きました）、あるいは国内で核兵器、化学兵器または生物兵器によるテロ攻撃が起きた場合でも、です。私たちは大きなリスクを引き受けることにやぶさかではありません。実際、私たちの引き受けている保険は、一つの災害についてほかの保険業者よりも保険限度額が高くなっています。

さらに、私たちが保有している巨大な投資ポートフォリオの市場価額は、ある条件の下で大幅に、そして急速に下落する場合があります（例えば、一九八七年一〇月一九日がその例です）。しかし、たとえ何が起きても、バークシャーはその問題を緩和できるだけの純資産、利益および流動性を確保しなくてはなりません。これ以外の考え方は危険です。何人もの極めて聡明な人々が、素晴らしい業績をいくら積み重ねてきても、ゼロを掛けると答えはゼロになるのだと、長い時間をかけて苦労して学んできました。このような方程式の答えを身をもって体験したいとは思いません。また、ほかの人たちを罰する責任を負うことすら好みではありません。

一部の人たちが借入金を使って投資を行い、大変豊かになったということは疑いもありません。しかしそれは、大変貧しくなる道でもありました。借り入れをうまく使うことができれば利益は増えます。あなたの奥さんは旦那が賢いと思うでしょうし、近所の人たちはあなたをうらやむことでしょう。ですが、借り入れは病み付きになる恐れがあります。借り入れの驚くべき効果でひとたび利益を上げてしまえば、保守的なやり方に後戻りしようと考える人はほとんどいません。前述のとおり、だれもが三年生で学ぶことですが――そして、一部の人たちは二〇〇八年に再び学ぶこととなりましたが――、プラスの数字が並んでいてそれがどんなに大きなものであっても、それにゼロをひとつ掛けただけで消えてしまうのです。私たちは歴史から、借り入れがゼロを生み出すことが大変多いことを学びました。どんなに賢い人が借り入れを使ってもそれは変わらないのです。

もちろん、借り入れによって事業が壊滅的な打撃を受けることもあります。多くの債務を抱える会社は、満期が来れば借り換えられるものと考えがちです。通常、そのように考えても誤りではありません。しかし会社特有の問題、あるいは世界的な信用収縮のために、期日に実際の支払いを迫られることもあるのです。それについて役立つのは現金だけです。

債務者はそのとき、与信が酸素のようなものであることを学ぶのです。どちらも豊富にあるときは存在に気づくことはありませんが、なくなったときにはっきりと気がつくものです。ごくわずかの間でも、与信が受けられなくなったために会社が立ちいかなくなることがあるのです。実際、二〇〇八年九月に経済の多くの分野において信用が一夜にして失われてしまったことで、国家全体が立ちいかなくなる状況に危険なまで近づいたのです。

バークシャーでは少なくとも一〇〇億ドルの現金を保持しますが、当局の規制下にある公益事業や鉄道事業で保有する現金はここから除いています。これらの事業の使命を考慮して、私たちは手元に少なくとも二〇〇億ドルを保持しておくようにしています。このような備えがあったために、私たちは先例のないような保険損失（これまで最大の保険損失は、保険業界最大の支払いが必要となったハリケーン・カトリーナによる約三〇億ドルでした）に耐えることができましたし、金融危機の最中にあっても買収や投資の機会を素早くつかむことができました。

私たちは現金の多くを米財務省証券で保有しており、数％利回りが高いだけのほかの短期証券は避けています。これは私たちが以前から従っている方針であり、コマーシャルペーパーやマネーマーケットファンドの弱点は二〇〇八年九月に明らかになりました。私たちは投資担当記者のレイ・デボーと同じ見方をしています。「より高い利回りに手を出したら銃口を突き付けられた場合より多くのお金を失うことになった」。バークシャーでは銀行の与信枠には頼りません。また、流動資産に関する少額のものを除いて、担保の差し入れが求められるような契約は結びません。

借り入れに慎重であったために、私たちは若干の潜在利益を失うことになりました。しかし、流動性をたっぷりと確保したことで、ぐっすり眠ることができています。そしてさらに、私たちの経済でときどき発生する金融危機のさなかにあって、ほかの人々が生存をかけて争うなかで、私たちは財務面でも気持ちの面でも攻めに出る用意ができているのです。

このため、私たちは二〇〇八年にリーマンブラザースの破綻が起きてから二五日間の混乱のなかで一五六億ドルの投資ができたのです。

第3章

投資の選択肢

Investment Alternatives

福島のタンガロイ社の視察に訪れたバフェット

私たちは長期的に保有する普通株のほかに、傘下の保険会社で大量の有価証券を保有しています。その選択にあたっては主に次の五つの分野から選んでいます。①長期普通株投資、②中期固定利付債、③長期利付債、④短期現金等価物、⑤短期裁定取引（第2章「C．裁定取引」を参照）。

これらの分野から選ぶ際には特に分け隔てなく検討しています。そのなかで「期待値の計算」によって最も高い税引き後の収益を得られる有価証券を継続的に検討しているだけなのです。このとき、私たちは常に自分で理解できると考えられる投資の選択肢に限って考えるようにしています。私たちの基準は会計報告の利益を直ちに最大化するものではありません。私たちの目標は、どちらかといえば最終的な純資産の最大化を図るものなのです（手紙の導入部分、一九八七年、一九八八年および一九八九年の最初の文を除き再掲）。

A．投資分野の調査（二〇一一年）

投資には数多くさまざまな選択肢が考えられますが、大きく三つの分野に分けられます。そしてそれぞれの特徴を理解しておくことは重要です。実際に考えてみましょう。

まず、特定の通貨建てのマネーマーケットファンド、債券、モーゲージ、銀行預金、その他のインカム性の投資です。こうした投資対象の大部分は「安全」であるとみなされています。

しかし、こうした商品は実際には最も危うい資産です。これらのベータはゼロかもしれませんが、リスクは極めて大きなものです。

こうした商品が期日どおりに利払いや元本の償還を続けていたとしても、多くの国々の投資家は過去一〇〇年の間にこれらの商品に投資していたことで購買力を失ってきました。さらに、こうした悲惨な結果は絶えず繰り返されていくでしょう。お金の最終的な価値は政府が決定します。金融システム上の力学から、政府は場合によってはインフレを生み出すような政策に走ってしまうことがあります。このような政策は時として制御が利かなくなってしまうのです。

通貨の安定を強く願っているアメリカですら、私がバークシャーの経営を引き継いだ一九六五年以降、ドルは八六％という驚くほどの下落を示しています。当時私たちが一ドルで買っていたものは、今や少なくとも七ドルはかかります。このため、非課税企業であってもその購買力を維持するだけのために、この間、債券投資から年間四・三％の利回りを確保する必要があったのです。その金利すべてが「収入」なのだと考えていたとすれば、非課税企業の経営者は自分をごまかしてきたのでしょう。

課税企業の場合、状況はさらに悪いものでした。この同じ四七年間、継続的に発行されてきた米財務省証券の利回りは年率五・七％でした。これは十分だと感じられるかもしれません。しかし、個人投資家が平均二五％の所得税を納めているとすれば、この五・七％のリターンは実質所得の面では何も生み出していないことになります。投資家にとってはっきりしている所得税によって利回りのうち一・四%がはぎ取られ、さらに表面的には分からないインフレという税金によって残りの四・三%が失われるのです。潜在的なインフレ「税」が明確な所得税の三倍を超えるものであることは注目すべきです。恐らく投資家は所得税のほうを主な負担だと感じているでしょう。紙幣には「われらは神を信ずる」と印刷されてありますが、政府の印刷機を動かすその手は常にあまりにも人間的なものです。

たしかに、消費者が直面する特定の通貨建てのインカム性の投資のインフレリスクは高い金利によって埋め合わせられていますし、事実、一九八〇年代初めは金利がうまく機能していました。しかし現在の金利は投資家が想定する購買力のリスクを埋め合わせるには程遠い水準にあります。今や債券には警戒を呼びかける表示が必要でしょう。

ですから、私は今日の環境で特定の通貨建てのインカム性の投資を行うことは好みません。ただし、バークシャーは特定の通貨建てのインカム性の投資を大量に行っています。これは主に短期の投資です。バークシャーでは大量の流動性の確保は優先事項の一つであり、この部分が軽視されることはないでしょう。けれども、適切な金利でなければ話は違ってきます。流動性を確保するため、私たちは主に米財務省証券を保有しています。これは経済環境が混乱を極めるなかで唯一流動性としてあてにできる投資なのです。私たちにとって十分な流動性の額は二〇〇億ドルです。最低でも一〇〇億ドルは絶対に必要です。

必要な流動性の確保と規制当局からの要請を除けば、私たちがインカム性の証券を購入するのは通常よりも高い利益が獲得できると見込まれる場合だけです。こうした状況が生じるのは、特に信用力の値付けがうまくいっていないためか（これはジャンクボンドが周期的に値崩れを起こした際に生じる可能性があります）、あるいは良質の債券でも金利が低下した際には莫大なキャピタルゲインが実現する可能性がある水準まで金利が上昇していることによります。私たちはこれまでこのような二つの機会を探してきました――そして再びそうすることがあるかもしれません――が、今はそうした見込みとは一八〇度ずれた状態にあります。現在の状況は、ウォール街の情報筋であるシェルビー・カラム・デビスが遠い昔に語った皮肉な言葉がよく当てはまります。「債券は無リスクで得られるリターンを売り物としてきたが、今ではリターンのないリスクをもたらすものとして値が付けられている」。

投資の二つ目の分野は、けっして何も生み出すことがないものの、将来だれかが――やはりこの先何も生み出すことはないと知りつつ――もっと高い価格で買ってくれることを期待して買われている資産です。一七世紀のある時期、このような買い手は特にチューリップを好んでいました。

こうした種類の投資では買い手が増えていく必要があります。さらに買い手が増えると信じ、買い手が群がってくるのです。オーナーはその資産自体が生みだす――本当は永遠に何も生み出すことはないままなのですが――ものに関心を持っているわけではなく、将来ほかの人がその資産を強く欲しがるに違いないと見られることに突き動かされているのです。

こうした投資で代表的なのは金（ゴールド）です。現在、金はほかのすべての資産、特に通貨について不安を抱く投資家にとって大のお気に入りとなっています（これまで述べてきたように通貨の価値に不安を抱くのは当然ですが）。しかし、金には二つの大きな欠点があります。あまり使えないものであることと、何も生み出さないものであることとです。実際のところ、金には工業的な用途や装飾的な用途がいくつかありますが、こうした用途での需要は限られており、新たに生産される量を吸収できるほどでもありません。また、一オンスの金を永久に持ち続けたとしても、それは一オンスのままです。

金を購入する人は、そのほとんどがほかの資産への不安が強まると考えて金を買っています。そして、この一〇年でその考えは正しかったことが明らかとなりました。さらに、価格の上昇によってさらなる買い意欲がかき立てられ、価格の上昇は金への投資が正しいことを示すものだと考えた買い手を引きつけてきました。「音楽隊」がパーティーに加われば、しばらくの間はそれらしくなるものです。

過去一五年間、インターネット株と住宅株では著しい行きすぎが見られました。これは、当初は投資テーマとして妥当だったものが、価格の上昇があまりにも広く伝えられたために生じたものでしょう。このバブルにおいて、もともとは懐疑的だった投資家も市場によって示された「証拠」に屈してしまい、その証拠によって、しばらくの間は「音楽隊」が演奏を続けるのに十分なほど、市場が拡大し続けたのです。しかし、膨らんだバブルは必ず弾けます。

現在、世界の金の保有高は約一七万トンに上ります。この金をすべて合わせると、一辺の長さが約六八フィートの立方体になります（野球場の内野にぴったり収まる程度です）。これを――執筆時点の価格である――一オンス当たり一七五〇ドルで計算すれば価格は九兆六〇〇〇億ドルになります。この立方体をパイルAと呼びましょう。

さて、これに匹敵する価値のパイルBを作ってみましょう。そのためにはアメリカ中の農地（四億エーカーで年間の生産高は二〇〇〇億ドル）を買い占めることになります。さらに、エクソンモービル（世界で最も収益性の高い会社で、一社で年間四〇〇億ドル以上を稼ぎ出します）が一六個買えます。これだけ買っても手元に一兆ドルが残ります（これだけ買いまくったのですからカツカツとは感じないでしょう）。九兆六〇〇〇億ドル持っている投資家がパイルBよりもパイルAを選ぶなど考えられるでしょうか。

現在、金には驚くべき価格が付いており、こうした価格に導かれて今日では毎年一六〇〇億ドルの金が産出されています。買い手は――宝飾や工業の用途で利用する者であっても、ほかの資産に不安を感じる個人や投機筋であっても――、現在の価格での平衡を維持するためだけに追加の産出量を継続的に吸収しなくてはならなくなっています。

これから先の一世紀、四億エーカーの農地からは大量のとうもろこし、小麦、綿などの作物が生産されるでしょう。通貨がどうなろうとも、この価値ある賜物の生産は続くのです。また、エクソンモービルは恐らくオーナーに何兆ドルもの配当を支払い続け、資産価値も数兆ドルを超える規模を維持するでしょう（そしてあなたはエクソンを一六個も保有しているのをお忘れなく)。一方、一七万トンの金に変わりはなく、依然何も生み出すことはありません。その立方体をやさしくなでたところで何も答えてはくれないのです。

これから一世紀たっても、人々はほかの資産に不安を感じたなら金に群がることでしょう。しかし、九兆六〇〇〇億ドルというパイルAの現在の価値は、この先一世紀の間、パイルBをはるかに下回る複利効果しか産まないと私は確信しています。

これまで述べてきた二つの投資分野は、人々の不安が絶頂に達した時期に最大限の人気を博するものです。経済崩壊への恐怖から個人はインカム性の資産(特に米国政府の発行する証券)への投資に駆り立てられ、そして通貨崩壊への恐怖から金などの何も価値を生まない資産への動きが高まっています。二〇〇八年の終わりには「現金は王様」という言葉が聞かれました。まさにこのとき、現金は持っておくよりも投資すべき時期でした。同様に、一九八〇年代の初めには「現金はゴミ」という言葉が聞かれました。このときは固定利付の投資が記憶しているかぎりで最も魅力的な水準にある時期でした。このようなとき、金利収入を必要とする投資家はリスク性資産への投資に夢中だったのです。

私自身が好んでいるのは――そしてそうなることはお分かりだったと思いますが――、第三の分野、すなわち企業、農場や不動産などの生産性のある資産です。これらの資産は、インフレの時期に購買力が維持できるだけの生産をもたらすことができ、その一方で新たな資本投資は最低限しか必要としないことが理想的です。農場や不動産、あるいはコカ・コーラやＩＢＭそして私たちの保有しているシーズキャンディーズのような多くの企業はこれら二つの基準による審査にかなったものです。ほかの特定の会社――例えば、規制されている公共事業などを考えてみてください――は、審査にかないませんでした。こうした会社はインフレによって多額の資本が必要となるからです。オーナーは利益を増やすために投資も増やさなくてはならないのです。それでも、こうした投資は何も生み出すことのない資産やインカム性の投資よりは十分ましなものでしょう。

これから一世紀後の通貨が金を裏付けとするものなのか、それとも貝殻、サメの歯、あるいは（今日同様の）一枚の紙切れなのかにかかわらず、人々はコカ・コーラやシーズのピーナッツブリトーのために、喜んで毎日数分間の労働を通貨と交換するでしょう。将来、米国民は今よりももっと多くの商品を動かし、多くの食料を消費し、多くの居住空間を必要とするでしょう。人々は永遠に、自らが生産したものをほかの人々が生産したものと交換し続けるのです。

わが国の企業は、国民が望む商品やサービスを効率的に提供し続けることでしょう。例えて言うなら、こうした商用の「牝牛」は一世紀にわたって生き続け、さらに大量の「ミルク」を産みだし利益をもたらすでしょう。その価値は交換手段で決定されるのではなく、ミルクを生みだす能力によるのです。ミルクを販売して得られる売り上げは、牝牛のオーナーに複利効果をもたらします。それはあたかもダウ平均株価が六六ドルから一万一四九七ドルまで上昇した

（そして多額の配当が支払われた）二〇世紀のオーナーが手にした効果と同じものなのです。バークシャーの目標は最上級の企業の保有を増やすことです。私たちがまず考えることは、こうした会社をすべて買うことです。しかし、市場で流通している有価証券の相当額を保有するという方法によって行うこともあります。いかに長期間で見ても、私たちが検討してきた三種類の投資のうち、最後の種類の投資が圧倒的優位にあることは明らかだと私は信じています。さらに重要なことに、これは断然安全な投資なのです。

B．ジャンクボンドと短剣の命題

（二〇〇二年、一九九〇年、チャーリー・マンガーによる一九九〇年のウエスコ・フィナンシャル・コーポレーションの株主への手紙を許可を得て掲載）

ジャンクボンドへの投資と株式への投資は、ある意味似ています。どちらの投資も価格と価値を計算することや、何百もの銘柄を吟味して数少ない魅力的なリスクとリターンの割合を有する銘柄を見つけだすことが必要になります。しかし、この二つの分野には重要な違いもあります。株式の場合、企業のすべての義務と責任が十分に履行されることを期待して投資します。私たちの投資は保守的な資金調達を行っている企業に集中しており、競争上の強みを有しており、能力のある誠実な人々によって経営が行われているからです。こうした会社を妥当な価格で買っていれば、損失が生じることはまれです。事実、会社の業務を運営してきたこの三八年間で、私たちがバークシャーで経営に携わった会社（つまりゼネラル・リインシュアランス・

カンパニーとＧＥＩＣＯが経営する会社は除きます）からの利益は損失を大きく上回り、一〇〇対一ほどの比率になります。

一方、ジャンクボンドを購入する場合、私たちはその企業から利益はほとんど期待できないものとして扱います。こうした企業は通常、過剰に債務を抱えており、特性として資本利益率の低い業界に属していることも時折見られます。さらに、経営者の質に疑問符が付くこともあります。経営者は債務者と直接相反する利益を有していることすらあるかもしれません。したがって、私たちはジャンクボンドで大きな損失を抱えることになる場合もあると覚悟しておかなくてはなりません。しかし、私たちはこの分野で今のところはうまくやっています。

怠惰ともいえるような無気力さが、常に私たちの投資スタイルの基本です。五～六ある主要銘柄に関しては、今年私たちは株式の売買を一切行いませんでした。例外は、行き届いた経営がなされ、高収益な銀行業務を行っているウェルズ・ファーゴで、ＦＲＢ（連邦準備制度理事会）の承認を得ずに取得することができる限度の一〇％近くまで持ち株比率を増やしました。私たちが保有する持ち株の六分の一は一九八九年に、残りは一九九〇年に取得したものです（二〇一五年の時点で、バークシャーはウェルズ・ファーゴ銀行の発行済株式の約二五％を取得し

ている）。

銀行業は私たちの好きな投資分野ではありません。総資産が自己資本の二〇倍であるとすると――それが銀行業界の通例ですが――、資産のほんの一部にかかわる失策によって、自己資本の大部分を失う可能性があります。さらに多くの大銀行において、失策は例外というよりむしろ習慣というべきものです。そのほとんどは、私たちが「組織由来の旧習」と呼んでいる弊害――同業他社が行ったことは、それがバカげていても無意識に追随するという経営者の傾向（第2章「G.『しけモク』と『組織由来の旧習』」を参照）――によるものです。融資においては、多くの銀行員が集団自殺に突き進むレミング（タビネズミ）の群れのごとく、「上級幹部の言うがまま」に仕事をしてきました。そして彼らは今、集団自殺に突き進んだレミングの運命をたどっているのです。

二〇対一というレバレッジは経営的な強みも弱みも大きくするものなので、私たちは経営がずさんな銀行には、たとえそれが「安値」であったとしても、買いたいという興味を抱きません。私たちの興味は、きちんとした経営がなされている銀行を、それ相応の価格で買うことに尽きるのです。

ウェルズ・ファーゴ銀行に関しては、カール・ライチャードとポール・ヘーゼンという最良の経営陣を得られたと私たちは考えています。多くの点でライチャードとヘーゼンは、キャピタル・シティーズ・ABCのトム・マーフィーとダン・バークの二人を思わせるところがあります。第一に、それぞれがお互いのパートナーを理解、信頼、そして尊敬しているので、ともに二人合わさることで一層の強さを発揮しています。第二に、彼らに有能な人物には金銭的報酬で報いますが、必要数以上の人間をけっして雇いません。第三に、記録的な利益率を上げているときでも、彼らはまるで強制されたかのように経費の節減に努めます。最後に、彼らはともに自らが理解できるものを守り続け、うぬぼれではなく能力によって自分たちが何をするかを決めます（ＩＢＭのトーマス・Ｊ・ワトソン・シニアも、同じ考えの持ち主です。彼はこう言っています。「私は天才ではない。ある分野では高い能力を持ってはいるが、その分野以外には手を出さないのだ」）。

私たちが一九九〇年にウェルズ・ファーゴ株を買ったときは、銀行株の市場が混迷していたことに助けられました。その混乱は当然のものでした。かつては評判の良かった銀行によるバカげた融資内容が、毎月のごとく公表されたのです。次から次へと莫大な損失が明らかになるにつれて――そしていつもその後すぐに銀行経営陣による「すべてが順調です」という自信に満ちたコメントが出されるのを聞いて――、銀行が発表する数値など信頼できないと、投資家たちははっきりと悟ったのです。彼らが銀行株から手を引いたことが幸いして、私たちは現在保有するウェルズ・ファーゴ株の一〇％を、税引き後収益の五倍以下、税込み収益の三倍以下である二億九〇〇〇万ドルで購入したのです。

ウェルズ・ファーゴは巨大銀行です。五六〇億ドルの総資産を持ち、株主資本に対して二〇

%以上、総資産に対して一・二五%以上の収益を上げています。私たちがこの銀行の一〇分の一を買ったことは、ほとんど同様の財務内容を持った五〇億ドルの銀行を一行まるごと購入するのとほぼ同じことであると思われるかもしれません。でも、もしそういう買収をしようとしたら、ウェルズ・ファーゴで支払った二億九〇〇〇万ドルの約二倍が必要となります。さらに、その五〇億ドルの投資を行っても、新たな問題が生じることになります。それは、経営を託すべきカール・ライチャードのような経営者がいないという問題です。最近、ウェルズ・ファーゴは、ほかのどんな銀行よりも目立って役員たちが引き抜かれていますが、いまだにライチャードを引き抜いた銀行はないのです。

もちろん銀行を所有するということは――銀行にかぎりませんが――、極めて大きなリスクを抱えることになります。カリフォルニアの銀行には、大きな地震という特有のリスクがあります。地震によって融資先がひどい損害を受けることがあれば、次には貸し手である銀行がその影響をもろに受けることがあります。第二のリスクは構造的なものです。事業の縮小や財政的なパニック状態が深刻になると、どんなに聡明な経営が行われていたとしても、レバレッジの高いほとんどの企業では、存亡の危機にさらされる可能性が高いのです。最後に、現時点で市場が最も懸念しているのは、建設ラッシュによって西海岸の不動産価格が値崩れし、その結果、それらのビル建設に資金を提供してきた銀行が莫大な損失を受けるのではないか、ということです。ウェルズ・ファーゴは不動産業界への主たる融資元であり、特にリスクが高いと考えられているのです。

これらの可能性はすべて否定できないものです。しかし、初めの二つが起きる可能性は低く、また不動産価格が大きく下がれば、きちんとした経営がなされた企業にとっても大きな問題が起きることが考えられます。次の計算を見ていただきたいと思います。ウェルズ・ファーゴの直近の税引き前の年間収益は一〇億ドルで、これは三億ドル以上の貸し倒れ損失を差し引いたものです。もしもこの銀行の総融資額――不動産融資のみではなく――である四八〇億ドルの一〇％が一九九一年の大地震の影響を受け、それによる損害（過去の金利も含む）に対して平均で三〇％だとすると、ほぼそこが損益分岐点になるのです。

こうした年があったとしても――その可能性は低いと考えていますが――、私たちは気にしません。実際バークシャーでは、企業の買収や主要な事業への投資に対して一年間は利益がなくても、その後、増加し続ける株主資本に対して二〇％の利益が期待できるのなら、ぜひとも投資をしたいと考えるのです。ところが、ニューイングランドのようにカリフォルニアでも不動産が下落するのではないかという人々の不安によって、ウェルズ・ファーゴの株価は一九九〇年のほんの数カ月間に約五〇％下げたのです。私たちは株価下落以前にも、当時の平均的な価格で少し買ってはいましたが、下落は歓迎できました。より多くの株を、新たなパニック価格で買うことができたからです。

私が生きているかぎり、あるいはバークシャーの経営陣が降霊術で私と交信できるのなら私が死んだあとも）、バークシャーは来る年も来る年も企業を――あるいは「株式」と呼ばれる企業の一部分を――買い続けることでしょう。このような背景から、企業の価格が下がることは私たちにとってプラスであり、上がることはマイナスなのです。

株価が下がる最も一般的な要因は、時にはマーケット全体に広がり、時には特定の企業や業界を包み込む悲観論です。私たちはそういう状況下でビジネスをしたいと切に思っています。悲観論を好むからではなく、それによってもたらされる価格が魅力的だからです。合理的な投資家にとって、楽観主義者たちは敵なのです。

このことは、人気がないという理由だけで企業や株を買うことが知的な投資法だ、という意味で言っているのではありません。逆張り的な手法は、みんなのすることが正しいと思うことと同様に、愚かなことです。残念なことに、哲学者のバートランド・ラッセルの人生に関する言葉は、往々にして金融界の持つ並外れた力にあてはまります。「多くの人間は、考えるくらいならむしろ死を選ぶであろう。実際多くの者がそうするのだ」

＊　＊　＊　＊　＊　＊　＊　＊　＊　＊

昨年、ポートフォリオのなかでほかに大きな変化があったのは、一九八九年の終わりに初めて買ったＲＪＲナビスコの債券と株式の保有が大幅に増えたことです。それらは一九九〇年の年末に、そのときの市場価格に近い四億四〇〇〇万ドルを投じて手に入れたものです（これを書いている今、その市場価値は一億五〇〇〇万ドル以上も上昇しています）。

銀行業への投資と同様、投資不適格債を買うというのは、私たちにとって例外的行為です。しかし私たちが興味を抱き、かつバークシャーの収益結果に大きな影響をもたらすに十分な規模を持つ投資機会は、そうめったに訪れるものではありません。ですから、買おうと考えるビジネスが理解できるものであり、かつ価格と価値が大きく乖離しているように見えれば、投資の分野にはこだわらないのです（少し話は外れますが、ウディ・アレンは偏見がないことの強みをこう言って表現しています。「両性愛者がどうしてこんなに少ないのか僕には分からない。なぜって、土曜の夜にデートできるチャンスが二倍に増えるじゃないか」）。

かつて私たちは投資不適格債を買って成功したことがあります。といってもその債券は、元は投資適格債であったものが発行企業の業績悪化などによって格付けを落とされた、昔ながらの「堕ちた天使」でした。

一九八〇年代には、質の悪い「堕ちた天使」が投資の表舞台に踊り出ました。発行時点ですでに投資不適格債である「ジャンクボンド」です。あれから一〇年が過ぎ、次々と発行されたジャンクはさらにそのジャンク性を増し、ついには予想されていた結果が起きました。つまり、ジャンクボンドがそのジャンク（がらくた）という名にふさわしい状態となったのです。一九九〇年代になると――景気後退による一撃を待つまでもなく――、金融界の空には数多くの破産会社が浮かび、暗澹たる灰色模様になったのです。

債券教の信徒たちは、このような崩壊が起こらないであろうことを保証していました。つまり、莫大な負債を抱えた経営者は、かつてないほど粉骨砕身して経営にあたるものであるというように私たちは教えられました。ハンドルに短剣が取りつけられた車を運転するドライバーが、全神経を集中させて運転にあたるのと同じことです。それほどの注意力があれば、その人は非常に注意深いドライバーであるといえるでしょう。しかし、路面に小さなくぼみがあったり氷の破片にでも当たることがあれば、命取りの、あらずもがなの事故につながるかもしれません。ビジネスという道路は穴ぼこだらけです。そのためそれらをすべてかわそうなどという計画の前途に待つのは、災厄だけなのです。

ベンジャミン・グレアムは『**賢明なる投資家**』（パンローリング）の最終章で、短剣の命題を強く否定しています。「堅実な投資というものを、いかにしても三語に集約しなくてはならないとしたら、それは『安全域（Margin of Safety）』であると思い切って言おう」。これは四二年前に読んだ本ですが、私は今もってこれらの三語（安全域）は正しかったと思っています。この簡潔な言葉を胸にとめなかった投資家たちは、一九九〇年代に入るや膨大な損失を出すこととなったのです。

債券熱が異常な高まりをみせると、明らかにうまくいくはずのない資本構成が珍しいものではなくなりました。そのため、収益が非常に高いにもかかわらず、債務が多すぎるためにその利息をまかなえないというケースも出るようになりました。数年前に起きたフロリダ州タンパにある老舗テレビ局の買収の件では、買収による債務が莫大で、その利子がテレビ局の総収入を超えていたという、特に言語に絶する例でした。たとえすべての労働力や番組、サービスなどが、買ったのではなく寄付されたものだと考えても、この資本構成では爆発的な増収が必要でした。そうでなければ、このテレビ局は破産する運命にあったのです（買収資金のためになされた債務の多くは、今や破綻した貯蓄貸付組合が買い取ることになります。そしてこの愚行のツケを払わされているのは、納税者たるみなさんなのです）。

こうしたことは、現在では信じられないことです。しかし、これらの悪行が行われていたとき「短剣を売る」投資銀行家は、投資不適格債はデフォルト率が高くとも、年月が経てばそれから得られる高利によって、最終的には十分にプラスとなるという「学術的な」研究結果を口にしました。愛想の良いセールスマンは、例えばこんなことを口にしたでしょう。「ジャンクボンドでポートフォリオを多様化させれば、投資適格債のポートフォリオよりも大きな利益が見込めますよ」（金融の世界では、過去のパフォーマンスによる「検証」には用心が必要です。歴史書が成功へのカギだというのなら、フォーブス四〇〇社はすべて図書館司書が占めることになってしまいます）。

しかしこのセールスマンには、統計学を専攻する学生なら最初の年に学ぶ、一つの論理的欠陥がありました。それは、新たに発行されるジャンクボンドと堕ちた天使のユニバースを比較すると、後者の債務不履行率を新規発行ジャンクボンドの債務不履行率を推定するためにそのまま使えるという仮定がなされていたという点です（この誤りは、即席清涼飲料粉末のクールエイドによる過去の死亡率を調べるときに、ジョーンズタウンで起きた毒入りクールエイドによるカルト宗教「人民寺院」の集団自殺以前のデータにあたるのと同じなのです）。

ジャンクボンドと堕ちた天使には、当然ながらいくつかの重大な相違点がありました。第一に、堕ちた天使の経営者のほとんどは再び投資適格の格付けを得たいと切望し、その目標に向かって努力しました。かたやジャンクボンドの仕掛人の考えは、通常まったく異なっていました。彼らの行動はある意味へロイン愛用者のそれに似ていて、負債まみれの状況を打破するためではなく、次に注射する薬物を探すためにエネルギーを注ぎ込んだのです。さらに言えば、典型的な堕ちた天使の経営陣は、必ずではなくとも多くの場合、ジャンクボンド発行屋以上に、受託者としての責務を全うしようとしていました。

ウォール街はそうした違いをほとんど気にかけませんでした。常のごとく、投資対象に対するウォール街の興味の強さは、その価値ではなく、むしろそれが生み出すであろう収益に比例していたのです。考えない人間から考えない人間へと、山のようなジャンクボンドが売られていきました。そして、売り手も買い手も不足することはなかったのです。

今日では発行価格のほんの数分の一で取引されるとしても、ジャンクボンドは今もって地雷原です。昨年申し上げましたように、私たちはいまだかつて新規発行のジャンクボンドを購入したことはありません（唯一新発のジャンクボンドを買うとしたら、それは「Y」の付かない曜日だけでしょう）。しかし、今や地雷原は混乱状態にあるので、私たちはその光景を楽しみながら眺めているのです。

RJRナビスコの場合には、同社の信用度は一般に認識されているよりも現実はかなり高いと感じました。そして潜在的キャピタルゲインはもちろんのこと、利回りによっても、私たちが負うリスクを補って余りあると考えたのです（リスクがゼロとはけっして考えませんでしたが）。RJRは資産を良い価格で売却して自己資本を大幅に増やしており、経営もおおむね順調でした。

しかし、ジャンクボンド市場を調査すると、投資不適格債のほとんどが魅力のない債券であるように見えてきます。一九八〇年代のウォール街がこの市場に与えた影響は、思いのほか深刻だったのです。それによって多くの価値あるビジネスが致命的な傷を負うことになりました。それでも私たちは、ジャンクボンド市場が本来の姿を取り戻そうとするかぎり、投資機会をうかがい続けることでしょう。

ウエスコの手法（取引をより巧みに行うための、慎重なる非分散投資）と、マイケル・ミル

ケンが何年にもわたり進めてきたジャンクボンドを売りさばくための手法を比較すると、面白いことが見えてきます。多くの金融論の教授による理論に裏付けられたミルケンの主張は、以下のようなものです。①投資家がボラティリティを受容することの見返りとして余分な金を得るという世界においては、市場価格は効率的であるといえる、②ゆえに、新規に発行されるジャンクボンドの価格は、ある程度根拠あるものといえ（つまり、高率の確定利回りによって、統計上予想される損失の増大が補填される）、またボラティリスクを補填するに足るキャピタルゲインが見込める、③ゆえに、貯蓄貸付組合（あるいはほかの機関）が例えば十分な下調べをせずにミルケンが新規で発行したジャンクボンドを大量に買うことで分散投資を図れば、その購入者の立場は確実に「平均以上の結果を得られる」状況にある賭博場経営者と同じになる。この手の理論は今や、狂信的信者が支配する機関投資家に大きな影響を及ぼし、彼らは自らの結論を正当化するためにミルケンの「債券」を買いました。こうした理論付けとは裏腹に、このような「債券」によって広く分散投資を行った場合、往々にしてその結果は惨憺たるものとなりました。私たちには、なぜミルケンが自己演出のためにあのような言動を取り、またあのようなことを信じ込んだのか、よく理解することができます。しかし、ラスベガスの賭博場に「債券」の買い手を送り込むことによってミルケンが五％の手数料をせしめていたなどと、だれが気づいていたでしょうか。私たちはその理由をこう考えます。多くの愚かな投資家やその助言者たちは、効率的市場理論や現代ポートフォリオ理論を妄信する金融論の教授たちによって教育されたために、それ以外の、危険を警告するような説にはまったく目を向けなかったのです。この失敗は、「専門家」が犯す典型的なパターンのミスなのです。

C．ゼロクーポン債券と目出し帽（一九八九年）

バークシャーは額面九億二六〇〇万ドルのゼロクーポン転換劣後社債を発行し、現在、それはNYSE（ニューヨーク証券取引所）に上場しています。ソロモン・ブラザーズがこの案件の引き受けを担当しましたが、有益なアドバイスと完璧な執行がなされた素晴らしいものでした。

当然ながら債券のほとんどは、通常年に二回の利払いを伴います。これとは異なり、ゼロクーポン債では利子を支払う必要がありません。その代わりに投資家は、満期日における価額と比較して大幅に割り引いた価格で債券を購入することによって、利益を得るのです。実効利回りを決定する要素は、発行時の価格、満期日における価額、発行日から満期日までの時間です。

バークシャーの債券は、満期価額の四四・三一四％、期間は一五年で発行されました。この債券の実効利回りは、半年複利で五・五％に相当します。額面一ドルに対してお預かりしたのは四四・三一セントですので、この社債発行で私たちが得たのは四億ドルです（別途、募集費用として九五〇万ドルがかかりました）。

債券は額面一万ドルで発行され、債券一単位でバークシャー・ハサウェイ社の株式〇・四五一五株に転換することができます。一万ドルの債券の購入価格が四四三一ドルですので、転換価格はバークシャー株一株当たり九八一五ドルとなり、当時の市場価格よりも一五％割高となります。バークシャーは一九九二年九月二八日以降ならばいつでも、アクレテッド・バリュー（発行時価に五・五％の半年複利を加えた額）で期限前償還することができ、また債券保有者は一九九四年と一九九九年の九月二八日という特定の二日間にかぎり、バークシャーに対してその保有債券をアクレテッド・バリューで買い取るよう求めることができます。

税金面では、たとえ債券保有者への利払いがなくとも毎年五・五％の利子を計上することが、バークシャーには認められています。税金が軽減されることによる最大の効果は、正のキャッシュフローです。これはとても意義のある恩恵です。未確定の変数が介在するので、この債券にかかる正確な実効利率は割り出せませんが、いずれにせよ優に五・五％を下回るはずです。一方で、話は少しそれますが、税法はシンメトリーになっています。つまり、課税義務を負うすべての債券保有者は、現金を受け取っていないにもかかわらず、五・五％の利子に対して毎年税金を納めなければならないということです。

バークシャー債を含め、昨年数社が発行した同様の債券（特にロウズ債とモトローラ債）は、ここ数年発行されてきた大半のゼロクーポン債――これらの債券に対しては今後とも、マンガーも私も真っ向から批判を続けるでしょう――とは異なるものです。これに関しては後ほど触れますが、これらの債券は発行者によって詐欺的に悪用され、投資家には破壊的な結果をもたらしてきました。ところでこの問題を論じる前に、債券市場が、まだ禁断のリンゴをかじる前のエデンの楽園だったころの話をしましょう。

もしあなたが私と同年代ならば、初めて買ったゼロクーポン債は、第二次大戦中に発行され、史上最も多く売られた、かの有名なシリーズE連邦貯蓄債券であったことでしょう（戦後、アメリカの世帯の半分がこの債券を保有していました）。もちろん、これをゼロクーポン債などと呼んだ人がいるわけではありませんが、実際この名称はすでに生まれていたのではないかと私は思っています。ともあれ、シリーズEはまさに、いわゆるゼロクーポン債だったのです。

この債券の発行価格はたった一八・七五ドルでした。この金額を支払うことで購入者は、一〇年後の満期時にアメリカ政府から二五ドルを受け取ることができる、すなわち一年複利で二・九％の利子を得られるという内容でした。この債券は当時魅力あるものでした。なぜなら二・九％というのはほかの政府債の利回りよりも高率でしたし、債券は少々利息が減少するもののいつでも換金できるため、保有者は市場変動リスクを負わずに済んだからです。

第二のゼロクーポン米国債は――これもまた国民にはありがたい債券でした――、一九八〇年代に発行されています。一般的な利付債の問題は、例えば利回り一〇％のようにその利率が十分なものであったとしても、利率が実際に複利一〇％となるかは保有者には分からないという点です。それを現実化するためには、半年ごとにクーポンが支払われるたびに、一〇％で再投資しなければなりません。利払い時点の現行利子率が六～七％でしかなければ、その保有者は債券の運用期間を通じて、資金を公示された利率で複利で回すことはできないのです。例えば、年金基金のように長期運用する投資家にとっては、こうした「再投資リスク」は深刻な問題です。購入は個人に限られ額面も大きくありませんが、貯蓄債はこうした問題を解決してくれます。巨大投資機関が求めているのは、莫大な金額の「貯蓄債に相当する投資対象」なのです。

この件においては、独創的かつ非常に有益な投資銀行（うれしいことにその筆頭はソロモン・ブラザーズです）がこの分野に目をつけました。彼らは、半期ごとのクーポン（利札）を国債から「ストリップ（切り離す）」するという手法を生み出したのです。クーポンの一枚一枚は、将来のある時点において利払い日を迎えたときに一括で支払われるものですから、切り離されたクーポンは貯蓄債の本質的特性を備えたものとなります。例えば、二〇一〇年に満期を迎える米国債についている半年ごとに利払いを迎える四〇枚のクーポンを切り離せば、それは満期日が半年後から二〇年後までにわたる四〇枚のゼロクーポン債を保有しているのと同じことになり、それぞれのクーポンは満期日が近いほかのクーポンとまとめておいて売りに出すことができます。仮にすべての満期日に関する現行利子率が一〇％だとすれば、半年後に利払いのクーポンは満期日における価額の九五・二四％、二〇年後に満期のクーポンは一四・二〇％で売れるでしょう。このようにして、クーポンを購入した人は、利払い日を問わず、保有期間を通じて一〇％の複利利率を保証されるのです。最近では国債のクーポン切り離しが盛んに行われていますが、それは年金基金から個人退職年金制度にまで及ぶ長期投資家たちが、これらの優良なゼロクーポン債が彼らのニーズに合致するものだと気づいたからなのです。

しかし、ウォール街の常ですが、賢い人間が始めたことは、愚かな人間がやりだしたらもうおしまいなのです。この数年、大量のゼロクーポン債（および機能的に同種の物であるペイ・イン・カインド債――半期ごとの現金利払いの代わりに新たにペイ・イン・カインド債を配布する）が、これまで以上にジャンクな発行体によって発行されてきました。ゼロクーポン債（もしくはペイ・イン・カインド債）には、これら発行体にとって圧倒的な利点があります。それは、満期まで一銭も支払わなくても債務不履行にならないという点です。たしかに、もしも途上国政府が一九七〇年代にゼロクーポンの長期債以外に一切債券を発行しなかったとすれば、債務者としての履歴に傷がつくことはなかったことでしょう。

この原則――長期間一切の支払いをしないことで、長期にわたり債務不履行にならないという――は、より危険な投資のための資金を得ようとするプロモーター（ゼロクーポン債の発行体や企業買収の仕掛人たち）や投資銀行家たちにとっては、かなり魅力的でした。でも、それが投資家に受け入れられるまでには、時間がかかりました。数年前にLBO（レバレッジド・バイアウト。対象企業の資産を担保にした借入金による企業買収）熱が異常な高まりを見せ始めたときには、買収者は利子と適度な債務返済を十分に賄えるほど控えめに見積もられたフリーキャッシュフロー――つまり、営業利益に減価償却と、あまり標準化されていない資本的支出の分割償却分を足したもの——程度のほどほどの手堅い借り方しかできませんでした。

その後、プロモーターたちのアドレナリン量が急激に高まるにつれ、企業が異常な高値で売買されるようになると、必要なフリーキャッシュフローがすべて利子の支払いに充てられるような状況となりました。それによって債務の返済が重視されなくなりました。実際、スカーレット・オハラ的な「明日は明日の風が吹くわ」という態度が借り手の元本支払いに関する姿勢であり、それを新種の貸し手——発行時にすでにジャンクであるジャンクボンドの買い手——が受け入れました。今や債務返済よりも再融資が盛んに行われるようになっていたのです。こうした状況の変化をうまくとらえた漫画がニューヨーカー誌にありました。感謝に満ちた借り手が、立ち上がって銀行の融資担当者に握手を求めながら一言、「いつ御行にご返済することができるか、まったく分かりません」。

借り手たちはすぐに新たな手ぬるい基準を作り出しました。貸し手からさらにバカげた融資を引き出そうと、彼らは企業の利子支払い能力の根拠として、憎むべきＥＢＤＩＴ（減価償却費、利子、税引き前収益）の導入を図ったのです。この「短い物差し」を使って、当座の現金支出は不要であるとの理屈で、借り手は経費としての減価償却を無視したのです。

こうした考え方は明らかに人を惑わすものです。アメリカのビジネスの九五％にとって、時間の経過とともに減価償却することで生じる資本的支出は必然的なものであり、人件費や光熱費と同様にすべてが必要経費なのです。自動車ローンを借りるには、利子や維持費だけでなく、現実的に計算された減価償却費までを含めたコストを賄える収入が必要だというのは高校中退者でも知っています。もし彼が銀行でＥＢＤＩＴの話を持ち出せば、笑い飛ばされてつまみ出されるのが落ちでしょう。

もちろんビジネスにおける資本的支出をゼロに抑えることは、いつでも可能です。それは人が、一日やたとえ一週間食事を取らなくても死なないのと同じことです。しかし、食事を恒常的に取らなくなれば、体が弱ってきていずれは死にます。また、食べたり食べなかったりという状態を続ければ、きちんとした食生活を送った場合と比較して、時間とともにその健康を損なっていくことになります。企業も同じなのです。マンガーも私も経営者ですから、商売敵たちが資本的支出を賄えない状況にあるということに悪い気はしませんが。

みなさんのなかには、ひどい取引の体裁を繕う目的で減価償却などの大きな支出をなかったことにすることは、ウォール街における創意工夫の道義的限界を超えることだとお考えの方もいるかもしれません。もしそうお考えなら、過去数年に起きた出来事に対して注意を払ってこられなかったのでしょう。プロモーターたちは、高くつく買収ですら正当化する必要がありました。さもなくば、あろうことか、さらに「想像力」たくましいプロモーターに案件を奪われる恐れがあったのです。

ですから、プロモーターと投資銀行家たちは現実を無視して「ＥＢＤＩＴは今や現金利子に対してのみの計算基準として用いられるべきである」と、つまり「ゼロクーポン債やペイ・イン・カインド債に付く利子は、取引の財務上の成否が査定されていれば無視して構わない」と宣言したのです。これによって、無視してよいものとして減価償却費が隅っこに追いやられたばかりでなく、本来は利払いの重要部分となるものにさえ同様の扱いがなされたのです。恥ずべきことに、多くのプロの投資家までもがこのバカげた風潮に飛びつきました。とはいえ彼らは、自分のカネには手をつけず、客のカネでしかやらないように気をつけていましたが（彼らのことを「プロ」と呼ぶのは、実際のところ親切すぎます。「プロモーティ（プロモートされる人々）」とでも呼ぶべきなのです）。

この新たな基準の下では、例えば税引き前の収益が一億ドルで、九〇〇〇万ドルの利子を当座支払わなければならない債務を抱えた企業がペイ・イン・カインドのゼロクーポン債券を発行し、複利で毎年六〇〇〇万ドルの利払いをさらに背負い込む――満期は数年後ではありますが――ことも可能です。こうした債券発行での利率は、通常とても高率です。これを実際に行えば、二年目には九〇〇〇万ドルの現金利払いに六九〇〇万ドルの利払いが加わり、その後も複利で利払いが膨らんでいくのです。このような高率での再調達計画は、数年前ならば水際で適切に食い止められていましたが、その後まもなく、実質上すべての大手投資銀行において資金調達の模範となっていったのです。

こうしたプランを勧めるとき、投資銀行の行員たちはユーモアに富んだ一面を覗かせます。数カ月前までほとんど耳にしたこともないような会社の、五年やそれ以上にも及ぶ損益計算書と貸借対照表の予想をあつらえてきます。もしもあなたがこうしたプランを提示されたら、その話に乗ってみると面白いでしょう。彼の銀行の過去数年間の年間予算を尋ね、さらにそれらの数字を現実の数字と比較してみるのです。

ケネス・ガルブレイスがかつて機知と洞察に富んだその著書『大暴落1929』（日経BP社）のなかで、新しい経済用語「ベズル（横領発覚前の利益）」を作り出し、それを発覚する前の横領の現在高であると定義しました。この金融的産物には不思議な特性があります。横領者がベズルの分だけ潤っている一方で、被横領者は自分がその分、貧乏になっていることを自覚していないのです。

ガルブレイス教授は、これらのお金は国家財産に組み入れられるべきであり、そうすれば私たち国民は精神的な国家財産に気づくかもしれないと、鋭く指摘しています。論理上で言えば、大きな繁栄を願う社会は、国民による横領を推奨し、その犯人は追及しないということになるでしょう。このようにして、生産的な仕事がなされずとも「富」は膨らんでいくのです。

しかし、現実においてゼロクーポン債がどれほどナンセンスな活用のされ方をしているかをみれば、ベズルの風刺の利いたナンセンスさえも色あせてしまいます。ゼロクーポン債が介在することで、ある契約の当事者が「収益」を得ているのに、その相手方には支出の痛みが伴わない、という状況が発生しうるのです。年間収益が一億ドルにすぎない、つまりそれ以上の利払い能力を持ち得ない企業が、社債の保有者に一億五〇〇〇万ドル支払うための「収益」を、まるで魔法を使ったかのように提供しています。大口投資家たちがピーターパンの羽を喜々として身にまとい、「僕は信じているよ」と繰り返し言い続けるかぎり、ゼロクーポン債によって生み出される「収益」には上限がないのです。

まるで文明発達前の人類が車輪や鋤を偶然発明したかのように、ウォール街はこの発明を熱烈に歓迎しました。実際の収益力に制限されることのない自由な価格で、ウォール街が案件を成立させるための手段が、ついに考案されたのです。その結果、当然ながら取引量は増大しました。買い手とは、常にバカげた価格に飛びつくものです。そしてカリフォルニア州出納長ジュッセ・ウンルーが言ったとおり、取引は金融の母乳なのです。

ゼロクーポン債やペイ・イン・カインド債には、プロモーターや投資銀行にとってはさらなる魅力があります。それは、愚行がなされてから不履行が起こるまでの時間を長引かせることができるという点です。彼らにとって、これによる恩恵は計り知れません。全費用を支払うべき期日を先送りにできれば、プロモーターたちは愚かな取引を次々と作り出し、巨額の手数料を得ることができるのですから――ただしそうできるのは、ひな鳥が冒険を終えてねぐらに戻るまでのことですが（**訳注**　英語のことわざにある「呪いは［ひな鳥のように］ねぐらに戻る」は、「人を呪わば穴二つ」を意味する）。

しかし錬金術は、それが冶金学におけるものであろうと金融上のものであろうと、最後には必ず失敗します。会計報告や資本構成を粉飾しようとも、劣悪なビジネスは黄金のビジネスにはなり得ないのです。金融錬金術師を自称する者は金持ちになれるかもしれません。しかし彼の富の源泉は、ビジネスにおける業績ではなく、カモとなる投資家たちなのです。

ここで付け加えておくべきことがあります。それは、ゼロクーポン債やペイ・イン・カインド債にどのような弱点があろうとも、その多くは債務不履行にならないということです。私たちはこれまで現実に何銘柄か購入していますし、市場が急落することがあれば、さらに買い増すこともあるでしょう（とはいえ私たちは、信用度の低い企業による新規発行債券に手を出そうなどとは、考えたことすらありません）。本質的に邪悪な金融商品などありません。その変種のなかに、ほかと比較して害悪を及ぼす可能性がはるかに高いものが存在する、ということにすぎないのです。

害悪を作り出すのに最大の貢献をしているのが、カレント・キャッシュフロー・ベースで利払いをする能力を持たないゼロクーポン債の発行者です。私たちにアドバイスできることと言えば、投資銀行の行員がＥＢＤＩＴの話を持ち出したり、支払うべき利子や累増したすべての利子を、豊富な資本支出の正味のカレントキャッシュフローからすっきりと支払えないような資本構成を提案したりしたら、絶対に財布のヒモを緩めてはいけないということです。もしも行員がそんなことを言い出したら、逆にあなたのほうからプロモーターとその高くつく取り巻きに、ゼロクーポン債発行の手数料支払いは債券が完済するまで先送りにしたいと提案してみるとよいでしょう。そして、この案件への彼らの熱意がどこまで持つかを観察してみてください。

投資銀行に対する私たちの批評は辛口すぎるかもしれません。しかし、マンガーと私は――絶望的なまでに古風な考えですが――、投資銀行は度を越してやりたいようにやりがちなプロモーターたちから投資家を守る監視者の役割を担うべきであると考えます。とどのつまり、プロモーターは常に同じ判断を下し、大酒飲みが酒を受け取るときのように、資金を受け取ってきたのです。分別あるバーテンダーは、酒一杯分の利益を失うことになろうとも、客にこれ以上飲ませれば酩酊状態になると思えば、注文を断ります。投資銀行員は、少なくとも彼らと同じように分別ある行動を取るべきです。しかし残念なことに最近では、多くの大手投資銀行において、こうしたモラルはあまり見られないのが現状です。最近ウォール街の「王道」を行った人は、その交通量の少なさに気づいたことでしょう。

悲惨な事実を一つ付け加えておかなければなりません。愚かなるゼロクーポン債による被害を被るのは、直接的にかかわった者だけではないということです。ある貯蓄貸付組合はこれらの債券の大口購入者でしたが、その購入資金は連邦貯蓄貸付保険公社への預託金です。これらの購入者は、利益の見栄えを良くしようとして、債券からのとてつもなく高い金利収入を計上しました。しかし、実際に受け取ってはいないのです。これらの組合の多くが現在では大きな問題を抱えています。もしも信用力が不確かな企業が発行したゼロクーポン債の購入で成功していたならば、組合の経営者たちは利益を着服していたことでしょう。うまくいかない融資の多くは、納税者がそのツケを払うことになります。コメディアンのジャッキー・メーソン風にいえば、貯蓄貸付組合の経営者たちこそが目出し帽を被っているべきだったのです。

D．優先株（一九八九年、一九九四年、一九九六年、一九九〇年、一九九五年、一九九七年）

私たちがかかわりたいと思うのは、尊敬と信頼に値する好ましい人物だけです。ソロモンのジョン・グッドフレンド、ジレットのコールマン・モックラー・ジュニア、USエアーのエド・コロドヌイ、チャンピオンのアンディ・シグラーは、まさにその要求を満たした人々です。そして、彼らも私たちに対して信頼の念を表してくれています。彼らみんなが強調しているのは、完全に転換する前提の下で議決権に制限を設けない優先株は、企業金融の基準から見ればまったくの例外であるということです。実際彼らは私たちを、今日よりも明日のことを考える聡明なるオーナーとして信頼してくれています。それはまさに、私たちが彼らを、今日のことはもちろん明日のことも考える聡明なる経営者として信頼しているのと同じです。

私たちが話し合って決めてきた優先株の構造によって得られる利益は、投資先企業の業界の経済的状況が悪ければ月並みなものにしかならないでしょうが、もしもそれら企業がアメリカの産業全般に匹敵する利益を生み出せるとしたら、私たちにとってかなり魅力的なものであると言えましょう。コールマンが指揮を執るジレットははるかにその基準を上回るでしょうし、グッドフレンドやコロドヌイ、シグラーも、業界を取り巻く環境いかんでは、同様の結果を上げられると考えています。

どのような状況になろうとも、これら優先株について、投資額に配当をプラスした金額は、ほぼ間違いなく取り戻せるでしょう。しかし、それだけにとどまれば期待を裏切られた気分になるでしょう。それによって自由度を放棄することとなり、その結果、必ずや訪れたであろう大きな投資機会を失ったことになるからです。この場合、典型的な優先株にまったく魅力を感じないときに、優先株の利回りのみを得るということになります。つまり、四銘柄の優先株に関してバークシャーが納得のいく投資結果を得るためには、その普通株が好調でなければならないということなのです。

そのためには、優れた経営者と、そして少なくとも業界状況がそう悪くないという条件が必要です。とはいえ、バークシャーによる投資も助けになると思いますし、それぞれの投資先企業の株主たちも、何年かあとには私たちの優先株購入によって利益を得ることでしょう。バークシャーの投資が助けになるという理由はこうです。投資先の各企業は自社に関心のある大口で安定した株主を得たことになり、またバークシャーの会長や副会長は、間接的に彼ら自身の財産の多くを注ぎ込んでいることになるからです。マンガーと私は、投資先企業を支援し、分析的かつ客観的な態度で彼らに臨みます。私たちは、仲間である彼ら経営者たちが自らのビジネスをきっちりと指揮し、なおかつ時に応じては業界外の人間や過去に下した決定とは何らかかわりを持たない者に自らの考えの真偽を仰ぐ、経験豊かなＣＥＯ（最高経営責任者）であることを理解しているのです。

ある企業に関して、素晴らしい収益を上げる可能性があると私たちが思っても、市場がその価値を認めなければ、これら企業の転換優先株で本来期待できるような利益を上げられません。また、その利益は、優れた経営陣を擁した申し分ない企業の八〇％以上を取得するという私たちが好んでとる資本展開の形態によって得られる利益ほど、魅力あるものとはならないでしょう。しかし、どちらの投資機会に恵まれることもまれであり、ましてやそれが私たちの現在および将来の財源に見合った規模であることなどめったにありません。

マンガーと私の考えを総括するとこうなります。すなわち、優先株に投資すれば、ほとんどの確定利付きのポートフォリオに投資した場合よりもまあまあ良い利益を上げることができ、また投資先企業において、重要ではなくとも建設的で楽しい役割を果たすことができるのです。


決定にミスはつきものです。しかし、私たちが「判断ミス大賞」を認定するのは、ある決定が愚にもつかないものであることが明白になった場合だけです。この厳しい認定基準をもってしても、一九九四年は激しい金メダル争いが繰り広げられた「当たり年」でした。ここでみなさん

に申し上げておきたいのは、これから説明する判断ミスはマンガーの手によるものだということです。しかし、このように説明しようとするとき、私の鼻はだんだんと伸び始めるのです。

それではメダル候補を発表しましょう……。

一九九三年の終わりに私はキャピタル・シティーズ株一〇〇〇万株を一株当たり六三ドルで売却しました。同銘柄は一九九四年の年末には八五・二五ドルに上がりました（この売買差額を単純に計算すると、二億二二五〇万ドルになります）。私たちが同銘柄を一九八六年に購入したときの価格は一七・二五ドルで、当時私がみなさんに申し上げたことは、「一九七八年から一九八〇年にかけてキャピタル・シティーズ株を一株当たり四・三〇ドルで売却しており、その理由をどう申し上げてよいか困惑している」ということでした（第2章「E．バリュー投資――冗長性」を参照。なお、一株当たりの金額が異なっているが、これは株式分割のためである）。今回私は再び同じ過ちを犯してしまいました。そろそろ後見人をつけるべきかもしれません。

実にひどいことに、キャピタル・シティーズに関する決定は、銀メダルでしかありません。さらなる栄誉は私が五年前に犯した過ちで、一九九四年に失敗の熟成が完了しました。その内容は、三億五八〇〇万ドルを投入したUSエアーの優先株購入で、その配当支払いは九月に停止されました。この売買は「自発的ミス」でした。つまり、だれに勧められた投資でもなければ、だれにそそのかされて売買を決めたわけでもないということです。言うならば、これはずさんな分析によるもので、優先証券を集めていたために、あるいはうぬぼれによってもたらされた失策といえるかもしれません。理由はどうあれ、大きな過ちでした。

コストが高く、またそれを下げるのが極めて困難な航空会社が必然的に抱えることになる問題について、この売買を実行する前に十分考えることを私は単に怠ったのです。以前ならば、こうした命取りともなりかねないコストも大した問題ではありませんでした。航空会社は規制によって他社との競争から守られており、なおかつ航空運賃も高かったので高いコストも吸収することができたからです。

規制緩和の時代が訪れても、大勢に変化はありませんでした。コストの低い航空会社は座席数があまりに少なかったため、高コストの会社は現行の運賃体系をほとんど変えずに済んだからです。この期間、長期にわたる問題は大きく表面化することなしに、ゆっくりと現実化が進んでいった――持ちこたえられないようなコストがより深く根づいていった――のです。

低コストの航空会社の座席数が拡大するにつれ、古くからある高コストの会社も運賃値下げを余儀なくされ始めました。これら航空会社に資本が投入された（私たちがUSエアーに投資したように）ことによって、「清算すべきとき」を迎える日は先延ばしにされましたが、結局は経済の基本原則が勝利を収めました。ありきたりの商品を扱う事業において、規制がなければ、企業はコストを削減するか、さもなくば消え行くしかないのです。この原則はわれわれの会長にとって当然でしかるべきであったのに、その原則を見失っていたのです。

USエアーの当時のCEOであるセス・スコーフィールドは、それまで引きずってきたコスト高の問題を解決しようと骨を折ってきましたが、現在までのところ結果は思わしくありません。主たる航空会社のなかには労働者特権の問題を抱えるものがあり、またある会社では破産手続き上の「新規スタート」費用の計上によって免税されるという背景があるように、狙いを定めるべき目標が定まらなかったことがその原因の一端です（サウスウエスト航空のハーブ・ケレハーCEOはこう述べています。「破産審査裁判所は、航空会社にとっての減量道場と化しているのです」）。さらに、契約上一般より高いサラリーを得ている航空会社従業員は、給与小切手が決済できなくならないかぎり、給与カットには応ずるべくもないのです。

こうした厳しい状況にもかかわらず、USエアーは長期存続に必要なコスト削減を成し遂げるかもしれません。とはいえ、その可能性は極めて低いと言わざるを得ないのです。

したがって、一九九四年末に私たちはUSエアーの評価額を、投資評価額の四分の一の八九五〇万ドルまで切り下げました。この評価額は二つの可能性を表しています。一つは私たちの購入した優先株が、元の価値をほぼ回復させるであろう可能性、そしてもう一つはその逆に株式が紙切れとなってしまう可能性です。結果がどうなろうと、私たちは「失ったときと同じ方法で取り返す必要はない」という投資の根本原則を忘れないのです。

USエアーの評価を切り下げたことによって生じた会計上の影響は複雑なものでした。私たちは、貸借対照表上にすべての保有株式銘柄を市場価格で記載します。そのため、昨年の第3

四半期末に私たちが保有していたUSエアー優先株の評価額は八九五〇万ドル、すなわち購入価格の二五％でした。換言すれば、その正味評価額が示していたのは、USエアーのその時点での価値が、私たちが購入にかけた三億五八〇〇万ドルにはるか及ばないものであったということです。

しかし第4四半期には、この価値の減少は、会計用語でいう「一時的にとどまらない」ものであると判断し、損益計算書に二億六八五〇万ドルの欠損を記入する必要が生じました。その欠損金額は、第4四半期以外には影響を及ぼしませんでした。つまり、価値の減少はすでにその時点で反映されていたので、正味価値が減ることはなかったのです。

マンガーも私も、USエアーの来期の年次総会で役員再選に立候補しないつもりです。でももしスコーフィールドが相談を持ちかけてくることがあれば、私たちは協力を惜しまないつもりです。

ヴァージン・アトランティック航空の裕福なオーナー経営者リチャード・ブランソンは、百万長者になる方法を質問されて間髪入れずに答えました。「特別な方法なんてありません。まずは億万長者になって航空会社を買えばいいんですよ」。ブランソンの言葉に疑念を抱いたわ

れわれの会長は、その真偽を判断すべく、一九八九年に三億五八〇〇万ドルを投じて九・二五％のUSエアー優先株を購入したのです。

USエアーの当時のエド・コロドヌイCEOは、好ましく尊敬できる人物でした。その考えは今も変わりません。しかし、私の行った企業分析は、表面的かつ誤ったものでした。長年にわたり高収益を上げてきたという事実と、優先証券を保有することで得られるように思えた安心感に心を奪われて、重要な点を見逃してしまいました。規制緩和や厳しい競争市場によって、USエアーの収益はますます強い影響を受けることが予想されたにもかかわらず、その原価構造は規制によって利益が守られていた時代そのままでした。過去の業績がどんなに素晴らしいものであっても、変化に何ら対応しないでいれば、待ち受けるのは破綻なのです。

しかし、コストの低減を図るためにUSエアーは労働契約を大きく改善する必要がありました。これは、明白なる脅威である破産に至ることを除けば、ほとんどの航空会社が最も頭を痛めてきた問題です。USエアーも例外ではありませんでした。私たちが優先株を購入するや、コストと収入の不均衡が爆発的に膨らみ出したのです。一九九〇年から一九九四年にかけて、USエアーは総計二四億ドルを失いました。全普通株の帳簿価格に値する額が吹き飛んだことになります。

この期間、USエアーは私たちへの優先株の配当支払いをほぼ滞りなく続けましたが、一九九四年の配当支払いは停止されました。状況がかなり悪化したことを受け、間もなく私たちは投資額評価を七五％切り下げ、八九五〇万ドルとしました。その後の一九九五年には、額面の五〇％で保有株式を売りに出し、幸運なことに、不首尾に終わりました。

ＵＳエアーに関しては多くの誤りを犯しましたが、そのなかには正しい判断もありました。投資を行うに当たり、優先条件に一風変わった条項を加えたのです。その条項は、未払い金には、プライムレートに五％を足した「懲罰的配当」が複利で加算されるというものでした。これによって、私たちの保有する株に対する九・二五％の配当金が二年間停止された場合、未払い金は一三・二五～一四％の複利で計算されることになります。

この罰則条項によって、ＵＳエアーは可能なかぎり早急に未払いを清算しようと、あらゆる努力をしました。そして黒字に転換した一九九六年後半には、現実に支払いを開始し、私たちは四七九〇万ドルを受け取りました。業績を立て直し、この支払いを可能なものとしてくれたＣＥＯであるスティーブン・ウォルフには絶大なる感謝をしています。とはいえ、ＵＳエアーの最近の好業績は、周期的に訪れる航空業界への追い風が大きく寄与したものです。いまだに基本的なコスト問題は、解決していないのです。

ともあれ、普通株の市場価格から計算して、私たちの保有するＵＳエアー優先株の現在価値は恐らく、投資価値とほぼ平衡した三億五八〇〇万ドルであると思われます。さらに株式購入以降、総計で二億四〇五〇万ドルの配当（一九九七年に受け取った三〇〇〇万ドルを含めて）を得てきています。

滞納された配当が未払いだった一九九六年の初めに、約三億三五〇〇万ドルで再び持ち株を売却しようと試みたことがあります。みなさんにとって幸運なことに、私はまたしてもすんでのところで敗北を免れたのです。

話はそれますが、以前友人にこう尋ねられたことがあります。「君はそんなに金持ちなのに、どうしてそんなに要領が悪いんだい」――USエアーのお粗末な顛末を見れば、彼の疑問ももっともだとみなさんも思われるかもしれませんね。

USエアー株購入に際しては、われわれの会長は絶妙な時機をとらえました。ビジネスがまさに深刻な問題に足を踏み入れようとするタイミングで、思い切りよく飛び込んだのです（私はだれに強いられるでもなく、テニス用語でいう「自爆的ミス」を犯したわけです）。USエアーの抱えていた問題は、業界をめぐる状況、およびピードモント航空吸収合併によるもので、ほとんどの航空企業合併後には運営上の混乱が待ち受けていたことから、予期して然るべき不幸だったのです。

手短に申し上げると、エド・コロドヌイとセス・スコーフィールドが後者の問題は解決しました。USエアーは現在、サービスの質において高い評価を受けています。しかし、業界全体にかかわる問題のほうは、より深刻さを増しています。私たちがUSエアー株を購入して以降、一部企業の自殺行為的な航空運賃設定によって、航空業界をめぐる経済状態は警戒すべき速さで悪化の一途をたどっています。低運賃設定が航空業界全体を覆う危機を招いたわけですが、これはある重要な事実を証明しています。つまり、コモディティと化したビジネスにおいては、最も愚かな競合相手よりも目立って賢く立ち回ることはできないということです。

しかし、航空業界全体が今後数年で壊滅的状況に陥るというわけでなければ、私たちのUSエアーへの投資も結果オーライとなるはずです。コロドヌイとスコーフィールドは断固たる態度で厳しい現状に臨み、業務上の大変革を敢行しました。それでもその安定性は、投資した時点になお及ばないのです。

転換優先株は、比較的単純な証券ですが、過去の実績を示す記事を参考にする場合、時として不正確、あるいは誤解を招くようなものがあるので注意が必要です。例えば昨年、いくつかの報道機関が算定した内容は、当社の全優先株が普通株に転換された場合、転換前後で双方の価値は同等であるというものでした。彼らの論理によれば、ソロモンの普通株が二二・八〇ドルで売られている場合、三八ドルの普通株に転換可能なソロモンの優先株が有する価値は、額面の六〇％になります。しかし、この理論には小さな欠陥があります。この理論に従うと、転換選択権のみが転換優先株の有する価値であり、ソロモンの非転換優先株はクーポンや買い戻し期間がどうであれ、無価値であるという結論になるからです。

ここで重要なことは、転換優先株の価値のほとんどは、確定利付きであるという点に集約されるということです。つまり、転換優先株の価値は、転換選択権がついている分、同銘柄の非転換優先株以上にはなっても、以下にはなり得ないということなのです。

バークシャーは一九八七年から九一年の期間、非公式に五銘柄の転換優先株を購入しました。そろそろ状況を論ずるべき時かと思います。

これらすべてのケースでは、確定利付き証券とするか、あるいは普通株への転換の権利を取るかについての選択権が与えられました。当初、私たちが得ていた利益は、主として定率配当によるものでした。私たちが転換しなければならないオプションはおまけにすぎなかったのです。

三億ドルを投じて非公式に購入したアメリカン・エキスプレスの「パークス」は普通株に部分修正を加えたもので、定率配当が発行価格に与える影響はごくわずかでした。購入から三年後、パークスは自動的に普通株に転換されました。私たちが購入したそれ以外の転換優先株は、株主が望んだ場合にのみ転換される条件になっており、この点は決定的な違いでした。

これらの転換優先株を購入したとき、それによって得られる税引き後の収益が中期の確定利付き証券を購入した場合と比較して「ほどほどに」上回ることを期待していると、私はみなさんに申し上げました。私たちはこの期待をはるかにしのぐことができました――ただし、たった一銘柄のパフォーマンスによるものですが。また私は、これらが「素晴らしい経済状態を見込める企業に投資した場合以上の利益を生むことはない」であろうとも申し上げました。残念ながら、この予言は的中しました。最後にもう一つ、「どのような状況になろうとも、投資額に配当をプラスした金額は、ほぼ間違いなく取り戻せるであろう」とも申しました。今となっては撤回したい言葉です。かつてウィンストン・チャーチルは「誤りを認めて前言をのみ込んでも、それで消化不良になったことはない」と言いました。しかし、私は優先株投資で損をするはずがないと断言したことによって、自業自得の胸焼けを経験したのです。

私たちにとってこれまでの最良の保有銘柄はジレットです。以前も申し上げたとおり、当初からそのビジネスは際立っていました。しかし皮肉なことに、私はジレットでも、その購入に際して大きな誤りを犯しました。そしてそれは、財務諸表上にはけっして表れないタイプの誤りだったのです。

私たちは一九八九年に六億ドルを投じて、四八〇〇万株（株式分割後）の普通株に転換できる選択権の付いたジレットの転換優先株を購入しました。もう一つの投資形態として、ジレットの普通株を六〇〇〇万株購入するという選択肢もありました。当時の同社の普通株売買価格はおよそ一〇・五〇ドルでしたが、大きな制限を伴う大掛かりな非公開買い付けであったことから、最低でも五％の割引で購入できたことでしょう。どちらが良かったとは断言できませんが、バークシャーが普通株を選んでいれば、私たちのみならずジレットの経営陣にとっても幸運だったことでしょう。

しかし私は小利口すぎて、転換優先株のほうを選んでしまいました。それによって二年弱の期間、私たちはいくばくかの特別配当（優先株と普通株の利回りの差額）を受け取りました。時機を得たジレットは、なるべく早期に実現しようと目論んでいた償還請求をその時点で行いました。もし優先転換株ではなく普通株を購入していたなら、一九九五年末には一層良い――六億二五〇〇万ドルから「超過」配当金分七〇〇〇万ドルを差し引いた分だけ現状より高い――投資結果を得られたはずでした。

チャンピオンのケースでは、購入価格の一一五％で優先株を償還するという条件が提示されたため、本来ならばまだ保有していたところですが、昨年の八月に手仕舞いしました。このときは、償還条項行使請求に先駆けて転換を行い、妥当額のディスカウントでチャンピオンに返還しました。

マンガーも私も、これまで一度も製紙業への投資に関して確信的な思いを抱いたことはありません。実際私自身、過去五四年に及ぶ投資生活において、製紙企業の普通株を購入したことは一度もなかったように思います。ですから昨年八月には、保有分を市場を通じて売りに出す、あるいはチャンピオンに返却するという選択肢がありました。保有期間六年で税引き後約一九

％と、チャンピオンのキャピタルゲインは標準的なものでしたが、保有期間を通じて得られたその優先株による税引き後配当は、なかなかのものでした（損害保険会社が配当金として得た税引き後の利回りに関しては、誇張された報道が多くなされました。しかしマスコミは、保険会社にとって受取配当が著しく減少することになる、一九八七年に発効した税法改正を考慮に入れていませんでした）。

私たちが保有するファースト・エンパイアの転換優先株は、一九九六年三月三一日以降に償還が可能なものでした。しっかりした経営がなされている銀行の株主であることに私たちは満足しています。普通株に転換後もファースト・エンパイア株を保有し続けるつもりです。ボブ・ウィルマーCEOは傑出した銀行家であり、彼とかかわり合いを持てるのは光栄なことです。

それ以外の転換優先株二銘柄では、思ったような結果を得ることはできませんでした。確定利付き証券の代替として購入したソロモンの優先株の利回りは、確定利付き証券のそれを上回りましたが、マンガーと私がその投資に注ぎ込んだ莫大な時間を考えると、それがバークシャーにもたらした経済的貢献はわずかなものです。確定利付き証券を先に購入していたがために、齢六〇にしてソロモンの暫定会長という新たな仕事を引き受けることになろうとは、まったくもって予想だにしなかったことなのです。

一九八七年にソロモンの優先株を購入した直後に私は、「投資銀行の収益的将来性に関して、特に確信的な考えを持っているわけではありません」と書面で述べました。どんなに好意的なコメンテーターでも、結局は私の懸念が現実のものとなったとの結論を下すことでしょう。

現在までのところ、選択権を行使して普通株に転換することにメリットがあるかはまだ不透明です。さらに言えば、私がソロモン株を初めて購入して以降、ダウ工業株三〇種平均は二倍になり、仲買業全般も同様の伸びを見せています。つまり、転換権に価値を見いだしたため、ソロモン株を持ち続けることにしたという私の決定は極めてお粗末なものとの烙印を押されることになります。とはいえ、ソロモンの優先株も、厳しい状況の下、確定利付き証券としての利払いを滞りなく履行しています。一般的に見て、九％の配当はかなり魅力的なものです。

もし優先株を転換しないまま保有し続ければ、一九九五年から一九九九年までの毎年一〇月三一日に、発行額の二〇％が分割償還されるという条項があり、私たちも昨年、支払額七億ドルに対して一億四〇〇〇万ドルを受け取りました（これを売却であると伝えた報道機関もありましたが、優先株の償還は「売却」とはいえないのです）。昨年、分割償還を迎えた優先株に関して私たちは転換しない道を選びましたが、あと四回の償還機会を残しており、今後も転換することにメリットを見いだすことはないであろうという思いが強いのです。

ジレットとファースト・エンパイアの普通株（バークシャーが保有していた優先株を転換し

たもの）は、会社の素晴らしい業績と歩調を合わせて大きく値上がりしました。私たちが一九八九年にジレットに投じた六億ドルは、年末には四八億ドルまで値上がりし、一九九一年にファースト・エンパイアに投じた四〇〇〇万ドルは二億三六〇〇万ドルまで値上がりしました。

一方、冴えない二銘柄（USエアーとソロモン）については極めて力強い形で活気を取り戻しました。ソロモンは最近トラベラーズグループと合併し、長い間苦しめられた株主はようやく報いられることとなりました。バークシャーの株主すべてが――極めて個人的なことですが私も含めて――、デリック・モーガンとボブ・デンハムに大いに感謝しています。それは第一に、一九九一年のスキャンダルによって消滅の危機に瀕していたソロモンを救ううえで重要な役割を果たしてくれたこと、そして第二に、トラベラーズにとって魅力的な買収対象となる水準までソロモンの活気を取り戻してくれていたことに対してです。私は常々、信頼と尊敬に値する好ましい経営者とともに働きたいと申し上げてきました。モーガンとデンハムほどこの言葉が当てはまる人物はおりません。

バークシャーのソロモンへの投資が最終的にどのような成果を上げたのかを計算するにはもう少し時間がかかります。しかし、二年前に予想したよりもはるかにましになっていると申し上げても大丈夫でしょう。振り返ってみると、ソロモンでの経験は興味深いもので良い勉強になったと思います。しかし、会長を務めた一九九一年から一九九二年の間は、演劇評論家のようにこんなことを感じていました。「私は芝居を大いに楽しませていただきました。あまり席が良くなかったことを別にすれば。ステージが目の前の席だったのです」

USエアーが息を吹き返したことは奇跡的でした。この投資についての私の動きを見ていた人であれば、成功によって非の打ちどころのない記録がまとめられたことがお分かりになるでしょう。当初この株式の購入にあたって私は過ちを犯していました。そして、その後、保有する株式を額面一ドル当たり五〇セントで売却しようという二度目の過ちを犯しました。

USエアーについては二つの変化があり、これと時を同じくして株価は大きく回復しました。二つの変化とは、①マンガーと私が取締役から降りたこと、②スティーブン・ウォルフがCEOとなったこと──です。私たちにとってありがたいことに、二つ目の出来事が重要でした。USエアーでのスティーブン・ウォルフの業績は驚異的なものでした。

USエアーでなすべきことはまだたくさんありますが、存続はもはや問題ではなくなりました。このため、一九九七年には優先株に配当を行い、私たちを悩ませた支払いの遅延を埋め合わせるだけの追加の支払いを受けることができました。さらに、USエアーの普通株は底値の四ドルから最近の高値である七三ドルまで値上がりしたのです。

私たちが保有していた優先株は三月一五日に買い戻されましたが、株価が上がったことで私たちに転換権が生まれました。少し前まではまったく価値がないと思っていましたが、今や大きな価値が生じています。USエアーの株式が相当の利益を生みだすことは──私がマーロックスに支払ったコストを除けば──、今やまず間違いありません。その利益は不謹慎とさえ見られるほどかもしれません。

次回私が大きな愚かしい判断を下した際、バークシャーの株主のみなさんが何をするべきかお分かりですね。ウォルフに電話してください。

＊　＊　＊　＊　＊　＊　＊　＊　＊　＊

転換優先株に加え、一九九一年にはアメリカン・エキスプレスの「パークス」三億ドルを私募で購入しました。この有価証券は本質的には普通株ですが、最初の三年間は条件付きとなるものでした。その間、私たちは追加の配当を受けますが、売却の際には価格について上限が設けられるというものでした。上限が定められていたにもかかわらず、運と技術を兼ね備えていたみなさんの会長の行動のおかげで、非常に高い利益を上げることができました。運が一一〇％で残りが技術でしたが。

パークスは一九九四年八月に普通株に転換される予定であり、私はその一カ月前から転換の際に売るかどうかを随分と考えていました。アメリカン・エキスプレスを保有していた理由の一つは素晴らしいCEOであるハービー・ゴーラブの存在です。彼は会社が有するあらゆる可能性を最大化してくれるように見えました（それ以降、疑いもなく証明されてきた推測です）。しかし、その可能性の大きさが疑わしいものでした。アメリカン・エキスプレスはVISAを中心とするカード発行会社との容赦ない競争に直面していました。議論を尽くしたうえで、私は売る方向に傾いていました。

ここが私の幸運だったところです。決断を下す月に、私はメーン州プラウツネックでハインツのCEOを務めるフランク・オルソンとゴルフをしました。オルソンは素晴らしい経営者であり、カード事業について深い知識がありました。そこで、第一ホールのティーグラウンドから私はカード業界について彼に尋ねたのです。第二ホールのグリーンにたどり着くまでの間に、オルソンは私にアメリカン・エキスプレスの法人カードが強力な営業基盤を有していることを確信させてくれました。そして、私は売らないことに決めたのです。バックナインに入るころ、心は買いに転じており、数カ月の間にバークシャーはアメリカン・エキスプレスの株式の一〇%を取得していたのです。

今や私たちが保有するアメリカン・エキスプレスの株式は三〇億ドルの利益を生みだしています。当然のことながら、オルソンには大いに感謝しています。しかし私たちの共通の友人であるジョージ・ガレスピーは、私は感謝するべき相手を間違っていると言います。私をオルソンと同じ組に割り当てたのはほかならぬ彼だというのが言い分です。

E．金融派生商品（二〇〇二年、二〇〇五年、二〇〇六年、二〇〇八年）

マンガーも私も金融派生商品とそれを使った取引に関する考えは同じです。こうした商品を扱う当事者と経済システムの両方にとって時限爆弾のようなものだと見ています。

こうした考え方はすでにお話ししましたが、その話題にはあとでまた戻るとして、金融派生商品について説明させてください。ただし説明は一般的なものとなります。金融派生商品という言葉は非常に幅広い金融取引を指すものだからです。これらの商品は本質的に、将来の特定の時点で資金のやり取りが発生し、その金額は金利や株価や通貨の価値など一つ、もしくは複数の参照資産によって決まります。例えば、S&P五〇〇指数先物取引を買い建てている、あるいは売り建てている場合、極めて単純な金融派生商品取引の当事者ということになります――利益や損失は指標の変動から派生しているのです。金融派生商品取引の年限はさまざまであり（時には二〇年以上になることもあります）、その価値は幾つかの変数と連動している場合があります。

金融派生商品の取引に担保の差し入れや保証がなければ、その最終的な価値もまた取引の相手方当事者の信用力によって左右されることとなります。しかしその一方、取引が清算される前に、資金のやり取りが一切発生しないまま相手方当事者が現時点の損益計算書に利益や損失――それは巨額なものとなることもあります――を計上することになります。

金融派生商品取引の範囲は人間（あるいは場合によっては少しイカレた人間）の想像力の及ぶ範囲すべてに渡ります。例えばエンロンの場合、はるか将来に決済される新聞記事や広帯域通信の派生商品が計上されていました。あるいは、二〇二〇年にネブラスカ州で生まれる双子の数を予想する取引を引き受けたいと考えたとします。何も問題はありません。かなりの高値で引き受けてくれる親切な取引相手が簡単に見つかるでしょう。

私たちがゼネラル・リインシュアランス・カンパニーを買った際、金融派生商品を取り扱う会社であるゼネラル・リインシュアランス・セキュリティーも買うことになりました。マンガーも私も望んではいないことでした。あまりにも危険だと判断されたからです。しかし、私たちはその事業の売却に失敗し、今その事業は手仕舞いました。

とはいえ、金融派生商品事業の閉鎖は、言うは易く行うは難いことです。実際のところ、再保険事業と金融派生商品事業は似ています。地獄と同じように、どちらも入ることは簡単なのですが、抜け出すことはほとんど不可能です。どちらの業界も一度取引を引き受けたら――その取引は数十年後に巨額の支払いが必要となるかもしれません――、そこから離れられなくなるのです。事実、リスクをほかの人に押し付ける方法はあります。しかし、この種の戦略はほとんどの場合、残余の債務が残ることになります。

再保険契約と金融派生商品のもう一つの共通点は、どちらも報告利益が大幅に過大評価されることがあるということです。これは事実です。というのも、今日計上する利益というのは推測に基づく部分が非常に大きく、こうした推測の不正確性は長い間露見しないこともあるからです。

通常、誤りは悪意のないもので、取引について楽観的な見方をするという人間の傾向を反映したものにすぎません。しかし金融派生商品の取引当事者には、その会計処理を行う際に不正を促す要因も数多く生じます。通常金融派生商品取引では、時価評価によって計算された「利益」に基づき報酬（一部または全部）が支払われます。しかし、実際の市場が存在せず（双子についての契約を思い浮かべてください）、「モデルに基づく評価」が用いられることも多いのです。

この代用によって大きな弊害が生じる場合があります。一般的な法則として、複数の資産を参照し決済日まで長い期間を有する取引では、取引の相手方が非現実的な想定を用いる機会が増えます。例えば双子のケースでは、両方の契約当事者が、それぞれ長期間にわたって多大な利益がもたらされるような別々のモデルを用いることは十分考えられます。極端な場合では、「モデルに基づく評価」は私が「虚構に基づく評価」と呼んでいるものに成り下がってしまうのです。

もちろん、こうした数字は内部および外部の監査役が精査しますが、それは簡単な作業ではありません。たとえば、ゼネラル・リインシュアランス・セキュリティーは年末時点（事業の縮小を開始してから一〇カ月後）で一万四三八四件の取引を抱え、世界の六七二先の相手方と取引を行っていました。それぞれの取引は一つ、または複数の参照資産から派生し、価値がプラスのものもあればマイナスのものもあり、そのうちのいくつかは信じられないほど複雑なものでした。こうしたポートフォリオを評価するに当たっては、専門家である監査人の見解も幅広くさまざまにたやすく分かれてしまうことがあるでしょう。

評価の問題はアカデミックなものからはかけ離れています。最近、金融派生商品の取引によって大規模な不正行為や不正に近い行為が促されてきました。例えばエネルギー・電力セクターの企業は、金融派生商品とこれを使った取引によって著しくかさ上げされた「利益」を報告していました。その実態は貸借対照表に計上された金融派生商品に関連する債権を実際に現金化しようとした際に明るみに出ることとなりました。そのとき「時価評価」は実のところ「虚構に基づく評価」であることが分かったのです。

これは確信を持って言えることですが、金融派生商品のビジネスにおける価格付けは恣意的にゆがめられていました。必ずと言って良いほど、何百ドルもの報酬を狙っている取引業者か、または目覚ましい「利益」を報告したいと望んでいるCEO（あるいはその両者）にとって有利なものとなっていました。報酬は支払われ、CEOはストックオプションで利益を獲得しました。株主は、ずっとあとになってから、報告された利益が偽物であったことに初めて気づくのです。

金融派生商品のもう一つの問題は、会社が直面する問題をまったく関係のない理由によって悪化させる可能性があるということです。こうした追い打ち効果が生じるのは、多くの金融派生商品取引において、会社が格下げに見舞われた際、取引相手方に担保をすみやかに差し入れるよう求められているためです。ここで考えてみてください。会社は全般的な逆境のなかで格下げされ、金融派生商品について彼らの満たすべき要件が即座に発動し、予想外で巨額の現金担保の差し入れが会社に課されるのです。そして、この要件を満たす必要性から会社の流動性は危うくなり、場合によってはさらなる格下げが引き起こされます。こうしたことすべてが重なり悪循環が生じ、会社が崩壊に追い込まれることもあるのです。

さらに、金融派生商品によって連鎖リスクも生じます。このリスクは、その多くの事業がほかの会社に転嫁される保険業者や再保険業者が引き受けるリスクと同種のものです。どちらの場合でも、多くの取引相手方からの債権が長い期間をかけて積み上がる傾向があります。取引参加者は自分が慎重だと考えているかもしれません。彼らの抱える巨額の信用リスクは分散されており、したがって危険なものではないと信じているのです。しかし特定の環境の下では、外的な事象によって会社Ａからの債権が悪化した場合、会社ＢからＺまでの債権についても悪影響が及ぶことがあるでしょう。危機というものによって、何事もなさそうな時期に想像もしない形で問題の相関が生じる場合があることを私たちは歴史から学びました。

銀行業でＦＲＢ（連邦準備制度理事会）が設立された理由の一つは「連鎖」の問題が認識されたことでした。ＦＲＢ設立以前、脆弱な銀行の破綻によってそれまで健全だった銀行にも突然予想外の流動性需要が生じ、その銀行のほうも破綻してしまうということが起きる場合がありました。今はFRBによって、健全な銀行は脆弱な銀行の問題からは切り離されています。

しかし、保険や金融派生商品によるドミノ倒しを防ぐ役目は中央銀行には割り当てられていません。こうした業界の会社は、基本的には健全であっても、連鎖のはるか先にある会社が苦境に陥ったというだけの理由で問題を抱えることになる場合があるのです。「連鎖反応」の脅威が業界内に存在する場合、あらゆる連鎖を最小化しておくことは無駄ではありません。そのために私たちは再保険事業を行っているのです。また、これは私たちが金融派生商品の取引を行わない理由の一つになっています。

多くの人々が、金融派生商品取引によって金融システム全体に及ぶ問題が軽減されると言います。こうした人々が指摘するのは、特定のリスクに耐えられない取引参加者が財務的により健全性の高い参加者にリスクを移転することができるという点です。こうした人々は、金融派生商品によって経済は安定し、取引が促され、個人の取引参加者にとっての障害が取り除かれると信じています。そして、ミクロのレベルでは彼らの言っていることは真実である場合も多いのです。確かに、私はバークシャーで特定の投資戦略を効果的なものとするために大規模な金融派生商品取引を行うことがあります。

そうは言っても、マンガーも私も現在のマクロ環境は危険なものであり、その傾向は強まっていると考えています。特に信用リスクなどのリスクが大きくなると、比較的少数の金融派生商品取り扱い業者に集中してきます。さらにこのような業者は互いに大々的に取引を行います。一つの業者が問題を抱えれば、それはほかの業者に急速に影響を及ぼします。そのうえに、こうした業者は、業者以外の取引相手からも多額のリスクを引き受けているのです。すでにお話ししたように、こうした取引相手の一部には連鎖反応が生じ、一つの出来事（通信業界における障害や商業電力事業の価値の急激な低下）のために同時に問題に直面することになるのです。連鎖が突如として表面化した場合は、システム全体におよぶ深刻な問題をもたらすことがあるのです。

事実、一九九八年に借り入れや金融派生商品取引を大規模に行っていた一つのヘッジファンドであるロング・ターム・キャピタル・マネジメント（ＬＴＣＭ）についてＦＲＢは大いに懸念し、急きょ救済策を実施することとなりました。後の議会証言のなかでＦＲＢの高官は、もし介入を行わなければ、ＬＴＣＭ（一般大衆にはあまり知られることのない従業員数百人の会社でした）の突出した取引によって、アメリカ市場の安定性に深刻な脅威がもたらされていただろうと語りました。言い換えれば、ＦＲＢが行動を起こしたのは、ＬＴＣＭによるドミノ倒しが起こった場合にほかの金融機関に生じる影響をＦＲＢの幹部たちが懸念したためだったのです。そしてこうした事態は、債券市場の多くを数週間にわたり麻痺させたにもかかわらず、最悪のシナリオからも程遠いものでした。

ＬＴＣＭが利用していた金融派生商品の一つはトータル・リターン・スワップでした。これは、株式などさまざまな市場において一〇〇％のレバレッジを利用する取引です。たとえば、取引の当事者Ａ（通常は銀行です）は株式の購入に必要な資産をすべて拠出し、当事者Ｂは資金の拠出を一切せずに、将来のある時点で銀行が実現した利益を受け取るか、損失を支払うことに合意するというものです。

この種のトータル・リターン・スワップは取引証拠金制度を無意味なものにしてしまいます。そのうえ、ほかの種類の金融派生商品によって、規制当局がレバレッジを抑制し、銀行、保険会社およびそのほかの金融機関のリスク特性を全般的に把握する能力は著しく低下してしまいます。同様に、経験豊富な投資家やアナリストでも、金融派生商品取引を大規模に利用している会社の財務状況を分析する際には問題に直面するでしょう。マンガーも私も、大手の銀行の金融派生商品取引について詳しく書かれた脚注を読み終えたあとで理解できるのは、私たちはこの金融機関がどの程度のリスクを抱えているのかは分からないということだけなのです。

金融派生商品という悪霊はもはやだれにも止められないほどの猛威を振るっており、何らかの事態によってその有害性が明らかにならないかぎり、種類も数も増えていくことはほぼ間違いありません。金融派生商品がいかに危険であるかは電気・ガス事業ですでによく知れ渡っています。これらの業界では、大きな問題が発生したことによって金融派生商品の利用は著しく減少しました。しかし、ほかの業界では金融派生商品による事業が歯止めも利かずに広がり続けています。中央銀行と政府はこれまでのところ金融派生商品の取引によってもたらされるリスクの効果的な管理手法はもちろん、監視する手段すら見つけだしてはいないのです。

私たちのオーナー、債権者、保険契約者、そして従業員のために、バークシャーは要塞のような財務の健全性を保つべきだとマンガーも私も考えています。私たちはあらゆる種類の巨大災害のリスクに注意を怠らないよう努めています。こうした姿勢から、私たちは長期の金融派生商品取引が急激に増えていることや、それとともに増加している巨額の無担保債権について心配しすぎているのかもしれません。けれども、金融派生商品は金融大量破壊兵器であり、今はまだ表に現れていないものの、壊滅的な被害をもたらす恐れのある危険性を抱えているのだと私たちは考えています。

はるか昔、マーク・トウェインは次のように語りました。「猫のしっぽを持って家に連れ帰ろうとする人は、ほかの方法では学びえない教訓が得られるでしょう」。マーク・トウェインが現代にいるのなら、金融派生商品事業からは撤退しようとするでしょう。そして、彼は数日後に猫のほうを選んでいることでしょう。

私たちは昨年、ゼネラル・リインシュアランスを金融派生商品事業から撤退させようという試みを続けたことによって、税引き前で一億四〇〇万ドルを失いました。この取り組みを始めてからの累積損失額は合計で四億四〇〇万ドルに上ります。当初、私たちは二万三二一八件の取引を抱えていましたが、二〇〇五年の初めには二八九〇件まで減少していました。私たちの損失はこれで食い止められていたと思うかもしれませんが、出血は続いていました。昨年、取引を七四一件まで減らすために、先ほどお話ししたとおり一億四〇〇万ドルを費やしたのです。一九九〇年にこの部門が設立されたのは、ゼネラル・リインシュアランスが保険顧客のニーズを満たしたいと考えたためでした。

とはいえ、私たちが二〇〇五年に清算した取引の一つは取引期間が一〇〇年間だったのです！　このような取引がどのような「ニーズ」を満たしているのか想像もつきません。一つ考えられるとすれば、恐らく報酬を意識する取引業者からの、長期取引の実績を残したいというニーズでしょう。長期の取引、または複数の変数に基づく取引は時価評価（金融商品の会計に用いられる最も標準的な手続き）が最も難しく、取引業者が価値を試算する際に「想像力」を働かせる機会が最も多いのです。

取引業者がこうした商品を勧めるのはそれほど不思議なことではありません。想定される数字から巨額の報酬がもたらされる事業は、明らかに危険で満ちあふれているのです。二つの取引業者の間で取引が行われるとします。この取引には幾つかの変数があり、時には難解なもので、また決済日ははるか先に設けられています。その後、それぞれの取引業者は利益を計算する際に、これらの取引について評価を行わなくてはなりません。この取引について、会社Aはある価格で評価し、会社Ｂは別の価格で評価する可能性があります。この評価額の違い――そして、そのうちの幾つかは非常に大きなものとなることを私は個人的によく知っています――は、それぞれの会社の利益を高める方向に傾きがちになることは間違いありません。当事者の二社が、それぞれ利益が上がると即座に報告できるような帳簿上の取引を行いうる奇妙な世界なのです。

私が金融派生商品についての経験を長々と申し上げたのは二つの理由からです。一つは個人的で不愉快な理由です。確たる事実は、私が直ちにゼネラル・リインシュアランスの金融派生商品取引事業からの撤退に向けて動き出さなかったために、みなさんに多大なお金を費やさせてしまったということです。それが問題であることはマンガーも私もゼネラル・リインシュアランスを買ったときに分かっていました。そして、私たちはこの事業から撤退するよう経営者には伝えていたのです。撤退を確かめるのは私の責任でした。しかし、私は状況に真正面から立ち向かうことなく、数年を過ごすなかで事業を売却しようと考えていました。これは不毛な努力でした。私たちが数十年間も存在し続ける負債の迷路から抜け出す現実的な解決策などなかったからです。

私たちの抱えていた債務は特に厄介でした。どこまで拡大するのか測定することができないものだったからです。さらに、深刻な問題が生じれば金融市場のほかの部分の問題と関連が生じる可能性が高いことは分かっていました。そのため、面倒を起こさずに撤退しようという私の企ては失敗に終わり、その間、取引は増えていくこととなりました。どうか優柔不断な私を責めてください（マンガーは親指しゃぶりだと言っています）。問題が起きたのなら、それが個人的なものであれ事業上のことであれ、行動を起こすのは今なのです。

この分野で私たちが直面した問題について繰り返しお話ししている第二の理由は、私たちの経験が経営者、監査役、規制当局のみなさんにとって役立つことを分かっていただきたいという願いです。ある意味、私たちは金融派生商品事業という炭鉱のなかのカナリアのようなもので、息を引き取るなかで警告の歌を歌わなくてはならないのです。世界の金融派生商品取引は件数も金額も急激に増加し続けており、今や前回の金融危機が発生した一九九八年から倍増しています。潔く撤退した私たちのケースは平均よりはマシなので、みなさんの参考になると思います。

さらに、私たちはこの件に関与しただれもが何も悪いことをしていないのを知っています。これは今後のほかの人たちにとっては別の話になるかもしれません。私たちが清算しようとしたものの何倍ものポジションを抱える一つまたは複数の会社（問題はしばしば拡大しています）が、極度の、広く報道されているような圧力にさらされながら清算することを想像してみてください。これは事実が起きたあとにではなく、今大いに注目すべき筋書きです。ニューオーリンズの堤防の信頼性については、ハリケーン・カトリーナの前に考慮すべき――そして改良を図るべき――だったのです。私たちがゼネラル・リインシュアランス・セキュリティーを最終的に清算したときの、別れにあたっての私の心境はこのカントリーソングで歌われたものと同じでしょう。「妻が私の親友と駆け落ちしちまった。彼がいなくなってしまったのがとても寂しい」（二〇〇六年の手紙ではゼネラル・リインシュアランスの金融派生取引事業が最終的には閉鎖されたことが示唆されている）。

私たちはさまざまな種類の金融派生商品の取引を行いました。これは、金融派生商品の利用が著しく拡大すれば金融システム全体におよぶ問題がもたらされる可能性があることを考えると奇妙に映るかもしれません。なぜ私たちがこれほど有害な商品をいじくりまわしているのか不思議に感じるでしょう。

その答えは、金融派生商品が株や債券と同様に著しく誤った価格が付けられていることがあるからです。そのため、私たちは長年にわたり金融派生商品を選別しながら引き受けてきました。件数は少ないですが、金額は時として大きくなる場合もあります。現在は六二件を取引しています。これは私が自ら管理しており、取引相手方の信用リスクはありません。これまでのところ、これらの金融派生商品取引は私たちにとって十分役に立っており、何億ドルもの税引き前利益を生みだしています。時には損失が生じることもあるかもしれませんが、私たちは誤った値付けが行われている金融派生商品から――全体としては――、引き続き大きな利益が得られると見込んでいます。

金融派生商品は危険なものです。これによって金融システムのレバレッジとリスクは劇的に増加しました。投資家が金融派生商品を理解するのはほとんど不可能ですし、大手の商業銀行や投資銀行でも分析は困難です。連邦抵当金庫（ファニーメイ）や連邦貸付抵当公社（フレディーマック）は金融派生商品を利用して長年にわたり虚偽の利益を報告することが可能でした。フレディーマックとファニーメイについて不可解なのは、連邦の規制当局である連邦住宅公社監督局（ＯＦＨＥＯ）が会計上のごまかしを完全に見逃していたことです。ＯＦＨＥＯには職員が一〇〇人以上いますが、二つの機関の監督以外は仕事がないのです。

事実、最近の事件からは、大手金融機関のある有名なＣＥＯ（もしくは元ＣＥＯ）には、巨額で会計処理の複雑な金融派生商品の事業を管理する能力が単になかっただけだということが実証されています。マンガーも私もこの不幸なグループに含まれています。バークシャーが一九九八年にゼネラル・リインシュアランスを買った際、私たちは八八四社の取引相手（その多くは私が聞いたこともない取引先です）と結んだ二万三二一八件もの取引に関する会計処理について到底理解できないことが分かりました。そこで、私たちは事業から撤退することを決めました。私たちが撤退する時期には特に圧力もなく、市場環境は良好ななかで処理を進めましたが、作業の大半が片付くまでには五年を費やし、四億ドルを超える損失が発生しました。この作業を終える際の事業に対する私たちの心境はカントリーソングの一節に現れています。「あなたのことをこんなによく知るまでは、あなたのことがもっと好きだった」

「透明性」を高めること――これは将来の大惨事を避けるために政治家や評論家、金融規制当局が好んで用いる改善策です――では、金融派生商品によってもたらされた問題は解決されません。私の知るかぎり、巨大で複雑な金融派生商品ポートフォリオのリスクの記述や測定の実現ができそうな報告制度はありません。監査役は金融派生商品取引について監査することはできませんし、規制当局が規制することもできません。

規制の有効性についての事例研究として、フレディーマックとファニーメイの例を詳しく見ていきましょう。この巨大な機関は議会によって設立され、議会が管轄権を保持し、何をすべきか、あるいはしてはならないのかを指示していました。監督を補助するため、議会は一九九二年にＯＦＨＥＯを設立しました。ＯＦＨＥＯは二つの巨大機関が自律的に活動することを徹底するよう勧告を行う役割を担っていました。この動きによって、ファニーメイとフレディーマックは業務に必要な人員の面で、私の知るかぎり最も厳しい規制を受ける会社となりました。

二〇〇三年六月一五日、ＯＦＨＥＯは二〇〇二年の年次報告書（ＯＦＨＥＯの年次報告書はインターネットで閲覧できます）を議会に提出しました。具体的には上院と下院の四名の議員に対してであり、なかでもほかならぬサーベンス議員とオクスリー議員に対して提出されたのです。報告書は一二七ページに及び、表紙にはこのような自己満足の言葉が記してありました。「一〇年間の優れた功績を祝して」。送付状と報告書が届けられたのは、フレディーマックのCEOとCFO（最高財務責任者）が恥をさらして辞任し、COO（最高執行責任者）が解任された九日後のことでした。彼らが去って行ったことについて報告書では何も述べられていませんでしたが、報告書はいつもどおりの次の言葉で締めくくられていました。「両機関は財務的に健全であり、管理が行き届いている」。

事実、両方の機関ではしばしば大掛かりな会計上のごまかしが行われていました。最終的に、OFHEOは二〇〇六年、ファニーメイの悪事に関して三四〇ページにわたる手厳しい内容の詳細な記録を発表しました。この報告書ではあらゆる当事者の失敗について多かれ少なかれ批判されていましたが――考えてもみてください――、その当事者とは議会とOFHEOなのです。

ベア・スターンズの破綻によって金融派生商品取引に内包される取引相手方の問題が浮き彫りになりました。これは二〇〇二年のバークシャーの報告書で私が最初に申し上げた時限爆弾という問題です（先に抜粋）。二〇〇八年四月三日、当時ニューヨーク連銀の有能な総裁であったティム・ガイトナーは救済の必要性を次のように説明しました。「ベア・スターンズのデリバティブ取引相手によって、彼らが金融リスクから保全を図るために構築した大切な金融ポジションがもはや無効になっていることが突然明るみに出されました。このことによって市場では大きな混乱が引き起こされる可能性がありました。このことによって、ベア・スターンズの取引相手がそのポジションに対して保持していた担保を清算し、すでに極めて不安定となっていた市場でそのポジションを再構築しようと殺到することが予想されました」。FRB式の言い回しをすればこうなります。「われわれは規模が予想不能である金融連鎖反応を防ぐために介入を実施しました」。私はFRBがこのような行動をとったことは正しかったと思います。

通常の株式や債券の取引は数日間で取引が完了し、一方が現金を、もう一方が証券を手にすることになります。したがって取引相手のリスクはすみやかに解消され、信用上の問題が積み重なることはないということを意味します。このように決済が速やかに行われることは市場の完全性を維持するうえで重要です。事実、こうした理由からNYSE（ニューヨーク証券取引所）とナスダック（NASDAQ）は一九九五年に決済期間を五日から三日に短縮しました。

対照的に、金融派生商品取引は何年あるいは何十年も決済が行われず、取引の当事者にはお互いに巨額の債権が積み上がります。「書類上の」資産と負債は――定量化が困難な場合も多く――、財務諸表のなかで重要性が高まっているものの、長年にわたって検証されません。さらに、相互依存という恐るべき波は巨大金融機関の間で高まります。何十億もの受取債権と支払債権が少数の大手取引業者に集中するようになり、彼らはほかの方法でも同様にレバレッジを高める傾向が見られます。問題を避けようとする市場参加者は、性病を避けようとする人々と同じ問題に直面することになります。あなたがだれと一夜をともにしたかだけではなく、彼らがだれと寝ているかが問題になるのです。

たとえ話を続けるなら、多くの異性と関係を持つことは大手の金融派生商品取引業者にとって実際に役立つかもしれません。それによって問題が生じた場合の政府の支援が確実なものとなるからです。言葉を換えれば、国家が必ず懸念を抱くのは、近隣すべてにまで悪影響を及ぼし得る会社――私はここで名前を挙げることはしませんが――の場合だけだということです(哀しいことですが結果を見ればこのように述べるのが適切でしょう)。この腹立たしい現実から、レバレッジを高め巨額で理解しがたい金融派生商品取引を駆使する野心的なCEOにとっての会社が生き残るための第一法則が導かれます――必要なのはほどほどの失態ではなく、とてつもない大失敗なのだ。

F．外国為替と株式(二〇〇三年、二〇〇四年、二〇〇五年)

私たちは二〇〇二年に外国為替取引を行いました。これは私の人生で初めてのことです。そしてドルについて徐々に悲観的になってきたことから、二〇〇三年にはポジションを拡大しました。預言者の墓場は、マクロ経済の予想家のために広く場所が開けてあることを述べておかなくてはならないでしょう。事実、バークシャーではマクロ経済の予想をほとんどしませんでしたし、ほかの人々の予想が継続して当たっているのもめったに見かけません。

バークシャーの純資産のほとんどは米国の資産に投資していますし、これからも引き続きそうするでしょう。しかし最近、世界のほかの国々は、アメリカの貿易赤字による巨額債務やアメリカの所有権を無理やりのまされています。一時、これらの資産を求める海外勢の意欲は強く、供給は容易に吸収されていました。しかし二〇〇二年の終わりごろ、世界はこうした食活にノドを詰まらせるようになり、ドルの価値は主要通貨に対して下がり始めました。それでも一般的な為替相場からすれば、アメリカの貿易赤字が大きく減少することはないでしょう。したがって、海外の投資家が好むと好まざるとにかかわらず、彼らの手元はドルであふれかえることになります。その結果はだれにも分かりません。しかし、それらは厄介な事態に陥る可能性があり、そして事実、通貨市場が扱える範囲をはるかに超えてしまったのです。

一人のアメリカ人として、私はこの問題が穏やかに決着することを望みます。恐らく、私の鳴らした警鐘は不必要なものだと分かるでしょう。悲観論者はわが国の活力と回復力の前で何度も物笑いの種になってきました。しかし、バークシャーでは何十億もの現金に準ずる資産をドル建てで保有しています。したがって、私は少なくともそのポジションを一部相殺するような外国為替取引を結ぶことでずっと気分が落ち着くのです。

バークシャーは年末時点で約二一四億ドルの外国為替取引を結んでおり、これらは一二の通貨にわたっています。以前の手紙で述べていますが、こうした取引を結ぶことは私たちにとって変化であることは明らかです。二〇〇二年三月以前は、バークシャーも私個人も通貨の取引を行ったことはまったくありませんでした。しかし、わが国の貿易政策によって今後数年間にわたりドルには絶え間なく圧力がかかることがはっきりしてきました。このため、二〇〇二年以降は投資方針を定める際にその警告を気に掛けることにしたのです（コメディアンのW・C・フィールドは、かつて施しを求められた際にこう言ったそうです。「申し訳ないが、僕のお金は全部通貨に投資しているんだ」）。

ここで一つはっきりさせておきましょう。通貨についての私たちの考え方は、アメリカへの疑いに基づくものではまったくありません。私たちが暮らしている国は非常に豊かで、市場経済、法の支配および機会均等を尊重する体制から生まれたものです。わが国の経済は世界でも飛びぬけて好調であり、その状態は続いていくでしょう。私たちはこの国に住むことができて幸運です。

しかし、わが国の貿易慣行はドルを弱めるものとなっています。ドルの価値はすでに著しく下がっており、それでもなお下がり続けるように見受けられます。政策を変更しないかぎり、通貨市場は混乱に陥り、政治的にも金融的にも悪影響が波及する可能性があります。こうした問題が現実のものとなるかどうかはだれにも分かりません。とはいえ、こうしたシナリオはまったくあり得ないものではなく、政策当局者は今こそこの問題を検討すべきなのです。しかし、彼らはあまりたちの良くない無視を決め込む傾向があります。二〇〇〇年一一月に、持続的な貿易赤字がもたらす結果について三一八ページに及ぶ議会の調査報告書が発表されていますが、その後はずっと無視されています。この研究報告は、貿易赤字が一九九九年に警戒水準である二六三〇億ドルに達したことを受けて指示されたものでした。昨年までに財政赤字は六一八〇億ドルまで拡大しています。

マンガーも私も、これはもっと強調されるべきであると考えており、そして本当の貿易というものは――それはすなわちほかの国との商品やサービスの交換です――、私たちにとっても彼らにとっても極めて有益なものだと信じています。昨年の真の貿易は一兆一五〇〇億ドルで、これより増えるのであればより好ましいものでしょう。しかし、すでに指摘したとおり、わが国は世界のほかの国々からさらに六一八〇億ドルの商品やサービスを購入しています。これは一方的なものです。この数字は驚くべきもので、重要な結果をもたらすものです。

この一方通行の見せかけの貿易に均衡をもたらすための項目――経済学では必ず埋め合わせがなされるものです――というのが、アメリカからほかの国々への富の移転です。この移転を実現させるために、民間または政府の機関が外国人向けに借用書（ＩＯＵ）を発行するという形や、株や不動産などの資産についての所有権を引き継ぐという方法がとられます。いずれの場合でも、アメリカ人が保有するわが国の富は減少し、アメリカ人以外の人々の保有する部分が増えることになります。アメリカの富が世界のほかの国々に無理やり送られる作業は今や毎日一八億ドルという規模で進行しており、昨年みなさんに手紙を書いてから二〇%も増加しています。このため、ほかの国々やその国民は今やアメリカの正味約三兆ドルを保有していることになります。こうした所有権は一〇年前には取るに足らないものでした。

兆という数字を持ち出されてしまうと、脳の活動はほとんど麻痺してしまいます。さらに混乱を引き起こす要因としては、経常収支の赤字（三つの項目の合計であり、なかでも圧倒的に重要なのが貿易赤字です）と国家財政の赤字がしばしば「双子」としてひとくくりにされてしまうことです。これらはけっして双子などではありません。別々の原因で生じ、別々の結果がもたらされるものなのです。

国家予算の赤字によってアメリカ国民の取り分となる国家の分け前が減ることはありません。ほかの国々とその国民がアメリカについて正味の所有権を有することがないかぎり、どのような財政シナリオの下でもわが国の生産高の一〇〇%がアメリカ国民のものとなるのです。これはたとえ国家予算に巨額の赤字が含まれたとしても同じです。

モノが有り余っている裕福な「家族」として、アメリカの国民は議会を通じて、政府がどのように国家の生産物を再配分するのか議論することになるでしょう。すなわち、だれが税金を納め、だれが政府からの給付を受けるのか、ということです。以前公約していた「給付金」について再検討する必要が生じれば、「家族の構成員」は自分たちのなかでだれがその痛みを負うのか腹立たしげに話し合うことになるでしょう。恐らく税金は上がるでしょう。公約は修正されるかもしれません。内国債が増発されるかもしれません。ですが、その争いが終われば、分割されることになるとはいえ、家族のための巨大なパイはすべてその構成員で取ることができるのです。一切れたりとも海外には送られません。

慢性的な巨額の経常赤字によってもたらされるのはまったく違う結末です。時間がたつにつれ、私たちに対する債権が増えるにつれて、私たちが生産するもののうち私たち自身のものとなる部分は減ってきます。事実、アメリカ以外の国々ではアメリカの生産物に対する使用料がますます増えています。ここでの私たちは常に所得を使いすぎている家族のようなものです。この家族は時間がたつにつれ、自分たち自身のために働くというよりも、融資元の「金融会社」のために働いているという色合いがますます強まっていることに気づくのです。

現在の経常赤字水準が続いた場合、ほかの国々とその国民がアメリカを保有する正味の割合はこの先一〇年間でおよそ一一兆ドルにも達するでしょう。そして、海外投資家が正味保有額についてわずか五％の利益しか獲得できないとしても、私たちはその時点で外国人が保有しているアメリカへの投資を返済するだけのために毎年正味で五五〇〇億ドルの商品やサービスを海外に送る必要があるのです。一〇年後のその時点において、わが国のGDP（国内総生産）

総額は恐らく約一八兆ドルに達しているでしょう（インフレ率は低いと想定していますが、とても確証は持てません）。したがって、私たちのアメリカの「家族」はそのときほかの国々に対して、過去好き放題にさせてもらった代償として年間生産量の三％を貢ぎ物として捧げることになっているでしょう。この例では財政赤字の場合とは異なり、息子たちが自分の父親たちの犯した罪を贖うため実際に支払いを行うことになります。

世界に支払うこの年間使用料は――これはアメリカの消費が大幅に減退し、持続的な巨額の貿易黒字とならないかぎり解消されることはないでしょう――、アメリカに大きな政治不安をもたらすことは疑いもありません。アメリカの国民の暮らしは依然として非常に豊かなものでしょうし、経済の拡大によって今よりも良くなることは確実でしょう。とはいえ、海外の債権者やオーナーに対して永遠に貢ぎ物を差し出さなくてはならないと考えるとイラ立つはずです。そして現在「オーナー社会」を目指している国家では幸福になることはできないでしょう。そしてここでは強調のため大げさな表現を使います――「小作人社会」だと。しかし、これこそまさにわが国の貿易政策が私たちを連れて行こうとしているところであり、共和党も民主党もこぞって支持している政策なのです。

アメリカの多くの重要な財務指標は、政府の内外を問わず、わが国の経常収支の赤字は長くは続かないことを示しています。たとえば、二〇〇四年六月二九日から三〇日にかけて実施されたＦＯＭＣ（連邦公開市場委員会）の議事録では次のように述べられています。「極めて巨大な対外赤字を無期限に保持することはできないと事務局は述べている」。しかし、著名人たちは耐えず懸念を抱いているにもかかわらず、急激に拡大する不均衡を抑制するための具体的な提言は何一つしていません。

今から一六カ月前、私は次のように警告しました。「米ドルが少しずつ下落しても何も解決されないだろう」。そして、これまでのところは何も解決されていません。政策当局者は引き続き「軟着陸」を望んでいます。また、ほかの国々に対し経済を刺激する（「インフレにする」と読みます）よう要請する一方、アメリカ国民には一層の貯蓄を求めています。私の見解では、これらの助言は的外れなものです。貿易政策が大幅に変更されるか、あるいは金融市場が不安定になるほどまでドル安が進行しないかぎり、根深い構造的問題が存在し、アメリカは引き続き巨大な経常赤字を抱えることとなるでしょう。

貿易の現状を支持する人々はアダム・スミスの引用がお好きなようです。「家族の行為として賢明なことが、巨大な王国で愚かな行いになることはまれである。海外のある国が、私たちが作るよりも安い値段で商品を提供できるのであれば、彼らからそれを購入するほうがよく、わが国の産業のほうが優位性のあるものについては国内で生産すればよい」

この考えに私は賛成です。しかし、スミスの意見は商品と商品の貿易について言っているのであり、わが国が年間六〇〇〇億ドルもやっているような商品と富の交換ではないことには注意が必要です。さらに、スミスの言う「賢明さ」のなかには、彼の「家族」が過剰な消費を賄うために毎日農場の一部を売り払っていたことなどけっして含まれていなかったと私は確信しています。しかし、それはまさにアメリカ合衆国という「巨大な王国」がやっていることなのです。

アメリカが六〇〇〇億ドルの経常黒字であったなら、世界中の評論家がわが国の政策を猛烈に非難し、極端な形の「重商主義」だとみなすでしょう。重商主義とは長い間信頼できないものとされてきた経済政策であり、そこでは各国が輸出を促進し、輸入を抑制するなかで国庫を積み上げるというものです。私もこうした政策については非難します。しかし実際には、意図的ではないとしても、世界のほかの国々はアメリカに対しては重商主義を実行しています。わが国が広大な資産市場を持ち、信用履歴にまったく傷が付いていないことから、こうした行為に及ぶことができるのです。事実世界では、自分たちの国の通貨建てのクレジットカードを採用しているかぎり、ほかの国がその国の通貨建てのクレジットカードを使用することをけっして認めないでしょう。現在、ほとんどの海外投資家は楽観的です。彼らは私たちを浪費中毒者と見ているかもしれませんが、金持ちの中毒者であることも知っているのです。

しかし、私たちの浪費も際限なく認められることはないでしょう。また、いつどのようにして貿易問題が解決されるのかを正確に予想することはできませんが、その解決策によって貿易相手国の通貨に対する私たちの通貨の上昇が促される可能性は低いでしょう。

私たちは、経常収支の赤字を速やかに、かつ大幅に削減する政策をアメリカが採用することを望んでいます。実際のところ、速やかに解決されればバークシャーは外国為替取引について損失を計上する可能性が高まるでしょう。しかし、バークシャーの経営資源は依然ドル建ての資産に著しく集中しており、ドル高と低インフレの環境は私たちにとって大きな利益となるのです。

ジョン・メイナード・ケインズは優れた著書である『雇用・利子および貨幣の一般理論』のなかで次のように述べています。「世俗的な知恵から学ぶことは、慣例を破って成功するよりも慣例にしたがって失敗したほうが評判は良いということだ」（あるいはもっと野卑な言い方をすれば、レミング［タビネズミ］の集団はバカにしても構いませんが、個々のレミングを批判するなということです）。評判という観点からすれば、マンガーも私も外国為替の取引については明らかにリスクを抱えています。しかし、私たちはあたかも自身がバークシャーを一〇〇％保有しているかのごとく管理することが良いと信じています。そして、それが当てはまるのであれば、私たちはドルだけに投資するという方針に従わないでしょう。

株式や債券の長期ポジションを抱えているとき、年々の価値の変化は財務諸表に反映されますが、資産を売却しないかぎり利益に反映されることはまれです。例えば、私たちが保有して

いるコカ・コーラの価値は、当初一〇億ドルだったものが一九九八年末には一三四億ドルまで上がり、それ以降は八一億ドルまで下がりました。この動きはバークシャーの損益計算書にまったく影響を及ぼしていません。ですが、長期の通貨のポジションについては日々値洗いが行われ、各決算期の利益に影響が生じます。

私たちが最初に通貨取引を締結して以来、二〇億ドルの利益が出ています。私たちは、二〇〇五年に通貨の直接ポジションを一部手仕舞いました。しかしこの取引をさまざまな企業の外貨建ての株式を買うことで部分的に相殺しました。こうした企業は世界のさまざまな国で利益を上げています。マンガーも私もこうした方法でドル以外のエクスポージャーをとることを好んでいます。その主な理由は金利の違いです。アメリカの金利は世界のほかの国々よりも上がっており、現在大部分の外貨は保有することで大幅なマイナスの「キャリー（金利差による収支）」が生じます。

対照的に、外国株式を保有すれば、長期的にはプラスのキャリーが生じます。恐らく、このプラスのキャリーは非常に大幅なものとなるでしょう。アメリカの経常収支の赤字に影響を与える根本的な要因は引き続き悪化しており、弱まる兆しは見えません。わが国の貿易赤字――経常収支のなかで最も大きな割合を占め、最もよく知られている項目――は二〇〇五年に過去最高を記録しましたが、それればかりではなく、二番目に大きな項目――投資所得収支――もまもなく赤字に転ずる可能性があるとみられています。外国人によるアメリカの資産の保有（またはアメリカに対する債権）が、アメリカ人の海外投資と比較して増えるにつれて、これらの投資による利益は私たちがアメリカの資産への投資によって獲得する利益を上回るようになり始めるでしょう。

最後に、経常収支の三つ目の項目である移転収支は常に赤字です。強調されるべき点ですが、アメリカは極めて豊かな国で、今後ますます豊かになっていくでしょう。その結果、経常収支の大幅な不均衡はアメリカの経済や市場に目に見えるような悪影響が生じることのないまま長い間続くことになるかもしれません。しかし、状況が何も害をもたらさないまま永遠に続くかどうかは疑わしいと感じています。アメリカ人は自らが選んだ方法で直ちにその問題に取り組むか、あるいはどこかの時点で渋々その問題に取り組まざるを得なくなるでしょう。

G．持ち家政策——実践と方針（二〇一一年、二〇〇八年）

みなさんよくご存じのとおり、アメリカは持ち家と抵当貸付の政策について道を踏み外してしまいました。この過ちのために、わが国の経済は今や大きな代償を支払うこととなっています。私たちすべてが破壊的な行為に加担しました。政府、貸し手、借り手、メディア、格付け機関など、ありとあらゆるすべてです。こうした愚かな行いの根底にあったのは、長い目で見れば間違いなく住宅の価値は高まるのであり、多少の落ち込みは取るに足らないものだというほとんどすべての人々が信じ込んでいた考え方でした。この前提が受け入れられていたため、住宅の取引についてはほぼどんな価格や慣行でも正しいものとされました。住宅保有者は至る所で豊かになったように感じ、住宅ローンの借り換えによって住宅価格の上昇分を「資金化」しようと殺到しました。このように多額の現金が生みだされたことで、経済全体を通じて消費は熱狂的に加熱することとなりました。こうした動きはすべて、それが続いていたうちは楽しいものに見えました（あまり目立つことのない事実があります。抵当権が実行され多くの人々が住宅を「失った」のですが、こうした人々に実際は利益が生じていました。早めに借り換えを行い、費用を上回る現金を手にすることができたからです。このような場合、立ち退きを命じられた住宅の所有者は勝者であり、貸し手は敗者だったのです）。

ここで、クレイトン・ホームズの住宅ローン事業について少し長めにお話ししておきたいと思います。クレイトンが最近経験した出来事は、住宅と住宅ローンに関する公共政策の議論にあたって役に立つかもしれないからです。

クレイトンは組立住宅業界では最大手の会社で、昨年は二万七四九九戸の住宅を販売しました。これは業界全体の八万一八八九戸の約三四％を占めています。この割合は二〇〇九年には高まるでしょう。その理由の一つは、この業界のほかの大部分の業況が著しく悪化しているからです。業界全体として見ると、販売戸数は一九九八年に三七万二八四三戸で過去最高を記録してから徐々に減っています。

当時、業界の多くが用いていた販売慣行はひどいものでした。この時期のことについては後ほどお話ししますが、私はこれは次のように評していました。「借りるべきでない借り手が、貸すべきでない貸し手からお金を借りること」。

まず、相当額の頭金の必要性がたびたび無視されました。そして、時にはごまかしが行われました（販売担当者は「その猫には間違いなく二〇〇〇ドルの価値があるようです」と言いながら、融資が行われれば三〇〇〇ドルの手数料を受け取るのです）。さらに、借り手はとうてい支払うことができないような毎月の返済額を承諾します。彼らは何も失うものがないからです。こうして貸し付けられた住宅ローンは、通常ひとまとめにされ（「証券化」と呼ばれます）、ウォール街の会社が何も知らない投資家に売るのです。こうした愚かな行いの連鎖はひどい形で終わりを迎えるはずです。そして、そのようになりました。

これは強調すべきことですが、クレイトンはこうした時期を通じて、はるかに分別のあるやり方で貸し付けを行ってきました。実際、クレイトンの住宅ローンの証券化商品の買い手は元本や利息を失うことはありませんでした。しかし、クレイトンは例外でした。業界の損失は驚くべきほど巨額なものでした。そして、その悪影響はいまだに残っています。

この一九九七年から二〇〇〇年の大惨事は、炭鉱の中のカナリアのようにこれよりもはるかに大きな従来の住宅市場に対する警告として考えるべきでした。しかし、投資家も政府も、そして格付け機関も、組立住宅業界の失敗からまさに何も学ばなかったのです。その代わり、二〇〇四年から二〇〇七年にかけて同じ間違いが従来の住宅市場で繰り返され、恐ろしい大惨事が再び起きてしまいました。自分の所得ではとうてい返済ができないような借り手に対して、貸し手は喜んで貸し付けを行い、借り手はその支払いを行う契約に同じように喜んで署名しました。両方の当事者が「住宅価格の値上がり」を当てにして、それが実現しなければとても無理な契約を結んだのです。スカーレット・オハラのこの台詞がまた繰り返されたのです――「明日は明日の風が吹くわ」。こうした行いが招いた結果から、今やわが国経済の至る所に影響が生じています。

しかし、クレイトンの一九万八八八人の借り手は住宅市場が崩壊したあとでも通常どおり返済を続けており、私たちに不測の損失が発生することはありませんでした。これはこうした借り手の信用力が極めて高いからではありません。この点についてはFICOスコア（信用リスクの標準的な尺度として用いられているものです）からも分かります。アメリカ全体のFICOスコアの中央値は七二三、これに対してクレイトンの借り手の中央値は六四四にすぎません。一方、約三五％は六二〇を下回ります。この水準は一般的に「サブプライム」に指定される層になります。ちなみに、状況が悪化した従来型住宅ローンの多くは、FICOスコアでみればこれよりはるかに信用力が高い借り手で構成されています。

しかし、年末時点でクレイトンが貸し付けている住宅ローンの延滞率は三・六％です。二〇〇六年の二・九％、二〇〇四年の二・九％からはわずかながら上昇しています（クレイトンで融資を行った住宅ローンに加えて、ほかの金融機関からさまざまな種類の住宅ローンのポートフォリオの購入も行いました）。また、クレイトンが二〇〇八年に担保権を実行した融資の割合は三・〇％でした。これに対し、二〇〇六年は三・八％、二〇〇四年は五・三％でした。

クレイトンの借り手――収入はほどほどで、信用スコアもとても素晴らしいとは言えない水準ですが――は、なぜこれほど返済が順調なのでしょうか。その答えは簡単なことです。すなわち、融資を行ううえでの基本原則に忠実である、ということなのです。クレイトンの借り手は、住宅ローンの返済額全体が彼らの実際の――望ましいものではなく――収入と比較してどの程度なのかだけを考えて、その契約を受け入れるかどうかを判断していたのです。端的に言えば、借り手は住宅の価格がどのように変化しようとも、その住宅ローンをすべて返済するつもりで借りているのです。

そして同様に重要なのは、クレイトンの借り手が何をしなかったか、という点です。彼らは、ローンの返済を借り換えによって行うことはあてにしていませんでした。彼らは「勧誘目的」の金利で契約することはありませんでした。このような金利は、更改される際には収入に対して高すぎる水準になってしまうものです。また、彼らは住宅ローンの返済が困難になった場合にはいつでも住宅を売ることができるなどとも考えていませんでした。ジミー・スチュアートならこのような人々を愛していたことでしょう。

言うまでもなく、クレイトンの借り手の多くも問題を抱えることになるでしょう。彼らは大体において、生活が困難に陥った場合に使い果たしてしまう程度の蓄えしか持ち合わせていません。延滞が発生したり担保権を実行することになったりする主な理由は失業ですが、死亡や離婚、あるいは医療費の支払いなどもすべて問題を引き起こす原因です。失業率が上昇すれば――二〇〇九年は確実に上昇するでしょうが――、さらに多くのクレイトンの借り手たちが問題に陥るでしょう。そして私たちが抱える損失も対処できる範囲でさらに大きなものとなるでしょう。しかし、私たちの問題は住宅価格の動向によって著しく悪化するようなものではないのです。

現在の住宅危機に触れた発言の多くは、抵当権が実行に移される場合、住宅の価値が住宅ローンの価値を下回った（いわゆる「過大」融資）ために起きることはほとんどないという重大な事実を無視したものです。むしろ、抵当権が実行されるのは借り手が合意した毎月の返済をできなくなった場合です。相当額の頭金を――借り入れではなく自分の蓄えから――支払っている住宅所有者は、その価値が今や住宅ローンを下回ったからといって、現在住んでいる家を手放すことはほとんどないでしょう。その代わり、毎月の返済ができなくなってしまえば家を立ち去ることになるでしょう。

持ち家政策は素晴らしいことです。私と家族は現在の家に五〇年間住んでいます。そしてこれからも住み続けるでしょう。しかし、住宅を購入する主な動機は楽しみや実用性のためであるべきです。利益や借り換えの可能性であってはなりません。そして、購入する住宅は、購入者の所得に見合ったものでなくてはなりません。

住宅の購入者、貸し手、販売業者、さらに政府は現在の住宅市場危機からいくつかの簡単な教訓を学ぶことができます。このことによって、将来の安定が確保されるでしょう。住宅の購入にあたっては、少なくとも一〇％の真の頭金があり、毎月の返済額は借り手の所得で十分賄うことのできるものであることが必要です。所得については注意深く検証されるべきです。

国民に住宅の購入を促すことは、望ましい目標ではありますが、わが国の第一の目標とすべきではありません。国民が住宅を維持することは、それに向けて努力を重ねるべき大きな目標としておくべきなのです。

第4章
普通株

Common Stock

ＩＢＭ社の株式取得を発表したバフェット

ちょくちょく流行する強力な伝染病である「恐怖」と「強欲」は、投資の世界においては永遠に収まることがありません。いつ大流行するかはだれにも予測できませんし、伝染病によってもたらされるマーケットの変調も、その期間やどの程度なのかも予測不能です。だから私たちは、これらの伝染病がいつ流行していつ収まるかを予想しようなどと、大それたことは考えていません。それよりも私たちの目標はもっと控えめです。それは単に、みんなが強欲に取りつかれているときには慎重に、みんなが恐怖に取りつかれているときには積極的に出るようにしているだけです。

この原稿執筆時点で、ウォール街にこうした恐怖はほとんど目立ちません。それに引き換え、目立つのは陶酔した人々です。それに、何の不思議があるでしょうか。強気市場に参加するほど人を陽気にさせるものはありませんが、それは、強気市場の下では投資先がぱっとしない業績であっても、投資家たちは利益を享受することができるためです。しかし残念なことに、株価がいつまでも企業の実態よりも過大評価され続けることはありません。

実際、株主は相当額のトレードコストと管理コストを負担しているため、長期のパフォーマンスは所有する会社のそれを確実に下回ることになります。もしアメリカ株が全体で一二％の利益を上げているとしても、投資家が手にする利益はそれをかなり下回るはずです。強気市場が数学の法則を歪めることはあっても、それが無効になることはないのです（一九八六年の手紙の導入部分）。

A. 売買に関する問題点――取引コスト（二〇〇五年、一九八八年八月五日付のバークシャー株主に対する通知および一九八八年に再出）

バークシャーやほかのアメリカ企業を保有する人たちにとって、利益を得るのは長い間たやすいことでした。実際に長期の例を示すと、一八九九年一二月三一日から一九九九年一二月三一日までの間にダウ平均株価は六六ドルから一万一四九七ドルまで上昇しました（こうした結果をもたらすにはどれだけの年間成長率が必要か考えてみてください。驚くべき答えはこの手紙の最後に書いておきます）。ここまで大きく上昇した理由は単純なことです。この一世紀の間、アメリカ企業は極めて好調であり、投資家はその成功の波に乗ったのです。企業は依然として好調ですが、しかし今や株主は、自らが負った数々の痛手によって、将来投資から得られる利益を大きく減らしているのです。

どうしてこのようなことが起こっているのかについては、基本的な事実から説明を始めなくてはなりません。企業の損失の一部を債権者が負担するような破綻の事例を例外として、全体としての株主が今から審判が下される日までの間に手にすることのできる利益の大部分は、企業全体が稼いだものなのです。事実、投資家Ａは、賢明であったのか運が良かったのかは分かりませんが、売買を通じ投資家Ｂを犠牲として自らの持ち分を上回る利益を得ることがあるかもしれません。なるほど、すべての投資家は株式が値上がりすれば金持ちになったように感じるでしょう。しかし株主が退場できるのは、だれかが自分の立場を引き継いでくれる場合だけです。ある投資家が高値で売れれば、別の投資家はさらに高い価格で買わなくてはなりません。株主全体として見れば、企業自体が生みだす価値を超えて、企業から富がもたらされるといった魔法のようなことが起きるわけではないというだけです——宇宙からお金が降ってくるようなことはありません。

事実、株主が得られる利益は企業が稼ぐ利益を必ず下回ります。これは「摩擦」コストが存在するためです。そしてこれがまさに私の言いたいことなのです。こうした「摩擦」コストは今や巨額となり、株主の利益を過去に例を見ないほど減らすまでの水準に達しているのです。

このコストがどれほど膨らんだのかということを理解するために、アメリカのすべての企業がある一族によって保有されており、それが将来もずっと続くことを少し想像してみてください。この一族をゴットロック（お金を手にした人々）家と呼びましょう。配当を税引き後で受け取っても、この一族は代々にわたって、企業の稼いだ利益の全体によってますます豊かになっていきます。今やその額は年間約七〇〇〇億ドルに達します。当然、この一族はこのうちのいくらかを使いますが、手元に残った分からは安定的に複利効果で利益が得られるのです。ゴットロック一族を構成する面々は皆同じように豊かになり、すべてがうまくいっています。

ところが、ここで弁舌巧みな助っ人たちが一族に忍び寄ります。この助っ人はゴットロック一族の面々に言い寄り、一族のなかで、だれかから株式の一部を買い上げてだれかに売ることで、一族のほかの面々を出し抜くように仕向けます。この助っ人は——いうまでもなく手数料目当てで――喜んでこの取引の処理を請け負うことを承知します。ゴットロック一族は依然アメリカ企業のすべてを保有しています。この取引というのはだれが何を保有しているかの入れ替えにすぎません。したがって、一族が年間に手にする利益は減ることになります。その利益の額は、アメリカ企業が稼いだ利益から、支払われた手数料を差し引いた額に等しくなるのです。一族のなかで取引が行われれば行われるほど、利益全体に対する一族の面々の取り分は少なくなり、助っ人たちの取り分が大きくなってくるのです。仲介業者を務める助っ人たちはこの事実をよく理解しています。彼らにとっては取引を行うことが重要なのであり、さまざまな方法でそれを促しているのです。

しばらくすると、一族の大半の面々は、こうした新たな「骨肉の争い」のゲームがさほどうまくいっていないことを理解します。ここでまた新たな助っ人が名乗りを上げます。新参の助っ人は、ゴットロック一族の面々に、それぞれが自力では一族のほかの人々を出し抜くことはできないと説明し、解決策を提案します。「資産運用者――そうです、私たちのことです――を雇って、プロに仕事を任せるのです」。資産運用者を務める助っ人は、取引を執行する際に仲介業者の助っ人も使い続けます。資産運用者は一層活発に取引を行って、仲介業者が一層潤うことすらあるかもしれません。全体としては、今やこの二種類の助っ人たちがさらに大きな取り分を手にすることになります。

ゴットロック一族はさらに大きく失望することになります。一族の面々は、今やそれぞれが専門家を雇っています。しかし全体として、一族の財務状況は悪化に向かってきました。さて、これを解決するにはどうすればよいのでしょうか。もちろん、さらなる援助が必要となるのです。

行きつくところはフィナンシャルプランナーと法人コンサルタントという形態です。彼らはゴットロック一族に対して資産運用者を務める助っ人を選ぶための助言を行うようになりました。混乱してしまっている一族は、この援助を喜んで受け入れます。もはやゴットロックの面々は、適切な株式の銘柄を選ぶこともできなければ正しく銘柄を推奨してくれるコンサルタントを選ぶこともできないことが分かるでしょう。彼らはなぜ適切なコンサルタントを選ぶことができると考えたのか疑問をお持ちになるかもしれません。しかし、ゴットロック一族の面々はそのような疑問など持ちませんし、もちろんコンサルタントの助っ人はそんな助言をすることなどありません。

ゴットロック一族は今や高い金を支払って三種類の助っ人から支援を受けています。彼らは結果がさらに悪くなることに気づき、深い失望の底に沈むことになるのです。しかし、希望がまさに失われたように見えたそのときに、第四の助っ人――最高の助っ人とでも呼びましょう――が現れるのです。この親しげな助っ人は、ゴットロックの一族になぜ満足できない結果しか得られていないのかの理由を説明します。今まで使っている助っ人、つまり仲介業者、資産運用者、コンサルタントへの動機づけが不十分であり、単に形式的に仕事をしているためだというのです。この新たな助っ人は言います。「そのゾンビのような人たちから何が期待できるというのですか」

新参の助っ人は驚くほど単純な解決策を示します。もっと金を出せ、というのです。この最高の助っ人は、ゴットロック一族の面々がほかの構成員を本当に出し抜くためには、巨額のボーナスを――固定の報酬に加えて――支払うことこそ必要なのだ、と自信満々に言い切ります。一族のなかでも慎重な人々は、この最高の助っ人には実際のところ、ヘッジファンドやプライベートエクイティといった魅力的な名前の新しい衣装をまとった資産運用者の助っ人が紛れ込んでいるだけではないのかと考えるでしょう。しかし新しい助っ人は、この衣装替えはすべて重要なもので、これを身に着けることで魔法の力を授かるのだとゴットロック一族に保証します。それはあたかも穏やかな物腰のクラーク・ケントがスーパーマンの衣装に身を包んだときに手に入れる力のようなものだというのです。この説明で落ち着いた一族は、報酬の上乗せを決めました。

そしてこれはまさに今日の私たちの姿なのです。安楽椅子にただ座ってさえいれば、すべて株主が手にすることができたはずの利益は、今や膨れ上がった助っ人の一団が手にしています。特に高くついているのは、最近大流行している利益に関する契約です。これは助っ人がずるがしこいか、あるいは幸運であれば利益の大部分が助っ人のものとなり、助っ人が愚かであるか、あるいは運が悪ければ（もしくは詐欺にひっかかった場合には）、一族には損失――そして、助っ人に再起動をかけるための報酬の支払い――が残されるというものです。

このような契約――うまくいけば助っ人が利益のほとんどをせしめ、失敗すればゴットロック一族は損失を抱え、そのような特権を得るための巨額の支払いを行うことになるものです――は相当な数に上りますが、これらを考えると、この一族はもはや正確にはハドロック（お金を手にしていた人々）と呼ぶのが適切でしょう。事実、今日では一族に生じるあらゆる種類の摩擦コストはアメリカ企業の利益の実に約二〇％にも達しています。言い換えるならば、助っ人への支払いを負担することで、アメリカの株式投資家全体では、だれの助言にも耳を貸さずに安楽椅子に座っているだけで手にすることができたはずの利益のわずか八〇％かそこらしか得られなくなっているのです。

はるか昔、ニュートンは三つの運動法則をまとめ上げました。これは素晴らしい業績でしたが、彼の才能は投資の世界までは及びませんでした。彼は南海泡沫事件で大損をして、「私は星の動きを計算することはできましたが、人類の狂気は計算できませんでした」と語りました。彼がこの損失でトラウマになっていなければ、第四の運動法則を発見していたかもしれません。それは、投資家全体として見れば、運動量が増えれば利益は減少する、というものです。

さて、この手紙の最初で出した質問にお答えしましょう。正確に言いますと、二〇世紀中にダウ平均株価は六五・七三ドルから一万一四九七・一二ドルまで上昇しました。これは、複利計算で年率五・三％の上昇になります（もちろん投資家はこれに加えて配当も受け取っています）。二一世紀を通じて同じだけの上昇率を達成するには、ダウ平均は二〇九九年一二月三一日までに――どうか聞いて驚かないでくださいよ――、二〇一万一〇一一・二三ドルまで達する必要があるのです。とはいえ、私なら二〇〇万ドルで喜んで手を打ちます。二一世紀に入って六年たちますが、ダウ平均はまったく上昇していないのです。

数カ月中にバークシャー株がNYSE（ニューヨーク証券取引所）で売買できるようになるでしょう。NYSEへの上場は新規上場基準によって、取引所の理事会の議決と、SEC（米国証券取引委員会）の承認が得られて初めて可能になります。もしその認可が間もなく下りるなら（認可されると信じているのですが）、上場申請をすることになります。

取引所によれば、新たに上場する会社は一〇〇株以上の株式を保有する株主が最低二〇〇〇人以上存在することが必要であるとしています。この基準は、NYSEに上場された会社が公正な市場を提供して、幅広い投資家を集めることができるようにするために設けられています。一〇〇株という基準は、現在NYSEに上場するすべての普通株の取引単位と一致しています。

バークシャーは（一九八八年には）あまり多くの株式を発行していませんでした（一一四万六六四二株）ので、一〇〇株以上所有の株主数が同取引所の規定に達しませんでした。しかし、バークシャー株を一〇株保有するということは、かなり大きな投資をしていることになります。実際、バークシャー株一〇株の価値は、NYSEに上場されたどの企業の株式一〇〇株の価値よりも大きくなっています。その結果、取引所は、バークシャー株の「取引単位」を一〇株とすることを認めるようになりました。

取引所は、一〇〇株以上を所有している株主を最低二〇〇〇人必要とする現行のルールを変更し、「取引単位」数以上を所有する株主が二〇〇〇人以上存在することとする、というルールに変更しました。これならバークシャーは容易に条件を満たすことができます。

チャーリー・マンガーと私は、NYSEへの上場が私たちの株主に利益をもたらすであろうと信じていましたので、上場の見込みが生まれたことに肩をたたいて喜び合いました。私たちは二つの判断基準によって、どのような市場がバークシャー株式に利益をもたらすかを決定します。私たちが最も望んでいることは、株価が常にその内在価値に沿った形で推移することです。もしそうであれば、株主が保有期間中に得る利益は、同期間のバークシャーの事業実績とほぼ同じになるからです。

このような結果は自動的に起こるものではありません。多くの株が過小評価され、または過大評価されすぎて、激しい値動きを見せます。このような状況では、株主たちは実際の業績とかけ離れたところで損したり得したりするのです。そんな気まぐれな状況は避けなければなりません。私たちが目標とするのは、一部の株主のバカげた振る舞いによってではなく、企業業績によってパートナーである株主が利益を得ることなのです。

適正な株価は、現在も未来も理性ある株主によって作られます。だから私たちは、市場原理だけで動く株の短期保有者を排除して、企業に投資する考えで株を長期保有する人たちに株主になってもらうためのやり方や広報を行っています。今日まで私たちのこの試みは成功を収めてきました。そしてバークシャー株は、一貫して内在的な企業価値に近い非常に狭い値幅で売買されてきました。NYSEに上場することは、バークシャー株がいつも適正な価格で取引されるべきであるとする考えに、何の影響も与えないだろうと思っています。どの市場であれ、株主のみなさんの賢明さが良い結果をもたらすのです。

上場によってバークシャーの株主が負担する取引コストが減少すると信じていますし、そしてそれは重要なことです。長期間保有してくれる人に株主になってもらいたいのですが、同時に彼らが株を売買するコストも最少であってほしいと思っています。長期的には、株主の税引き前利益の総計は、企業収益から取引コスト――ブローカーへの手数料と値付け業者（マーケットメーカー）による正味の差額（売値と買値の差）を足したもの――を差し引いた額と等しくなるはずです。全体的に見て、これらの取引コストがNYSE上場で大いに引き下げられることを望んでいます。

取引コストは、値動きの激しい株を売買するときには大きな負担になります。それは、企業収益の一〇％かそれ以上になります。実際問題として、こうしたコストは、国家にというよりも個人の意思に基づく「椅子取りゲーム」のため金融業界に支払われるものであるにもかかわらず、現実には株主に重税としてのしかかっています。私たちの取り組みとみなさんの投資態度によって、バークシャー株主の「税金」は、株式公開している大企業のなかでは最低と思われるレベルまで下がりました。NYSEに上場すれば、値付け業者による売値と買値の差額を狭めることで、さらにこのコストは下げられるのです。

最後に一言――私たちはバークシャー株の評価を高めようとして、NYSEへの上場を試みているわけではないということを理解してほしいと思います。バークシャー株は、同様の経済状況下ならNYSEでも店頭売買でも同じ額で売られるべきですし、そうあるべきだと考えています。NYSE上場を理由に売買してほしくはありません。売買するに当たって、幾分コスト負担を少なくするにすぎないものなのですから。

B．正しい種類の投資家を引きつける（一九八八年）

バークシャーの株式は一九八八年一一月二九日にNYSEに上場されました……。以前の報告書で扱わなかった事柄の一つをここで明確にしましょう。それは、当社株の取引単位は一〇株ですが、一株以上であれば、売買が可能であるということです。

すでに説明したように、上場に対する究極の目的は取引コストを減らすことで、その目的は達成されつつあります。NYSEの売値と買値の差額は店頭市場と比較すると全体的にかなり小さくなっています。

当社株のスペシャリストであるヘンダーソン・ブラザーズ社（HBI）は、NYSEのスペシャリストのなかでも最古参です。その創始者のウィリアム・トーマス・ヘンダーソンは一八六一年九月八日に五〇〇ドルで会員権を手に入れました（最近は、NYSEの会員権は約六二万五〇〇〇ドルの値が付いています）。HBIは八三銘柄を取り扱い、五四社あるスペシャリストのなかでは第二位です。バークシャーがHBIに割り当てられたときはとてもうれしかったし、その後の彼らの仕事ぶりにも非常に満足しています。HBIの会長であるジム・マグワイヤーが自らバークシャー株の取引を管理してくれているのですが、彼より適任な人はいなかったでしょう。

私たちの目的は、ほかの上場企業とは二つの点で少し異なっています。第一は、バークシャー株の株価が実態以上につり上がることを望んでいない点です。企業の内在価値（妥当な、いや本当はそう言えないほどの速さで増加してほしいのですが）を軸とした狭い値幅で株価が推移してほしいと願っています。

第二に、私たちは株の売買が激しくならないでほしいと思っています。仮に数人のパートナーとともに個人企業を経営していたとして、もし彼らが頻繁に入れ替わったら、やる気を失ってしまうでしょう。上場企業であっても、そのような感情は同じなのです。

私たちの目標は、株式の購入時点でいついくらで売ろうなどとは考えずに長期で株を保有するつもりの人に株主になってもらうことです。激しく株が売り買いされることを望むCEO（最高経営責任者）の気持ちを、私たちは理解できません。なぜなら、それは絶えず多くの株主が去っていくことを意味するからです。学校や教会などのどんな組織であれ、メンバーが去っていくのを喜んで見送る責任者などいるでしょうか（もし教会に、信者が入れ替わることによってその手数料で生活しているブローカーがいれば、その人はきっとこんなことを言って人々に乗り換えを促そうとするでしょう――「最近、キリスト教には目立った動きがありません。来週にでも仏教に乗り替えたほうがいいと思いますよ」といった具合に）。

もちろん、バークシャーの株主が株式を売る必要が生じたり、売りたくなる場合もあります。そうしたときには、妥当な価格での賢明な株主への交替を望んでいます。それゆえに、私たちの方針や業績や広報活動を通じて、バークシャーの経営を理解し、目標を共有し、私たちが自らを評価するのと同じように、私たちを評価してくれる人が新しい株主になってくれるように努力するのです。もし私たちがこうした株主を常に引きつけることができれば――そして同様に重要なことですが、短期的な株主や非現実的な期待をする者にとっては興味のないことでしょうが――、バークシャー株は企業価値に対して合理的な価格で一貫して売買されることになるのです（以下は、一九八九年報告書より抜粋。NYSEに上場してから一年後、バークシャーのスペシャリストであるHBIのジム・マグワイヤーは、驚異的な仕事をしてくれました。

上場する前は、ディーラーの売値と買値の差は、しばしば株価の三％か、あるいはそれ以上でした。しかし、ジムは五〇ポイントか、あるいはそれ以下の差を維持していたのです。それは、現行価格の一％以下にあたります。この差の小ささによってコストが少なくて済むので、売買しようとする株主にとっては明らかにメリットとなります。ジムやＨＢＩ、そしてＮＹＳＥと出合えたことを私たちは喜んでいたので、私はＮＹＳＥによる一連の広告で多くを語ったのです。通常、私は推薦することはしません、しかし私はこの場合、喜んで取引所をおおっぴらに称賛したのです）。

C．配当政策と自社株買い（一九八四年、一九八四年、一九九九年、二〇一一年）

配当政策が株主に報告されることはよくありますが、説明されることはまれです。企業は次のように言うでしょう。「目標は収益の四〇％～五〇％を支払うこと、そして少なくともＣＰＩ（消費者物価指数）の上昇と等しい率で配当を増やすことである」と。しかし、なぜその方針が企業の株主にとって最も良いかについての分析は示されていません。それでもなお、資本配分は企業と資産運用にとって極めて重大です。そこで、経営者と株主は、どのような環境ならば収益を留保し、またどのような環境ならば配当すべきなのか、一緒になってよく考える必要があります。

最初に理解しておくべきことは、すべての収益は等しく得られたわけではないということです。多くの企業――特に、資産・利益率が高い企業――では、報告される収益の一部か、すべてを粉飾して水増ししています。粉飾部分、仮にこれらを「限定された」収益と呼ぶと、もし企業がその経営状態を維持しようとするなら、配当金として配分することはできません。もしこうした収益が配当として支払われるなら、企業は以下の分野で、その地歩を失います。それらは、販売量を維持する能力、長期的な競争力、財政的な強さなどです。そのような企業の配当性向がいかに保守的であっても、「限定された」収益を継続的に配当している企業は、自己資本が追加されている場合を除いて、消えていく運命にあります。

限定された収益は、株主にとってまったく価値がないというわけではありませんが、その価値が非常に低いというのはよくあることです。結果的に、その企業の経済的な将来性がいかに乏しくても、企業に留保されることになるのです（この「いかに利回りが芳しくなくても留保する」状況は、一〇年前にコンソリデーティッド・エジソンによって、不思議なほどに皮肉な方法でそれと知らずに広められました。当時、過酷な課税制度によって、会社の株式が簿価の四分の一で売買されることになったのです。すなわち、一ドルの収益が企業内部で再投資のために留保されたときはいつも、それは市場価格においてはたったの二五セントとみなされたのです。しかし、「金を鉛に変える」ようなものであるにもかかわらず、ほとんどの収益は株主に支払われずに、企業に再投資されたのです。一方、コンソリデーティッド・エジソンのニューヨーク中の施設や保守管理の現場においては、「工事中」という企業のスローガンが張り出されていました）。

この配当に関する議論において、限定された収益についての話をこれ以上続けるのは止めましょう。はるかに価値がある限定されていない収益に話題を変えましょう。この収益は、留保されるか、または配当される可能性が同等にあるものです。私たちの見解では、経営陣は企業の株主のために、より利益をもたらす方法を選択するべきです。

この原則は一般的には受け入れられません。多くの場合、自分が支配する企業帝国を拡張し、財政的に非常に快適な立場で経営したいなどの理由で、経営者は自由かつ容易に分配可能な収益を株主に配当せず、留保することを望むのです。しかし、留保する正当な理由が一つだけあると信じています。それは、**企業の留保収益一ドル当たり、少なくとも一ドル以上の市場価値が株主のために創造される**と考えられる、合理的で、歴史的に証明されている、あるいは思慮深い将来的な分析によって裏付けられる見込みがある場合です。投資家が一般的に得ることのできる利回りよりも、留保された資本によって高い収益率を達成できる場合にのみ許されるのです。

これを説明するために、リスクなしで一〇％の利回りが得られるという非常に特徴のある永久債券を投資家が所有している場合を考えてみましょう。この債券は毎年、現金で一〇％の利子を受け取るか、あるいは利回り一〇％の債券に同条件でその利子を再投資するか選択することができます。すなわち、永久に利子を同じ価値の現金に換えるか、再投資する選択肢を持っていることになります。もしある年に、リスクなしの長期債券の現行利子率が五％（これは、市中金利が五％であることを意味している）であるなら、投資家が利子を現金で受け取ることは愚かなことです。なぜならば、その代わりに選択することができる一〇％の債券は一ドルごとに一〇〇セントよりかなり大きな価値を持つからです。このような状況下においては、現金を手に入れることを望む投資家は、まず再投資してから即座にそれらを売る方法を採るべきです。そうすることによって、彼は現金で直接彼の利子を受け取るよりも多くの現金を得ることができるからです。すべての債券が合理的な投資家に所有されていると想定すると、金利が五％の時代にあっては、生活のために現金を必要としている債券投資家でさえ、だれも現金で受け取ることを選ばないでしょう。

しかし、現行利子率が一五％であったなら、理性的な投資家は自分の資金が一〇％で投資されるのを望まないでしょう。その代わりに、たとえ個人的に現金の必要性がなかったとしても、投資家は現金で利子を受け取ることを選択するはずです。利子の再投資は、投資家が得られたはずの現金よりも随分低い評価額の債券を受け取ることになるからです。もし投資家が一〇％の債券に投資したいと思ったら、利子を現金で受け取って、市場でそれを買えばよいのです。この場合には、債券は大きく額面割れした価格で買えるでしょう。

ここで仮定として述べてきた債券所有者の例に類似した分析は、企業の限定されない収益を留保するかそれとも支払うべきかについて、株主が考える場合に適しています。もちろん、実際の分析はより困難で、間違いやすいものになります。なぜならば、再投資された利益で得られる収益率は、先の債券の例のように確定した数字ではなく、状況によって変化する数字だからです。株主は将来どのくらいの平均利回りが得られるかを推測しなければなりません。しかし、いったん情報に基づいた推測がなされると、あとの分析は容易です。もし高収益が期待できるなら、収益が再投資されることを望むはずだし、もし再投資の結果が低い収益にしかなりそうになかったならば、支払われるのを望むはずだからです。

子会社が親会社に収益を配当するべきであるかどうか決定する場合に、多くの企業の経営者はこうした考え方に沿って判断を下します。この場合では、経営者は聡明な株主のような悩みはありません。しかし、親会社レベルでの配当の決定はしばしば異なったものとなります。ここで経営者は、株主の立場に自分の身を置かなければならないという問題によく直面します。

この分裂病的アプローチにおいて、多くの部門を抱える企業のCEOは、資本増加率が五%と見込まれる子会社Aに可能なかぎりの収益を親会社に配当するよう指示し、資本増加率が一と見込まれる子会社Bに投資するでしょう。ビジネススクールの講義なら、CEOはこれ以外の行動は許されないと思います。しかし、もし親会社の長期的な資本増加率の記録が五%であり、市場平均が一〇%であるなら、単に歴史的な、また産業全体にわたって慣習となっている配当政策を、株主に押しつけてしまっている可能性が高いでしょう。さらに、そのCEO

は子会社の経営者に対して、なぜ親会社の株主に配当するよりも、子会社に留保したほうが有益であるのかについて、きちんと説明することを望むでしょう。しかし、会社全体に関する同様の分析が、株主に提示されることはめったにありません。

収益が留保されるべきであるかどうかを判断する場合に、株主は最近の全体の増加収益と全体の増加資本とを単純に比較するべきではありません。なぜなら、その関係は好調な事業部門で起きていることによってゆがめられているかもしれないからです。インフレの時期には、並外れて優れた経済的特性を持つ中核の事業部門を持っている会社は、少額の増加資本を非常に高い利益率で使うことができます（「のれん」については昨年の報告書でも論じました。第6章「D．経済的なのれんと会計上ののれん」を参照）。しかし、企業全体が途方もないような大成長を遂げているのでないかぎり、その中核事業が大きな余裕資金を生み出すことになります。もし余裕資金の大部分を収益率の低い事業につぎ込んだとしても、全社的なROC（資本収益率）は素晴らしいものに見えるでしょう。なぜなら、余裕資金のほんの一部を中核事業に投資することによって並外れた収益が得られるからです。この状況はプロアマ合同のゴルフイベントに類似しています。たとえアマチュアの全員がひどくゴルフが下手であるとしても、チームのベストスコアはプロの優れた技術のおかげで立派なものとなるのです。

総資産、そして全体的な増加資本に対しても一貫して良い実績で推移している多くの企業が、現実には経済的に魅力的でなく、悲惨ともいえる基準で留保利益の大部分を使用してきました。

しかし、収益が年々増加し続けた素晴らしい中核の事業部門が、資本配分によって繰り返し行われたほかの失敗をカモフラージュしてきました。それには通常、本質的に良くも悪くもない経済状態の企業を高値で買収することも含まれています。経営者は周期的に途方に暮れて、最も最近の失望から学んだ教訓について報告します。その後、彼らはたいてい、将来の教訓を探し求めるのです（失敗が彼らを酔わせているように思われます）。

このような場合、高収益の事業を拡大するためだけに収益が留保され、差額は配当で支払われるか、あるいは自社株式を買うために使われるとしたら、株主にとってははるかに良いでしょう（それは、平均以下の事業に関与することなく、卓抜した事業に関する株主の利益を増大させる行動なのです）。低収益の事業部門に資金を一貫してつぎ込む経営者は、その企業がいかに高収益を上げていたとしても、その配分を決定した理由を説明するべきです。

ここでは四半期ごとに揺れ動く収益や投資機会によって左右される配当の側面について議論するつもりはありません。当然のことながら、一般の企業の株主は配当が安定していて、予測可能であることを望んでいます。そのため、収益と増加資本の収益率の両面についての長期的な予想を考慮した配当がなされるべきでしょう。企業の長期的展望が変化することはまれですから、配当性向を変えることはさらに少ないでしょう。しかし、経営者によって長期間にわたり留保された分配可能な収益は、彼らに生活の糧をもたらしてきました。もし収益が無分別に留保されているとしたら、同じく経営者が無分別に地位に居座っているといえそうです。

私たちが大きな投資をしている会社は、株価と価値の間に大きな乖離が起こったときに、大掛かりな自社株買いをときどき行ってきました。二つの重要な理由によって、私たちは株主としてこれが有望で価値があることだと認識しています。一つは明白な理由であり、もう一つは微妙で常に理解されているわけではありません。明白な理由に関しては、簡単な計算が成り立ちます。つまり、一株当たりの企業の内在価値以下の株価で大掛かりな自社株買いをすれば、極めて有意義な形で企業価値は即座に増加します。企業が自社株買いをするときは、一ドルの現在価値で二ドルを得ることが容易なのです。企業の買収計画のほとんどは、これほどうまくはいきません。そして、がっかりさせられるほど多くの場合において、一ドルを使って一ドルを得ることもできません。

自社株買いのもう一つの利点は、正確に測ることはできませんが、長期間にわたって非常に重要なものです。企業の株価がその価値よりも大きく下回っているときに自社株買いを行った経営者は、その行動が経営者の権限を拡大し、株主に損害を与えるものではなく、むしろ、株主の資産を高めるために行動していることを明確に実証してみせているのです。これを見て、株主と潜在的な株主はその企業から将来得られるであろう収益見通しを上げるのです。この上方修正によって、企業の内在価値により一致した株価になります。こうした株価は完全に理にかなったものです。投資家は、利己的な経営者のいる株主の利益に反した方針をとる企業よりも、株主思いの経営者が経営する企業に対してより多くの投資をするはずです（お尋ねしますが、みなさんは逃亡した金融業者ロバート・ベスコの会社の株主になるのに、いくら払いますか）。

キーワードは「実証する」ということです。自社株買いが明らかに株主の利益になるときに一貫して行わなければ、経営者は痛い腹をさらにえぐられる結果になります。どれほど頻繁に、あるいはどれほど雄弁に、経営者が「株主資産を最大にする」といった広報のためのフレーズを演説しても、マーケットは彼に預けられている資産の評価を確実に下げることになります。そういった経営者の心の中では、自分が広報のために言った言葉に一顧だにしませんし、しばらくすると、マーケットもその言葉には耳を傾けなくなるでしょう。

これまで何人かの株主から、バークシャーの自社株買いの提案がありました。通常、この要請は合理的な理由に基づくものでしたが、まやかしの論理に頼っていたものもいくつかありました。

企業の自社株買いが当を得たものとなる事実の組み合わせはたった一つしかありません。第一に、企業が短期的に必要な額を上回る利用可能な資金――つまり、現金と妥当な借り入れ能力――を持っていることです。第二に、市場においてその企業の株式が、保守的に算出された内在価値を下回る価格で売られていることです。これには一つただし書きが加わります。株主はその内在価値を推定するために必要なすべての情報の提供を受けることができる、というものです。そうでなければ、内部者が情報を与えられていないパートナーよりも有利になり、真の価値のほんの一部で持ち分を買うことができるからです。このようなことが起きるのはごくまれなことです。もちろん、通常ごまかしが使われるのは株価を引き上げるためであり、引き下げるためではありません。

私がお話しする事業の「ニーズ」には二種類あります。第一に、企業が競争上の地位を維持するために行う必要のある支出です（例えば、ヘルツバーグの店舗の改造などです）。第二に、事業の拡大を目指した選択的な支出です。これは、経営者が支出一ドルにつき一ドル以上の価値を生み出すことを期待して行われるものです（RCウィリーのアイダホへの拡張がこれにあたります）。

利用可能な資金がこうした種類のニーズを上回る場合、成長志向の株主が保有している企業であれば新たな企業買収を行うか、自社株買いをすることもあります。企業の株式が内在価値を大きく下回って取引されている場合、通常は自社株買いが最も有効です。こうした自社株買いを求める声は一九七〇年代半ばにはほぼすべてと言ってよいほどの経営者に対して投げかけられていましたが、実際に対応した例はほとんど見られませんでした。大半の場合、自社株買いを行ったほうがそれ以外の行動をとった場合よりも株主は豊かになったはずです。事実、私たちは一九七〇年代に（そしてその後数年間単発的に）大規模な自社株買いを行った会社を探してみました。これは多くの場合、企業が過小評価されており、株主志向の経営者によって営まれているという極秘の情報でした。

これは過去のことです。今や自社株買いは大流行していますが、公表されていないことも非常に多く、また、株価を押し上げるであるとか、下支えするといった極めてバカげた理由で行われていることが多いようです。もちろん、今日、株式を売ることを決める株主は、その買い手がどのような素性でどのような動機を持っていたとしても利益を得ることになります。しかし持続的に株式を保有している株主は内在価値を上回る自社株買いによって損害が生じます。一ドル紙幣をその金額で保有している人々にとって、一・一〇ドルで買うというのはあまり良い取引とは言えないのです。

内在価値の推定が確信をもってできるのは、取引されているうちのほんの一部であり、いかさまを使った正確な数字ではなく、さまざまな価額を用いる場合に限られることはマンガーも私も認めます。とはいえ、今や自社株買いを行っている多くの企業は、株式を持ち続けている株主を犠牲にして、株を売って離れていく株主に対価を過剰に支払っているように私たちには見えるのです。これらの会社の弁護のために、CEOが自らの会社について楽観的になるのは自然なことだと申し上げておきましょう。また、彼らは私よりも自分のことについてはるかによく理解しています。しかし今日の自社株買いは、一株当たりの価格を高めたいという希望よりも、「自信を示したい」という経営者の欲望によって決定されるか、あるいは流行によるものであることがあまりにも多いと強く感じずにはいられないのです。

また、企業が自社株買いを行うのは、非常に安いストライク価格のストックオプションが執行される際に発行済みの株式を相殺するためだと言うこともあります。残念ながら、この「高く買って安く売る」という戦略は多くの投資家が行っています（他意はありません）。けれども、経営者は喜々としてこの理に反する行動に従っているようにみえます。

言うまでもないことですが、オプションの付与と自社株買いはどちらも意味のあることです――しかしそうだとしても、これは二つの行動が論理的に関連しているからではありません。合理的に考えれば、企業は自社株買いや発行についてそれぞれ別々に決定するべきです。株式によってオプションを相殺すること（あるいはほかの理由でも）は、内在価値以上の価格が市場で付いているのに自社株買いをする理由としては正当ではありません。逆に、内在価値を大きく下回って売られている株式は、発行済みのオプションのためであるかないかにかかわらず、自社株買いが行われるべきなのです。

過去のある時点において、私が自社株買いをしなかったという過ちにお気づきでしょう。当時、バークシャーの価値に対する私の評価があまりにも保守的であったのかもしれませんし、あるいは私が資金のほかの使い道にあまりにも熱を上げていたのかもしれません。そのため、私たちはある機会を逃しました――この時点でのバークシャーの出来高はあまりにも少なく、私たちは大量の購入ができませんでした。このことは、バークシャーの一株当たり価格の上昇が最低限にとどまったということを意味します（例えば、企業の株式の二％を一株当たり内在価値から二五％の割引で自社株買いをすると、価格は最大でも〇・五％しか上昇しません――そして、たとえファンドがその代わりに価格を押し上げる取引を実施したとしても、これを下回る上昇にとどまるでしょう）。

私たちが受け取った書簡のなかには、その書き手が内在価値についてはほとんど考慮しておらず、そのかわり株価を上げる（または大幅に下げる）ために自社株買いの意向があることを広めてほしいということをはっきりと示しているものもありました。書き手が明日にでも売ろうと考えているのなら、その考えは――彼にとっては――意味があるでしょう。しかし持ち続ける気があるのなら、そうではなくて、株価が下がり私たちが大量の自社株買いができるような出来高になることを望むべきでしょう。これは、自社株買いプログラムが継続的な株主にとって真に利益となるただ一つの道なのです。

私たちは、バークシャーの株式が保守的に計算された内在価値を大幅に下回る価格で売られていないかぎり自社株買いを行うことはないでしょう。また、株価をつり上げたり引き下げたりする目的で話をするつもりもありません（公にも私的にも、私はこれまでバークシャーの株式の売買についてだれかに話したことはありません）。その代わり、私たちはすべての株主――そして潜在的株主――に対し、立場が逆であればほしいと考えるような評価に関する同じ情報を提供しています。

最近、A株が四万五〇〇〇ドルを下回ったとき、私たちは自社株買いを考えました。しかし何らかの自社株買いを行うことを実際に選択した場合、株主がこの報告書を精査する機会が得られるまで先送りすることを決めたのです。自社株買いが有効だと実際に判断した場合でもNYSEで注文を入れるのは例外的な場合だけです。その代わり、私たちはNYSEの価格と同等かあるいはそれを下回る直接の価格提示に応ずることになるでしょう。もし売却を申し込みたいのでしたら、証券会社からマーク・ミラードあて（四〇二－三四六－一四〇〇）に電話してください。取引が行われる場合、証券会社は「場外市場」またはNYSEで記録することができます。B株についてはA株に対して二％を上回る割引率であれば買いたいと考えています。A株は一〇株、B株は五〇株に満たない場合は取引は行いません。

一つはっきりさせておきましょう――私たちはバークシャーの株価の下落に歯止めをかけるつもりで自社株買いを行うのではありません。むしろそれが会社の資金の魅力的な使い道であると考えられる場合に自社株買いを行うのです。自社株買いはバークシャーの株式の本源的な価値の将来的な増加率に影響を与えるとしてもごくわずかなものでしょう。

マンガーも私も、二つの条件が整えば自社株買いを行いたいと考えています。第一に、企業が事業運営や流動性のニーズを賄えるだけの十分な資金を保有していることです。第二に、株式が保守的に計算した企業の内在価値を著しく下回って売られている場合です。

これまで突発的な自社株買いが失敗するのを数多く目にしてきましたが、それは二番目の条件に合わないものでした。もちろん、失敗は――深刻な場合もありましたが――無実である場合もありました。多くのCEOは自分の会社の株価が割安であると信じることをけっしてやめないものです。ほかの例では、それほど良くない結果が待っているように見えます。自社株買いは株式発行による希薄化を相殺するために行うとか、単に企業が余剰の現金を保有しているから行うというのでは不十分なのです。株式が内在価値を下回る価格で購入されないかぎり、長期保有者は損害を被ることになります。資本配分の第一法則は――その資金が買収や自社株買いのために予定されているものであるか否かにかかわらず――、ある価格であれば賢明な選択も別の価格であれば意味のないものになる、というものです（自社株買いの決定をする際に、常に価格と価値の要因を強調してきたCEOの一人がJPモルガンのジェームズ・ダイモンです。彼の年次の手紙も読んでみることをお勧めします）。

マンガーも私も、バークシャーの株式が内在価値を大幅に下回って売られている場合は複雑な思いを抱きます。私たちは長期保有者に利益をもたらしたいと考えており、そのためには、少なくとも価格の一倍以上の価値があると思われる資産——すなわちバークシャーの株式です——を〇・九倍、〇・八倍、あるいはこれをさらに下回る価格で自社株買いをするのが一番確実な方法なのです（私たちの取締役の一人が述べていたように、これは樽から水が漏れて魚が動かなくなってから、樽の中の魚を釣ろうとするようなことです）。しかし、私たちはパートナーから割引価格で買い取ってもうれしくはありません。たとえそうすることによって、売却する株主が私たちが注文を出さなかった場合よりも若干高い価格で売ることができたとしてもそれは変わらないのです。したがって、私たちが自社株買いを行う場合には、既存のパートナーに売却する資産の価値についてすべての情報を知らせることを望みます。

自社株買いについてのこのような議論を踏まえ、多くの投資家が株価の変動に対して示す非合理的な反応についてお話ししようと思います。バークシャーが株式の自社株買いを行っている会社の株式を買う場合、私たちが望んでいるのは二つの事態です。第一に期待しているのは、企業の利益が今後長い期間にわたり快調に増えていってほしいというごく普通のことです。第二に、株価が市場で長い間にわたり精彩を欠くことも望んでいます。この二番目の点は必然的に次のような結論に行き着きます。私たちが保有している株式が「うまくいくシナリオについて語ること」——それが効果的であるとして——はバークシャーにとって実のところ害になり、通常評論家が想定しているように役に立つことはありません。

ＩＢＭを例に考えてみましょう。企業の観測筋ならだれでも知っているように、ＣＥＯのルー・ガースナーとサム・パルミサーノは素晴らしい仕事を成し遂げ、ＩＢＭを二〇年前の破産寸前の状態から今日の隆盛へと導きました。事業における彼らの業績は本当に素晴らしいものでした。

それもさることながら、財務管理についても同様に素晴らしいものでした。これは特に最近会社の財務の柔軟性が改善されたことによります。事実、私は大会社でこれほどまでに優れた財務管理を行っているところは思い浮かびません。その技術によって、ＩＢＭの株主が享受する利益は著しく増えました。同社は債務を賢く使い、ほぼ例外なく現金によって付加価値を高める買収を行い、積極的な自社株買いを行いました。

今日、ＩＢＭの発行済み株式数は一一億六〇〇〇万株で、そのうち私たちは五・五％に相当する六三九〇万株を保有しています。当然ながら、今後五年間における同社の利益の動向は私たちにとって非常に重要なものです。まして、同社はこの時期に自社株買いのため五〇〇億ドルを費やす見込みです。その時期に関して私たちは次のような疑問を抱きます。バークシャーのような長期保有者はその期間何に対して喝采を叫ぶべきなのでしょうか。

私はみなさんの気をもませたいなどとは思っていません。その五年間を通じてＩＢＭの株価が低迷するよう願うべきなのです。

ちょっとした計算をしてみましょう。ＩＢＭの株価がこの期間、例えば平均二〇〇ドルだったとすると、同社は二億五〇〇〇万株を五〇〇億ドルで購入することになります。その結果、発行済み株式数は九億一〇〇〇万株となり、私たちは同社を約七％保有していることになります。逆に、株式がこの期間に平均三〇〇ドルで売られているとすると、ＩＢＭはわずか一億六七〇〇万株しか買うことができません。これによって、五年後には発行済み株式が約九億九〇〇〇万株残されることになり、そのうち六・五％を私たちが保有することになります。

ＩＢＭが五年目に例えば二〇〇億ドルを稼いだとすると、この利益のうち私たちへの分け前は、株価が低迷するという「失望的な」シナリオのほうが、株価が上昇した場合と比較して優に一億ドルも上回ることになるでしょう。それ以降のどこかの時点で、私たちの保有する株式の価値は、「高値」による自社株買いのシナリオが実現した場合を五五億ドル上回ることとなるでしょう。

理屈は簡単です。将来的に株式を買い越すつもりであれば、それが直接的に自分の金を使うのであろうと、（自社株買いを行う会社の保有を通じた）間接的なものであろうと、株価が上昇すれば損害を被ります。株価が下落する場合に利益がもたらされるのです。しかし、感情によって問題は複雑なものとなることが多いのです。大半の人は、将来的に買い越しとなる人を含めて株価が上昇するのを目にすれば安心します。こうした株主は車で通勤している人によく似ています。彼らは、ガソリン価格が上昇すれば喜びます。これは、すでに満タンだからという理由でしかありません。

マンガーも私も、みなさんの多くを説得して私たちの考え方に従わせようなどとは思っていません。私たちはそれが無益であることを理解できるほど人間の行動について観察してきました。しかし、私たちと同じ計算をしてほしいのです。そしてここで告白したいことがあります。昔は私も市場の上昇に喜んでおりました。その後、ベンジャミン・グレアムの『**賢明なる投資家**』（パンローリング）の第8章を読みました。この章は、投資家が株価の変動をどのようにとらえるべきかについて書かれています。私の目からは即座にウロコが落ち、低い株価を好むようになりました。この本を手に取ったことは私の人生で最も幸運な瞬間の一つでした。

結局のところ、私たちのIBMへの投資の成功は主に将来的な利益によって決定されることとなりました。しかし、重要な二次的要因としては、その会社がこの活動にあてるとみられる多額の資金によって、どれだけの自社株買いをするのかという点が挙げられます。そして、自社株買いによってIBMの発行済み株式が六三九〇万株に減ったなら、これまで守ってきた倹約を放棄して、バークシャーの従業員に有給休暇を与えることでしょう。

D．株式分割と見えざる足（一九八三年）

なぜバークシャーが株式分割をしないのかと尋ねられることがしばしばあります。こうした質問の背景には、株式分割は株主のための行動であるという前提があるように思われます。しかし、私たちは分割には反対です。その理由を説明しましょう。

私たちの目標の一つは、バークシャー・ハサウェイ株がその内在的な企業価値と論理的に結びついた価格で売られることです（「一致した」価格ではなく、「論理的に結びついた」価格であることに注意してください。もし優良企業の株式がその企業価値に比べて割安でマーケットで売られているなら、バークシャー株もこれと同様の値付けがされる可能性が高いということです）。合理的な株価が形成される鍵となるのは、現在、そして将来にわたり合理的な株主が存在することです。

もし企業の株主やその企業に興味を持つ将来の買い手が非合理的で一時の感情に基づいた行動をする傾向があるなら、かなりバカげた株価が周期的に現れることになるでしょう。躁うつ病の性格は躁うつ病的評価をします。こういった常軌から逸脱した行動は、ほかの企業の株式を売買するにあたっては、私たちにとって役に立つかもしれません。しかし私たちは、バークシャー株に対してはこのようなことを最小にすることが、みなさんと私たち双方の利益となると考えています。

質の良い株主だけを得ることは楽な仕事ではありません。アスター女史は彼女自身の四〇〇選を選ぶことができました。しかし、だれもがどんな株式でも買うことができます。株主「クラブ」に加入するメンバーを、知的能力、情緒の安定性、道義的感受性、服装規定を順守するかどうかで選別することはできません。そのため、株主優生学は学問として成立しないでしょう。

しかし、もし企業とその所有に対する私たちの哲学を矛盾することなく伝え続け、自主的選択に任せ続けるなら、質の高い株主を引きつけ、維持し続けることができると思っています。例えば、音楽イベントを行う場合、オペラの広告とロックコンサートの広告を打ったときでは、だれでも自由にチケットを買えるにもかかわらず、このコンサートに来る聴衆はかなり異なった人たちになるでしょう。

私たちの方針と広報活動（これが私たちにとっての「広告」ですが）を通して、私たちの経営や姿勢、展望に理解してくれる投資家を引きつけようとしています（そして、それと同じくらい重要なことは、そうでない人たちを思いとどまらせることです）。私たちは、自分を企業のオーナーであるとみなし、そして長期にわたり所有する意思を持って会社に投資する株主を望んでいます。また、市場価格ではなく、業績に注目する人たちを望んでいるのです。

このような考えを持つ投資家は少数派です。しかしバークシャーには、そうした方々がたくさん集まっています。九〇％を優に超す（恐らく九五％以上の）株式が、五年前もバークシャーの株主であった投資家によって保有されていると確信しています。そして、私たちの株式の九五％以上は、ポートフォリオトバークシャー株が金額的に一番大きく、その次に大きい投資が金額的にバークシャー株の二分の一以下であるような投資家によって占められていると推測しています。少なくとも数千人の一般株主を有する市場価格一〇億ドル以上の会社のなかで、株主がオーナーのように考えて行動することにおいては、バークシャーは業界のリーダーと言えるでしょう。こうした特徴を持つ株主グループの質をさらに向上させていくことは容易なことではありません。

もし私たちが株式を分割したり、企業価値よりも株価に焦点を合わせるならば、売り手となる既存の株主よりも、もっと質の劣った新規の株主を引きつけることになってしまいます。一株を一〇〇株に分割して、潜在的な一株の買い手が一〇〇株を買うことができるようにすれば、より好都合なのでしょうか。そのように考え、分割されたから、あるいは分割を期待して株を買う人々は、現在の私たちの株主グループの質を確実に下げるでしょう（現在の明晰な思考を持ったメンバーを、新しいメンバー、すなわち価値よりも紙切れを好み、一枚の一〇〇ドル紙幣よりも九枚の一〇ドル紙幣を持つほうが裕福であると感じる人々と入れ換えることによって、私たちは株主グループの質を本当に向上させることができるのでしょうか）。価値以外の理由で買う人々は価値以外の理由で売る可能性が高いと思います。こうした投資家の参加によって、事業の展開とは無関係に、株価の不安定な価格変動が起こることになるでしょう。

私たちは株価の短期的な動きばかりにとらわれた買い手を引きつけるような方針を避け、企業価値に注目した思慮深い長期志向の投資家を引きつける戦略を進めようと思っています。現実にみなさんが、合理的で思慮深い投資家だけが参加しているマーケットでバークシャー株を購入したように、万が一、売ろうと考えたときにも同様のマーケットで売る権利があるのです。私たちはそのような環境を維持するためにも努力するつもりです。

株式市場における皮肉の一つは、値動きにばかり重きが置かれることです。証券会社は「市場性」や「流動性」のような用語を使って、売買の回転率が高い銘柄を称賛します（あなたの懐を満たすことのできない人間に限って、確信を持ってあなたに何か吹き込もうとするのです）。しかし、胴元にとって良いことは、顧客にとっては良いことでないことを投資家は理解すべきです。異常に活況な株式市場は、企業によるスリ行為が公然と行われているような場所なのです。

例えば、資本に対して一二％の収益を上げている一般的な会社を想定してください。そして、その株の回転率が年に一〇〇％という高率であった場合、もし株式が簿価で取引されるなら、その企業の株主は、所有権が入れ替わることで間接的に、毎年、企業の純資産の二％を総額で支払うことになるでしょう。これは企業の収益に対して何の貢献もせず、そして収益の六分の一が移転の際の「摩擦」コストとして株主から失われていることを意味します（そしてこの計算ではオプション取引を勘定に入れていませんから、それによってさらに摩擦コストは増えるでしょう）。

すべては高くつく椅子取りゲームのようなものです。もし、政府が企業や投資家に新しく「一六・七」％の所得税を課したなら、どんな苦悶の叫びが起こるか想像することができるでしょうか。マーケットの値動きによって、投資家は自分自身にこのような税金と同じ負担を課すことになります。

（こうした活動が資本配分プロセスの合理性を改善する、つまりパイを大きくすると主張する人がいます。しかし、これは見かけ倒しであり、結局のところ、異常に活況な株式市場は合理的な資本配分をダメにして、パイを縮める役を務めると思っています。アダム・スミスは自由なマーケットでのすべての自発的行為は、経済を最大限に発展させることになる神の見えざる手によって導かれていると考えていました。これに対して私たちは、カジノのようなマーケットと危うい資産運用は、経済の前進を妨げ、鈍化させる「見えざる足」の役を務めているという見方をとっています）。

E. 株主戦略（一九九二年）

昨年暮れにバークシャーの株価は一万ドルを超えました。株主のなかには、高い株価は自分にとって問題になるという方がいました。彼らは毎年株を贈与したい人たちで、一個人に対する贈与額が、年間一万ドル以下かそれ以上かによって区別された税法によって困ったことになっているのです。つまり、一万ドル以下の贈与は完全に無税ですが、一万ドル以上の贈与は、贈与者が相続税の生涯控除額の一部を使うか、もしその控除がすでに使い尽くされている場合には、贈与税を支払うように要求されるのです。

私はこの問題を解決するために、三つの方法を提案します。第一番目の方法は、配偶者のいる株主には有利となるでしょう。彼らは、一人の受取人に対し、年間二万ドルまで贈与することができます。贈与者は、配偶者の同意が書かれた贈与税申告書を提出すればよいのです。

第二の方法は、既婚、未婚にかかわらず、株主は廉価売却をすることができます。例えば、バークシャー株の価格が一万二〇〇〇ドルのときに、一万ドルの贈与をしたいと思っている場合です。このような場合、贈与を受ける人に二〇〇〇ドルで株式を売ればよいのです（**注意**もし売却価格があなたの課税基準を超えるならば、課税されることになります）。

最後の方法は、贈与したい人と一緒に組合を設立して、バークシャー株をその組合に現物出資し、そして毎年その所有権を譲渡する方法です。これらの所有権の価格は、あなたが任意に設定することができます。もしその価値が一万ドル以下なら、贈与に税金はかかりません。

ここでいつものように警告をしておきましょう。贈与に関する難解な方法について行動を起こす前に、税務顧問に相談してください。

私たちは、一九八三年の年次報告書で公表した株式分割についての見解に、今も変わりはありません。大局的に見て、株式を分割しない方針を含めて、私たちの株主を尊重する方針は、株主の多いどんなアメリカの企業と比べても最良の株主組織を作り上げたと信じています。私たちの株主は合理的な長期株主のように振る舞い、考えます。そしてマンガーや私と同じように事業を見ているのです。したがって、私たちの株式は一貫して内在価値に近い価格帯で取引されているのです。

さらに、株主の多いほかのどんな企業と比べても、バークシャーの株主の回転率ははるかに低いと確信しています。多くの会社において、株主に対する主要な「税金」の役を果たす売買の摩擦コストは、バークシャーでは事実上存在しないのです（NYSEにおけるバークシャー株の専門業者ジム・マグワイヤーのマーケット・メークの技術は、これらのコストを安く保つのに確実に役立っています）。当然、株式分割がこの状況を劇的に変えることはないでしょう。にもかかわらず、分割によって新しく株主になった方によって、バークシャーの株主グループの質が上がることはあり得ません。それどころか、少しずつ質が低下していくと考えています。

F．バークシャーの資本構成の改変（一九九五年、一九九六年）

年次総会では、資本構成を改変してバークシャーの株式を二種類に分けることについて、みなさんに承認を求めることになるでしょう。もしその計画が採択されるなら、既存の普通株はクラスA普通株となり、新たにクラスB普通株が設けられることになります。

「B」株は次の例外を除き、「A」株の三〇分の一の権利を持つことになります。第一に、B株は、A株の（三〇分の一の投票権を持つのではなく）二〇〇分の一の投票権しか持たないことになります。第二に、B株はバークシャーの株主によって指定された慈善活動プログラムに参加する資格がありません。

資本構成の改変が完了すれば、A株をいつでもB株三〇株に転換できる選択肢を株主は持つことになります。この転換権は、逆方向には適用されません。つまり、B株をA株に転換することはできないということです。

私たちはNYSEにB株を上場するつもりでいます。これでA株と並んでB株も取引することができることになります。上場に必要な株主基盤を作り、マーケットでのB株の流動性を確保するために、バークシャーは新しいB株について少なくとも一億ドルの公募増資をすることを予定しています。公募は目論見書のみを用いて行われます。

最終的にB株の価格を決定するのはマーケットですが、その価格は、A株の価格の三〇分の一ほどになるでしょう。

A株の株主で、株の贈与を望んでいる場合は、一株か二株をB株に転換すれば都合が良いということがお分かりになるでしょう。さらに、もしB株に対する需要が強くて、その価格がA株の三〇分の一を少し上回れば、裁定取引に関連したB株への転換が起こるでしょう。

しかし、A株は議決権とバークシャーの慈善プログラムへの参加権を完全に有することでB株よりも優れており、贈与を容易にするために少数の株式を転換する場合を除き、A株のほとんどの株主は転換しないと考えています。これは、まさにバフェットとマンガーの一族が意図していることなのです。ほとんどの株主がA株にとどまるだろうと見込まれるので、A株の流動性はB株よりも幾分大きいと思われます。

この資本構成の改変によって、バークシャーにとってトレードオフが発生します。しかし、それは公募増資によってもたらされるのではなく、またどんな価格でB株を売り出すかにも依存していません。それは資金の有効な使い道となるでしょう。私がこの文を書いている時点でのバークシャー株の株価は三万六〇〇〇ドルですが、マンガーと私はそれが過小評価されていると思っていません。したがって、私たちが企てている公募増資は、既存の株の一株当たりの内在価値を減少させることにはならないと思います。でも、株の評価額に関してもっと率直な考えを述べるとすると、マンガーと私は、現在のバークシャーの株価水準なら買いたいとは思いません。

B株発行にあたって、バークシャーにある程度追加のコストがかかります。より多数の株主に対処するためにはお金がかかるからです。他方、贈与を望む人々にとって、B株は便利なものです。また、株式分割を望んできた人たちにとっては、希望者自身の手で分割を行う方法が得られたことになります。

しかし、私たちがこの手だてを講じようとするには別の理由があります。バークシャー株の低価格の「クローン」だと称する手数料の高いユニット投信が出現して、積極的に販売されることがたしかになったからです。これらの投資信託の背景にあるアイデアはけっして新しくはありません。というのも、数年前から、小口の「バークシャー株一〇〇％組み込み」の投資ファンドを作りたいと、多くの人が私に話を持ってきていたからです。しかし最近までは、私がそれに反対しているということを知っていることから、ファンドの発案人たちが具体的な話を持ってくることはありませんでした。

私は小口投資家よりも、大口投資家の方を好むので、こういった人々の邪魔はしませんでした。もしそれが可能であるなら、マンガーと私も、手品でも使って一〇〇〇ドルを三〇〇〇ドルに増やして、資金問題に直面している多くの人々を喜んで救ってあげたいと思います。

しかし、小さな賭け金を素早く三倍にするためには、現在の時価総額四三〇億ドルを、それと同じぐらい素早く、一二九〇億ドルにしなければなりません。これはアメリカで時価総額が最大の企業であるゼネラル・エレクトリックの時価総額におおむね相当します。そんなことはできません。望むことができる最良のことは、平均して、五年ごとにバークシャーの一株当たりの内在価値を二倍にすることですが、私たちはその目標にも遥かに及ばないでしょう。

結局のところ、マンガーと私は、バークシャーの株主が大口であるか小口であるかは気にしません。私たちが望むのは次のような株主です。それは私たちの経営について知識があり、私たちの目標と長期の展望を共有し、また、資本が大きいために私たちに課せられた限界に気づいている株主の方々です。

最近表面化したユニット型投資信託は、こうした理想とは相反するものです。それは高額な手数料を要求する証券会社によって販売され、株主にとって別の厄介なコストを課すことにもなるでしょう。そしてそれは、バークシャーの過去の業績や、最近バークシャーと私が受けた評判に影響された素人投資家を対象に売りに出されるでしょう。その結果は明らかで、多くの投資家が失望することになります。

バークシャー株のみの投資信託よりもはるかに優れた小口の金融商品であるB株式を新たに作ることによって、私たちはクローン（バークシャーの投資信託）の商品化を阻むことをもくろんでいるのです。

しかし現在の、そして将来のバークシャーの株主は次の点に特別な注意を払う必要があります。私たちの株式の一株当たりの内在価値は過去の五年の間に卓越した率で成長してきましたが、市場価格はそれよりも速く高騰してきたのです。言い換えると、株価が企業の実態をしのいだということです。

マーケットにおけるその種の過大評価は、いつまでも持続されることはありません。バークシャー株であれ、ほかのいかなる株であれ、それは同じです。同様に、過小評価される期間も避けることはできません。価格のボラティリティは、一般の市場における固有なものではありますが、私たちの好むものではありません。私たちが好ましいと考えるのは、バークシャーの市場価格がその内在価値を正確に反映し続けることです。もしそうできれば、すべての株主がバークシャーの発展に釣り合いが取れた利益をその保有期間中に手にすることができることになります。

明らかに、バークシャー株の値動きはこの理想どおりにはならないでしょう。しかし、現在、そして将来の株主が投資判断を行う際に、正しい知識があり、企業志向で、そして高い手数料を負担しなくてもよいなら、私たちはこの目標にさらに近づくことができるでしょう。最後に、もし私たちがユニット型投資信託の販売促進の試みを鈍らせることができるなら、それはより好都合です。それがB株を作り出そうとしている理由だからです。

私たちは一九九六年に、ソロモンを通じて二つの興味深い特徴を持ったかなり大きな公募増資を行いました。その第一は、五月に五一万七五〇〇株のクラスB普通株を公募増資したことです。五億六五〇〇万ドルの払い込みがありました。以前にお話ししたように、私たちはバークシャーそっくりのユニット型投資信託が販売されようとしているのに対抗して、この公募増資を行ったのです。もしそういった投信の設定の目論見が実現していたら、販売会社はだまされやすい小口投資家を勧誘するために私たちの過去の、そして明らかに繰り返すことのできない記録を持ち出し、これらのお人好しの投資家に高い手数料を請求したことでしょう。

このような投資信託を数十億ドル分売りさばくのは、非常に容易であったでしょうし、成功したことで次々とほかの投資信託が作られていったことでしょう（証券業界では、売れるものは何でも売るからです）。バークシャー株の供給は固定され、限定されているにもかかわらず、投資信託は見境もなく資金を注ぎ込んだことでしょう。その結果、バークシャー株に投機を原因としたバブルが発生したはずです。世間知らずで影響を受けやすい投資家が新規に投資信託を買うことで、それがさらに多くのバークシャー株の買いを引き起こし、価格が急上昇するという点において、少なくとも一時的には、その動き自体は妥当性があると言えたでしょう。

これは、バークシャー株を売ることにした株主の一部によっては、理想的な結果かもしれません。なぜなら、ほかの投資家が誤った希望を持って買いに入ったおかげで、彼らを食い物にして利益を得ることができたかもしれないからです。しかし、長期保有の株を持ち続けることにした株主は、この投資信託が実現されていたら被害を被ったことでしょう。それによってバークシャーが何十万という不幸な間接的株主（投資信託の買い手）と、汚れた評判の両方の重荷を負うことになったはずだからです。

B株の発行は、単に投信の販売を抑制したのみでなく、私たちが公表した警告を聞いたあとも、まだバークシャーに投資したいと望む人々に対して、低コストの手段を提供することになりました。通常、証券会社が手数料を稼ごうとして新しい銘柄を奨励する熱意を鈍くするために、私たちは、たった一・五％の手数料で公募が行われるように取り計らいました。これは普通株の引き受けで今までに見たことがあるうち最も低い数字です。さらに、私たちは調達金額に制限を設けませんでした。そうすることで、誇大宣伝と稀少性の組み合わせから短期的な価格の上昇を見込む典型的なＩＰＯ（新規公開）株の買い手を追い払ったのです。

全体的に見て、私たちはＢ株が長期的な観点で投資する人によってだけ購入されやすいようにしました。そうした努力はおおむね成功しました。Ｂ株の発行直後の出来高は（これは転売に関するおおざっぱな目安になるのですが）、一般的なＩＰＯ株の出来高に遠く及ばなかったのです。結局、私たちは、四万人の株主を追加することができました。そのほとんどは、自分が何を保有しているのか理解し、長期的な目標を共有していると私たちは確信しています。

ソロモンはこの通常とは違う取引を扱うことで、通常よりも多くの利益を上げることはできなかったでしょう。この投資銀行は私たちが何をしようとしていたか、完全に理解していました。そしてＢ株の発行のすべての面をこうした目標に適合するように対応したのです。もし私たちの公募増資が標準的なものであったなら、ソロモンははるかに多くの利益（多分、一〇倍ぐらい）を上げることができたはずです。けれどもソロモンはその線に沿って、小細工をしようとはしませんでした。それどころか、彼らは自身の経済的な利益に反するようなアイデアを準備しました。それはバークシャーの目標が達せられることを一層たしかにしたのです。テリー・フィッツジェラルドが、この取り組みの指揮を執りました。私たちは彼が行った仕事に対して感謝しています。

そのような背景があったので、その年の後半になって、私たちが所有しているソロモン株の一部に転換することができるバークシャーの債券を起債することに決めたとき、再びフィッツジェラルドのところに行ったということをみなさんが知っても、驚かないでしょう。ソロモンは、額面五億ドルの五年の債券を四億四七一〇万ドルで売って、再度完璧に一流の仕事をしました。額面一〇〇〇ドルの債券がソロモンの一七・六五株に転換可能であり、そして三年たつと暫増する価格で期限前償還が可能なものです。発行時割引と一%の利子を考慮すると、この債券は株式に転換しない保有者には満期までに三%の利回りがあります。しかし、この債券は満期前に転換される可能性が高く、もし転換が発生するなら、私たちの金利負担は転換までの期間で約一・一%になるでしょう。

マンガーと私は、あらゆる投資銀行業務の手数料に不満を持っていると最近書かれてきました。しかし、それはまったく間違っています。私たちは、一九六七年のナショナル・インデムニティ保険会社を買収した際にチャーリー・ヘイダーに切った小切手から始まって、これまでの三〇年間に非常に多くの手数料を支払いました。そして私たちは喜んで各々の仕事に見合った手数料を支払ってきました。ソロモン・ブラザーズで行った一九九六年のケースでは、支払った金額以上の価値がありました。

G．バークシャーの配当方針（二〇一二年、二〇一四年、五〇周年記念セクション）

バークシャーの株主のなかには――私の親しい友人も含まれています――、配当金を希望する人もいます。彼らは、私たちが所有する企業の大部分から配当を受け取りながら、一方でバークシャー自体は配当を行っていないことに疑問を感じています。そこで、配当が株主にとって理にかなっているケースとそうでないケースを検証してみましょう。

黒字の会社は、その利益をさまざまなこと（重複する場合もある）に配分することができます。このとき、経営者はまず、現在の事業に再投資する可能性を検討します。さらなる効率化を図ったり、地域的に拡大したり、製品ラインを増やしたり、経済的な堀を広げて競合他社との差別化を図ったりする、といったことです。

私は、バークシャーの子会社の経営者には堀を広げることをトコトン追求するよう要請し、彼らは経済的に理にかなった方法を数多く見つけています。もちろん、なかにはうまくいかないものもあります。失敗するときというのは、たいてい先に自分たちに都合の良い答えを持って始めて、それをあとから正当化するための理由を考えた場合です。もちろん、これは無意識に行っていることですが、だからこそ危険なのです。

あなたが所有する会社の会長、つまり私もこの罪から逃れることはできません。一九八六年の年次報告書に、私はかつて本業だった繊維事業について、二〇年間の経営努力と資本の改善は無駄だったと書きました。私はこの事業を成功させたかったし、それまでの誤った判断を私のやり方で正したいと思いました（ニューイングランド地方の別の繊維会社まで買ってしまいました）。残念ながら、願えば夢がかなうのはディズニー映画のなかだけで、ビジネスにおいては毒になります。

このような間違いもありましたが、私たちは常に手持ちの資金を傘下の事業に賢く使うことを最優先に検討してきました。二〇一二年に行った一二一億ドルという記録的な固定資産投資とボルトオン買収（既存の事業を強化するための買収）は、これがバークシャーにとって資本を配分すべき肥沃な分野だということを示しています。私たちの強みは、さまざまな経済分野で事業を展開していることで、ほとんどの会社よりも幅広い選択肢があるということです。投資先を選ぶときに、草むしりの段階を飛ばしていきなり花に水をやることができるのです。

バークシャーでは、資本から大金を既存の事業に投入したあとも、定期的に追加的な利益が生まれています。そのため、次のステップとして既存の事業とは関連のない分野での買収を検討します。この判断は簡単で、マンガーと私がその買収によってバークシャーの一株当たり利益が増えると思うかどうかで決めています。

買収に関して、私はこれまでたくさんの間違いを犯しましたし、これからも犯すでしょう。しかし、全体として見れば満足のいく結果が残せています。つまり、バークシャーの株主の資産は、買収資金を自社株買いや配当に使った場合よりもはるかに増えているということです。

ただ、よくある言い訳をすれば、過去のパフォーマンスは将来の結果を保証するものではありません。バークシャーについては特にそうです。バークシャーの現在の規模で、有意義かつ理にかなった買収をしようとするのは、これまでのほとんどの時期よりも難しくなっているからです。

とはいえ、大型案件は、一株当たりの本質的価値を大きく上げる可能性があります。BNSF鉄道はその好例で、現在の価値は簿価よりもはるかに高くなっています。もしこの会社を買うために必要だった資金を配当を払うためや自社株買いに使っていたら、あなたや私の資産は今よりも減っていたでしょう。BNSFのような価値ある大型案件はまれにしかありませんが、大海にはまだ鯨がいるのです。

資金の三番目の使い方である自社株買いは、株価が控えめに算出した本質的価値よりも十分安ければ、理にかなっています。実際、これは規律を持って行うならば、賢く資金を使う確実な方法です。一ドル札を八〇セント以下で買えば、失敗しようがありません。私たちの自社株買いの条件は前述のとおり〔第4章「C．配当政策と自社株買い」を参照〕で、好機があれば、大量に買うつもりです。最初は、簿価の一一〇％以上は支払わないと言っていましたが、それは非現実的だということが分かりました。そのため、一二月に簿価の一一六％で大量の株が売りに出たときに、上限を一二〇％に引き上げました。

ただ、忘れてはならないのは、自社株買いにおいて価格は極めて重要だということです。本質的価値以上の価格で買ってしまえば、価値が破壊されるからです。今のところ、取締役たちも私も、上限の一二〇％以下で買えば、長期的な株主は十分な恩恵を受けることができると考えています。

それでは配当はどうでしょうか。いくつかの仮定の下で計算してみましょう。これらの数字は、配当の賛否を理解するうえで重要なので、我慢して注意深く見てください。

まず、あなたと私は、自己資本が二〇〇万ドルの会社を五〇％ずつ所有しているとします。この会社は一二％の利益（二四万ドル）を上げており、その利益を再投資すればやはり一二％の利益が期待できるものとします。また、外部にはこの会社を自己資本の一二五％（二五〇万ドル）で買いたい人が常にいるものとします。つまり、私たちが保有している株には、それぞれ一二五万ドルの価値があるということです。

あなたは、この会社の年間利益の三分の一を株主二人で分け合い、残りの三分の二を再投資したいと希望します。そうすれば、必要な収入を得ながら会社の自己資本増加も図れると思うからです。そこで、あなたは経常利益から八万ドルを配当に回し、残りの一六万ドルを将来への投資として留保することを提案します。一年目、あなたは配当として四万ドルを受け取ります。今後、会社の利益が増えて、配当性向が変わらなければ、配当金も増えていくはずです。この会社の価値は、配当と株の価値を合わせると、毎年八％上昇していきます（自己資本に対して一二％の利益を上げ、四％を配当として出している）。

一〇年後、この会社の価値は四三一万七八五〇ドルになっており（最初の二〇〇万ドルが八％の複利で成長）、来年の配当金は八万六三五七ドルになる予定です。私たちが保有する株の価値は、それぞれ二六九万八六五六ドル（自己資本の一二五％の半分）です。配当と株価は毎年八％ずつ増え、私たちはずっと幸せに暮らしていけるでしょう。

ところが、これよりもさらに良い方法があるのです。同じシナリオで、すべての利益を留保し、毎年持ち株の三・二％を売るのです。株は簿価の一二五％で売却できるため、この方法でも一年目の収入は四万ドルになり、その額は毎年増えていきます。これを「売却方式」と呼ぶことにします。

「売却方式」にすれば、会社の一〇年後の自己資本は六二一万一六九六ドルになります（最初の二〇〇万ドルが一二％で複利成長）。その一方で、私たちは毎年株を売っているため、一〇年後の持ち株比率は三六・一二％に下がります。しかし、それでも持ち分の自己資本は二二四万三五四〇ドルになります。そして、この株は一ドル当たり一・二五ドルで売れるため、持ち株の価値は二八〇万四四二五ドルとなり、配当方式よりも約四％高くなるのです。

そのうえ、売却方式では、年間収入も配当金よりも四％高くなります。つまり、売却方式のほうが、年間収入も自己資本の価値も多くなるということです。

もちろん、この資産はこの架空の会社が毎年一二％の利益を上げることができ、株主は簿価に対して平均一二五％で株を売却できるという前提で行っています。ちなみに、現時点でS＆

P五〇〇企業の利益は自己資本に対して一二%を大きく超えていますし、株価も自己資本の一二五%をはるかに超えています。これらの想定は、バークシャーについても、妥当な数字と言ってよいと思いますが、もちろんそれを保証するわけではありません。

その一方で、この想定を超える可能性もあります。もしそうなれば、売却方式はさらに強力と言えます。これまでのバークシャーについて言えば──今後も同じになるとはいかないでしょうが──、株主にとって売却方式のほうが配当方式よりも劇的に上回っていました。

売却方式については、計算上有利なだけでなく、あと二つ書いておくべき重要なことがあります。まず、配当は株主に特定の方針を強要することになります。もし配当性向が四〇%になれば、三〇%や五〇%を望む株主にとっては不本意です。私たちの株主は、配当金についても十分議論しています。ただ、彼らの多く──ほとんどと言ってもよいかもしれません──は資金的に余裕があるため、理論的には無配を選ぶはずです。

しかし、売却方式ならば、株主は現金収入と資本構築の割合をそれぞれで決めることができます。株主ごとに、現金化の割合を六〇%、二〇%、〇%などと決めることができるのです。もちろん、配当金で株を買い増すこともできます。しかし、それをすれば損失を被ることになります。配当金で課税されるうえに、二五%のプレミアムがかかるからです(マーケットで買えば簿価の一二五%だということを忘れないでください)。

配当方式が不利な二つ目の理由も同じくらい重要です。納税義務があるすべての株主にとって、配当方式は売却方式に比べると税効果が劣っている――ほとんどの場合、はるかに劣っている――からです。配当方式では、株主が毎年受け取る配当金に全額課税されますが、売却方式では売却利益のみに課税されるからです。

株主が定期的に持ち株を売っても、保有する会社への投資額を増やすことができるという説明の最後に、私自身の話をしましょう。もう少し我慢して計算に付き合ってください。過去七年間に、私はバークシャーの持ち分の約四・五％を売却してきました。それによって、最初に所有していた七億一二四九万七〇〇〇株（B株で換算した場合、分割調整済）は、五億二八五二万五六二三株に減りました。当然ながら、私の所有率は大幅に下がっています。

しかし、私のバークシャーへの投資額は実際には増えています。私の持ち分の簿価は、七年前の持ち分の簿価をはるかに上回っているからです（具体的には二〇〇五年が二八二億ドルで、二〇一二年が四〇二億ドル）。言い換えれば、所有率が大きく下がったにもかかわらず、私は七年前よりもはるかに大きな額をバークシャーに投資しているのです。

バークシャーの株主は、ほかの巨大企業とは違って本物のオーナーです。この事実は、昨年の年次総会で次のような動議が提案されたときにも明確に示されました。「議案　会社には必

要以上の資金があり、バフェットのように超大金持ちでないオーナーもいるため、取締役会は毎年、ある程度の配当金の支払いを検討すべきではないか」

この動議を提出した株主は、総会を欠席したため、この件が正式に議論されることはありませんでした。しかし、代理投票の集計結果は啓示的でした。予想どおり、A株（保有しているのは比較的少数の経済的余裕がある人たち）の株主の配当に関する答えは、八九対一で「ノー」でした。注目に値するのは、B株の株主の答えでした。B株の株主数は何十万人（もしかしたら一〇〇万人に達するかもしれません）に上りますが、「ノー」が六億六〇七五万九八五五票、「イエス」が一三九二万七〇二六票と、四七対一の割合で否決されたのです。

取締役たちは、「ノー」を提案しましたが、会社として株主に影響を及ぼそうとすることはけっしてありません。いずれにしても、回答のあった九八％が実質的に「配当金を支払う代わりに、すべての利益を再投資せよ」という意志を示したのです。大口、小口を問わず、バークシャーの株主の多くが私たちの経営理念に同調してくれるということは、素晴らしいことであるとともに、ありがたいことです。

第5章

合併・買収

Mergers and Acquisitions

コカ・コーラを愛飲するバフェット

バークシャーの仕事のうちでマンガーと私の気分を最も高揚させるのは、私たちが好ましいと思い、信頼し、尊敬する人々が経営する、優れた経済的特徴を備えた企業を買収することです。このような買収は容易ではありませんが、私たちは絶えずそうした対象を探しています。これは相性の良い結婚相手を探すときと同じ姿勢で行います。積極的で、関心があり、そして偏見のないことが必要ですが、急いではいけません。

私はこれまで、子供のころに読んだカエルにキスするプリンセスの童話に今も魅惑されている、買収に飢えた経営者たちを数多く見てきました。彼女の成功を思い出し、驚くような変化を期待しながら、経営者たちは喜んで企業たるヒキガエルにキスする権利にお金を支払います。最初は失望させられる結果となりますが、それが新しいヒキガエルを集めようとする彼らの願望をさらに強めることになるのです（「狂信は、あなたが目的を忘れて、努力を倍加することによって成立する」と哲学者サンタヤナが言っています）。結局のところ、最も楽天的な経営者さえ、いつかは現実に直面しなくてはなりません。変身しないヒキガエルにばかり気を取られた経営者は、次に大規模なリストラ計画を発表します。このように先走った計画の代償として、CEO（最高経営責任者）は教訓を得ることになりますが、その授業料を支払うのは株主なのです。

経営を始めて間もないころ、私もヒキガエルとデートしたことがあります。彼らは「安い」ヒキガエルでした。私は常に真剣でしたが、得た結果は高価なヒキガエルに言い寄った買収者たちと同じでした。キスするとゲロゲロと鳴いただけだったのです。

この種のいくつかの失敗のあとに、ついに私は、かつてあるプロゴルファーから得た、ある役に立つアドバイスを思い出しました（私のゲームにかかわったすべてのプロと同じように、彼は匿名を望んでいます）。彼は言いました。「練習というのは完成することはない。練習は永遠に続くのだ」と。その後、私は戦略を変更して、魅力的な企業を安く買うのではなく、良い企業を適正な価格で買おうとするようになりました（一九九二年の手紙の導入部分）。

A. ひどい動機と高値（一九八一年、一九八二年、一九九七年、一九九四年）

これまでの実績が示しているように、企業全体を所有しても、企業の一部の株を取得しても、私たちはどちらでも構いません。私たちは絶えずそれぞれの分野で多額の投資をする方法を探しています（少額な取引は避けるようにしています――やる価値のないことを、うまくやってもまったく意味がないからです）。現実に、保険事業の流動性確保のために、現金化しやすい有価証券への多額の投資が必要になっています。

私たちの買収の決定は、現実の経済的利益を最大にすることを目的としたものであって、事業領域や会計上の数字を最大にすることを狙ったものではありません（長い目で見れば、経済的な実体以上に会計上の見栄えを重視する経営者は、ほとんどそのどちらも達成することはできません)。

即座に収益に影響するかどうかは分かりませんが、素晴らしい企業Tの株式を一株当たり二Xで、一〇〇%購入するよりも、私たちは一株当たりXで一〇%を買う方を選びます。たいていの企業の経営者はまさにその反対のやり方を好み、その行動を正当化する理由は無限にあるように思われます。

しかし、高いプレミアムを払ってまで行われる買収の重要な要素とは、普通は語られることのない次の三つの動機が、単独か、組み合わされたものであろうと私たちは考えています。

①企業やそのほかの指導者はアニマルスピリッツ(活動的精神)が旺盛で、行動することや挑戦することを好む(バークシャーでは、買収の見込みがあるとき以外には、企業の脈拍が速く打つことはありません)。

②企業や団体などのほとんどの組織では、それ自身を評価する場合とか、他者が評価する場合、あるいは経営者への報酬額を決定する場合であっても、常に規模という物差しを判断の基準に置く(フォーチュン五〇〇に入る企業の経営者の一人に、彼の会社がその有名なリスト上のどの辺りに位置しているか聞いてみるとよいでしょう。すると必ず、売上高ランキングにおける順位そのままの数字を答えるはずです。しかし、収益性によるランク付けを尋ねたら、彼は自分の会社がフォーチュンのリスト上のどこに位置するのかは答えられないと思いま

す)。

③多くの経営者は感受性が強い幼年時代において、ヒキガエルの姿をしたハンサムなプリンスが美しいプリンセスのキスによって変身する話に影響されすぎて、その結果として、彼らは経営上のキスが企業Tの収益性について驚くべき効果を上げると確信している。

このような楽天主義が買収には不可欠な要素になっているのです。買収側の会社の株主は市場価格Xを支払って直接企業Tの株式を入手できるのに、同じ株に二倍（二X）ものコストを払って買収するとすれば、このような楽観的な見方を持っているとしか考えられません。

言い換えれば、投資家はヒキガエルをいつも時価で買うことができるのです。もし投資家がヒキガエルにキスする権利を時価の二倍で得ようとするプリンセスに資金を出すならば、そうしたキスはすごい効果を持っていないと困ったことになります。私たちは多くのキスを見てきましたが、ほとんど奇跡は起こりませんでした。それにもかかわらず、多くの経営者たるプリンセスたちは、会社の裏庭に変身しないヒキガエルがあふれてきたあとでさえ、キスの持つ未来の効力を信じているのです。しかし、公正な立場で言うならば、買収事例のなかには見事なものもあったことを認めざるを得ません。成功事例は大きく二つに分類することができます。

第一は、意図したことであれ、偶然であれ、特にインフレの環境にうまく適応した企業だけを買収した会社です。このような好ましい被買収企業は二つの特徴を持っているはずです。①

市場占有率や販売量に大きな損失を与えるという恐れなしに、(製品需要が単調で、設備稼働率が低い場合ですら) 容易に価格を上げることができる能力を持っている。②資本を少し追加投入するだけで、事業の (実質成長によるよりも、しばしばインフレによってもたらされる) 規模拡大を受け入れる能力を持っている。並みの能力の経営者でも、買収の可能性を検討する際に、これらの条件に適合しているかどうかに焦点を合わせるだけで、ここ数十年では優秀な結果を達成できました。しかし、両方の特徴を備えた企業は極めて少数にすぎず、今や自滅的と言ってもよいほどそうした企業の買収をめぐる競争が凄まじくなったのです。

第二は、経営上のスーパースターに関することです。ヒキガエルの姿をした本物のプリンスを見抜くことができ、そして、カエルを元の姿に戻すことができる経営上の能力を持っている男たちのことです。ノースウエストのベン・ハインマン、テレダインのヘンリー・シングルトン、ナショナルサービスのアーウィン・ザバン、そして特にキャピタル・シティーズ・コミュニケーションのトム・マーフィーのような経営者に私たちは敬意を表します (その買収努力がまさに第一の分類に合致し、そしてその経営上の才能が彼を第二の分類の経営者にしている、経営上の真に「逸材」のことです)。直接の、そして間接的な経験から、私たちはこれらの経営者が上げてきた業績を達成することの困難さ、稀少性を評価しています (彼らは最近、極めてわずかしか買収を行っておらず、そして自社株買いが企業の資本の最も有効な使い方であると気づいています)。

われわれの会長は、不幸にも、第二の分類の経営者になる資格を持っていません。そして、第一の分類に当てはまる注目すべき経済的な要因について、十分に認識していたにもかかわらず、この分類に当てはまる私たちの実際の買収活動は散発的で、また不適切でした。私たちの唱えていたことのほうが、私たちが現実に達成したパフォーマンスより優れていたのです（私たちはノアの原則を無視していました。大洪水を予測することではなく、箱舟を作ることが重要だったのです）。

過去の報告で結果を詳しく述べたように、時折バーゲン価格でヒキガエルを買いましたが、明らかに私たちのキスは失敗でした。私たちは二～三のプリンスとうまくやってきましたが、そのプリンスは買った時点でもうプリンスになっていたのです。でも、少なくとも私たちのキスは彼らをヒキガエルに戻したりはしませんでした。そしてついに、容易に見分けがつくプリンスの部分的所有権をヒキガエルのような価格で購入して、時折、大成功するようになったのです。

バークシャーとブルーチップは一九八三年に合併を考えています。もしそれが実行されれば、双方の会社に同じ評価方法が適用されて、株式の交換が行われることになります。現経営陣の

在任期間中になされた、バークシャーやその子会社によるもう一つの有意義な株式発行は、ダイバーシファイド・リテール・カンパニーとバークシャーの一九七八年の株式交換による合併のときのものでした。

私たちの株式発行は、単純で基本的なルールに従っています。私たちが差し出すのと同じ価値を持つ相手企業の内在価値を受け取れないならば、私たちは株を発行しないでしょう。このような方針は自明のことと思われるかもしれません。また、どうしてと尋ねられるかもしれません。だれが五〇セント硬貨と引き換えに一ドル札を差し出すでしょうか。残念ながら、多くの企業の経営者はそのようなことを平気で行ってきました。

こうした経営者が買収をするときに最初に迫られる選択は、現金を使うか借金するかということかもしれません。しかし、たいてい、CEOの買収に対する意欲は、現金や借入限度を上回ります（もちろん私も常にそうでした）。同様に、しばしば彼の会社の株価が企業の内在価値をはるかに下回っているときに、買収に対する欲求が生じてくるようです。こうした事態は危機を招きます。こうした点についてヨギ・ベラは次のように言っています。「ただ注意を払うだけで、あなたは多くのことに気がつくだろう」。株主がこの言葉に従うと、経営陣が本当に求めていることが権限の範囲の拡大なのか、株主の資産の維持管理なのか、分かってきます。

こうした選択が必要となる背景には、単純な理由があります。ある企業の株式が、株式市場でその内在価値を下回って売られることは珍しくありませんが、相対取引で全株式を売却することを望む企業は、支払いに際して用いられる通貨が何であろうと、当然、企業価値に見合った十分な受取額を望むでしょうし、通常はそれが可能です。現金で支払われるときは、売り手の受け取る価値の計算は極めてやさしいのです。現金ではなく買い手の株式を支払いに使われたとしても、売り手側の計算は比較的容易です。単に受け取る株式の市場価格を計算するだけでよいのですから。

一方、もし株式市場において、買い手の株式が正当な内在価値で売買されているのなら、買収に当たって買い手の株式をその対価として用いることを望む場合でも、何も問題にもなりません。

しかし、もしその株式が内在価値のわずか二分の一で売られているとしましょう。このような場合、買い手は買収をするために実質的に過小評価された価値を用いることになり、将来、好ましくない状況に直面することになります。

もし皮肉にも買い手が逆の立場で、その企業全体の売り手であったとしたら、多分、交渉をすることで企業の内在価値と同じ対価を得ることを望むでしょう。しかし、その買い手が自社の一部分を売却するときは、つまり買収のために株が発行されるということになるのですが、通常その株に対して株式市場で取引されている価格より高い価格が付くことはありません。

それにもかかわらず、強引に買収を進める買い手は正当に評価された財産（交渉された価格）に対して、過小評価された対価（市場価格）を用いて支払うことになります。実際、買い手は一ドルの価値を受け取るために、二ドル支払うことになります。このような状況下では、適正価格で購入できた素晴らしい企業のはずが、ひどい買い物になってしまいます。金（ゴールド）として評価された金を、鉛と評価されている金や銀を使って購入すべきではありません。しかし、もし企業が規模の拡大とこのような活動についてより積極的ならば、買い手の経営者はこのように自社の株式の価値を破壊する発行について、いろいろな言い訳を考えつくでしょう。また、親切な投資銀行家はその行動がいかに健全なものであるか、経営者を元気づけてくれることでしょう（やって来た客にまだ散髪の必要はないと言う理髪店の店主など、いるわけがないのです）。

株式を発行する経営者が用いる大好きな言い訳は、次のようなものです。

①「私たちが買おうとしている企業は、将来は今よりもずっと価値が上がるだろう」（多分、代わりに売り払われる企業の株もそうです。将来の良い見通しは、事業を評価するときには暗黙の了解のようになっています。もしXに対し二Xが発行されるなら、両方の企業価値が二倍になったときにも、アンバランスはまだ存在します）。

②「私たちは成長しなければなりません」（「私たち」とはだれのことか、ここで問われなければなりません。既存の株主にとっての現実とは、株式が発行されれば、すべての現在の企業価値が下がるということです。もしバークシャーが買収のために、明日にでも株式を発行す

るならば、バークシャーは現在所有するすべての事業に加えて新しい事業を所有することになります。しかし、シーズキャンディーズ、ナショナル・インデムニティなどのような得がたい企業に対するみなさんの持ち分も自動的に減ることになるでしょう。もし、(A) あなたの家族が一二〇エーカーの農場を所有しており、そして、(B) 同じような土地六〇エーカーを持つ隣人に、対等なパートナーシップの持ち分を条件に彼の農場を統合するよう求めたとすると、(C) あなたたち二人の管理する範囲は一八〇エーカーに増大します。しかし、あなたは面積と収穫両方に対して、あなたの家族の所有権を永久に二五％縮小してしまっていることになります。株主に負担を強いて自分の取り分を広げることを望む経営者は、政府組織での職を考えたほうがよいかもしれません)。

③「私たちの株式は過小評価されています。そのため、私たちはこの取引で株式による支払いを最小限にとどめました。しかし売り手の株主が欲する非課税の交換ができるように、私たちは五一％を株式で、四九％を現金で支払う必要があります」（この発言は、株の発行を低く抑えることが買い手に有益であることを認識しており、その考えは私たちも同じです。しかし、もし株で一〇〇％支払うことが古い株主を傷つけるならば、それは五一％でも同じでしょう。結局のところ、もし小型犬のスパニエルが芝生を傷めるのなら、それがセントバーナードではなくスパニエルであるというのは何の慰めにもなりません。そして売り手の願望が、買い手の利害に関する最良の決定要素であるはずがありません。あり得ないことですが、

もし売り手が合併の条件として、買い手のCEOの交替を強く主張したなら、何が起きるでしょうか)。

買収のために株が発行されるに際して、古い株主がその株の価値の下落を避けるには、三つの方法があります。一番目は、バークシャーとブルーチップの合併が意図したような、正当な事業の価値に基づいた合併です。そのような合併は、それぞれが企業の内在価値について与えるのとほぼ同じ対価を受け取ることができるので、両方の株主にとって公平であるようになっています。ダート・インダストリー・クラフトとナビスコ・スタンダードの合併は、このタイプのものに思われました。しかし、これらは例外です。買い手がこのような取引を避けているわけではありません。単に、このような取引は行うのが非常に難しいのです。

二番目の方法は、買い手の株式がその企業の内在価値と同額か、あるいはそれ以上に市場評価されているときに可能な方法です。そのような状況では、買収の対価としての株式の使用は、実際に買収する企業の株主の資産を高めることになります。一九六五年から一九六九年の間には、多くの合併がこの原則によって成し遂げられました。一九七〇年からの一連の合併の多くはこの逆でした。売り手側の企業の株主は、しばしば疑わしい会計と広告テクニックによって膨らまされた非常に誇張された対価を受け取り、彼らはこういった取引では資産を失うことになりました。

最近では、二番目の方法は極めて少数の大きな会社にとってのみ可能でした。例外は主として、株式市場が一時的に企業の内在価値以上の評価をして、魅力的に見えたか、あるいは宣伝上手な企業でした。

三番目の解決法は、買い手が買収を進めるが、その後、合併で発行されたのと等しい数量の自社株買いをすることです。この方法では、本来の株式を用いた合併が実質的には、現金を用いた買収に変換されたことを意味します。この種の自社株買いは損害を回復する行動なのです。過去の損害をほとんど回復させない自社株買いよりも、株主の資産を増やす直接的な自社株買いを私たちが望むことを、この報告書の読者は正しく理解していることと思います。タッチダウンで得点することは、自分のファンブルを埋め合わせるよりも一層気分を浮き立たせるのです。しかし、ファンブルが発生したときには、そのリカバリーが重要になります。そして不利な株の取引を有望な現金の取引へと変えることになり、損害の回復ともなる自社株買いを、私たちは心からお勧めします。

合併に関して用いられる言葉は、株式発行を混乱させ経営者に理性を欠いた行動を促す傾向があります。例えば「希薄化」は、簿価と現在の一株当たりの収益の双方に基づいた見積もり計算によって、通常、慎重に割り出されています。計算上、特に強調されるのは、後者である現在の一株当たりの収益のほうです。計算結果が買収する企業から見て思わしくない（一株当たり収益を減らす）ものであるときは、その数字が将来は改善されるとする正当化のための説明が内部的には行われるはずです（彼らは、実際の取引はよく失敗するのに対して、計画ではけっして失敗しません。もしＣＥＯがその買収を強く熱望していれば、部下やコンサルタントがそれに必要な計画を提供して、どんな価格でも正当化するのです）。もしその見積もり計算が肯定的なら、つまり買い手の収益を減らさないなら、正当化のための説明は必要ないのです。

こうした形での希薄化への注目は行きすぎたものです。現在の一株当たりの収益（あるいはその後数年にわたる一株当たりの収益でさえ）は、ほとんどの企業評価法における重要な変数です。しかし、全能というにはほど遠いものです。

この「限られた意味」において、収益を減らさない合併は多く存在しましたが、買い手にとっては買ってすぐにその価値が大きく下がるものでした。一方、一時的に、そして短期的に一株当たりの収益を薄めた合併のなかには、実際には価値を高めるものもありました。本当に重要なのは、企業の内在価値（その判断には多くの変数を考慮する必要がありますが）を希薄化させるか否かなのです。この観点から希薄化を計算することが極めて重要である（にもかかわらずめったに行われない）と、私たちは考えています。

第二の言葉の問題は、交換の等式に関するものです。もし、A社がB社と合併するために株を発行することを発表するなら、その過程は通例「B社を買収するA社」、あるいは「B社はA社に売却される」と言い表されます。ぎこちなくはなりますが、より正確な記述ができれば、この問題について、より明確な考察ができるでしょう。すなわち「B社を買収するためにA社の一部が売却される」、あるいは「B社の株主は彼らの資産と引き換えにA社の一部を受け取る」というようにです。取引で支払うものは、手に入れるものと同じように重要です。何を支払うかについての最終的な計算が遅れているときでさえ、その重要性は変わりません。買収の資金調達のためであれ、あるいは貸借対照表上の健全性を回復させるためであれ、普通株や転換社債の発行は、買収にかかわる基本的な計算をしたうえで、熟慮されるべきです（もし企業の妊娠が企業の交尾の結果であるなら、その事実にかかわる問題は恍惚の瞬間以前に起きているのです）。

経営者や取締役たちは、自分の企業の一部を売るときに考える場合と同じ基準で、自分の企業全体を売るかどうかを自問すれば、企業を売ることについての考えを深めることができるかもしれません。もしすべてを売ることが賢明でないのなら、なぜ一部分を売ることが賢明であるのか自問すべきです。小さな経営上の愚かさの積み重ねは、大きな勝利ではなく大きな愚行を引き起こすことになります（ラスベガスの繁栄は、人々が少々不利な資本取引を行ったときに生じる資産移転の積み重ねの結果なのです）。

「支払うものと手に入れるもの」の係数は登録投資会社の例で簡単に計算することができます。資産価値の五〇％で投資会社Xが投資会社Yと合併することを望んでいるとしましょう。また、そのために、X社は市場価格でY社の資産価値の一〇〇％と等しい株式を発行すると想定してください。

このような株式の交換は、X社にとって、それまでの内在価値二ドルとY社の内在価値一ドルとを交換することになります。X社の株主と、登録投資会社の合併の公正さを裁定するSEC（証券取引委員会）の両方から、即座に抗議がなされるでしょう。このような取引は、まず許されません。

製造、サービス、金融会社などの場合、投資会社の場合のように、価値は通常、正確には計算されません。けれども、これらの業界でも、買収元企業の株主にとって、先ほどの仮説で示したのと同じくらい劇的に価値を半減した合併劇を私たちは見てきました。もし両方の企業を測るのに同じ判断基準を使うことによって、経営陣がすべての取引の公正さを判断していれば、この価値半減は起きることはありませんでした。

最後に、企業価値を「希薄化」させるような株式発行が、買収元企業の株主にもたらす「ダブルパンチ」効果について一言述べさせていただきます。このような状況の下での最初のパンチは、合併自体を通して起こる企業の内在価値の損失です。第二のパンチは、今や薄められた企業価値に与えられるマーケット上での極めて論理的な評価で、それは株価の下落です。現在の、そして将来の株主は当然のことながら、無知な株式発行を行って資産価値を減らした経営陣の手に委ねられた資産に対しては、今までと同じように多くの対価は支払わないでしょう。なぜなら彼らは正しい運営上の才能を持った経営陣に委ねられた資産に対してお金を支払うのであって、経営者が反株主的行動をすることが分かっている資産に対して支払うものではないからです。経営者自身が株主の利害関係に鈍感であることを一度でも示せば、株主は（ほかの株と比較して）自らの株式の価格・価値比率において長い間被害を被ることになるでしょう。そして、経営陣がそれにどんな言い訳をしようとも、価値を薄める行動が取られたということは、その種のことがこれからも続くと考えられるのです。

こうした言い訳は、マーケットにおいては、レストランでサラダのなかに一匹の虫がいたときの弁明と同じものです。ウエーターが謝りに来たとしても、気分を害している客と、何を注文するべきか迷っている彼の隣の客双方に、サラダに対する需要（そしてそのため市場価格も）の下落を防ぎきれません。ほかの条件が同じだとすれば、いかなる場合にも、経営者が株主に不利益となる条件で株式を発行する気はないことを証明した企業のみに、内在価値と比較して最も高い株価が付けられます。

買収の際、バークシャーの株式よりも現金を使うことを強く望むと私は申し上げました。その理由はこれまでの記録の研究から明らかになります。私たちが行った株式のみを用いた合併（ダイバーシファイド・リテーリングとブルーチップ・スタンプという関係会社二社との合併を除きます）すべてを合計すれば、私たちの株主は、その取引を行わなかった場合と比べて若

干損をしているということに気づくでしょう。こう言っては面目がないのですが、私が株式を発行したとすれば、みなさんにお金を負担させることになったことでしょう。

一つはっきりさせておきましょう。こうしたコストが発生したのは、私たちが売り手によって間違った方向に誘い込まれたからでも、彼らがその後真面目に取り組まなかったり技術が不足していたりしたからでもありません。それどころか、売り手の人たちは私たちの取引に際して実に公平で、それ以降もずっと精力的で効果的な取り組みをしてきました。

私たちの問題はそうではなく、バークシャーが本当に素晴らしい事業のコレクションを保有していることです。これを踏まえれば、そうした事業の一部を手放し、何か新しい事業と入れ替えることにはほとんど意味がないということになります。合併に際して株式を発行すれば、私たちの事業すべて――すなわちコカ・コーラ、アメリカン・エキスプレスなどの一部を保有している企業や、私たちが経営する素晴らしいすべての会社などについてのみなさんの持ち分を減らすことになってしまいます。スポーツを例にとって私たちが直面した困難についてご説明しましょう。野球のチームにとって、打率三割五分を期待できる選手を獲得できるなら、それはほとんどの場合大変素晴らしいことです――そのためにチームが三割八分の打者をトレードに出さなくてはならない場合を除いては。

わがチームの登録選手は三割八分の打者で埋まっているため、買収に当たっては現金で支払うことを望んできました。そして私たちの業績はそのほうがはるかに良くなってきました。一九六七年のナショナル・インデムニティを皮切りとし、シーズキャンディーズ、バッファロー・ニューズ、スコット・フェッツァー、GEICOなど、私たちは――現金によって――いくつもの大企業を買収してきました。これらの企業は、私たちが買収を行ってから信じられないほど優れた業績を上げてきました。こうした買収によって、バークシャーには驚異的な価値がもたらされました。事実、買収の際の私の予想をはるかに上回るものでした。

私たちは現在保有する企業や経営者を「買い替える」ことなど不可能に近いと考えています。私たちの状況はキャメロットのモルドレッド（**訳注**　『アーサー王伝説』に登場する円卓の騎士の一人）とは正反対です。グィネビア（**訳注**　アーサー王妃）は彼について次のように語っています。「彼について一つだけ言えることは、彼は良い結婚をするに違いないということですわ。彼より悪い人はいないのですから」。バークシャーにとって良い結婚をすることは非常に難しいのです。

企業合併と買収を考える場合に、多くの経営者たちは、その取引が一株当たりの収益（あるいは、金融機関では、一株当たりの簿価）を希薄化させるかどうかといったことのみに、焦点を当てる傾向があります。こうした面を重視しすぎることには大きな危険が伴います。二五歳

のＭＢＡ（経営学修士）課程一年生の学生が、二五歳の日払い労働者と将来の経済的利害関係を「合併」することを考慮していると想像してください。非所得者であるＭＢＡの学生は、彼の持ち分の所有権を日払い労働者のそれと「共有し合う」合併が、彼の短期収益を大きく高めるであろうことに気づくでしょう。ＭＢＡの学生にとって、この種の取引よりもっと愚かなことがあるでしょうか。

企業間の案件において、買収対象企業が、異なった見込みや、営業資産と非営業用資産の異なる組み合わせ、または異なる資本構成を持つときに、現在の収益のみに焦点を合わせることは、買い手にとって同じように愚かなことです。バークシャーは、短期的に収益を上げる可能性のあった多くの合併や買収には手を出したことがありません。もし実行していれば、それは一株当たりの内在価値を減らしたでしょう。私たちのアプローチは、むしろ、アイスホッケーの名選手ウェイン・グレツキーのアドバイスに従うことでした。「パックがあるところにではなく、パックが行こうとしているところに行け」。その結果として、今や私たちの株主は、標準的な教科書が示す結果よりも何十億ドルも経済的に豊かになったのです。

悲しい事実ですが、ほとんどの大きな買収は、言語道断ともいえるアンバランスなものです。こうした不均衡は、買収先企業の株主にとっては濡れ手で粟であり、買収側の経営陣にとっては所得と地位の向上を意味し、投資銀行家や買収屋たちにとっては蜂蜜入りのつぼなのです。反面、ほとんどは買収側の株主の資産を減らすものであり、しばしばその金額はかなりのものになります。典型的な企業買収では、受け取るよりも多くの内在価値を買収側が引き渡すことから、このような不均衡は発生します。「トコトンやりなさい」とワコビアコープの引退したジョン・メドリン会長は言っていますが、それは幸福の手紙を逆向きに出すようなものです。

経営者の資本配分に関する手腕は、長期間にわたって企業価値に大きな影響を与えます。当然のことながら、本当に良い企業は社内で必要とされるより、はるかに多くの利益を上げます。もちろん企業は、配当や自社株買いを通して、株主に利益を分配することができます。しかしCEOは、戦略企画スタッフやコンサルタント、投資銀行家に、買収が意味のあるものなのかどうかをよく尋ねます。それは、インテリア・デザイナーにみなさんが五万ドルの敷物を必要とするかどうか尋ねるようなものです。

買収にかかわる問題は、経営者が持っている性質によって生じることがよくあります。旺盛なアニマルスピリッツと自尊心があるがゆえに、多くのCEOがその地位を得たのです。もし経営者がこれらの性質――時には彼らの長所と認識されるようなもの――を強く持っていたなら、彼が昇進を極めたときにもそれらが消えることはありません。こうしたCEOが顧問から企業買収を勧められたときにとる行動は、ちゃんと性生活を送るようにと父親に激励されたティーンエージャーの少年のとる行動とほとんど同じだといえるでしょう。彼に必要なものは後押しではないのです。

CEOをしていた私の友人が、冗談交じりに（これは言っておかなくてはなりません）多くの大きな取引にまつわる状況を、数年前になにげなく話してくれました。損害保険会社を経営していたこの友人は、取締役たちに向かって、彼がある生命保険会社を買収したい理由を説明していました。買収についてのあまり説得力のない経済学と戦略上の根拠について単調に話し続けたあとに、彼は唐突に台本を捨て、お茶目な顔つきをして言ったそうです。「だってみんなが持ってるんだもん」

バークシャー傘下の経営者たちは、平凡と思われる事業から並外れた収益を上げ続けるでしょう。最初の一歩として、彼らは自分の事業で収益を有利に活用する方法を探し、残った資金はマンガーと私に送られることになります。そして私たちは、一株当たりの内在価値を増やすためにそれらの資金を使おうとします。私たちの目標とは、その事業を理解でき、また長期にわたり良好な経済状態を保つことができ、好ましくかつ尊敬と信頼のできる経営者によって経営されていると信じる企業の一部分か、すべてを買収することです。

B．「思慮深い自社株買い」対「グリーンメール」（一九八四年）

私たちが自社株買いを承認するのは、このような株価と価値が乖離した場合に限られており、大嫌いな「グリーンメール」には手を出しません。この取引では、事情を知らず、だれにも相談できないような第三者を搾取することによって二つのグループが個人的な目的を達成します。

参加者は以下のとおりです。①株券のインクが乾く間もなく、経営者に脅迫的なメッセージを届ける自称「株主」の強奪者、②ほかのだれかが支払ってくれるかぎり、どんな価格であっても早く平穏を得ようとする企業内部の人間、③①を退去させるために、②によって資金を使われる株主たち。騒ぎが収まると、一時的な株主が「自由企業」について、強奪された愚かな経営陣は「企業の最も良い利害関係」について得々と語り始めます。そして、なすすべなく待機していた事情を知らない株主は、彼らの給料支払いに資金を供給することになります（**訳注**　グリーンメールとは株式を買い占め、その株式を高値で引き取りを要求すること）。

C．LBO（一九八九年、チャールズ・T・マンガーによる「ウェスコ・フィナンシャル・コーポレーションの株主への手紙」転載許可済み）

もし企業買収を成功させることがそれほど難しいのなら、LBO（レバレッジド・バイアウト。対象企業の資産を担保にした借入金による企業買収）を仕掛けた者の多くが、広く最近の企業買収に成功したことをどう説明したらよいのでしょうか。その回答のほとんどは、所得税削減の効果とそのほかの単純な要因に基づいています。典型的なLBOでは、たいていの場合、企業の株式資本は、九〇％の負債と新しい一〇％の普通株ポジションに置き換えられます。

①すべての新しい普通株とすべての新しい負債を統合した株価は、以前の普通株の株価よりも

ずっと高くなりました。多くの場合、毎年税務署が株主よりも多くの現金を法人所得税として徴収していたので、LBO後に税引き前の収益の流れが変わったからです。

②法人税負担削減によって企業価値が増加した効果は、既存の株主に非常な高値で持ち株を売却する機会を与えたあとですらまだ有効であったために、買収後しばらくは、今や投機的な債券と言ってもいいような新しい普通株が、対費用でみてはるかに高い価値を持ったのです。

③新しい「株主」は、次のような、考えるのも実行するのも安易な戦略に訴えました。

（A）彼らは簡単に削減できるコスト（主に、人事コスト）と、（ア）成功した企業（私たちを含みます）を怠惰と愚行で苦しめ、（イ）企業の人道的な資質を形成してきた一定の水準に満たない部分の多くを切り捨てました。そして、当面の生け贄を排除し終わると、長期の良好な見通しのために生け贄を出したことは正当化されました。

（B）彼らは、超高値で、少数の事業を売り払いました。時には、最も安易なミクロ経済学の見識に従って、直接の競争相手に売り渡し、また驚くべきことに、競争相手と比較して高い価格を支払うことがない――たくさんいますが――あまり競争力のない買い手に売ることもありました。

④新しい「株主」はやがて、税効果と右に述べた単純な入れ替えの活動からだけではなく、株式市場の強気相場に伴う長い好景気の間に、極端な金融的レバレッジによる驚くべき上昇効果から利益を得ました。

国家が多数の大企業による極端な借入金を用いた投資を多く（あるいはどれだけであっても）望むか否かは、そのときどきの不運を除けば、興味ある社会問題を提起しています。企業の社会的機能の一つは、経済的に強くなることで、従属する従業員、業者、顧客を資本主義に不可避の変動から守る緩衝役を務めることではないでしょうか。ベンジャミン・フランクリンが『リチャード年鑑』で取り上げた民衆の知恵は正しかったのです――「からっぽの袋は、まっすぐ立つことは難しい」。借り入れを最大限に行って弱体化した企業は、社会にとって、構造に欠陥がある橋と同じではないでしょうか。LBOには長期的に好ましい影響を（もちろん望ましくない影響も）及ぼすような効果もあったことを認めたとしても、企業の資本構成の再編作業に一体、何千人の有能な人々を道連れにすることを望むのでしょうか。それは、①法人所得税を削減すること、②しばしば独占禁止法の限界を確認すること、③莫大な借金を支払うために短期的な現金を稼ぐこと――に、企業を向かわせることになるのです。最後に、コロンビア大学のロースクールのルー・ローウェンスタイン教授は、おおよそ次のようなことを言っています。「ポークベリーの先物取引みたいに、企業が繰り返し取引されるビジネスを、私たちは重要な社会的制度として欲しますか」

たとえ社会的な問題には回答が与えられるとしても、現在の状況は明らかに三つの様相を示しています。第一に、LBO取引では法人税効果が非常に大きいので、この種の取引の成功が容易だとしても、通常の企業買収の成功が簡単だということを意味するわけではありません。第二に、今や大勢のＬＢＯ仕掛人たるオペレーターたちは、私たちを含めた潜在的買い手を害するほどまで、取得価格全般のレベルを引き上げました。それにはウエスコも含まれていますが、最大限の借り入れを行うことによって、租税上の免除を最大限に受けようとはしていません。そして、第三に、現在の自由放任の法律が存続するかぎり、ＬＢＯオペレーターはいなくならないでしょう。オペレーターは、単に取引を促進するイチジクの葉（不都合なものを覆い隠す）であるだけでなく、このような法の下で現実の強みを持っているのです。失敗と不名誉によって彼らの人数は減り、ＬＢＯの取引で支払われる価格も下がるでしょうが、ＬＢＯによる法人所得税を減らす収益還元価値は変わりありません。そのため、たくさんの合理的な誘因がＬＢＯ取引にはまだ残っています。ＬＢＯの魔神は逆境に遭遇することになるでしょうが、新しい法律ができないかぎり、彼らの活動が完全に抑制されることはないでしょう。

同様に、高く入札しようとするＬＢＯオペレーターの行おうとしていることは、税法上の現実的利益と、良心のとがめなしに素早く企業を改造しようとすることにとどまらないことに気がつくべきです。高値で入札することに対する別の動機は、ＬＢＯパートナーシップであるゼネラルパートナー（無限責任社員）に収益が大きく分配されるにもかかわらず、自分の資金はほとんどリスクを負わないという典型的な構造からきているのです（手数料を考慮に入れると、しばしばまったく資金を出さないこともあります）。このような取り決めは競馬場にいる予想屋の構図に似ています。競馬場に来ている人が多くの賭けをすることを望まない予想屋を見たことがありますか。

非LBOオペレーターであるウエスコの場合、良い企業の買収ゲームは常に難しいものでした。そして最近のゲームは、ミネソタ州リーチ湖でカワカマスを探すようなものになりました。筆者の古くからのビジネスパートナーのエド・ホスキンスがリーチ湖でアメリカ先住民のガイドと交わした会話を紹介しましょう。

「この湖ではカワカマスが釣れますか」

「ミネソタ州では、この湖がいちばんよく釣れます。この湖はカワカマスで有名なんです」

「あなたはどのくらいここで釣りをしていますか」

「一九年です」

「それであなたは今まで、何匹のカワカマスを釣り上げたんですか」

「一匹も釣ってません」

経営陣が私たちの見地に立てば、安全な企業買収はほとんどないことが容易にお分かりになるかもしれません。このゲームはだれにとっても難しく、少なくとも私たちにとっては大変難しいものであり、ウエスコの株主たるみなさんにとってもそれは同じです。結局、私たちみんなが望むほどの価値ある行動ではありません。けれども少しは慰めがあるかもしれません。ちゃんとした資金回収もできない誤った買収によって起こっている一連の大きな問題は、買収ゲームとはリーチ湖でカワカマスを探すようなものであると考えている人々によってはほとんど引き起こされることはないのです。

D．健全な買収政策（一九九五年、一九九一年、後者については同様の内容が一九八二年以降掲載）

多くの経営者が行う買収活動を問題視することにこの紙面を使ってきたことを考えれば、私たちがこの一年に三つの企業を買収をしたことを勝ち誇ることは妙に思われるかもしれません。安心してください、マンガーと私は懐疑心を失ってはいません。ほとんどの企業買収は、買収を行う企業の株主に損害を与えるものだということをきちんと認識しています。喜歌劇ＨＭＳピナフォアの次のセリフは非常に頻繁に当てはまります。「見たとおりのものはめったにありません。スキムミルクは生クリームに見えてしまうのです」。特に、企業買収の売り手やその代理人たちは、金融上、ウキウキさせるような面ばかりを強調して、その企業を買収すれば生じるであろう「教育的価値」は表からほとんど見えないのです。楽観的な筋書きを作り出すことにかけては、ウォール街はワシントンに負けないかもしれません。

いずれにしても、潜在的な買い手が、なぜ売り手によって準備された計画に耳を傾けるのか、私は困惑します。マンガーと私はそうした計画には耳も貸しませんが、代わりに病んでいる馬を持つ男の話を心にとめています。獣医を訪問して、彼が言いました。「私の馬はちゃんと歩くときもありますが、ときどき片足を引きずるんですが」。獣医の答えは辛辣でした。「何も問題ない。馬がちゃんと歩いているときに売ればよい」。合併・買収の世界では、その馬はセクレタリアト（一九七三年の三冠馬）として売られるでしょう。

買収を指向するほかの会社とまったく同様に、バークシャーにとっても将来を見通すことは困難です。彼らと同じように私たちは、常に企業の売り手は買い手よりもその企業についてはるかによく知っており、そしてまた売りどき（企業が「ちゃんと」歩いているとき）を選ぶことができるという売り手側にとって有利な問題に直面します。

そうだとしても、私たちにはいくつか有利な点もあります。そのうちで最大の利点とは、私たちが戦略的計画を持っていないということです。したがって私たちは、既定の方向（ほとんどいつも、愚かな購入価格へと導く方向）に進む必要性を感じません。その代わりに、何が私たちの株主にとって意味を持つのかを決めることができます。それを行う際には、私たちは考慮中のどんな活動であれ、いつも私たちに開かれたほかの多くの機会と冷静に比較します。それには、世界中の株式市場で最も良い企業のほんの一部を購入することも含まれます。こういった比較（買収に対する受動的投資）を行うという私たちの習慣は、ただ規模拡大に専心している経営者はほとんど使わない規律なのです。

数年前のタイム誌上、ピーター・ドラッカーが核心を突いた発言をしていました。「みなさんに秘密をお話ししましょう。取引を成立させるというのは労働に勝ります。取引は刺激的で面白く、労働は卑しいことです。どんな企業であれ、それを経営するということは、そもそも莫大な量の細かい労働の積み重ねです……取引はセクシーでロマンティックです。これこそが無意味な取引が繰り返されてきた理由なのです」。

買収においては、私たちはさらなる強みを持っています。売り手に対する支払いには、私たちは多数の傑出した企業に裏付けられた株式を提供することができます。素晴らしい企業を処分することを望んでいるが、同様にいつまでも課税を延期することを望んでいる個人やその家族は、バークシャーの株式を、特に快適な所有財産だと考えているでしょう。実際、一九九五年に対価として株を支払った二つの買収において、こうした面が重要な役割を果たしたと私は信じています。

そのうえ、売り手企業の経営者のなかには、快適で生産的な労働条件を継続して提供するような企業グループに売却したいと考える人もいます。ここで再び、バークシャーは特別な申し出を行います。バークシャー傘下の企業経営者は強力な経営自治権を持っています。さらに、私たちの企業所有構造をみれば、私が買いたいと言うときは、その約束は売り手にとって何らかの良いことを意味することが分かってもらえるはずです。私たちにとっては、彼らの企業と従業員に何が起こるかを気にかけるオーナーと取引することが望ましいのです。買い手は単に自分の企業を競売にかけようとする売り手と取引するよりも、こうしたタイプの売り手と取引したほうが不愉快なことになる可能性は低いのです。

前述したものに加えて、私たちの買収スタイルを説明すると――もちろん、単純なセールス文句ではありませんが――、もしみなさんが税引き前で七五〇〇万ドル以上の収益を得ている企業を所有するか、あるいはその代表を務めており、それが以下に示す基準に適合しているなら、私に電話をかけてください。その話は内密に行われます。そしてもし今は興味を持っていないのなら、心の奥に私たちの提案をファイルしておいてください。私たちは、良好な経済性と優れた経営陣を持つ企業を買収しようとする意欲はいつも持っています。

買収に関するこの小論を終えるにあたって、ある企業の経営者が昨年私に語った話をここで申し上げることにします。彼が大きくした企業は、長年その業界でリーダーの地位にあった素晴らしいものでした。しかし、その主製品は哀れなほど魅力がありませんでした。そこで数十年前に、その企業は経営コンサルタントを雇いました。当然、彼らは当時の流行であった経営多角化を勧めました（「選択と集中」はまだ流行していませんでした）。まもなく、コンサルティング会社が長時間かつ高額な費用がかかる企業買収の検討を行うたびに、多くの企業を買収しました。そして結果は。経営者は悲しげに、「始めたときには、元の会社から全収益の一〇〇％を得ていました。一〇年後には、元の会社の収益が全収益の一五〇％になってしまいました」と、語りました。

私たちは過去四回、有名な投資銀行が売り手の代理を務める大がかりな買収を行いましたが、投資銀行と接触したのがこのうちの一つの例だけであったことを思い出すとがっかりしてしまいます。ほかの三つのケースでは、投資銀行がわれわれの会社の目論見書を要請したあとは、私自身や友人が相手先企業と交渉をしました。仲介者が私たちのことを理解したうえで、報酬を得るのを望みたいと思います。そこで、ここに私たちが求めている条件を繰り返しておきます。

①大きな買収
②一貫した収益力の証明（将来の予測は私たちにとってはほとんど重要ではありませんし、同様に黒字転換もそうです）
③負債をわずかしか、あるいはまったく用いないで高い収益を上げる企業
④経営陣が定着していること（私たちには補充することができません）
⑤単純な企業（もしたくさんの技術があっても、私たちはそれを理解できないでしょう）
⑥価格が提示されること（価格が決まらない状態で取引についての仮定の話をすることによって、私たちの時間あるいは売り手の時間を浪費することを望みません）

私たちは乗っ取りには参加しません。私たちは、完全な機密性と、興味があるかどうかについて通常五分以内という非常に短時間で回答を出すことを約束できます。私たちは現金で買収することを望みますが、企業の内在価値において私たちが提供するのと同じくらい多くの価値を受け取ることができるなら、株式発行も検討します。

私たちが好む買収形態は、企業のオーナー経営者がときには彼ら自身のために、またしばしば彼らの家族や安定株主のために、多額の収益を上げることを望む場合です。同時に、こうした経営者が以前と同じく、重要な株主としてその企業を経営し続けることを望む場合なのです。このような目的を持つオーナーには、特に良い条件を申し出ることができると思います。また、潜在的な売り手に対し、私たちと過去に取引を行った人々と連絡を取ることで、私たちをよく調べるよう勧めています。

マンガーと私は、私たちの条件を満たすことができない買収の話を頻繁に持ちかけられます。もしコリーを買いたいという広告を出したとすると、多くの人々がコッカースパニエルを売ろうとして電話をしてくることに気づきました。カントリーソングの一節が新規ベンチャー企業や再建途上の企業、オークションの売り物のような企業に対する私たちの感情を表現しています。「電話が鳴らないとき、それであなたは私のことを思うでしょう」（一九八八年、一九八九年、最後の文にはこうあります。「新規ベンチャー企業や再建途上の企業、オークションの売り物のような企業に対しての私たちの興味はこの慣用句の誤用によって最もよく表すことができます。『どうか私を放っておいて』」)。

E. 自分の企業を売るにあたって（一九九〇年補遺B、企業の潜在的売り手への書簡、一九九九年）

多くの企業オーナーは、自分の企業を築き上げることに半生を費やしています。繰り返し経験を積むことで、販売、購買、人員選択などにおける手腕を向上させてきた人々です。それは学習過程と呼ぶべきものであり、過ちを犯せば、それ以降には能力が向上し、成功につながることが多いのです。

一方で、オーナー経営者が自分の企業を売ることができるのは一回限りです。さまざまな方向からの多大なプレッシャーを感じたときに、売却を決意することになりがちです。そうしたプレッシャーの多くは、買い手側や売り手側の結果にかかわらず、企業が売却できたかどうかによって報酬を得るブローカーによってもたらされます。経済的にも、そして個人的にもオーナーにとって決断が非常に重要であるという事実が、それに至る過程を誤りがちなものにしています。一生に一度の企業の売却で犯した過ちは取り返しがつかないのです。

価格は非常に重要ですが、必ずしも売却の際の最も決定的な要素ではありません。あなたとご家族は、貴社の事業分野では並外れて素晴らしい企業を所有されています。そしてどんな買い手もそれを評価することでしょう。年がたつにつれて、さらに価値が上がるのも企業なのです。したがって、もしあなたが現時点で売らなければ、あとでより高値で売れる可能性が非常に高いのです。そのことが分かっていれば、強い立場で取引し、時間をかけて理想的な買い手を選ぶことができるのです。

万が一、会社を売ることに決め、それがバークシャー・ハサウェイならば、ほかの企業に売却したならば得ることのできない強みを提供できると思います。事実上、ほかのすべての買い手はたいてい二つのカテゴリーのうちの一つに分類されるでしょう。

①他業種とみなされていても、あなたの企業と同様、あるいは類似した事業を行っている企業。このような買い手には、どんな約束がなされるかにかかわらず、通常はあなたの企業をいかに運営すべきか知っていると感じる経営者がいるはずです。そして遅かれ早かれ、なんらかの実際的な「援助」の申し出をしてくるでしょう。もし買収を行ったのがより大きな企業なら、将来の買収先企業の経営を任せるという約束の下で、数年をかけて集められた経営陣のチームがたいていは存在するはずです。彼らは自分たちの経営手法を確立しており、たとえあなたの実績が明らかに彼らよりも優れているとしても、人間というものは自分の経営手法のほうが良いと思い込んでしまうのです。あなたや家族の身の回りには、自分の企業を自社よりも大きな企業に売った友人が多分いると思います。その友人の経験から、親会社がその業界を知っているか、あるいは知っていると考えている場合は特に、子会社を自ら経営する

傾向があることが実証されているのではないでしょうか。

②常に巨額の借入金で経営を行い、好機があれば市場を通じて売却する、あるいは別の企業に買った企業を転売することを狙っている金融的謀略企業。この種の買い手は、転売する直前に最も好ましい見地から収益を提示することができるような会計手法を用いるということを、頻繁に行います。この種の取引は、拡大する株式市場やこの種の取引に利用可能な資金が潤沢に供給されているために、以前よりもずっと頻繁に行われるようになっています。

もし現在のオーナーの唯一の目的がチップを現金に換え、企業を忘れ去ることであるなら――多くの売り手がこういった状況に陥ってしまっていますが――、右記のどちらのカテゴリーの買い手でも満足がいきます。しかし、売却される企業がオーナーの生涯にわたる独創的な努力の結果であり、彼の人格と存在意義の欠かせない要素を構成しているならば、いずれのカテゴリーの買い手もけっして良い相手とは言えないでしょう。

バークシャーはそのどちらにも属さない異色の買い手です。買収して長く保有しますが、現在もそして将来も、親会社として子会社の経営に口出しするつもりはありません。私たちが所有する企業のすべては、並外れた自治権を持って運営されています。私たちが何年も所有している主要な企業の経営者のほとんどは、オマハに来たこともなく、あるいは互いに会ったことさえありません。私たちが企業を買収しても、売却する前と同じように経営をし続けることになります。つまり、彼らが私たちの経営手法に合わせるのではなく、私たちが彼らの経営手法に合わせるのです。

バークシャーには、買収企業を経営するチャンスがあると約束された家族や、最近採用されたMBAといったたぐいの者はいません。そして、それは将来にわたってありません。

私たちが以前に行った買収について何か耳にされたことがおありでしょう。今までに買収してきたすべての企業の売り手についてのリストを同封しておりますので、私たちの約束がどう実行されたのかについて、彼らに問い合わせてみるようお願いします。うまくいかなかった企業の場合には特に、私たちが困難な条件下でどのように振る舞ったかについて興味を持たれることでしょう。

どんな買い手も、あなた自身が必要なのだと言うでしょう。そしてもし彼が頭の良い人間なら、間違いなくあなたを必要とするでしょう。けれども非常に多くの買い手は、前述したような理由によって、彼らの言葉と行動を一致させることができません。私たちは約束したように行動します。なぜなら、一つにはそう約束したからであり、そして最も良い業績を達成するためにそうする必要があるからです。

こうした必要性によって、私たちは経営陣であるあなた方家族が企業の所有権の二〇％を持ち続けることを望んでいます。税金対策のために連結決算を行うためには八〇％が必要だからです。それは私たちにとって重要なことです。同様に重要なのは、企業を経営する家族の方々が株主として残っていることです。端的にいえば、現経営陣の主要メンバーが私たちのパートナーとして残らないだろうと感じれば、私たちは買収を望まないでしょう。もちろん、あなたの今後の経営参加については、契約によって拘束できるものではありません。私たちはただあなたの言葉を信頼するだけです。

私が関与する範囲は、資本配分や経営者の選択とその報酬の決定です。ほかの人員決定、運営上の戦略などは経営者の領域です。バークシャーにおいては、経営の意思決定上、私と話し合いをする経営者もいれば、しない経営者もいます。それは、彼らの性格と、ある程度、私との個人的な関係によります。

もしあなたがバークシャーと取引をすることに決めたなら、私たちは現金で代金を払うでしょう。バークシャーによるどのような借り入れについても、あなたの企業を担保物件として用いることはありません。また、この取引にはいかなるブローカーも介在しません。

さらに、取引が公表されたり、買い手が撤退したり、あるいは条件の変更を提案し始めることもありません（すみませんが、銀行、弁護士、取締役、そのほかに対しては、説明の義務があります）。最終的には、あなたは取引相手がどんな者であるかを正確に知ることになります。また、買収交渉時の経営者がほんの数年後には別の者に代わったり、取締役会がこういう条件の変更を提案している（あるいは、親会社が新たに興味を持った事柄に資金が必要となったので、あなたの企業を売却したい）と、いかにも残念そうに社長が切り出したりする心配もありません。

売却後に、より金持ちになることはない、というのが最も適切な表現です。あなたの企業を所有しているという点において、あなたはすでに裕福なわけですし、健全な投資がなされるということです。売却はあなたの資産の形態を変えるでしょうが、その量は変わらないのです。もしあなたが売却するとすれば、あなたが理解している一〇〇％所有の貴重な資産を、現金という別の貴重な資産と交換することになります。そのお金は、あなたがよくは理解していないほかの企業の一部（株式）に投資されることになるでしょう。売却には、普通十分な理由が存在します。しかし、その取引がフェアなものなら、その理由は売り手がより裕福になるというものではないはずです。

私はあなたにしつこくせがんだりはしません。しかし、もしあなたが売却に対して興味があるのなら、どうぞ私に電話してください。あなたの家族の主な方々とあなたご自身をバークシャーにお迎えできるのを、私は非常に誇りに思います。私たちは財務的にうまく運営していけることを信じています。そして、あなたが今までの二〇年間に経験した分と同じだけの楽しみを、今後の二〇年間も経験できると私は信じております。

敬具

ウォーレン・E・バフェット

私たちの企業買収は、通常、過去に私たちに対して売却を行ったことのある経営者からの紹介という形で展開されてきました。ほかの会社の場合、経営者は投資銀行家と一緒になって買収の可能性を追求することになり、標準化された入札手続きを踏みます。この場合、銀行家は私が子供のころに読んでいた漫画のスーパーマンを思い起こすような「台本」を用意しています。ウォール街版のこの台本では、元はほどほどの会社が、投資銀行家の電話ボックスから飛び出すと、ひとっ跳びで競争相手を追い越し、弾丸よりも速く利益が増えていくのです。台本に描かれた買収先の魅力にほだされ、買収を切望するCEO――彼らは皆、その冷静な外見とは裏腹のロイス・レイン（**訳注**　『スーパーマン』に登場するヒロイン）なのです――はすぐさま夢中になってしまいます。

この台本で特に興味をそそる部分は何年も先までの利益予想が正確であることです。とはいえ、作者である銀行家に自身の会社の来月の利益について尋ねると、彼は一転して予防線を張り、事業や市場はあまりにも不透明なものであり、予想などとてもおぼつかないというでしょう。

どうしてもお伝えしなくてはならないお話が一つあります。一九八五年、ある大手の投資銀行がスコット・フェッツァーの売却を請け負いました。募集は幅広く行われましたが、うまくいきませんでした。この失敗を目にし、私は当時、スコット・フェッツァーのCEOだったラルフ・シーに手紙を書き、事業の買収に興味があることを伝えました。私はシーに会ったことはありませんでしたが、一週間で交渉は成立しました。残念なことに、スコット・フェッツァーと投資銀行との契約書では、二五〇万ドルの販売報酬を支払う取り決めになっていたのです。これは、銀行が買い手をまったく見つけられなかった場合でも支払われることになっていました。私の推測では、主幹事の投資銀行家は報酬のために何かしなくてはならないと感じたのだと思います。彼はうやうやしく、銀行が用意したスコット・フェッツァーの目論見書の写しをくれました。マンガーはいつものように答えました。「その目論見書を読まなくてすむためにニ五〇万ドル払いましょう」

バークシャーにおいて、用心深く用意された買収戦略というのは電話が鳴るのを待つだけなのです。幸いにも電話は時々鳴ってくれました。それは大概、以前私たちに売ってくれた経営者が先例に従ってもらいたいと感じる友人に勧めてくれるからです。

F．最適な買い手（二〇〇〇年、二〇〇八年）

昨年、買収活動が活発化したのは恐らく二つの経済的要因が寄与しています。第一に、多くの経営者やオーナーが、自分たちの事業が短期的に減速すると予想し、事実、私たちが買収したいくつかの企業は、一九九九年か二〇〇〇年に到達したピークから今年はほぼ間違いなく利益が減ることが予想されました。すべての事業には時として浮き沈みがありますので、このような利益の減少は、私たちにとって大したことではありません（利益が永遠に右肩上がりとなるのは投資銀行が売り込みをかけるときの説明だけです）。一時的な出来事についてはあまり気にしません。重要なのは全体的な結果です。しかし、ほかの人たちの決定は、短期的な見通しによって影響されることがあります。こうした見通しは、販売業者をたき付けたり、そのようなことがなければ私たちと競合するはずの買い手の熱狂を抑えたりすることになるかもしれません。

二〇〇〇年に私たちにとって追い風となった第二の要因は、年が進むにつれてジャンクボンドの市場が枯渇したことです。これ以前の二年間にジャンクボンドを購入する人々は基準を緩め、財務的にますます脆弱な発行体の債券までも法外な価格で買っていました。このように基準を緩めた影響は、昨年債務不履行が急激に増えたことで実感されました。こうした環境のなかで、事業を「転売目的」で買おうとする人々――すなわち自己資金のわずか一部だけを使って買いたいと望む人々――は、必要と考えられる資金をすべて借りることはできなくなりました。さらに、こうした人々が依然借りることのできる分についても高い金利が求められるようになったのです。このため、昨年については企業が売りに出されることになってもLBOオペレーターは積極的に入札しなくなりました。私たちは買収にあたって、その企業すべての購入を前提として分析を行っているため、私たちの評価が変わることはありませんでした。このことは私たちの競争力が非常に高くなることを意味しています。

経済的要因によって有利になったことに加えて、私たちは今や買収を行う際に重要な拡大しつつある利点を享受しています。これは、多くの場合、私たちが売り手にとって最適な買い手であるということです。もちろんこの事実は、交渉の成功を保証するものではありません。売り手が私たちの提示する価格に満足しなくてはなりませんし、私たちが彼らの事業や経営者を気に入らなくてはなりません。しかしこのことがプラスの材料となるのは確かです。

オーナーが企業を売る際に、だれに対して売るかという点にこだわることには大きな意味があると思います。私たちが取引を行いたいと感じるのは自分の会社を愛している人です。売却によってもたらされるお金が欲しいというだけの人ではありません（ただし、こうした人たちがお金を欲しがる理由もよく分かります）。こうした感情的な愛着がある場合、恐らくその企業では重要な特徴が見られるでしょう。誠実な会計、商品に対するプライド、顧客への尊敬、そして強い指向性を持った忠誠心ある従業員などです。また、その逆も当てはまることが多いものです。オーナーがその後に起こることにまったく関心を示さずに企業を売り払うような場合、売るために見せかけを良くするようなことが頻繁に見られます。これは特に、売り手が「換金目的のオーナー」である場合にはよく当てはまります。そして、オーナーが企業や従業員をほとんど無視したように振る舞うのであれば、その行動は会社全体の態度や慣習に波及することが多いのです。

一生をかけて――あるいは何代かにわたって――たゆまぬ努力とたぐいまれなる才能を注ぎこんで集大成となる企業を作り上げたとき、どの会社が確実にその歴史を受け継ぐことができるのかということはオーナーにとって重要であるはずです。マンガーも私も、バークシャーこそその場を提供するほとんど唯一とも言って良い会社だと信じています。私たちは事業を立ち上げた人々に対する義務を極めて真摯に引き受けます。そして、バークシャーの保有構造は、私たちがこの約束を確実に果たすことを可能とするものなのです。ジョン・ジャスティンに対し、彼の事業（ジャスティン・インダストリーズ）の本部を引き続きフォートワースに置くと伝えたり、あるいはブリッジファミリーに対してその事業（ベン・ブリッジ・ジュエラー）をほかの宝石商と合併させることはないと伝えたりすれば、こうした売り手はこの約束を携えて銀行に行くことができるでしょう。

企業の「描き手」であるレンブラントにとって、その終の住み家を自身で選べるのなら、信託管財人や無関心の相続人に競売で売り払わせるよりもはるかによいでしょう。私たちはこの数年間、その真実を認識し、それを自らの企業を作り上げる際に取り入れてきた人々との貴重な経験を重ねてきました。競売はほかの人たちのために残しておきます。

私たちが長らく公言してきた目標は、企業にとって「最適な買い手」となることです。特に家族によって起業し保有されている会社の場合にはそのように努めています。この目標を達成する方法は、われわれがそれにふさわしい買い手となることです。つまり、私たちは約束を守らなくてはならないということを意味します。買収した企業を締め上げるようなことはせず、経営者には特別な自治を認め、買収した企業を好調なときはもちろん、不振の時期でも変わることなく持ち続けるのです（とはいえ、好調であればあるほどありがたいのですが）。

私たちは言動を一致させています。しかし、私たちと競合するほとんどの買い手は別の方法をとっています。彼らにとって買収した企業は「商品」です。買収契約書のインクも乾かぬうちに、オペレーターは「撤退戦略」を考えています。このため、事業の将来を本当に気にかけている売り手と出会ったならば、私たちは明らかに有利な立場となるのです。

数年前、私たちの競争相手は「ＬＢＯオペレーター」として知られていました。しかし、ＬＢＯは評判が悪くなりました。そのため、ジョージ・オーウェル式のやり方で、バイアウト会社は名前を変えることにしました。とはいえ、大切な報酬体系や借り入れへの愛着といった、従来からの事業の本質的な要素を変えることはありませんでした。

彼らの新しい名前は「プライベートエクイティ」というものでした。この名前は事実とはまったく逆のものです。こうした会社による企業買収は、ほぼ必ずと言って良いほど、買収先企業の資本構造の株式部分を従来と比べて著しく減らすことになります。わずか二～三年前に買収されたこれらの企業のうちのいくつかは、プライベートエクイティの買い手が積み上げた債務のために今や危機的状態にあります。銀行債務の多くは一ドル当たり七〇セントを下回る価格で売られており、公債はさらに大きな打撃を受けています。注目すべき点は、プライベートエクイティ会社が、彼らの保護の下にある会社が今や強く望んでいるにもかかわらず、こうした会社への資本注入を急いではいないということです。彼らはその代わり、残りの資金をまさにプライベートなものとしていたのです。

規制されている公益事業の分野では、家族経営の大手企業はありません。この分野において、バークシャーは規制当局にとって「最適な買い手」でありたいと望んでいます。取引が提案される際に、買い手との相性を判断するのは、株主ではなく規制当局なのです。

こうした規制当局を前にして、あなたは過去を隠すことなどできません。彼らはあなたが事業を営むほかの州の当局に電話して、適切な株式資本を確保する意思があるかどうかなど、事業のあらゆる面についてあなたがどのようにふるまってきたかを尋ねることができます。そして、実際にそうするのです。

二〇〇五年にミッドアメリカンがパシフィコープの買収を提案した際、私たちが規制を受ける新たな六つの州の当局は、ただちにアイオワ州の私たちの記録を確認しました。そして、慎重に私たちの資金調達計画と能力を評価したのです。私たちはこの検査に合格しました。将来も同じように合格すると思っています。

私たちは将来的に、規制された公益事業をさらに買収したいと考えています。そして、現在事業を営んでいる管轄権での私たちの行動によって、将来新たな管轄権でどのように迎えられるのかが決定付けられるのだと理解しています。

第6章
評価と会計

Valuation and Accounting

アイスクリームを食べるバフェット

会計学に関心のないみなさんには、この論文は申し訳なく思います。株主のみなさんは当社の業績数値の分析に没頭しているわけではなく、①マンガーと私がバークシャーにそれぞれの財産のほとんどを注ぎ込んでいること、②バークシャーは株主であるみなさんの投資から得る損益が私たち経営陣が得るものと同様になることを心がけて運営しようとしていること、③バークシャーの業績がこれまでは満足のいくものであったこと――をみなさんがご存知であるからこそ、バークシャーの株主になられていることを私たちはよく理解しているつもりです。投資に関しては、そのような投資先への「忠誠心」で行うような手法が必ずしも間違っていると言うつもりはありません。しかし、「分析的」な手法を好む株主もあり、そのような方たちのために、私たちは必要な情報をご提供したいと思います。当社がほかの企業に投資をするにあたっては、そのような異なる手法、つまり投資先に惚れ込む方法と分析的な方法が同じ結論をもたらすように会社を探しています（一九八八年の手紙の導入部分）。

A．イソップと非効率な藪の理論（二〇〇〇年）

金融上の利益を獲得する目的で購入されたすべての資産を評価する際に用いる公式は、非常に賢い人がおよそ紀元前六〇〇年ごろに最初に考案して以来、不変のものです（もっとも彼は、その時点が紀元前六〇〇年だと理解するほど賢くはなかったでしょう）。

その賢者とはイソップです。若干不完全なところがあるとはいえ、現在まで語り継がれている投資についての彼の洞察というのは、「手にしている一羽の鳥は藪の中の二羽に勝る」というものです。この原則を具体化するには、次の三つの質問にだけ答えてみてください。藪の中に実際に鳥がいるというのはどれだけ確実なのでしょうか。それは一体いつ飛び出してきて、何羽いるのでしょうか。そして、「リスクフリーレート」とは何でしょうか（私たちは長期米国債の利回りだと考えています）。この三つの質問に答えることができるのなら、藪の最大価値――そして今、藪から手にするはずの鳥が最高何羽であるのかが分かることになります。当然ながら、文字どおりに鳥の数を思い浮かべるのではなく、ドルに置き換えて考えてみてください。

このように拡大され、ドルに置き換えられたイソップの投資原則は不変のものです。この原則は、農場、油田使用料、債券、株式、宝くじ、製造工場に関する支出に当てはまるものです。そして、蒸気機関の登場や、電力の利用、あるいは自動車の発明によってもこの公式はみじんも変わることはありませんでした。それはインターネットにしても同様でしょう。正確な数字を入力するだけで、宇宙全体のあらゆる資本の使い道について魅力を評価することができるのです。

共通の判断基準、例えば配当利回り、ＰＥＲ（株価収益率）、ＰＢＲ（株価純資産倍率）、あるいは成長率でさえも評価とはまったく関係がなく、企業に資金を投ずる、あるいは企業から資金を引き上げる際の金額と時期について、手がかりを提供するという程度なのです。事実、事業や企業の成長のため初期に資金を投ずる必要があり、その資金がこれらの資産によって将来生み出される現金の割引価値を上回る場合には、成長によって利益が蝕まれる可能性もあります。対照的な投資手法として「グロース（成長重視）型」投資と「バリュー（価値重視）型」投資という言葉を調子よく持ち出すような市場の評論家や投資担当者は、自らの賢さではなく、無知をさらけだしているのです。成長というのは価値の算式の一要素にすぎません。それはプラスの要素となることが多いのですが、時にはマイナスとなることもあるのです。

悲しいかな、イソップの公理とその三番目の変数——すなわち金利です——は単純なのですが、ほかの二つの変数を数値に置き換えることは難しい作業です。事実、明確な数字を用いるのはバカげたことです。数値が取り得る範囲を使うほうが適切なやり方でしょう。

その範囲は極めて広くなることが多いはずなので、実用性のある結論を得ることはできません。しかし、将来的な鳥の出現について極めて保守的な予想を立てたとしても、付けられた価格はその価値と比較して驚くほど低いものとなることがあります（この現象をＩＢＴ［Inefficient Bush Theory］——「非効率な藪の定理」と呼ぶことにしましょう）。たしかに、投資家にとって経営学を全般的に理解しておくことや、自ら考え十分な根拠を裏付けとして前向きな判断を下す能力は必要です。しかし、投資家に天才的な輝きや素晴らしい洞察はいりません。

反対に、最も聡明な投資家であっても、鳥の出現に確信を持てない場合は数多くあります。これは、例えどんなに見積もりの幅を広げたとしても変わりはありません。このように不確実な状況は、新しい事業や急速に変わりつつある業界が試されている時期にしばしば見られます。このような場合、資本への関与はどのようなものでも投機的だとみなされてしまいます。

さて、投機――すなわち、資産が何を生み出すかよりも、次の買い手がどれだけ支払ってくれるかを重視した行為――は法や道徳に反するものではなく、アメリカの精神に反するものでもありません。しかし、マンガーと私はこのようなゲームをしたいとは思いません。私たちはパーティーに何も持って行かないのですから、何も家に持ち帰ることは期待していません。

投資と投機の境目はけっしてはっきりしたものではなく、最近はほとんどの市場参加者が利益を得ているため、ますますぼやけてしまっています。労せずして手にした大量の資金ほど合理性を緩めるものはありません。この種の刺激的な経験をしたあとでは、ごく普通の分別のある人でもまるで舞踏会のシンデレラのような行動をとりがちです。舞踏会に長い時間居すぎれば――すなわち、将来生み出す可能性のある現金に比べてあまりにも過大に評価されている企業への投機を続けていれば――、最後はカボチャとハツカネズミが現れてしまうことを彼らは知っています。しかしそれにもかかわらず、ひどいパーティーであってもその時間を一分たりとも逃すことは嫌うのです。そのため、有頂天になっている参加者は、だれもが午前零時の寸前にパーティーから引き上げようとします。しかし、ここに問題があります。彼らが踊っている部屋の時計には針がないのです。

昨年、私たちはこうした広く見られている活況について意見——もちろん、それは理不尽だというものです——を述べ、投資家の期待は可能性のあるリターンの数倍にまで膨れ上がっていると指摘しました。その一つの証拠を示すのが、一九九九年一二月にペイン・ウェーバーとギャラップが実施した投資家調査です。この調査は、投資家が向こう一〇年間に期待する年間利益率について回答者の見解を尋ねるものでした。回答は平均で一九%というものでした。これは明らかに筋の通らない期待です。二〇〇九年という藪の中にアメリカ企業全体で平均一九%のような高い利益率をもたらしてくれる鳥がたくさんいるはずもありません。

さらに理屈に合わない話があります。市場参加者が、最終的にはほぼ間違いなくそれよりもはるかに低い評価か、あるいはまったく価値のない企業に対して、非常に高い評価を与えてきたことです。それにもかかわらず、投資家はうなぎのぼりの株価に魅せられ、ほかのことすべてに目をつぶり、こうした企業に群がりました。これはあたかも、ある種のウイルスが専門家かアマチュアかを問わず急速に広まり、一部の業種の株価が裏付けとなる企業の価値からかけ離れたものになったという幻覚を引き起こしているかのようでした。

この現実離れした場面では、「価値の創造」という非常におおざっぱな言い方が使われます。新設された企業や創立から間もない企業が過去一〇年間に生み出した真の価値は膨大な額に上り、これから先もさらに価値が生み出されることについては私たちも喜んで認めましょう。しかし、中間時点の価値がどれほど高くても、企業の存続期間全体では損失が生じているのであれば、価値は生み出されるのではなく、損なわれてしまうのです。

このような場合、実際に起きているのは富の移転であり、それも大規模なものであることが多いのです。最近、プロモーターは、恥知らずにも鳥のいない藪を売買することで、何十億もの資金を一般大衆の懐から自分の財布（さらには友人や同僚の財布）へと移しています。バブル市場がバブル企業を誕生させたというのが事実です。バブル企業は、投資家のために利益を生み出すことよりも、投資家から利益を吸い上げることを目的に作られたものです。企業のプロモーターにとって、最大の目標は利益ではなく、ＩＰＯ（新規公開）となっている場合があまりにも多く見られます。実際のところ、こうした企業の「事業モデル」は時代遅れのチェーンレターであり、報酬に飢えた投資銀行家が熱心な郵便配達人の役回りを演じているのです。

しかし、あらゆるバブルには、それを弾けさせる針が待ち構えています。そして両者が最終的に出会ってしまったとき、新たな投資家たちは昔ながらの教訓を学ぶのです。第一に、ウォール街の輩たちの多くは――そこでは品質管理が褒められることはありません――、買ったものすべてを投資家に売りつけるということです。第二に、投機というのはたやすくできるように見えるときが一番危ない、ということです。

バークシャーでは、根拠のない多数の企業からほんの一握りの勝者を選び出すようなことはやりません。そうしたことをやるほど賢くはないですし、私たちはそれをよく分かっています。

その代わり、私たちは機会が訪れたときに二六〇〇年の歴史を持つイソップの機会に関する定理を当てはめ、藪の中に何羽の鳥がいて、それがいつ飛び出してくるのかについて合理的な確信を持つようにしています（私の孫なら、恐らくこの公式を「オープンカーに一人の女性を乗せているほうが電話帳に名前が載っている五人よりも価値がある」と言い換えることでしょう）。企業のキャッシュフローの出入りの時期や、その正確な額について厳密に予想することがけっしてできないのは明らかです。したがって、私たちは見積もりに当たって保守的な姿勢を維持し、事業で予想外の出来事が起きてオーナーに大きな損害をもたらす見込みの低い業界に注目するよう努めています。ただ、そう努めていても、避けられなかった過ちもありました。思い出してください。私は商品引換券や繊維、靴あるいは準大手のデパートといった業界の将来的な経済性が分かっていると思っていた人間なのです。

最近最も見込みのある「藪」は企業全体についての相対取引で、これは実際うまくいっています。しかしこうした買収でも、せいぜい合理的な利益をもたらすにすぎないことは十分ご理解ください。交渉から実際に大きな実りを手にすることが期待できるのは、資本市場が厳しく制約され、実業界が全般的に悲観的な場合だけです。現在はそこから真逆の位置に置かれています。

B．内在価値、帳簿価格、市場価格（一九九六年株主マニュアル、一九八七年、一九八五年、一九九六年、二〇〇五年およびその更新版の要約は二〇〇六年）

投資や企業を評価する方法として、内在価値は唯一の論理的かつ非常に重要な概念です。内在価値は、簡潔には次のように定義できます。それは、ある企業がその存続期間を通じて生むすべてのキャッシュフローを割り引いた現在価値である、と。

しかし、内在価値の計算はそれほど簡単ではありません。私たちの定義が示すように内在価値は正確な数値というよりは推測値にすぎず、金利が変動したり、将来のキャッシュフローの予測が変化した時には見直さなければなりません。さらに、二人で同じ事実を見ている場合でも——マンガーと私の間でさえ——、少なくとも若干は異なる内在価値の数値を推定することになります。このため当社では、株主のみなさんに内在価値の数値を示すことはありません。しかし、当社の年次報告書では、私たちが内在価値を推定するために用いている事実は提示しています。

一方で、当社では定期的に一株当たり簿価——利用上は制約が多いものの、計算が容易な数値——をご報告しています。この数値を使用するうえで制約があるというのは、当社の保有する市場性のある株式が市場価格で評価されているためというわけではありません。むしろ、当社が支配権を持つ企業の株式の簿価が内在価値とは大きく異なるために、一株当たりの簿価というのは不適切な数値だということです。

そのような乖離はプラス、マイナスどちらの場合もあり得ます。例えば、一九六四年に、私たちはバークシャーの一株当たりの簿価が一九・四六ドルであったことに確信を持っていました。しかし、この数値は実際の内在価値をかなり過大評価したものでした。なぜなら当時、バークシャーのすべての経営資源はあまり儲からない繊維事業に投入されていたからです。私たちの繊維事業にかかわる資産は継続企業としても清算価値としても、その帳簿価格ほどの価値を持っていませんでした。しかし現在では、状況は一転しています。当社の一九九六年三月末付けの一株当たり純資産額（一万五一八〇ドル）は、当社の内在価値を非常なまでに過小評価しています。なぜなら当社が支配権を持つ企業の多くは、その帳簿価格よりもはるかに大きな価値があるからです。

適切でない数字である一株当たり簿価を報告するのは、今日ではかなり過小評価されているとはいえバークシャーの内在価値を大雑把に測る方法だからです。言い換えると、ある年の一株当たり簿価の変化率は、その年における当社の内在価値の変化率に近い可能性が高いということです。

大学教育は一種の投資ともいえますが、それにかかわるたとえ話は、簿価と内在価値の違いを理解する助けになると思います。大学教育の費用をその簿価とみなしてください。この費用の額を正確につかむには、その人が職に就く代わりに学生になることを選んだために失った所得を考慮しなければなりません。

このたとえ話をするうえで、教育がもたらす重要ですが非経済的な利益は無視して、その経済的な利益にのみ注目してみましょう。まずこの学生が教育を受けた結果得ることになる生涯所得を推定し、そこからもしこの学生が大学教育を受けなかったら得られたであろう生涯所得の推定額を差し引きます。この結果が超過所得額となり、それを大学卒業時点における市場金利で割り引いた額を計算します。この結果が、大学教育の内在価値です。

大学卒業者の一部は、教育の簿価が内在価値以上であったと知ることになるでしょう。つまり、だれが支払ったにせよ、教育の費用はその結果得た経済的な成果よりも高くついたということです。あるいは、教育の内在価値はその簿価よりもはるかに大きくなるかもしれません。つまりその結果、資本が賢明に配分されたということが分かるわけです。どのような場合であれ、簿価は内在価値の表示方法としては無意味であるということは明らかだと思います。

当社が企業の経営支配権を持つ場合と株式の一部を保有する場合とでは、会計上の皮肉によって業績の報告方法が異なります。株式の一部を保有する企業の持ち分相当の市場時価総額は、二〇億ドルにも上りますが、会計上は、一九八七年におけるバークシャー社の税引後利益には一一〇〇万ドルしか貢献していません。

一般会計原則では、一九八七年で当社の持ち分相当を計算すると、一億ドル超にもなる利益は計上できず、金額的にはほんのわずかばかりにすぎない配当金しか収益として計上できません。一方で、当社の子会社である保険会社が部分所有している三社に関しては、貸借対照表上に時価ベースで載せなければなりません。結果として、一般会計原則は、当社が部分保有している企業の時価は、当社の純資産に反映しているにもかかわらず、それらの企業の損益は当社の損益計算書に反映させることを認めていないわけです。

経営支配権を持つ子会社の場合では、これとまったく逆のことが言えます。その場合、子会社の損益は完全に当社の損益計算書に反映しますが、買収して以来、いかにその企業の時価総額が増えていようと、当社の貸借対照表上の資産の額はまったく変わりません。

このような精神分裂症気味の会計規則に対処するために、当社では、一般会計原則上の財務数値は無視し、経営支配権を持つ企業もそうでない投資先企業も、ともに将来の収益力に注目しています。この方法をとることで、当社独自の企業価値の考えを持つことができます。その結果、経営支配権を持つ企業の場合はその簿価に左右されず、株式を部分保有する企業の場合は実態から乖離したバカげた市場価格が付いていてもそれに左右されません。当社が目指しているのは、将来にわたってこの企業価値が、妥当な（望ましくは予想外な）ペースで増加することなのです。

過去、バークシャーの株式は内在価値よりも若干割安の価格で取引されていました。割安な価格で買うことができれば、（ディスカウント幅が株式購入後さらに広がらないかぎり）投資家は当社の業績と少なくとも同様の投資成果を期待できたと思います。しかし、最近ではディスカウントはなくなり、ときどき若干のプレミアムが付くことさえ見られます。

ディスカウントがなくなったということは、バークシャーの市場時価総額はその企業価値（それ自体、好調に伸びましたが）の増加以上の速いペースで増えたということです。このことは株主にとっては喜ばしいことですが、これから新しく株主になろうという投資家にとっては悪い知らせです。新しく株主になろうという投資家が、当社の将来における事業の成功と同じ程度の投資成果を期待するならば、投資家が支払うことになる当社の内在価値を超えて市場時価が付けているプレミアムが今後も維持されなければなりません。

長期的には、バークシャーの株価とその企業価値の間には、私がこれまで見てきたほかの上場株式と比べて、ずっと一貫した関係が見られます。これはみなさんのおかげです。みなさんが理性的で、関心が高く、投資志向が高かったがために、バークシャーの株価はほとんどいつでも理性的な動きを示してきたのです。この一般的ではない結果は一般的ではない株主層の分布によってなされたものです。事実上、当社のすべての株主は個人であり、機関投資家ではありません。当社並みの規模のほかの会社でこのようなことはまずあり得ません。

ベンジャミン・グレアムは四〇年前、投資専門家の行動に関してある例え話をしています。天国に来た石油掘りが聖ペテロに会って悪い知らせをもらいました。「おまえは天国に住む資格がある」と、聖ペテロは言いました。「だがこのとおり、天国は石油掘りでいっぱいで、おまえが入る余地はないだろう」。男はしばらく考えたあと、すでに天国で居場所を得ている石油掘りたちに一言だけ言ってもよいかと尋ねました。聖ペテロは特に害はないであろうと思い、そうさせました。石油掘りは手をメガホンにして大声で叫びました。「地獄で石油が出たぞ！」。すぐに天国の門が開き、石油掘り全員が地獄に向けて進み始めました。聖ペテロは感心して男を呼び、くつろいでいくように誘いました。彼は立ち止まって言いました。「遠慮しとく。オレもほかのヤツらと一緒に行くよ。単なる噂じゃないかもしれないからな」

バークシャーの株価が三万六〇〇〇ドルだった一九九五年における報告書で、私は次の三点を書き記しました。①最近のバークシャーの株式時価総額は当社の内在価値（それ自体、非常に満足のいくものであったが）以上に増加した、②こうした過大評価が永遠に続くことはあり得ない、③マンガーと私はこの時点でバークシャーの株価が割安だとは考えていない。

このような警告をして以後、バークシャーの内在価値は非常に増えたにもかかわらず、株価は少ししか変わりませんでした。これが意味するのは、一九九六年のバークシャーの株価はその内在価値に比べて不振であったということです。結果として、今日の株価と内在価値の関係は、一年前とは大きく異なり、マンガーと私はより適切なものになっていると感じています。

私たちの主な経営目標は、株主全体が得る投資成果を最大化することですが、同時に、ある投資家がほかの投資家の犠牲の上に過大な投資利益を上げることをできるだけ少なくすることです。これは、もし家族所有の企業を経営しているならば考えるであろう経営目標であり、私たちは、上場企業でも同様に意味があると考えています。パートナーシップ企業では公平性のために、パートナー入れ代わりの際にパートナーシップの価値が公平に評価されることが必要です。上場企業では、株価と内在価値がかみ合っているときに公平性が保てます。明らかにいつもこのようにはいきませんが、経営者は経営方針と市場とのコミュニケーションを通じて公平性が保たれるように働きかけることはできます。

もちろん長く株式を持てば持つほど、バークシャーの事業成果が株式投資成果につながる度合いははっきりしてくるでしょうし、株を売買するときに内在価値に対して付いているディスカウントやプレミアムはあまり問題ではなくなります。私たちが長期投資家を引きつけたいと考える理由の一つは、ここにあります。長期的には、私たちはそれに成功してきたと考えています。恐らくバークシャーはアメリカの大企業のなかで、長期的な観点で見る株主の保有割合が最も高い会社でしょう。

内在価値の計算は極めて重要ですが、必然的に不正確なものであり、多くの場合、著しく間違っています。事業の先行きが不確実であればあるほど、計算が著しく間違う可能性は高まるでしょう。ここにいくつかのバークシャーの強みがあります。比較的安定した多様な収益源に加え、高い流動性を持ち、最小限の負債しか抱えていません。これらの要因によって、バークシャーの内在価値は大半の会社の内在価値よりも正確に算出することができます。

それでも、正確性がバークシャーの財務上の特性によって支えられているのであれば、内在価値の算出という仕事は極めて多様な収益源が存在することだけで複雑なものとなってきたでしょう。私たちが小さな繊維事業だけを保有していた一九六五年には、内在価値の計算という仕事は造作もないことでした。今や私たちは六八もの注目される事業を保有しており、これらは業種も財務上の特性も極めてさまざまです。お互いに関連性のない数々の企業を抱えていることに加え、投資が極めて大きな額に達していることから、私たちの連結財務諸表を分析するだけで情報に基づいた内在価値を推定することは不可能となっています。

この問題を緩和すべく、私たちは事業を論理的な四つのグループに区分しました（保険［主にGEICO、ジェネラル・リー、ナショナル・インデムニティ］、規制が厳しい資本集約型の事業［バークシャー・ハサウェイ・エナジー、BNSF鉄道］、製造・サービス・小売りなど［あらゆる会社］、そして、金融と金融商品［特にXTRA、CORT、クレイトン・ホームズ］の四つです）。もちろん、バークシャーの価値はこれら四つのグループの合計よりも大きいかもしれませんし、小さいかもしれません。その結果は、より大きな企業体の一部となることで多くの事業部門がうまく機能するかどうか、また、持ち株会社の指導を仰いでいる場合、資本配分が改善するのか、それとも悪化するのかによって左右されます。別の表現をするならば、バークシャーが所有していることで傘下の企業群に何かがもたらされるのか、それとも私たちの株主が六八の事業それぞれの株を直接持ったほうがもっと大きな利益が得られるのか、ということです。これらは重要な質問ですが、みなさんがご自分で答えを見つけなくてはなりません。

二つの表を分析してみましょう。これらの表は私たちのこれまでの実績と、現在の状況を示したものです。最初の表は、私たちの投資額（現金と現金等価物を含みます）を一株当たりで示したものです。この計算に当たっては金融事業で保有している投資を除いています。大半が借入金で相殺されるためです。

市場性のあるこれらの証券（若干の例外を除いて保険会社が保有しています）に加えて、私たちは保険以外のさまざまな事業も保有しています。これらの事業の税引き前利益（のれんの

	1株当たり投資額*
1965年	4ドル
1975年	159ドル
1985年	2,407ドル
1995年	21,817ドル
2005年	74,129ドル
複利増加率（1965～2005年）	28.0%
複利増加率（1995～2005年）	13.0%

* 少数株主持ち分を除く

	1株当たり純利益*
1965年	4ドル
1975年	4ドル
1985年	52ドル
1995年	175ドル
2005年	2,441ドル
複利増加率（1965～2005年）	17.2%
複利増加率（1995～2005年）	30.2%

* 税引き前、少数株主持ち分を除く

償却を除く）を、同様に一株当たりで次ページに示します。

成長率が議論となっているときに、なぜデータをこの年からこの年までの期間としたのか疑問に感じられるかもしれません。いずれの年が異常だったとしても、成長率の計算はゆがんだものとなってしまいます。特に、利益の少なかった年を基準とすることで驚くほどの、しかし意味のない、成長率を作り出すことができます。しかし右の表で基準の年となる一九六五年は異常なほど好調な年でした。バークシャーはこの年、それ以前の一〇年間のうち九年を上回る利益を稼いだのです。

二つの表で分かるように、バークシャーの二つの価値の要素の相対的な成長率は過去一〇年間で変わっており、その結果はこれまで以上の企業買収の強化を反映しています。それにもかかわらず、マンガーと私は両方の表の数字を伸ばしたいと考えています。

C. ルックスルー利益（一九八〇年、一九九〇年、一九八二年、一九九一年、一九七九年）

企業がほかの企業の一部を所有する場合、その持ち分に関して、適切な会計原則では次の三つのカテゴリーのうち一つを選ばなければなりません。どの会計方法を採用するかは、主として議決権付き株式の所有率によって決まるといってもよいでしょう。

一般会計原則（GAAP）では、（当然ながら一部の例外もありますが）過半数の株式を所有している場合、売上高、費用、租税、利益のすべてを連結しなければなりません。バークシャー・ハサウェイが六〇％所有しているブルーチップ・スタンプス社はこの例に当たります。そのためブルーチップ・スタンプス社のすべての損益勘定は、当社の連結損益計算書に反映されており、残りの四〇％の株主が持つ当期利益四〇％に対する権利は、連結損益計算書では少数株主持ち分利益として当社の利益からの控除項目となっています。

二〇％から五〇％の株式所有となる場合でも、非連結子会社の利益の全額を連結損益計算書に計上することになります。例えば、当社の場合では、経営支配権は持っていても、所有は四八％のウエスコ・フィナンシャル社のような企業の当期損益は、親会社の連結損益計算書で一つの勘定で計上されます。五〇％以上所有の子会社の場合と異なり、子会社の個別の売上高、費用項目などはすべて無視され、単に当期損益に対する株式保有持分相当額のみが計上されます。よって、もしA社がB社の三分の一の株式を所有している場合、B社の当期損益の三分の一――それが配当金としてA社に支払われるか否かにかかわらず――がA社の連結損益に計上されることになります。連結所得に対する税金と連結会社相互間の取引に関しては、このケースでも五〇％以上所有のケースでも、相殺消去の処理をするという調整が必要ですが、今回は後日ご説明するために触れません（株主のみなさんが早くこの話も聞きたいであろうことはよく理解していますが）。

最後に議決権付き株式を二〇％未満所有している場合について述べます。会計原則では、このような場合には、子会社の当期損益は、子会社が配当金を支払った場合のみ親会社の連結損益計算書に計上することになっています。つまり、配当されない利益に関しては無視されます。そのため、一九八〇年に一〇〇〇万ドルの利益を出したX社の株式一〇%を当社が所有していた場合、当社の連結損益計算書では、①X社が当期利益のすべてを配当金として支払った場合、一〇〇万ドル、②当期利益の半分を配当金として支払った場合、五〇万ドル、③無配であった場合、ゼロが当社の利益として計上されることとなります（ただし親子会社間の配当金支払いに対する比較的わずかな税金はここでは無視しています）。

私たちは三番目の簡潔な――過度に単純化された――会計方法も用いています。なぜならバークシャーが保険部門に資金を集中させることによって、第三のカテゴリー（二〇%以下の資本しか保有しない）の企業に間接的に集中投資をしていることになるからです。これらの投資先の多くは、当期利益のうち比較的少ない額しか配当金に回していません。つまり、投資先の収益のうちわずかな部分しか当社の営業利益には反映されていないということです。しかし、当社の営業利益に反映されるのは投資先の配当金のみである一方、当社にとっての経済的複利は配当金ではなくその利益によって決まるのです。

第三のカテゴリーに該当する私たちの投資は、最近激増しています。それは、私たちの保険事業が好調であり、株式相場が株式投資にとって魅力的な環境であるからです。こうした状況下で投資が大きく増加し、部分所有している企業が利益を伸ばしたことで、通常では考えられない結果がもたらされました。それは、投資先企業が昨年留保した利益（つまり配当金として分配されなかった利益）の当社の持ち分相当額が、当社自身の連結ベースの営業利益を超えました。そのため伝統的な会計原則によると、当社の利益という氷山が水面上に現れるのは、全体の半分以下にすぎません。一般の企業の世界ではこのようなことは非常にまれですが、バークシャーの場合は今後も続くことになりそうです。

私たち自身が行っている企業利益の現実に関する分析は、インフレ率が高く不安定な環境にある場合は特に、一般会計原則とは幾分異なります（しかし、会計原則については批判するほうがそれを改善するよりもはるかに容易です。会計原則が持つ固有の問題は永遠のテーマです）。私たちは、会計上の利益が一ドル当たり一〇〇セントに遠く及ばないような企業の株式を完全保有してきましたし、しかも、その企業の株式を売却する裁量権を完全に握っているにもかかわらず、そうしてきました（「裁量権を握っている」というのは理論上の話です。当社がそのような企業の利益のすべてを彼らに再投資しないかぎり、私たちの資産価値のひどい低下は避けられないことでしょう。しかし利益を再投資しても、市場平均の資本利益率にすら到底及ばない程度の利益率しか上げられる見込みがなかったのです）。一方で同時に私たちは、留保利益を再投資することで一ドル当たり一〇〇セントをはるかに超える経済的価値を生むことができる企業の株式のごく一部の持ち分を所有してきました。

ある企業の留保利益がバークシャー・ハサウェイにとって持つ価値は、当社がその企業の株

式のすべて、半分、二〇%、あるいは一%持っているかという持ち分の割合によって決まるわけではありません。というよりも、それは、留保利益がどのように再投資されるかということと、結果としてどのような利益を生み出すかに依存しています。このことは、どこに再投資するかを当社が決定するか、または当社が採用したのではなくとも、当社が選んだ経営者が再投資対象を決めたかにかかわらず、言えることです（重要なのは役者ではなく、芝居そのものなのです）。そして、投資先の価値は、その企業の留保利益が当社の連結営業利益に反映されるか否かという点にはまったく影響を受けません。たとえて言うならば、当社が部分的に持っている森で木が育ち、その木を当社の財務諸表に記載していなかったとしても、当社が木の一部を持っていることに変わりはないというわけです。

申し上げておきますが、私たちのこのような考え方は一般的なものではありません。しかし、当社の会計上では計上されない一〇%所有の投資先企業の利益を私たち自身が選んだのではない経営者が有効に利用するほうが、その他の経営者が――たとえそれが私たちであったとしても――当社の会計上で計上される利益を、成果の可能性が疑わしい事業に投資するよりも良いと考えるのです。

「利益」という言葉には、正確なものという語感があります。利益額が適正意見の会計監査報告で示される場合、未熟な読者は、それが小数点以下数十桁まで表示されたパイ記号（円周率）のように確かなものであるように思われるかもしれません。

しかし現実には、ペテン師が会計報告の作成を牛耳っている場合、食べ物のパテのようにしなやかなのです。最終的には真実が姿を現すことになりますが、それ以前に、多額の操作がなされてしまいます。実際アメリカのサクセスストーリーのなかには、会計上の蜃気楼によって作られたものもあります。

バークシャーの財務諸表は重要な点で誤解を招く可能性があります。当社は非連結子会社に対して極めて多額の投資を行っており、その企業の利益は配当金額をはるかに超えていますが、その利益について当社では配当金相当額に対する持ち分しか計上していません。極端な例がキャピタル・シティーズ・ABC社です。当社の一七％の持ち分相当の利益は昨年で八三〇〇万ドルにも上ります。しかし、わずか五三万ドル（六〇万ドルの配当金から税金七万ドルを控除した額）しか、一般会計原則に基づく当社の連結損益計算書には計上されていません。残りの八二〇〇万ドルはキャピタル・シティーズ・ABC社の留保利益として当社の利益のために活用されていますが、当社の財務諸表には反映されないのです。

そのような「忘れられているが、なくなりはしない利益」に対する私たちの見方は単純です。利益が会計上どのように扱われるかは重要ではなく、それをだれが所有し、どのように利用するかがとても大事であるということです。私たちは、会計監査人が森で木が倒れるのを聞いたかどうかは気にしませんが、だれが木を持っているのか、それをどのように扱おうとしているのかは気にします。

コカ・コーラが留保利益を使って自社株を購入すれば、結果としてコカ・コーラは、私が世界で最も価値のあるフランチャイズ企業であると信じている同社に対する当社にとっての価値を高めることになります（もちろんコカ・コーラは、その留保利益を株式の価値を増やすその他の手段にも利用しています）。コカ・コーラは、自社株償却を行う代わりに利益を配当金に回すこともでき、その受け取り配当金を使って私たちはコカ・コーラの株式を買い増すこともできます。しかし、これはあまり効率的なやり方とはいえません。配当金所得に対する課税のため、コカ・コーラが自社株償却を通じて当社になり代わって行ってくれるのと同じ程度には、私たちにとっての価値を増やすことはできません。しかし、このようなあまり効率的でない方法が取られるならば、バークシャーは会計上ではずっと大きな利益を計上することが可能になります。

バークシャーの利益を考える最善の方法とは、次のように計算されるルックスルー利益の観点からではないかと、私は考えています。一九九〇年度に非連結子会社が留保した営業利益のうち、当社の持ち分に応じて得ていたとみなされる二億五〇〇〇万ドルを考えてみましょう。そこから、この二億五〇〇〇万ドルが配当金として当社に支払われていたとしたら、課せられたであろう税金相当額三〇〇〇万ドルを差し引きます。その残り二億二〇〇〇万ドルを当社の営業利益三億七一〇〇万ドルに足します。この結果当社のルックスルー利益は、一九九〇年では五億九〇〇〇万ドルであったことになります。

私たちの考えでは、株主にとっての留保利益の価値はそれがいかに有効に利用されるかによって決まるのであって、株主の持ち株比率によって決まるのではないと思います。もしみなさんが過去一〇年間バークシャーの株を〇・〇一%お持ちならば、みなさんの会計上の認識がどのようなものであろうと、みなさんの持ち分相当分について、当社の留保利益から経済的な利益をフルに得てきていることになるのです。持ち株比率二〇%以下の場合とまったく同様に、実際上はその持ち分に応じた効果を得ていることになるのです。しかし、もしみなさんが資本集約的な企業の株の一〇〇%を過去一〇年間持っていたならば、標準的な会計方法で完全に、そして入念な厳格さで計上される留保利益はわずかばかりか、あるいはゼロの経済上の価値しかもたらしていなかったでしょう。会計方法に対する批判をするためにこう述べているのではありません。私たちはより良い会計方法を開発する作業をしたいとは思いません。会計上の数値は、企業評価の始まりであって終わりではないということを経営者と株主は理解すべきだと

いうことを申し上げたいだけです。

多くの企業にとって、二〇％以下の持ち分しか持たない投資先企業は重要ではありません（恐らく、それら小さい持ち分しか持たない企業の業績が、彼らの会計上の利益を最大に見せることを妨げるからでしょうが）。またこれまで述べてきた会計上の結果と経済上の結果の区別も、彼らにとっては大した問題ではないようです。しかし、当社の場合では、そのような二〇％以下の持ち分の投資先企業は非常に重要であり、かつその重要性は次第に大きくなってきています。それらの重要性によって、当社の会計上の営業利益の値は限られた意味しか持っていないと私たちは考えています。

巨大な（そしてすべての主要なアメリカの企業が並べられた）競売所において、留保利益の各一ドルが最終的にはその市場価格一ドル以上になるような経済的特色を持っている企業を選ぶことが、私たちの仕事です。多くの過ちにもかかわらず、これまでこの目的を達成してきました。そんななかで、私たちは、アーサー・オークン元米国大統領経済諮問委員会委員長が言うところのエコノミストの守護聖人「聖オフセット相殺の神様」によって随分と助けられました。つまり、ある投資の場合では、当社の持ち分法上の子会社持ち分に関連する留保利益は当

該子会社の株式の市場価値にほとんど影響を与えなかったか、あるいはマイナスの影響すら与えました。しかし、ほかの多くの投資の場合では、非連結子会社の留保利益は投資金額の二倍以上の利益を生んできました。今までのところ、当社の投資先の成功から得られた成果は、その失敗例のマイナスを補って余りある成果を生み出してきました。このような記録を残していけるならば、会計上の利益に与える影響の如何にかかわらず、当社の「経済上の」利益を最大化するためには有効に働くと思います。

また、投資家は自らのルックスルー利益に着目することがためになると私たちは考えています。それを計算するには投資先の利益のうち、ポートフォリオにある株式の持ち分相当がどのくらいか、そしてその合計はいくらかを確定するべきです。投資家ならば今から一〇年以内に、ルックスルー利益が最大になるようなポートフォリオ（実質的には会社）を作ることを目標とすべきです。

この種の手法を取ると、投資家は短期的な株式の相場観ではなく、長期的な事業の観点から考えなければならなくなり、その結果として投資成績を向上させることになるでしょう。もちろん長期的に見て、投資の意思決定のスコアボードは株式の市場価格だということは事実です。しかし株式の市場価格は、投資先企業の将来の収益によって決まります。投資においては、野球と同じように、スコアボードに得点を記録するためには、スコアボードではなく、球場を見ていなければなりません。

経営上の経済的成果が上げられているかどうかは、使用資本金に対する高い利益率（過度な借入金へ依存もなく、会計上の粉飾的な操作もなく、それが達せられているかどうか）で分かります。一株当たり利益を継続的に上げているかどうかではありません。もし経営者や株式アナリストが一株当たりの利益やその経年変化率を強調することを止めるならば、株主や一般大衆によって多くの企業がより理解されるようになると思います。

D. 経済的なのれんと会計上ののれん（一九八三年、一九八三年補遺、一九九六年株主マニュアル、一九九九年）

当社の内在価値は、会計上の純資産額をかなり上回っています。それには、二つの大きな理由があります。

①標準的な会計原則では、当社の保険子会社が持つ株式は市場価格で計上しなければなりませんが、それ以外の当社保有の株式は取得価格か市場価格の安いほうで計上することになります。一九八三年末で、後者の株式は税引き前で約七〇〇〇万ドル、税引き後で約五〇〇〇万

ドルの含み価値がありました。この含み益は当社の内在価値に属しますが、会計上の純資産額には反映されません。

②より重要なことは、当社の所有する企業の多くでは、その経済的なのれんの価値（当社の内在価値には適正に反映させることができる）が、当社の貸借対照表に計上され純資産額に反映されている会計上ののれんの価値をはるかに上回るという点です。

みなさんはのれんやその償却について考えることもなく、十分に幸せな日々を送ることはできます。しかし投資を学ぶ学生や経営者は、そのニュアンスを知らなければなりません。私自身について申しますと、投資に際しては有形資産を好むべきであり、価値が経済的なのれんに大きく依存している企業を避けるようにと三五年前に習ったときからは、劇的に考え方が変わっています。そのような偏見が投資活動の上で（手数料はかけずにすみましたが）多くの重要な機会を見逃すという過ちにつながりました。

ケインズは私の問題点を次のように表現しています。「難しいのは新しいアイデアを生むことではなく、古い考え方から逃れることである」。私が古い考え方から脱するには時間がかかりました。なぜならば、当時の先生から習ったほかの多くのことが、これまで（そして今後も）非常に役立ってきたからです。結局、直接あるいは間接的に行ってきた事業経験が、永続的な経済的なのれんを持ち、有形固定資産を最小限にしか使用しない企業を好むという現在の好みを形成してきたといえるでしょう。

次の項は会計上の用語を理解しており、かつ企業にとってのれんが持つ意味に関心がある方に読んでいただきたいと思います。みなさんがこれをお読みになるか否かにかかわらず、バークシャーがその純資産に反映されている値をはるかに超える経済的なのれんを有していることを、マンガーと私が信じていることをご理解いただきたいと思います。

以下の議論では経済的なのれんと会計上ののれんのみを取り上げ、日常用語としてののれんには触れません。例えば、ある企業はその顧客の多くによって好まれ、愛されているかもしれませんが、経済的なのれん価値はまったくないこともあります（AT&T社は、企業分割の前には評判の良かった会社ですが、経済的なのれん価値は一銭もありませんでした）。そして、残念なことですが、ある企業はその顧客からは嫌われているかもしれませんが、大きくそしてさらに成長する経済的なのれん価値を持っていることもあります。よってここでは、感情的なのれん価値は忘れて、経済的なのれんと会計上ののれんについて見てみましょう。

ある企業を買収する際に、会計原則では、取得価格は獲得した特定できる資産の正しい市場価格にまず振り分けるべきだとしています。特定できる資産の正しい市場価格（負債を控除後）

は多くの場合、取得価格よりも少ないものです。そのような場合、その差額は「取得された純資産を超過した取得費用」という勘定科目で認識されます。この長ったらしい名前を繰り返すことを避けるために、ここでは単に「のれん」と呼ぶことにします。

一九七〇年一一月以前に企業買収によって発生した会計上ののれんには、特別の意味があります。例外的な事例を除いて、買収した企業が存続するかぎり、のれんは資産として計上されていました。つまり、のれんは償却されず、利益から控除されることもなく、同額のまま計上されていました。

しかし、一九七〇年一一月以降の買収からは事情が違います。企業買収によってのれんが発生した場合、四〇年以内に毎年同額で償却し、利益から償却費用を控除しなければなりません。四〇年間が認められた最長期間であるため、通常、経営者は（私たちも含めて）四〇年間の償却期間を選びます。

会計上ののれんはこのように働きます。これが経済的な現実といかに異なるかを見るために、分りやすい例を取ってみましょう。例を分かりやすくするために数字は丸めて、かなり単純化してあります。投資家や経営者にとっての意味も述べたいと思います。

ブルーチップ・スタンプス社は一九七二年初めにシーズ社を二五〇〇万ドルで買収しましたが、その際シーズ社は純有形固定資産が約八〇〇万ドルありました（以下の議論では、売掛金は有形固定資産に含めています。それは、そのほうが企業分析には適しているからです）。そのような有形固定資産の額は、短期的な事業の季節性を除けば、負債なしに事業を行うには適切な水準だったといえます。当時、シーズ社は税引き後利益で二〇〇万ドルを上げていました。一九七二年の通貨価値で将来も同額程度の利益が期待されました。

よってここでの最初の教訓は次のようなものです。企業は、市場の平均的な投資収益率を相当超える利益を将来にわたって期待できる場合、論理的に、その純有形固定資産の額をはるかに超える価値を持っているといえます。このような超過収益を資本化した価値が経済的なのれんです。

一九七二年において（そして現在でも）純有形固定資産に対して税引き後で二五％の利益を上げられる企業は、シーズ社以外にはそれほど多くありませんでした（しかも同社は保守的な会計方針をとり、かつ、財務レバレッジの利用という過大な借り入れ依存もしていませんでした）。そのような超過収益の源泉となっていたのは在庫、売掛金や固定資産ではありません。というよりも、無形固定資産の組み合わせ、とりわけ消費者がその製品と企業の個性に関して持ってきた数え切れない楽しい経験が生み出してきた好評が元になっています。

そのような評判が消費者の人気を生み出し、製品の販売価格を製造コストではなく、消費者にとっての製品の価値によって決めることを可能としています。消費者の人気が経済的なのれんの主な源泉です。そのほかの源泉としては、利益規制の対象とならない政治的な特権、例えばテレビ放送業界や、ある産業における低コスト生産者としての地位が挙げられます。

シーズ社の例での会計の話に戻りましょう。ブルーチップ社がシーズ社の買収に際して支払った純有形固定資産の価値を超過した一七〇〇万ドルは、ブルーチップ・スタンプ社の貸借対照表にのれん勘定として計上され、その後四〇年間にわたって年間四二万五〇〇〇ドルずつ償却され、費用として利益から差し引かれることになりました。買収後、一一年間経過した一九八三年において、のれん勘定の一七〇〇万ドルは一二五〇万ドルまで償却されていました。バークシャーは今のところブルーチップ社の株式六〇％を所有しているので、シーズ社を六〇％所有していることになります。この所有関係によって、バークシャーの貸借対照表にはシーズ社ののれんのうち六〇％、約七五〇万ドルが反映されていることになります。

一九八三年にバークシャーは、買収によってブルーチップ社の残りの株式を取得しました。買収は、会計上、ほかの例で認められるようなプーリング法（注　会社の帳簿で企業結合の仕訳を簿価で記帳する方法。連結処理の必要がなく、のれんを計上する必要もなくなるが、多くの要件を満たす必要がある）ではなく、パーチェス法（注　会社の帳簿で企業結合の仕訳を時価で記帳する方法。連結処理をしなければならず、のれんの計上やさまざまな勘定の調整が必要になる）によって会計処理されました。パーチェス法では、ブルーチップ社の株主に代償として交付された株式の「適正価値」は、ブルーチップ社から取得した純資産に加算されなければなりません。この「適正価値」は、上場企業が株式交換によって企業買収を行うときにそうであるように、交付される株式の市場価格によって決められました。

購入した資産は、ブルーチップ社のすべての資産の四〇％です（前に述べたように、バークシャーは残り六〇％の株式はすでに所有していました）。バークシャーが渡した株式の市場価額は、ブルーチップ社の特定できる資産よりも五一七〇万ドル多く、その相当額は二社ののれん勘定に振り分けられました。つまり、シーズ社に二八四〇万ドル、バッファロー・イブニング・ニューズ社に二三三〇万ドルです。

買収後、バークシャーは、シーズ社に関して二つの部分からなるのれんを計上することになりました。一九七一年の部分取得以来、残っている七五〇万ドルと一九八三年に取得した四〇％株式にかかわる二八四〇万ドルです。こののれんの年間償却費は、これから二八年間は一〇〇万ドル、その後、二〇〇二年から二〇一三年までの一二年間は七〇万ドルとなります。

言い換えると、取得日と取得価格が違うために、同じ会社の資産の二つの部分に関してかなり異なった資産価格と償却費用が計上されることになるということです（ここで、いつものようにただし書きをつけたいと思います。私たちは、より優れた会計方法を自ら考え出そうなどとは思っていません。この問題は非常に難解で、任意の基準を必要とします）。

ところで、これらの話の経済的な実態はどうなっているのでしょうか。一つの現実はシーズ社の買収以来、損益計算書に費用計上してきたのれん償却費は真に経済的な費用ではないということです。それは、シーズ社は昨年二〇〇〇万ドルの純有形固定資産に対して、税引き後で一三〇〇万ドルの利益を上げたことから分かります。このような業績の意味するところは、会計上の総のれんコストの額をはるかに超える経済的なのれん価値があるという点です。それは、会計上ののれんは取得した日から償却され始めて定期的に減額しますが、経済的なのれんは不定期ではあるもののかなり大きく増えているということです。

もう一つの経済的な現実は、将来に発生するのれんの償却費用はその経済的なコストに対応していないという点です。もちろん、シーズ社の経済的なのれんが消滅してしまうことがないとは言えません。しかし、それが定額で減額するようなことはけっしてないでしょう。ありそうなこととは、インフレ修正後の通貨価値ベースではないにせよ、少なくともインフレ修正前の通貨価値ベースでは、経済的なのれんはインフレによって増額するであろうということです。

このように言えるのは、真の経済的なのれん価値は名目価値ベースで、インフレに従って増額する傾向があるからです。このような仕組みを示すために、シーズ社の事業をもっと平凡な事業と比べてみましょう。一九七二年に私たちがシーズ社を取得したとき、シーズ社は八〇〇万ドルの純有形固定資産に対して二〇〇〇万ドルの利益を上げていました。ここで、想像上のより平凡な会社が年間二〇〇万ドルの利益を出していると仮定して、同時に、通常の事業運営に一八〇〇万ドルの純有形固定資産が必要だとしましょう。純有形固定資産に対してたったの一一%の利益率しかないこの平凡な企業には経済的なのれんはほとんどないか、まったくありません。

つまりこのような平凡な企業は、純有形固定資産の価値である一八〇〇万ドルで売れればいいところでしょう。対照的に、私たちはシーズ社に二五〇〇万ドル支払いました。買収当時の利益がそれよりもはるかに小さく、「神に誓って誤りのない」純有形固定資産の額はその半分にも及ばないにもかかわらずです。しかし実際には、私たちの買収支払額は、企業実態に対して少なすぎるのではないでしょうか。たとえ、この二つの企業の売上高が伸びないとしても、一九七二年に私たちが予想したように、今後も継続的なインフレを予想するならば、答えはイエスです。

それがなぜかを理解するために、物価水準が倍になるインフレが二つの企業に与える影響について考えてみましょう。両社とも、利益水準をインフレのペースに合わせるためには、名目の当期利益を四〇〇万ドルに増やさなければなりません。このことは、それほど難しいとは見えないかもしれません。もし利益率が同じならば、同じ量の製品を倍の値段で販売すれば、利益は倍になるというだけのことです。

しかしここで重要なのは、これを実現するためには両社ともに純有形固定資産への名目の投資額を倍に増やさなければならないことです。それが良きにつけ悪しきにつけ、インフレが企業に与える経済的な影響です。販売金額が増えるため、ただちに在庫や売掛金の手当て資金が必要になります。固定資産に投下される資金額はインフレに合わせてゆっくりと、しかし恐らく確実に増えるでしょう。これらインフレによって必要になる追加投資すべては、投資収益率の改善には関係ありません。このような投資が必要なのは単に事業を続けるためであって、株主により利益をもたらすためではないのです。

ここで思い出してほしいのは、シーズ社の純有形固定資産はわずか八〇〇万ドルだったということです。当時のシーズ社では、インフレで必要になる追加資金額は八〇〇万ドルだけでした。一方で平凡な企業ではこれが倍以上の一八〇〇万ドルにもなってしまいます。

このようなインフレのあとで、平凡な企業は年間四〇〇万ドルの利益を上げてはいるものの、その有形固定資産額と同じ三六〇〇万ドルの価値しかありません。つまり、投資家はこの企業に対して投資する追加一ドル当たり、名目価値で一ドルしか得ることができません（そのような投資は、預金口座に預けたのと同程度の成果しか上げられないことになります）。

しかし、同じく年間四〇〇万ドルの利益を上げるシーズ社の場合、当社が投資したときと同じ通貨価値ベースで評価するならば（論理的にはそうする必要があります）、五〇〇〇万ドルの価値があるでしょう。つまり、株主の資金が追加の有形固定資産投資に八〇〇万ドル使われるだけで、名目額で二五〇〇万ドルの利益が上げられるのです。ということは、一ドルの追加投資で三ドル以上の利益が得られるということです。

しかしこうしたインフレの状況下では、シーズ社のような事業を行う企業の株主にしても、単に利益を実質価値ベースで現状推持するだけのために八〇〇万ドルの追加投資が必要になるということは、覚えておいたほうがよいと思います。事業のうえで何らかの有形固定資産を必要とし（ほとんどすべての企業がそうです）、借入金のない企業のすべてはインフレによって被害を被ります。しかし、有形固定資産をより少なくしか必要としない企業ほど、インフレの被害は小さくて済むのです。

もちろん多くの人にとって、このような事実は理解しがたいものです。伝統は長くとも賢明さに欠ける説によれば、インフレ対策に最も有効な投資対象は天然資源や工場、機械などの有形資産を多く所有する企業であるとしてきました。ところがそうはいきません。有形資産を多く抱える企業は一般的に低い利益率しか示せず、しばしばインフレによって必要になる追加資本すら生み出すことができず、実質的な成長、株主への配当金や新規の企業買収のための資金はほとんどありません。

対照的に、インフレ期では、長期的な価値を持つ無形固定資産を持ち、有形固定資産への資本投下が相対的に少なくて済む企業への投資が不釣合いなほど大きな成果を上げてきました。そのような場合には、利益の名目価値は急増し、それがさらなる企業買収に寄与しているわけです。このような現象は特にメディア業界では顕著でした。メディア業は多くの有形固定資産投資を必要としていませんが、そのフランチャイズは長く持ちます。インフレ期におけるのれんは、金の卵を生み続けてくれるニワトリなのです。

しかし、このことは当然ながら真の経済的のれんにだけ当てはまります。見せかけの会計上ののれん――実はこれが多いのですが――については、別問題です。有頂天になった経営者がバカげた価格で企業買収をする際にも、会計上では正確に処理されます。バカげた判断は、どこにも持っていきようがなく、のれん勘定として残されるわけです。そんな勘定を発生させてしまうような規律のない経営方法を考えると、のれん(Goodwill)はノーウィル(No-Will)とでも呼ぶべきでしょうか。どのような用語で呼ぼうと、典型的には四〇年間にわたる償却という名の儀式が続けられ、のれんとして具体化してしまった愚かな経営者のアドレナリンは、あたかも買収が賢明であったかのように資産として帳簿上残されるのです。

＊　＊　＊　＊　＊　＊　＊　＊

もしも会計上ののれんの処理方法が経済的な現実を表す最良の方法だという考えに固執されている方がいれば、最後に考えていただきたいことがあります。

一株当たり純資産が二〇ドルで、すべての資産が有形固定資産の企業があったとします。さらにその企業は素晴らしい消費者のフランチャイズ、またはＦＣＣ(米連邦通信委員会)に認可された重要なテレビ局を持っているとします。そのことによって、企業は有形固定資産に対して大きな収益、例えば一株当たり五ドル、二五%の収益率を上げているとします。

このような経済力によって、その企業の株は一株当たり一〇〇ドル以上でも売れるでしょうし、全面的な企業売却ではさらに高い値段も可能かもしれません。

投資家がこの企業の株を一株当たり一〇〇ドルで買ったとすると、のれんは結果的に八〇ドルになります（これは企業買収者が完全買収を行った際とまったく同様です）。この投資家は、「真の」一株当たり利益を計算するために毎年二ドル（八〇ドル÷四〇年）の、のれん償却費を負担すべきでしょうか。仮にそうだとして、この投資家は「真の」一株当たりの利益が三ドルになってしまうからという理由で投資価格を考え直すべきでしょうか。

＊　＊　＊　＊　＊　＊　＊　＊　＊　＊

私たちは経営者や投資家は無形固定資産を以下の二つの観点から見るべきだと考えます。

①営業利益を見る際には、つまり企業の背後にある経済的実態を評価するに際しては、のれんの償却費用は無視すべきだと思います。その企業が無借金であったと仮定した場合、のれんの償却費を無視して、有形固定資産当たりいくらの利益を上げているかを見ることがその企業の経済的な魅力を測る最良の方法だと思います。さらにそれが企業の経済的なのれんの現在価値を評価する最も適切な方法だと思います。

②企業買収が賢明であったかを評価する際にも、のれんの償却費は無視すべきです。のれんの償却費は、利益や取得費用から控除すべきではありません。つまり、のれんは永遠に償却前の取得費用によって評価すべきだということです。さらにその費用は、単に会計上の数値と

してではなく、買収の際の株価や、会計方針上プーリング法が認められているか否かにかかわらず、企業の内在価値すべてを含めて考慮すべきだと思います。例えば、シーズ社やバッファロー・ニューズ社を有するブルーチップ社を合併したことで、私たちがこれら二社ののれんの四〇％を獲得するために実際に支払った自社株の価値は、そののれんが帳簿上に表される五一七〇万ドルをはるかに超えていました。しかし、買収に際してバークシャーが差し出した株式の市場価値は、内在価値でみると受け取った価値よりも小さかったため、この差額は今でも残っています。真の買収費用を決めるのは、買収先企業の内在価値なのです。

右の①の観点からは成功したかに見える事業も、②の観点からは見劣りがするかもしれません。優れた企業が、買収候補を探す先として適当だとしても、いつでも良い買い物になるとは限りません。

バークシャーが一般会計原則（ＧＡＡＰ）による純資産額以上の価格で企業を買収するとき（通常そうなります。なぜなら当社が買いたいと思う企業を純資産額割れの価格で買収できる場合はまれだからです）には、その差額を当社の貸借対照表の資産として計上しなければなり

ません。このような差額、プレミアムの計上方法についてはたくさんの会計規則があります。ここでは話を簡単にするために、バークシャーによる企業買収のほとんどの場合にプレミアムが計上される勘定、「のれん」に絞ってお話ししたいと思います。例えば、最近当社がGEICO株式の半分を取得した際に、のれん勘定一六億ドルが計上されました。

一般会計原則では、のれんは四〇年以内に償却しなければなりません。つまり、一六億ドルを四〇年間で完全に償却するためには、毎年四〇〇〇万ドルを費用として利益から控除しなければならないのです。

したがって、会計上ではGEICOののれんは定額で減っていきます。しかし、私がみなさんに保証できることは、GEICOの経済的のれんは、このような会計上の数値と同じようには減っていかないということです。実際、私の予想では、GEICOの経済的なのれんはまったく減らず、むしろ大きくなるであろう、しかも相当な程度で大きくなるであろうと見ています。

一九八三年の年次報告書では、シーズ社の例を使って、のれん会計に関して述べています。当時、シーズ社ののれん勘定は、貸借対照表上で三六〇〇万ドルありました。その後毎年、一〇〇万ドルを償却し、今では二三〇〇万ドルに減っています。つまり、会計上ではシーズ社は一九八三年以来、価値の多くを失ってきたということになってしまいます。

経済的実態はそれほど変わっていません。一九八三年にシーズ社は、一一〇〇万ドルの純営業資産に対して二七〇〇万ドルの税引き前利益を上げていました。一九九五年ではわずか五〇〇万ドルの純営業資産に対して五〇〇〇万ドルの税引き前利益を計上しています。明らかにシーズ社の経済的のれんの価値は、その間で減少したのではなく、劇的に増えているのです。シーズ社が貸借対照表に載っているのれんの額に比べて、数億ドル以上の価値を持っていることは明らかです。

もちろん必ず正しいということはできませんが、GEICOの会計上ののれん価値の減少に伴って、経済的なのれん価値は増していくだろうと予想しています。これまで、シーズ社だけではなく、当社の子会社の大半がこうしたパターンを示してきました。すべてのパーチェス法上の調整を無視できるような方法で、当社の営業利益を定期的にみなさんに説明してきたのはそのためです。

また将来私たちは、ルックスルー利益についても同様な方針を取り、投資先企業に関するパーチェス法上の調整から得る利益を取り除くような会計方法を取り入れます。コカ・コーラ社のように貸借対照表に計上されているのれんが小さい場合は、このような方法は取りません。しかし、ウエルズ・ファーゴのように最近大型買収を行い、例外的に多額ののれん償却をしなければならない企業に対しては採用します。

この話題を終える前に、大切な警告をしておきたいと思います。CEO（最高経営責任者）やウォール街のアナリストがのれん償却費と減価償却費を同等に扱うために、投資家はしばしば間違った理解をしています。その二つはけっして同じではないのです。ごくまれな例を除いて、減価償却費は人件費、原材料費、租税と同じように経済的な費用です。私たちが研究した事実上すべての企業で、このことは確かです。さらに、いわゆるEBITDA（利息支払前、税引前、減価償却前、のれん償却前営業利益）は企業業績の評価には意味がありません。減価償却費の重要性を無視して、EBITDAベースのキャッシュフローを強調する経営者は誤った経営判断をしがちです。みなさんが自分の投資判断をするときにもこの点は覚えておいてください。

買収の際にどのような会計を適用するかは現在非常に論議を呼んでいる問題です。この騒ぎが収まるまでの間に議会が介入してくるかもしれません（考えるだけでとんでもない話です）。会社が買収される際、現在、一般会計原則（GAAP）では取引の記録にあたって二つのやり方を認めています。「パーチェス（「購入する」の意味）法」と「プーリング法」です。プーリング法においては株式が支払い手段となります。パーチェス法において支払いは現金でも株式でもできます。支払い手段がどのようなものであっても、経営者はたいていパーチェス法による会計処理をひどく嫌がるものです。この手法では「のれん」の会計とその後の償却がほぼ

必ず必要となるためです。この処理は、毎年の利益に大きな重荷となってのしかかり、通常は数十年にわたり続きます。一方、プーリング法では「のれん」会計が不要です。このため、経営者はプーリング法を好んでいます。

現在、ＦＡＳＢ（会計基準審議会）はプーリング法をやめる提案をしており、多くのＣＥＯ（最高経営責任者）が争う構えを見せています。これは重要な争いになると思いますので、私たちはあえていくつか意見を述べておきます。まず、のれんの償却費用はたいていまやかしだとする多くの経営者の意見には賛成です。

現実と反しているような償却を会計原則で義務付けることは通常極めて厄介です。ほとんどの会計上の費用は、たとえ正確に測定されないとしても、実際に起こっていることに関連するものです。例として、減価償却費によって有形資産の価値の低下を測定することはできませんが、これらの費用は少なくとも実際に生じていることを説明しています。有形資産の価値は常に下がるものなのです。同様に、棚卸資産の減耗費、焦げ付いた売掛債権の償却費、保証料の発生などは実際の費用を反映した費用です。これらの費用の年間発生額は正確に測定することはできませんが、見積もりを行う必要があることは明らかです。

対照的に、経済的のれんの価値については多くの場合、低下することはありません。たしかに、時間の経過とともにその価値が実際には上昇することが非常に多い――恐らくはほとんど――のです。経済的のれんは性質上土地とよく似ています。両方の資産の価値は間違いなく変動しますが、その変動の方向性はまったく定まっていません。たとえばシーズ社の場合、経済的のれんの価値は七八年間にわたり不規則ながら極めて着実に上昇してきました。また、私たちが事業を適切に運営すれば、このような成長は少なくともさらに七八年間は続くでしょう。

のれん費用というフィクションから抜け出すために、経営者はプーリング法というフィクションを利用します。この会計原則は、二つの川が合流する場合、その流れは区別できなくなるだろうという空想的な考え方に基づいています。この考え方において、企業はより大きな会社に合流するのであって、「買われた」などということはないのです（たとえ多くの場合、巨額の「売却」プレミアムを受け取るとしても）。したがって、のれんが生じることはなく、これによる面倒な費用も発生することはないのです。その代わり、存続する企業の会計は、事業がずっと一つの企業で行われてきたかのように処理されるのです。

空想はこれまでにしましょう。合併の現実は通常はるかに異なります。買収する側とされる側が紛れもなく存在し、取引がどのような形をとっていたとしても後者は「買われる」ことになります。そうではないと思われるのであれば、仕事を奪われた従業員にどちらの会社が征服した側でどちらが征服された側だったのか尋ねてみてください。誤解の余地はないでしょう。したがって、この点においてＦＡＳＢは正しいのです。大半の合併において購入が行われてきました。なるほど、本当に「対等の合併」というのも幾つかあります。しかし、それはごくまれなことです。

マンガーも私も、購入を正確に記録したいと望むFASBを満足させ、同時にのれんの減少という無意味な費用に対する経営者の反論にかなうような現実的な方法があると考えています。まず、買収する側の会社に購入価格を――支払いが株式か現金かにかかわらず――適正価値で記録させます。ほとんどの場合、この手続きによって経済的のれんを示す巨額の資産が計上されることになります。その後、この資産は帳簿に残したままとし、償却は求めません。その後、経済的のれんの価値が損なわれた場合は（時としてそのようなことは実際に起こりうるのですが）、ほかの資産について価値が損なわれたと判断される場合と同じように償却を行うのです。

私たちの提案する原則を採用する場合には過去にさかのぼって適用し、買収の会計処理をアメリカ国内で一貫性のあるものとすべきでしょう――現在の会計原則とは大違いです。一つ予想しておきます。この計画が実行されれば、経営者は買収をもっと賢く組み立て、会計上の利益に関する非現実的な結果ではなく、株主に実際にもたらされる結果に基づき現金を使うべきか株式を使うべきかを決めることになるでしょう。

E. 株主利益とキャッシュフローの詭弁（一九八六年、一九八六年補遺）

多くの企業買収に際しては、一般会計原則に従って多額の取得価格調整をしなければなりません。当社の連結決算報告書は、もちろん一般会計原則に基づいております。しかし私たちの考えでは、一般会計原則による決算数値は経営者や投資家にとって、必ずしも最も便利なものではありません。よって、買収企業の業績を見る場合には、取得価格調整前の数値を考慮にいれます。事実、そのような数値こそ、もし当社がその企業を買収していなかったら示したであろう値なのです。

このような会計数値の見方を私たちが好む理由についてさらに述べます。以下はけっしてエロティックな小説の代わりになるようなものではありませんし、お読みいただかなくても結構です。しかし、当社の六〇〇〇人の株主のなかには、私の会計に関するエッセーを楽しみにしている方がおられると思いますので、そうでない方も含めて面白くお読みいただければ幸いです。

まず初めに簡単なクイズから。次に示すのは、一九八六年における二つの会社の簡略化した損益計算書です。どちらの企業がより価値があるでしょうか。

恐らくお気づきのように、この二社は同じ企業、スコット・フェッツァー社です。O列は、もし当社が買収していなかったら開示していたであろう一九八六年の一般会計原則による損益計算を示します。N列では、バークシャーの決算で実際に示されているスコット・フェッツァ

		企業O		企業N
収益		677,240		677,240
売上原価（償却前）	341,170		341,170	
非現金在庫費用			4,979(1)	
減価償却費	8,301		13,355(2)	
		349,471		359,504
粗利益		327,769		317,736
販売費および一般管理費	260,286		260,286	
のれん償却費			595(3)	
		260,286		260,881
営業利益		67,483		56,855
その他の利益		4,135		4,135
税引き前利益		71,618		60,990
法人税（繰延税および法人税）	31,387		31,387	
非現金割当調整			998(4)	
		31,387		32,385
純利益		40,231		28,605

単位＝1000ドル
注＝1、2、3、4はこの項で論じられているもの

I社の損益計算を表しています。

二つの列は、まったく同じ企業の経済状況を表していることは強調してよいと思います。つまり、売上高、人件費、税金などすべて同一です。そして株主に対して生み出すキャッシュもまったく同じです。異なるのは会計方法だけです。

それでは、教授先生方、どちらの列が真実なのでしょうか。経営者や投資家はどちらを

注目すべきなのでしょうか。

このクイズに取り組む前に、なぜO列とN列の差が出たのか考えてみましょう。少し話を単純化しますが、それによって分析や結論が正確でなくなることはありません。

O列とN列の違いは、当社がスコット・フェッツァー社の買収に際して、その純資産以上の金額を支払ったからです。一般会計原則によれば、そのような差額プレミアムやディスカウントは、取得価格調整しなければなりません。スコット・フェッツァー社の場合、帳簿上一億七二四〇万ドルだった純資産に対して三億一五〇〇万ドルを支払いました。つまり、プレミアムとして一億四二六〇万ドルを支払ったことになります。

プレミアムの会計処理は、流動資産の値を現在の価格に修正することから始まります。実務的にいうと、この修正には現在の価格で計上されている売掛金は普通影響を与えませんが、しばしば在庫には影響を及ぼします。二二九〇万ドルのLIFO準備金（注　在庫を現在の価格で取得する場合にかかる費用と帳簿上の在庫勘定の額の差を示す。特にインフレ期の場合、この額は非常に大きくなることもある）や、そのほかの会計上の込み入った事情のためスコット・フェッツァー社の在庫は現在の価格よりも、三七三〇万ドル少ない金額で計上されていました。このため、最初の会計処理として、一億四二六〇万ドルのプレミアムのうち三七三〇万ドルを、在庫勘定を現在の価格に合わせて増やすために用いました。

流動資産が調整されたあとでプレミアムがさらに残っていたとすると、固定資産を現在の価格に調整します。当社の場合、繰延税の修正のための離れ業的な会計上の調整も必要としました。今回は簡単にご説明するという趣旨ですので、詳細は略し、結果だけ述べます。固定資産勘定が六八〇〇万ドル増え、一三〇〇万ドルが繰延税勘定から差し引かれました。このような八一〇〇万ドルの調整をしたあと、二四三〇万ドルのプレミアムが残りました。

もし必要ならば、次に二つの会計処理を行います。つまり、のれん以外の無形固定資産を現在の価格に修正し、負債、普通は長期負債や年金積立て不足債務に関してのみだけですが、それを現在の公正な価格に修正します。しかしスコット・フェッツァー社の場合、このような調整は不要でした。

すべての資産と負債を公正な現在の価格で調整したあとで最後に行うのが、プレミアムの残額をのれん勘定（技術的には「取得した純資産の公正な価格を超過した費用」として知られる勘定です）に振り替えることです。当社の場合、この残額は二四三〇万ドルでした。よって、スコット・フェッツァー社の買収直前の貸借対照表は〇列に示されていますが、買収によってN列に示される貸借対照表に変わりました。現実には、二つの貸借対照表が表す資産と負債はまったく同じものなのですが、いくつかの数値は非常に異なっているのがお分かりと思います。

N列の貸借対照表の数値が増大したために、損益計算書上でのN列の利益額が減少しています。これは資産勘定の評価増しと、そのように評価増しされた資産の一部を償却しなければならないという事実の結果です。固定資産が大きく調整されるほど、毎年利益から控除される償

	企業O	企業N
資産		
現金および現金等価物	3,593	3,593
受取手形および売掛金	90,919	90,919
棚卸資産	77,489	114,764
その他の流動資産	5,954	5,954
流動資産合計	177,955	215,230
不動産・工場・機械	80,967	148,960
非連結子会社および関連会社に対する投資および貸付金	93 589	93,589
のれんおよびその他の資産	9,836	34,210
	362,347	491,989
負債		
支払手形および短期借入金	4,650	4,650
買掛金	39,003	39,003
未払金	84,939	84,939
流動負債合計	128,592	128,592
長期債務	34,669	34,669
繰延税	17,052	4,075
その他の繰延税	9,657	9,657
負債合計	189 970	176 993
株主資本	172,377	314,996
	362,347	491,989

単位＝1000ドル

却額も大きくなります。資産勘定の評価増しのために発生した償却額は前記の損益計算書で表されています。

①主として、一九八六年にスコット・フェッツァー社が行った在庫勘定の減額のために発生した、四九七万九〇〇〇ドルの非現金・在庫費用。この手の費用は普通小さく、将来はほとんど無視できる程度になります。
②固定資産の繰り上げのために生じた五〇五万四〇〇〇ドルの追加償却費。この金額に近い数値の償却費が今後さらに一二年間発生します。
③五九万五〇〇〇ドルののれん償却費。これよりもやや大きな償却費が今後さらに三九年間発生します（買収が一月六日に行われたため、一九八六年ののれん償却費は九八％相当しか計上されていないため）。
④九九万八〇〇〇ドルの繰延税の複雑怪奇な調整、これは私でも簡潔に（恐らく、簡潔でなくても）説明することは不可能です。これに近い金額が今後さらに一二年間、恐らく費用として発生します。

一九八六年末までに、これら新旧のスコット・フェッツァー社の純資産額の差は、新しい会社の利益に対して費用となる一一六〇万ドルの費用によって、一億四二六〇万ドルから一億三一〇〇万ドルに減ることになります。時がたつにつれ、このような費用がプレミアムの大半をなくし、二社の貸借対照表は同じになることになります。しかし、買収の際に再評価されて高くなった土地と在庫の勘定額は、土地や在庫が減らないかぎりそのまま貸借対照表に残されることになります。

＊　＊　＊　＊　＊　＊　＊　＊　＊

こうした話は、株主にとってどのような意味を持つのでしょうか。バークシャーの株主が買ったのは、一九八六年に四〇二〇万ドルの利益を上げた会社なのでしょうか。それとも二八六〇万ドルしかない会社なのでしょうか。一一六〇万ドルという費用は、私たちにとって真に経済的な費用といってよいのでしょうか。企業Oの株価は、企業Nよりも高くなければならないのでしょうか。もし企業価値とは、その企業が今後生み出す収益によって決まるならば、スコット・フェッツァー社の価値は、当社が買収する直前のほうがその直後よりもずっと大きいといえるのでしょうか。

これらのことをじっくり考えると、「株主利益」とでも呼ぶべきものがよく分かるようになります。つまり、それは、［(A) 会計上の利益］＋［(B) 減価償却費、減耗償却費、のれん償却費およびそれ以外のいくつかの非現金費用〔企業Nにおける費用①および④〕］－［(C)

その企業が長期的な競争力と生産高を維持するために必要な平均的な年間設備投資費用」（もし同様に追加的な運転資金が必要ならば、それも（C）に加えます。しかし、後入先出法で棚卸資産の会計評価をしている場合、通常生産高が変わらなければ追加的な運転資金は必要になりません）。

私たちの「株主利益」計算式では、一般会計原則が示すような、見せかけばかりが正確な数値は算出しません。なぜなら、（C）は推定値でしかありえず、しかもその推定は時としてとても難しいからです。このような問題にもかかわらず、私たちは、株式投資家や企業買収を行う経営者にとって、企業評価に適しているのは、一般会計原則上の利益ではなく「株主利益」ではないかと考えています。

このような方法で算出すると、企業Oと企業Nの「株主利益」は同額になり、よって双方の企業価値も、みなさんの常識感覚のとおり、同額となります。なぜなら（A）と（B）の合計額は、OとNで同額であり、（C）は必然的に同じになるからです。

株主であり経営者であるマンガーと私が信じるものは、スコット・フェッツァー社の「株主利益」として正確な数値なのでしょうか。現状において、（C）は「古い」会社の（B）八三〇万ドルにかなり近く、「新しい」会社の（B）一九九〇万ドルよりははるかに少ないもので

ある、と私たちは見積もっています。そのため「株主利益」は会計報告上では、N列よりもO列によってはるかに正しく表されていると考えます。言い換えると、スコット・フェッツァー

社の「株主利益」は一般会計原則の利益額よりもかなり大きいと、私たちは考えています。

明らかにこのような状況は、私たちにとっては好ましいものです。しかし、このような計算を行うと、結果は通常厳しいものとなります。単に販売量と競争力を維持するだけのために、長期にわたって（B）以上の金額を投資しなければならないことを多くの経営者は認めることになるでしょう。このような必要性があるとき、つまり（C）が（B）を超過しているとき、一般会計原則上の利益は「株主利益」を過大評価します。しばしばこのような過大評価はかなりの額に上ります。最近目立ったそうした例の一つは、石油産業です。もし多くの石油会社が毎年、単に（B）だけを投資していたならば、実質ベースでは減益になっていたに違いありません。

これらのことが、ウォール街のリポートでしばしば記載されるキャッシュフローのバカバカしさを示します。キャッシュフローとは、（A）と（B）の合計から求められますが、（C）を控除していません。投資銀行家が作る販促用資料の大半も、この種の誤解を招きやすい説明を繰り返しています。つまり、ある企業が提供するのは商業的なピラミッドであり永遠の芸術なので、交換したり、改良したり、改装したりする必要はないというわけです。実際に、もし主要な投資銀行家がすべてのアメリカ企業を同時に売却するようにアレンジし、投資銀行家が用意した資料を信じるならば、政府が予測する国民設備投資額は九〇％も少なくなってしまうでしょう。

「キャッシュフロー」は、ある種の不動産業者や当初は多額の投資を必要としその後は追加投資がほとんどいらないような企業を見るためには、簡便な方法としてたしかに便利かもしれません。唯一の会社資産が橋や、極めて耐用年数の長い天然ガス田であるような企業がそのような例です。しかし、製造業、小売業、鉱山会社、電力会社にとっては「キャッシュフロー」は無意味です。それらの会社にとって常に重要なものとは（C）なのです。正確に言うと、このような企業でもある年に設備投資を繰り延べすることは可能でしょう。しかし、五年から一〇年間をとってみると、設備投資は必ずしなければなりません。さもなければ、事業が立ち行かなくなるでしょう。

そうであるならば、なぜ「キャッシュフロー」は今こんなに人気があるのでしょうか。その回答として皮肉を込めて述べたいと思います。キャッシュフローは、企業や証券を販売する連中によって、正当化できない取引を正当化するために（つまり、販売することが難しいような取引を販売するために）多く用いられる数字だと思います。（A）――一般会計原則上の利益――ではジャンクボンドの債務返済に不足するとき、あるいはバカげた株価を正当化するときに、（A）＋（B）の合計額に注目することはセールスマンにとって非常に好都合なのです。しかしみなさんは、（C）を控除せずに（B）を（A）に加えてはいけないのです（歯医者は「歯のことを気にかけないと、歯は全部なくなってしまいますよ」と言うかもしれませんが、これは（C）には当てはまりません）。（C）を無視して、（A）と（B）の合計額で企業の債務返済能力や株式価値、企業価値を、判断できると考える企業や投資家は将来の問題の種を抱えているといえます。

＊　＊　＊　＊　＊　＊　＊　＊　＊

要約すると、スコット・フェッツァー社や当社が所有する企業群の場合、ヒストリカル・コスト・ベースでの（B）、つまり無形固定資産の償却と取得価格調整を無視すると、（C）の金額にかなり近くなります（もちろん二つの数値は同額にはなりません。例えば、シーズ社の場合、単に企業としての基本的な競争力を維持するだけのために、毎年、減価償却額を五〇万から一〇〇万ドル上回る額の設備投資をしなければなりません）。このような考えから、私たちは、のれん償却と取得価格調整を別々に表示しています。また同様に企業の収益を見る際には、一般会計原則上の収益よりも「株主利益」に着目しているのもそのためです。

一般会計原則上の収益に疑問をはさむのは、不遜ではないかと思う方もいらっしゃるかもしれません。結局、会計士に報酬を払うのは、私たちの事業の真実の姿を表してもらうことが目的ではないのです。会計士の仕事は記録することであり、評価することではありません。企業評価は投資家や経営者の仕事です。

会計上の数値はもちろんビジネス界の共通言語であり、企業の価値評価やその変化を見ている人にとっては極めて有効なものです。会計上の数値がなければ、マンガーと私はたちまち、物事を見失ってしまいます。会計上の数値は、いつでも私たちが当社や他社の事業を評価する上での出発点です。しかし経営者や投資家は、会計上の数値は単純にビジネス的な思考の手助けであって、それが究極のものではないことを覚えておかなければなりません。

F．オプション評価（二〇〇八年、二〇一〇年）

ブラック・ショールズの公式は金融業界のバイブルとしての地位に近づいてきました。私たちは財務諸表を作成する際、この公式をプットオプションの評価に使っています。計算に当たって重要となる入力変数は、取引の満期と行使価格に加えて、ボラティリティや金利、配当などについてのアナリストの予想値です。

しかしこの公式を長い期間について当てはめると、バカげた結果が導かれることがあります。公平を期すために申し上げますが、ブラックとショールズがこの点を十分理解していたことはほぼ間違いありません。しかし彼らの熱心な信奉者は、この公式が最初に世に出されたときに付け加えられていた注意事項をすべて無視しているのでしょう。

ある理論を極端な事例にまで突き詰めて検証することは、多くの場合、有意義なものです。では、期間一〇〇年間、金額一〇億ドルのS&P五〇〇のプットオプションを行使価格九〇三ドル（二〇〇八年一二月三一日時点の水準です）で売却すると仮定してみましょう。私たちが長期契約を結ぶ際のインプライドボラティリティの仮定を用い、これに妥当な金利と配当の仮定を組み合わせると、ブラック・ショールズのモデルによる「適切な」プレミアムは二五〇万ドルとなります。

このプレミアムの妥当性を判断するためには、今から一世紀後のS&P五〇〇が現在の水準を下回っているのかどうかを評価しなくてはなりません。そのときのドルの価値が現在よりもはるかに低くなっていることは間違いありません（インフレが年率わずか二%だとしても、一ドルの価値はおよそ一四セントになってしまいます）。したがって、これは指数の価額を押し上げる要因となるでしょう。しかしさらに重要なことは、一〇〇年間の留保利益によって、指数に含まれる企業の大半は価値が著しく高まるということです。ダウ工業株三〇種平均は二〇世紀中およそ一七五倍に増えましたが、これは主に留保利益の要因によるものでした。

すべてを考え合わせると、指数が一〇〇年間で下落する可能性は一%をはるかに下回る程度だと思われます。しかし、この数字を使って最も可能性が高い下落――万が一、起きるとしたら、ということですが――が五〇%であると想定してみましょう。この仮定に基づくなら、私たちの契約が被る損失の期待値は、数字のうえでは五〇〇万ドル（一〇億ドル×一%×五〇%）となります。

しかし、私たちが理論上のプレミアムである二五〇万ドルを前払いで受け取っていれば、予想される損失を埋め合わせるには複利年率〇・七%で投資すれば良いのです。これを上回る収益はすべてが利益となります。一〇〇年間〇・七%の金利で借りてみたいとは思いませんか。

私が示した例を最悪の場合という観点から考えてみましょう。思い出してください。私の仮定が正しければ、九九%の確率で何も払わずに済むのです。そして残り一%の可能性によって最悪の事態に陥った場合でも――すなわち、総額一〇億ドルの損失が発生すると仮定しても――、私たちの借り入れコストはわずか六・二%で済むのです。私の想定がおかしいのか、あるいは公式が不適切であるかのいずれかであることは明らかです。

私が示した極端な例でブラック・ショールズの公式によって示されたバカげたプレミアムは、算式にボラティリティが含まれていること、そして、ボラティリティは株式が過去数日間、数カ月間、あるいは数年間でどれだけ変化したかによって決定されるという事実から生じたのです。この基準は、この先一〇〇年間のアメリカ企業について、確率で加重した価値の幅を推定するにはまったく不適切なものです(よろしければ、躁うつ病の隣人から毎日農場の価格を聞いて、このたびたび変わる価格から計算されたボラティリティを算式の重要な要素とし、農場のこの先一世紀の確率で加重した価値の幅を推定すると想像してみてください)。

ボラティリティの過去の推移を用いることは、短期のオプション価格を評価するうえでは役に立つ――しかし絶対確実というには程遠い――考え方ですが、オプションの期間が延びるにつれ、その有効性は急速に失われていきます。これは私の意見ですが、ブラック・ショールズの公式によって算定された私たちの長期プットオプションの現在の評価においては、負債が過大に評価されています。ただし、その過大評価の度合いは契約が満期に近づくにつれて縮小するでしょう。

そうだとしても、長期の株式プットオプションに関連する財務諸表上の負債を評価する際に、私たちはブラック・ショールズ・モデルを使い続けるでしょう。この公式は世間一般の通念となっており、これに代わるどのような公式を用いても大きな疑念が生じるだけでしょう。これはまったくもってごもっともです。分かりにくい金融商品について独自の評価をでっちあげているCEOたちが保守的な間違いを犯すことはめったにありません。マンガーも私も、そのような楽天主義者の集まりには加わりたくないのです。

マンガーも私も、ブラック・ショールズの定理を長期のオプションに当てはめると著しく不適切な値が出てしまうと考えています。仮説に基づく前述の例に加えて、私たちは口だけでなく実際に株式プットオプション契約を行いました。そうすることによって、取引先やその顧客が用いているブラック・ショールズの公式による計算に欠陥があることを暗に批判したわけです。

とはいうものの、私たちは財務諸表の作成に際しては引き続きブラック・ショールズの公式を使っています。ブラック・ショールズの公式はオプション評価について公認された基準であり——ほとんどすべてのビジネススクールでこれを教えています——、この公式に従わなければ、手抜きの会計だと非難されてしまいます。さらに、そうすることは監査人に克服できない問題を突きつけることになってしまうでしょう。彼らの抱えている顧客のなかには私たちの取引相手もあり、私たちの保有する同じ取引についてブラック・ショールズの公式で算出された価値を使っているからです。私たちの価値評価と彼らの評価があまりにもかけ離れている場合、監査人がこの二つの正確性を証明することは不可能でしょう。

ブラック・ショールズの公式が監査人や規制当局にとって魅力的に感じられるのは、だれがやっても同じ数値を算出できるからだという面もあります。マンガーと私はそのようなものは提供できません。私たちは、取引に関する債務の真の価値はブラック・ショールズの公式で計算されたものよりもはるかに低いと考えています。しかし、私たちは正確な数字は計算できません。私たちが計算できるGEICO、BNSF、あるいはバークシャー・ハサウェイ自体の価値以上に正確なものは出せないのです。正確な数字を示すことができなくても、私たちは困ることはありません。絶対的に間違えるよりは、およそ正しいほうを選んでいるのです。

ジョン・ケネス・ガルブレイス教授はかつて、経済学者は思考の点で最も経済的であるといたずらっぽく語っていました。経済学者は大学院でそのグループの一員になることを学び、それを一生続けるのです。大学の財務部門も同じように振る舞うことが多く見られます。一九七〇年代から一九八〇年代にかけてほとんどだれもが効率的市場理論に執着し、それに反する強力な事実については軽蔑を込めて「例外」と呼んでいた姿をどうかご覧あれ（私はこんな議論がいつでも大好きです――恐らく地球水平協会は、宇宙船が地球の周囲をぐるぐる回っている様子を、煩わしいものの、取るに足らない「例外」だと見ていることでしょう）。

第7章
会計上のごまかし

Accounting and Shenanigans

金融危機調査委員会で証言するバフェット

一般会計原則（ＧＡＡＰ）の欠陥にもかかわらず、私自身はよりましな会計原則を作る作業をしたいとはとても思いません。そして、現在の会計原則の限界が必ずしも妨げになるというわけではありません。ＣＥＯ（最高経営責任者）は一般会計原則に基づく財務諸表を、株主や債権者に情報開示する義務の最終目的ではなく、出発点とすることは自由ですし、実際そうするべきです。もし上司である親会社のＣＥＯに必要な情報に欠けた一般会計原則上の財務諸表だけを報告するならば、子会社の経営者は苦境に陥るでしょう。それならばなぜＣＥＯは、その上司である株主にとって役立つ情報を提供しないで済むのでしょうか。

必要なのは金融関連の情報を読みこなせる株主に対して、次の三つの基本的な質問に答えを与えるデータ――一般会計原則上のものであれ、そうでないものであれ、またそれを超えたものであれ――を提供することです。

①この会社はおおまかにいくらの価値があるのか。
②この会社が将来の義務を果たせる可能性はどのくらい高いか。
③経営者は与えられた経営資源の下で、どのくらいうまくやっているか。

多くの場合、一般会計原則の下での財務諸表だけでは、右の質問の一つ以上の回答が難しいか、不可能です。ビジネスの世界は、一つの会計原則ですべての企業の経済的実態を表すにははるかに複雑であり、とりわけバークシャーのように広範な事業範囲を持つ会社にとってはそう言えます。

さらに問題が複雑になるのは、多くの経営者は一般会計原則を守るべき標準と考えるよりも、乗り越えなければならない障害のようにとらえているためです。非常に多くの場合、会計士が意図的に経営者を助けています（会計士に顧客が尋ねます。「2＋2はいくつかね」。協力的な会計士は答えます。「いくつがお望みですか」）。正直で善意の経営者ですら、ときどき彼らの業績をより適切に表すために必要だと判断するときには、一般会計原則を少し拡大解釈します。企業利益の平準化や誇張された四半期報告は、いつもは正直な経営者が用いる罪のないウソです。

また、投資家をだまし欺くために、一般会計原則を積極的に利用する経営者もいます。彼らは投資家や債権者が一般会計原則に基づく財務数値を福音書のように受け入れることを知っています。このようなペテン師は、会計規則を「想像的」に解釈し、技術的には一般会計原則にのっとっていても、実際には経済的な幻想を世に示すような方法で、企業取引を記帳します。

洗練されていると思われている投資家も含めて、投資家が報告された企業収益の継続的な増加に対して法外な評価を与えているかぎり、経営者や広報担当者の一部は真実がどうであれ、一般会計原則を使ってそのような業績数字をひねり出そうとするでしょう。過去、マンガーと私は莫大な規模の、会計に基づいた詐欺を見てきました。罰せられた犯罪はわずかしかありません。多くの場合、調査すらされていないのです。拳銃で脅して少額のお金を盗むよりも、ペンで大金を盗むほうがはるかに安全だということです（一九八八年の手紙の導入部分）。

A・風刺（一九九〇年補遺）

USスチール社が徹底的な近代化案を発表（以下は、ベンジャミン・グレアムが一九三六年に書いた未公開の風刺であり、一九五四年にグレアムからバフェットに渡されたものである）

USスチール社の会長であるマイロン・C・テイラーは市場で長らく期待されていた、世界最大の産業王国であるUSスチールを完全に近代化する計画を今日発表しました。計画は予想に反して、生産部門や販売部門においては何らの変革も盛り込まれていませんでした。その代わりに、会計方針を大幅に変更しようという案でした。いくつかの近代的な会計方針や金融技術を採用し、さらにそれを改良することで、USスチールの企業収益力は大幅に変更されることになります。新しい会計方針の下では、業績が一定水準に満たなかった昨年（一九三五年）でさえ、一株当たり利益が五〇ドルであったとみなされることになります。この改革案は、プライス、ベーコン、ガスリー&コルピッツによって行われた包括的な調査の結果に基づいており、次に挙げる六つのポイントを含んでいます。

①工場設備を簿価マイナス一〇億ドルまで減価償却する
②自社の普通株式の額面を一セントに減額する
③すべての賃金をストックオプションで支払う
④在庫を一ドルの評価額で繰り越す
⑤既存の優先株式を、利子のない、額面の五〇％で償還可能な割引債に置き換える
⑥一〇億ドルの偶発債務引当金を設ける

この特別な近代化計画は次のように公式発表されました。

USスチールの取締役会は、鉄鋼業界における業況変化に伴う問題点を集中的に研究した結果、当社の会計方針を大幅に変更する計画を承認したことを発表いたします。プライス、ベーコン、ガスリー＆コルピッツによって指導・支援された特別委員会が明らかにしたところによると、当社の会計方針はほかのアメリカ企業で採用しているような進んだ手法から遅れをとっています。仮にそのような手法を採っていれば、追加の資本投下をせず、また業界環境や販売状況の変更がなくとも、当社は劇的に収益力を高めることができたはずのものです。したがって、当社ではそのような新しい会計方針を採用するだけでなく、さらにそれを完璧なものに発展させることを決めました。取締役会で決めた変更は、以下に述べる六点に要約できます。

1. 固定資産を簿価マイナス一〇億ドルに減価償却する

多くの代表的な企業では、工場の減価償却は残存価値一ドルに達するところまできました。特別委員会は、USスチールの工場の価値が一ドルしかないとすると、固定資産は帳簿上の合計額よりもかなり小さい価値しかないことを指摘しています。今では広く知られているように、多くの工場は現実的には、資産というよりは負債であり、減価償却や税金、維持費用などと並んで、費用の対象となることは広く知られている事実です。したがって、取締役会は一九三五年から始めた減価償却方針を拡張し、固定資産を一三億三八五二万二八五八・九六ドルからマイナス一〇億ドルに圧縮することを決定しました。

この会計方針変更の利点は、明らかです。工場が老朽化するにつれて、減価償却引当金という負債勘定も減っていきます。したがって、これまでの年間で約四七〇〇万ドルの減価償却費計上の代わりに、変更後は、年間で工場の簿価の五％、約五〇〇〇万ドルの減価償却の繰り戻し勘定への計上が可能となります。つまり、年間で約九七〇〇万ドル以上の利益かさ上げが可能となります。

2. 普通株式額面の一セントへの減額　および

3. 賃金をストックオプションで支払うこと

多くの企業では、役員の給与の大半をストックオプションで支払うことで会計上の人件費を大幅に削減することを可能としてきました。なぜなら、こうしたオプションは企業利益に対して何らの費用計上も伴わないからです。このような近代的な手法が持つ可能性は、適切な形では実現されてきませんでした。ＵＳスチールの取締役会では次のようなより先端的な手法を採用しました。

当社の全職員はその報酬を、自社株一株を五〇ドルで買う権利を現行報酬五〇ドル当たり一権利の割合で受け取ることになります。同時に当社の株式の額面は一セントに引き下げます。

この計画の驚くべき利点は以下のとおりです。

Ａ．当社の人件費はゼロまで削減されます。これは一九三五年ベースで年間二億五〇〇〇万ドルの経費削減となります。

Ｂ．同時に全従業員向けの実質的な報酬は、数倍に増えることになります。新しい会計方法の下で実現されるであろう大きな一株当たり利益によって、株式市場ではストックオプションの行使価格である一株当たり五〇ドルを大きく超えた株価が付くことは間違いありません。この結果、現金支払いによる現在の給与の代わりに与えられるストックオプションは、現金給与を大きく超える価値をすぐに持つことになると思われます。

C．当社は、このようなストックオプションの行使によって、追加的に多額の利益を計上できます。普通株式一株の額面は一セントとなっているため、オプション行使による新規株式発行のたびに一株当たり四九・九九ドルの利益が生じます。しかし保守的な会計の原則に従い、この利益は損益計算書上の利益にはならず、資本金勘定における資本剰余金に加算されます。

D．当社の現金勘定は著しく強化されることとなります。一九三五年ベースで年間二億五〇〇〇万ドルに上る人件費支払いに伴う資金支出の代わりに、オプション行使に伴う五〇〇万株の新規普通株式発行によって年間で二億五〇〇〇万ドルの資金収入が発生します。利益が増え、キャッシュフローが強化されるため、多くの配当金支払いが可能となり、その結果、ストックオプションは発行後直ちに行使され、それがさらに会社のキャッシュフローを増やし、より大きな配当金支払いを可能とするという繰り返しが永遠に可能となります。

4．在庫を一ドルの評価額で繰り越す

これまでは、在庫を市場時価に評価替えしなければならないため、不況期では多額の評価損が発生してきました。とりわけ金属業界や綿紡績業界などの多くの企業では、このような問題を、すべてないしは一部の在庫を非常に低い単価で評価し、計上することでうまく解決してき

ました。USスチールは、より進歩的な会計方針を採り入れることにしました。つまり、在庫勘定金額を一ドルで次期に繰り越すことにします。このために、毎期末に在庫の評価替えをし、それに伴う評価損は「偶発債務引当金」勘定に計上することにします。

この新しい会計方法はとても有益です。将来において在庫の償却費用が発生する可能性を事前に摘み取るだけではなく、当社の収益を著しく向上させる効果があります。毎会計年度の期首に、前期から繰り越された在庫額は一ドルだけであり、当該会計年度にそれが製品化され販売される際に大きな収益をもたらします。この方法によって当社の利益は毎年少なくとも一億五〇〇〇万ドル増えますが、これは、毎期、偶発債務引当金勘定に計上される額とほぼ同じです。

当社の特別委員会の少数意見では、会計方針の一貫性を保ち、同様のメリットを受けるために、売掛金や現金勘定も同じように毎年一ドルに評価替えすることを勧めています。この提案は現状では当社の監査法人には受け入れられていません。それは、売掛金や現金の償却の戻し入れ益は当該会計年度の利益ではなく、資本勘定の剰余金に計上すべきであるとの考え方があるからです。しかし、この会計監査方針はやや時代遅れであり、まもなく最近の傾向に合うように変更されることになるでしょう。その際には、この少数意見は改めて前向きに検討されることになります。

5．優先株式を五〇％の割引価格で償還できる割引債と交換すること

最近の不況期の間、多くの企業では自社の社債を、市場において大幅な割引価格で買い取り、また償却することで得た利益によって営業損失を相殺することができました。残念ながら、当社の信用度は常に非常に高かったため、これまでこのようなうまみのある収益源を利用することはできませんでした。今回の近代化計画はこれを可能とします。

優先株式を一株当たり、一〇回の各年分割償還付きで、額面の五〇％での償還が可能な額面三〇〇ドルの割引債と交換することが提案されています。そのために合計で一〇億八〇〇〇万ドルの社債を新たに発行し、その元本のうち一億八〇〇〇万ドルを毎年返済することが必要になります。しかし、支払い利息は毎期五四〇〇万ドルのみであり、毎年同額の利益計上が可能になります。

前述の給与支払い方法のように、この会計方針の変更は当社と優先株式の株主の両者にとって有利です。株主は平均残存期間五年間で額面の一五〇％の確定金額を受け取ることになります。短期債の利回り水準は現在、実質的にはほとんど無視できる程度ですので、交換される債券にクーポンがなく、割引債であることはほとんど問題になりません。当社は現状では、優先株式に対して年間で二五〇〇万ドルを配当金として支払っていますが、この措置によって年間五四〇〇万ドルの債券償還差益が得られることになり、年間で七九〇〇万ドルの追加利益が得

られます。

6．偶発債務引当金一〇億ドルの計上

取締役会は、今回の会計方針の改善によって、将来のいかなる経済環境にも対処できる収益力が得られると確信しています。新たな会計方法の下では、どんなに厳しい業界環境にあっても、企業が損失のリスクにさらされることはありません。なぜなら、偶発債務引当金を積み立てることによって、そのような将来の損失はすべて事前に処理することができるからです。

特別委員会は、当社に対して一〇億ドルというかなり大きな偶発債務引当金を積み立てることを勧めています。前述したように、毎期に行われる在庫の一ドルへの評価替えはこの引当金によって相殺されます。この偶発債務引当金を使い切らないように、毎期、資本剰余金から適当な金額を振り替え、補填することを決めました。資本剰余金については、前述のストックオプションの行使によって少なくとも毎期、二億五〇〇〇万ドルは増加する見込みのため、すぐに偶発債務引当金の取り崩しを埋め合わせられると思います。

残念ながら、資本金、資本剰余金、偶発債務引当金やその他のバランスシート勘定の間において、多額の金額を付け替えることで収益を向上させるといったほかの大企業で行われているような方法は、当社ではこれまでできませんでした。実際、当社が行おうとしている経理方法

	A．従来の損益計算書	B．今回の提案が実行された場合の損益計算書
総売上高（企業間売上高を含む）	765,000,000	765,000,000
給与	251,000,000	-------
その他の営業費用・租税	461,000,000	311,000,000
減価償却	47,000,000	−50,000,000
支払利息	5,000,000	5,000,000
社債償還割引	-------	−54,000,000
優先株式支払配当金	25,000,000	-------
普通株	−24,000,000	553,000,000
平均発行済株数	8,703,252	11,203,252
１株当たり利益	−2.76	49.80

単位＝ドル

は極めて単純であり、会計分野における最も先端的な手法に見られる超神秘的な要素はまったくありません。取締役会では、今回の近代化プランを練るに当たって、さらに収益力を向上させる可能性を多少あきらめても、それが明瞭かつ簡潔になることを重視してきました。

本提案が当社の企業利益に与える全体的な効果を示すために、一九三五年の簡略版の損益計算書を上に掲載します。形式に従い、この提案を資産・負債勘定に反映させた上で一九三五年一二月三一日時点の簡略版の貸借対照表（五一七ページ）も掲載します。

近代的な会計手法を使うと、貸借対照表も同様に違った姿になることを示

資産

固定資産	－1,000,000,000
現金	142,000,000
売掛金	56,000,000
棚卸資産	1
その他の資産	27,000,000
合計	－774,999,999

負債

普通株（1セント当たり記載価額*、額面価額は87,032.52）	－3,500,000,000
子会社社債・子会社株式	113,000,000
シンキング・ファンド条項付き社債	1,080,000,000
流動負債	69,000,000
偶発債務引当金	1,000,000,000
その他の引当金	74,000,000
期首剰余金	389,000,001
合計	－774,999,999

単位＝ドル

* 記載価額は額面価額とは異なると想定。会社が再設立されるバージニア州法による

す必要はないと思います。貸借対照表における変化の結果として得られる極めて大きな収益力を考えると、その他の資産、負債項目の詳細について過度に着目されることはないと思います。

結論として、今回の会計方針の変更、つまり、工場勘定をマイナスで計上し、人件費をなくし、在庫を実質的にゼロに評価することで、U

Sスチールは業界において非常に強力な競争力を得ることができます。当社では、製品を極めて安い価格で販売することが可能になり、同時に相当の利益を計上することもできるようになります。当社が今回の近代化プランによって競合他社よりも安く販売し、当社が業界で一〇〇%のマーケットシェアを確保するための妨げになるのは、反トラスト法だけであるという認識を取締役会はしております。

今回のご報告をするにあたって取締役会では、競合会社が同様の会計方針の改良を行って当社の優位を相殺してしまうかもしれないことも当然考えました。しかし、USスチールは、このように会計分野で独自の新しいサービスを提供した開発者、パイオニアであるという名声によって、新旧の顧客のロイヤリティーを得ることができると確信しています。さらに将来、必要に応じて、より進歩的な会計方針を導入することで、この分野における優位性を保つことは可能であり、そのために当社の経理部の開発部門では現在でも新しい手法を研究中です。

B. 基準の設定（二〇〇二年）

数十年前、アーサー・アンダーセンの監査意見は会計専門職にとって究極の判断基準でした。顧客からどのような圧力を受けようとも、同社の内部では精鋭のPSG（職業基準グループ）が誠実な報告を行うことの重要性を強調してきました。PSGはこれらの原則に従い、一九九二年にストックオプションの発行費用は明確にそれであると分かる形で記録するべきだという意見を公表しました。しかし、顧客が望んでいること——すなわち、実態はどうあれ、会計上の利益を高めること——を理解している「高い営業手腕を誇る」パートナーが現れ、PSGの立場は変わりました。また、CEOの多くもオプションの費用計上について論争を繰り広げてきました。ストックオプションに関する真の費用を記録する必要があるとなれば、これまで必死に追い求めてきた巨額のストックオプションを受け取ることはできなくなってしまうことを彼らは分かっていたからです。

アンダーセンが立場をひるがえして間もなく、独立のFASB（会計基準審議会）はオプションの費用計上について七対〇で決定しました。予想されたとおり、主な監査法人や多くのCEOはワシントンに乗り込み、FASBを骨抜きにするべく上院に——会計の問題を決定する上でこれほどうってつけの機関があるでしょうか——圧力をかけました。抗議の声は巨額の政治献金によって増幅されました。こうした献金には企業の資金が使われることが多いのですが、このお金はまさに、欺かれようとしているオーナーのものなのです。公民の授業でこんなことは教えないでしょう。

恥さらしなことに、上院は八八対九で費用計上を否決しました。数人の著名な上院議員は、FASBが立場を変えないのであればその廃止まで求めたのです（なんと独立の保たれた機関なのでしょう）。これ以降、当時のSEC（証券取引委員会）委員長だった——そして大体において株主の保護に気を配ってきた――アーサー・レビット・ジュニアは、議会と企業の圧力に嫌々ながら屈服したことを自らの委員長の行動として最も後悔していると述べています（この卑しむべき事態の詳細はレビットの素晴らしい著書である『ウォール街の大罪――投資家を欺く者は許せない！』［日本経済新聞社］に綴られています）。

アメリカ企業は上院を手の内に入れ、ＳＥＣを打ち負かし、今や会計については意のままになりました。これで、決算報告についてはどんなことでもまかり通る新しい時代――大手の監査法人があがめ奉り、時には後押しもする――が始まりました。勝手気ままな行為は間もなく急速に横行し、巨大なバブルを膨らませることとなりました。

ＦＡＳＢは上院によって圧力を受けてからは当初の主張を撤回し、「自主管理」の手法を取り入れました。費用計上が望ましいとしながらも、企業が望めばその費用を無視することも認めたのです。結果は残念なことになりました。Ｓ＆Ｐ五〇〇社のうち、四九八社があまり望ましくない方法を取り、言うまでもなくそのことは高い「利益」の報告につながりました。役員報酬を切望するＣＥＯはこの結果が気に入ったようです。ＦＡＳＢに敬意を表しましょう。彼らは素晴らしい仕組みを作ったのです。

C．ストックオプション（一九九二年、一九九八年、二〇〇四年）

経営者や会計士による現実から目をそらす態度の最もひどい例は、ストックオプション報酬の世界で見られます。一九八五年のバークシャーの年次報告書で、私はストックオプション報酬の利用法や誤った使い方に関して述べました（第1章「F．経営者報酬の正しい決め方」を参照）。しかしたとえ、ストックオプションが正しい方法で利用されようとも、バカげた方法で会計処理されています。そこでの論理性の欠如は偶然ではありません。何十年にもわたって企業社会では、企業がストックオプションの発行費用を会社の損益計算に盛り込まなくても済むよう、会計原則を作る委員会と争ってきました。

経営者たちの典型的な主張とは、ストックオプションの費用は見積もるのが難しいので、費用計上は無視すべきであるというものでした。あるときには、経営者は、ストックオプションの費用を企業の損益計算書に織り込むと小規模の新興企業にダメージを与えるとも論じました。時には、アウト・オブ・ザ・マネー（オプションの行使価格が現在の株価と同等以上）のオプションは発行時には価値がないのだと、まじめに主張してきました。

奇妙にも機関投資家委員会は、オプションは「企業の金庫から支払うのではないから」費用とみなすべきではないという見解の下、この種の意見に同意してきました。このような理屈づけによって、アメリカ企業の会計上の利益は容易に改変される可能性が異常に高くなっているのです。例えば、そのような議論が正しいとするならば、保険料をオプションで支払うことで保険費用は除外できることになってしまいます。もしみなさんが会社のCEOで、このような「現金支出なければ費用計上なし」の原則に基づいた会計方針に賛成するならば、みなさんが拒めないような提案をしたいと思います。バークシャーにお電話ください。当社では、みなさんの会社の株式の購入オプションを見返りに喜んで保険を販売いたしましょう。

企業が価値のあるものを第三者に提供するとき、それがいつ現金で授受されようとも、費用が発生しているのだということを株主は知るべきだと思います。重要な費用科目が単に正確な費用の見積もりができないというだけで費用として認識できないというのはバカげており、皮肉にさえ聞こえます。まさに、会計は不正確さで満ちているのです。結局のところ、ボーイング747が何年間の使用に耐えるかなど、経営者にも会計監査人にも分からないのであって、よって彼らには航空機の減価償却費がいくらであるべきかということも分からないのです。また銀行の貸し倒れ引当金にしても、どれだけ積み立てておけばよいかを正確に理解している人など一人もいません。損害保険会社の保険金支払予測額に至っては、その不正確さは悪名高いばかりです。

それでは金額の見積もりが正確にできないがために、これらの重要な費用項目は無視すべきなのでしょうか。答えは、もちろんノーです。そうした費用は、誠実かつ経験の豊富な人々が見積もって計上すべきです。そうしたことが行われれば、ストックオプションを除く、重要でありながら正確な見積もりが困難な費用項目に関して、企業利益の算出上において会計の専門家が無視すべきであると考える項目など存在しないのです。

さらに言えば、ストックオプションを評価するのはそれほど困難ではありません。実際にオプションの評価を難しくしているのは、経営者にオプションが付与される際にさまざまな制約が課され、こうした制約が個々のオプションに影響しているからなのです。とはいえ、そうした制約によってオプションの価値が失われるわけではありません。実際に私がオプションを経営者に付与したいと考えて、制約条件付きのアウト・オブ・ザ・マネーのオプションをだれかに与えるものとしましょう。オプションを付与するその日に、オプションが行使されたときにその経営者が得るであろう多額の報酬を支払ったものと、バークシャーは考えます。よってもしも新規に付与されたオプションはほとんど価値などないと言っている経営者に出会ったら、バークシャーの例を見るよう伝えてください。実際のところ私たちは、オプション発行に際して適正な価格を決定する能力に関しては、社有ジェット機の減価償却費を見積もるよりもはるかに正確を期す自信があるのです。

会計の専門家やSECは、ストックオプションの会計上の取り扱いに関して、経営者たちに丸め込まれてきたことを恥じるべきです。さらに言えば、ストックオプションに関して経営者たちが行っているロビー活動によって、不幸な副産物が生み出されてきました。つまり、エリート実業家たちが自らにとって大きな意味を持つストックオプションについて呆れるような説明をすることによって、社会的に重大な意味を持つ問題に関する自身の信用を失うという危険を犯しているのです。

私たちのゼネラル・リインシュアランス買収を契機として、会計手続きに関する甚だしい欠陥が浮き彫りになりました。優れた観察力を持つ株主のみなさんは、委任状を読んで六〇ページにおかしな項目があることに恐らく気づいたと思います。見積もりによる損益計算書において――これは合併によって二つの企業を合わせた一九九七年の利益にどのような影響が生じるのかを詳しく示したものですが――、役員報酬の費用が六三〇〇万ドル増えていることを示す項目があったのです。

この項目は私たちが急いで加えたものなのですが、マンガーか私の性格が大きく変わってしまったということではありません（マンガーは今でも飛行機はエコノミー席に乗っていますし、ベンジャミン・フランクリンの言葉を引用しています）。また、ゼネラル・リインシュアランスの会計処理に不備があるということでもありません。一般会計原則に文字どおり従っています。見積もり損益計算書の調整は、ゼネラル・リインシュアランスで長年にわたって採用されてきたストックオプション制度を現金払いの制度に変更し、同社経営陣の業績に対するインセンティブ報酬と連動させたことによるものです。これまで経営者にとって意味があったのはゼネラル・リインシュアランスの株価でしたが、今は達成した業績に基づいて報酬が支払われるのです。

新しい制度と廃止されたストックオプション制度の経済的価値は同じです。つまり、一定の業績水準に対して従業員に支払う報酬は同じであるはずです。ただし、以前は新たなオプションの権利として与えられると見込んでいたものが、今は現金で支払われることとなるのです（過去に付与されたオプションについてはそのまま残ります）。

この二つの制度の価値は経済的に同等ですが、私たちが取り入れた現金払いの制度がもたらす会計上の結果は大きく異なります。こうした『不思議の国のアリス』のような結果が生じるのは、非常に多くの企業においてオプションの費用が巨額に上り、増加しているにもかかわらず、現在の会計原則においては、利益を算出する際にストックオプションの費用が無視されるためです。事実、会計原則では経営者に次の二つの方法から選択することを認めています。すなわち、従業員に対して一定の形式で給料を支払ってその費用を計上するか、あるいは別の形式で支払ってその費用を無視するか、というものです。その後、オプションの利用が急激に増えたことは驚くにあたりません。しかし、この偏った選択によってオーナーには大きな不利益が生じました。オプションは適切に構築されれば、優秀な経営者に報酬を支払い、動機づけを与える方法として適切で、しかも理想的なものとすらなるかもしれません。しかし多くの場合には、報酬の分配に際しあまり統一性がなく、動機づけとして不十分であり、株主にとっては極端に高くつくものとなっています。

オプションがどんなに優れた制度であったとしても、その会計処理は常軌を逸しています。毎年、GEICOの宣伝に何億ドルか使う場合を考えてみます。広告宣伝費を現金で支払うのではなく、メディアに対するバークシャーの期間一〇年のストックオプションで支払ったとしましょう。この場合、バークシャーに広告宣伝費は発生していないだとか、あるいはこの費用は帳簿上計上されるべきではないとだれが主張できるでしょうか。

恐らく、バークリー司教——だれもいないときに森のなかで倒れた木について思いをめぐらせた哲学者として思い出されるでしょう——であれば、会計士の見知らぬ費用は存在しないと考えるかもしれません。しかしマンガーと私は、記録されていない費用について達観するのは心穏やかでありません。ストックオプションを発行している企業への投資を考える場合、会計上の利益に適切な下方修正を行っています。この調整は、その企業がストックオプションと同額の同じ構造を持つオプションを公開市場で売ることによって、実現する額に相当する分を単純に差し引くというものです。買収について考える場合も同じように、ストックオプション制度を置き換える費用についての見積もりを含めています。その後、交渉が成立すれば、すぐさまその費用を明るみに出しているのです。

オプションについて私と反対の意見を持っている読者のみなさんは、従業員に付与されたオプションの費用と公開市場で理論価格に基いて取引されているオプションの費用を、私が同一視していることについてすでに心の中で異議を唱えておられることでしょう。たしかに、こうした主張の一つとして、従業員向けのストックオプションは没収される可能性がある点が挙げられます。これによって株主の損害は軽減されます。一方、公開市場で募集されたオプションについてはそのようなことはありません。また、従業員のストックオプションが執行されると、企業は税額控除を受けられるというのも事実です――公開市場で取引されるオプションはこのような恩恵をもたらすことはありません。しかし、これらの点を埋め合わせるものがあります――従業員に付与されたオプションについては、しばしば価格の改定が行われます。この改定によって、公募のオプションよりもはるかに高価なものに変わるのです。

従業員に付与された譲渡できないストックオプションは、自由に売ることのできる公募オプションほど価値はない、と論じられることがあります。しかし、この事実によって譲渡が不可能なオプションの費用が減るわけではありません。従業員に対して会社の車を支給し、特定の目的に限って利用させる場合、従業員にとっての価値は下がることになりますが、少なくとも雇用者側の費用負担が縮小することにはなりません。

マンガーと私が最近行ってきたストックオプションに関する利益の修正によって、会計上の一株当たりの数字はしばしば五％低下することもありましたが、一〇％まで低下することはそれほど多くはありませんでした。時には下方修正が極めて大幅なものとなり、私たちのポートフォリオに関する意思決定に影響を及ぼし、売却を行うか、あるいはその下方修正がなければ購入に踏み切っていた株式を買わないことにする場合もありました。

数年前、私たちは三つの質問をしました。その答えはまだ得られていません。「もしストックオプションが役員報酬でないとしたら、それは一体なんなのでしょうか。もし役員報酬が費用でないなら一体何なのでしょうか。もし費用が企業の利益の算出上、無視して良いとするならば、どこでそれを計上したらよいのでしょうか」

ストックオプションの問題をなし崩しにしようという企てが続いたため、だれも――FASBも、投資家一般も、そして私も――どのようなやり方にせよオプションの利用を制限することについて話題にしようとしなかったという点は指摘しておく価値があるでしょう。たしかに、バークシャーで私の後継者となる人物は主にストックオプションによって報酬を受け取っても良いかもしれません。ただし、①適切な行使価格、②利益の留保を反映した価格の段階的引き上げ、③ストックオプションによって購入した株式をただちに処分する行為の禁止――といった点については論理的に構成されている必要があります。私たちは経営者に動機づけを行うための取り組みについては、それが現金賞与であろうとストックオプションであろうと後押しし

ます。そして、企業が付与したストックオプションに本当に見合う価値を得られるのであれば、その費用を計上しなければならなくなることで利用が差し控えられる理由は見当たりません（二〇〇五年にストックオプションの費用計上が義務付けられた）。

D.「リストラ」費用（一九九八年）

ストックオプション会計において経営者が果たしてきた役割は、とても寛容と呼べるものではありませんでした。最近、頭を悩ますほど多くのCEOや会計士が、オプションに関するでっち上げを真実に置き換えようとするFASBの試みに対して激しく争い、事実上、だれもFASBを支持するような発言はしなくなりました。FASBに反対する勢力はこの争いに議会の協力までも取り付け、かさ上げされた数字は国益になるとまで主張したのです。

それにもまして、経営者の行動はリストラと合併についての会計となるとさらにひどいものだったと私は考えています。多くの経営者はこの分野において意図的に、数字を改竄し投資家を欺くことに取り組んできました。そして、マイケル・キンズレーが政府について語った次のような状況が見られていました――「スキャンダルというのは違法な行為のなかで起こるよりも、むしろ合法的な行為のなかで起こるものです」。

かつて会計については、善人と悪人を区別することは比較的簡単でした。例えば一九六〇年代後半には、あるペテン師が「大胆で創造的な会計」と呼んだ手法を巡って熱狂が起きました（ついでながら、ペテン師はこの手法のおかげで、しばらくの間ウォール街から非常に気に入られることとなりました。なぜならけっして期待を裏切らなかったからです）。しかし、当時の投資家はだれがゲームに興じているのかよく分かっていました。そして、素晴らしいことに、称賛に値するアメリカ企業のほとんどすべてがその後、詐欺に遭わずに済んだのです。

最近、高潔さは失われてきました。主要企業の多くは今でも誠実に対処していますが、ほかの面では素晴らしい資質を備えた経営者――すなわち、子供たちのためにふさわしい配偶者、あるいはみなさん自身の意思による管財人として迎えたいと感じるようなＣＥＯ――であるにもかかわらず、ウォール街が求めていると考えられることを満たすためには利益を操作することも問題ではないと考えるようになった経営者も極めて多く、その数は増えつつあります。実際のところ、こうした操作は問題がないどころか、義務であると考えているＣＥＯも多いのです。

このような経営者は、自分の仕事は常に、株価を可能なかぎり高めること（これはまさに私たちが断固として異を唱えていることです）だという想定に立っています。これはよくありがちなことです。立派なことに、彼らは株価を押し上げるために、素晴らしい業績を求めて努力を重ねているのです。しかしこのようなＣＥＯは、事業から望んだ成果が得られなかった場合には、あまり褒められないような会計上の策略にすがります。こうした策略によって、望むような「利益」が作り出されるか、将来的なお膳立てが整えられることになるのです。

経営者たちはこの行動を正当化しようと、取引に使う通貨――つまり、株式――が十分に評価されていなければ、株主は損害を被ることになる、とよく言います。そして、自分たちが望むような利益の数字を確保するために会計をごまかす際には、ほかの人がみんなやっていることをしているだけだ、と言い張るのです。こうした「ほかの人がみんなやっている」という姿勢がはびこるようになると、倫理的な不安は消えてしまいます。こうした行為をグレシャムの派生法則と呼びましょう――悪い会計慣行は良い会計慣行を駆逐するのです。

現在最も重要な歪みは「リストラ費用」です。この科目は正当に用いることができるのは言うまでもありませんが、利益操作の道具として使われることがあまりにも多いのです。このちょっとした会計のからくりでは、数年にわたって適切に計上すべき相当額の費用が一つの四半期――もともと業績が悪いことが分かっている四半期――に放り込まれることとなります。この費用は、過去に誤って報告していた利益を正当なものとすることを目的とする場合もあれば、将来に誤った記載を行うための下準備を目的とする場合もあります。いずれの場合でも、これらの費用の額と計上の時期を決定するのは、ある四半期に利益が一株当たり五ドル減ったところで、この減少によって将来の四半期利益が一貫して予想を一株当たり五セント上回ることが保証されるのであれば、ウォール街は気に掛けないだろうという皮肉な見方なのです。

すべてを一つの四半期に放り込むというこの行為はゴルフのスコアについての「大胆で創造

的な」やり方に通じるところがあります。ゴルファーというものは、シーズン最初のラウンドでは実際の成績は無視し、スコアカードには単に無残な数字――ダブルボギー、トリプルボギーやクアドラプルボギー――を書き込み、スコアは例えば一四〇などとして提出します。この「不当なハンディ」を作っておいてゴルフ教室に行き、自分のひどいスイングを「改善」してほしいとプロに頼むのです。次に、新しいスイングでコースに出てからは、うまくいったコースだけスコアを数え、まずいときには数えません。こうして残りのスコアは過去にハンディを算出したスコアを基準に調整されます。五ラウンドを終えたとき、彼のスコアは九一、九四、八九、九四、九二ではなく、一四〇、八〇、八〇、八〇、八〇となるでしょう。ウォール街では一四〇というスコアは無視し――これは結局「継続性のない」スコアだと考えるのです――彼らのヒーローを必ず八〇で回る（そしてけっしてその期待を裏切ることのない）プレーヤーとして扱うのです。

このような仕込みによるペテン行為を好む人にとって、この戦略はさまざまな形をとるでしょう。協力的な監査役としてキャディーだけを連れてプレーするゴルファーは、スコアの悪いホールは記録を後回しにし、八〇で回った四つのホールだけを提出し、彼の運動神経と堅実さが褒めたたえられたあとに五枚目の一四〇のスコアカードを提出するのです。彼はこの「ビッグバス」によって過去のスコア記入上の誤りを修正したあとで多少の弁解を口にするかもしれませんが、以前集めた合計スコアを差し戻してクラブハウスのスコアカードと比較することはしないでしょう（そして付け加えなくてはなりませんが、キャディーは確実に得意客を得ることになるでしょう）。

残念ながら、現実の世界でこうしたスコアリング方法の一種を用いようとするCEOは、自分たちが興じているゲームに病み付きになり――結局のところ、スコアカードをいじくりまわすほうが練習場で時間を費やすよりも楽なのです――、それを止めようとはけっして思わないのです。CEOたちの行動は、性の実験に関するヴォルテールの箴言を思い起こさせます――「一度目は哲学者だが、二度目は背教者である」。

買収の分野において、リストラは芸術の域にまで高められています。今や経営者は、頻繁に合併を行って、将来の利益がなだらかに増えていくことが可能となるような形で、資産や負債の価値を不誠実に再編成しているのです。事実、大手の監査法人は合併交渉に際して、ちょっとした（あるいは相当な）会計上のマジックの可能性を指摘することがあります。権威ある立場からこのようにそそのかされ、一流の人々が三流の戦術に身を落とすこともよく見られます。当然のことではありますが、将来の「利益」を増やすことにつながるような会計監査人が崇め奉る戦略をCEOがはねのけることは簡単ではないのです。

損害保険業界の事例はその可能性を浮き彫りにするものです。損保会社が買収される際、買い手は同時に損失引当金を積み増すことがあり、これはしばしば多額に上ります。このような積み増しは、単に以前の引当金が不適切なものであったことを示しているだけなのかもしれません。ただし、保険数理士によるこうした「発覚」が、合併交渉の成立とこれほどまで頻繁に期を同じくするというのは異様ではありますが。ともかく、こうしたやり方によって、後日引当金が取り崩され、「利益」が所得に流れ込む可能性がお膳立てされるわけです。

バークシャーはこうした慣行を一切避けてきました。みなさんをがっかりさせることになるとすれば、それは会計のやり方ではなく利益のほうになるでしょう。私たちはすべての買収において、損失引当金の額を当初とまったく同じにしておいています。結局、私たちが一貫してともに行動してきたのは、自らの事業について豊富な知識を持ち、誠実な財務報告を行ってきた保険会社の経営者なのです。直後に負債が著しく増えるような買収が行われる場合、単純に考えれば、こうした美徳のうち少なくとも一つが欠けているのか——あるいは、買い手が将来、「利益」を注入するための下準備をしているか、のいずれかに違いありません。

アメリカ企業にありがちな見解がよく表れている実話をご紹介しましょう。二人の大手銀行のCEOがおりました。一方は多くの買収を行っているCEOで、つい最近まで友好的合併の交渉にかかわっていました（結局、この交渉は成立しませんでしたが）。このベテランの買い手は見込まれる合併のメリットについて詳しく説明していたのですが、もう一人のCEOが疑わしげに言葉をさえぎってしまったのです。「しかしこれは、恐らく一〇億ドルもの莫大な費用がかかるということじゃないですか」と彼は尋ねました。「世慣れた人」は必要最小限しか口にしません。「私たちはそれ以上に儲けるんですよ——だからこの交渉をしてるんです」。

ボルティモアのR・G・アソシエーツの試算では、一九九八年に発生した、または発表された特別費用――すなわちリストラ、作業中の調査・開発、合併関連項目および評価切り下げに関する費用――のうち少なくとも一三六九件について指摘し、その合計額は七二一億ドルに上りました。次のような観点から見れば、これはとてつもない額です。フォーチュンの有名なリストに掲載された五〇〇社の一九九七年の利益は合計で三二四〇億ドルなのです。

現在多くの経営者が、利益の正確な報告を侮辱するかのような態度を取っていることは、事業を行ううえで恥ずべきであるのは明らかです。また、すでに申し上げたように会計監査人もプラスになることは何もやっていません。監査人は一般の投資家を顧客とみなすべきであるにもかかわらず、自分を選び報酬を支払ってくれる経営者におもねる傾向があります（「私はパンをくれる人の歌を歌う」ということわざもあります）。

E．年金の評価と退職者給付金（二〇〇七年、一九九二年）

ペテン師はたいてい、会計基準にもともと内在する経営者の言い分を許容する余地につけこんできます。例えば、企業が年金費用を計算する際に用いる投資収益の想定です。多くの企業が、けっして確実とは言えない「利益」を発表することを可能とするような想定を採用し続けていることは驚くべきことではありません。年金制度を導入しているS&P五〇〇社のうち三六三社については、二〇〇六年の想定は平均八%でした。これが達成される可能性がどの程度あるのか考えてみましょう。

すべての年金基金が保有する債券と現金の割合は平均で約二八%であり、これらの資産の利益率はせいぜい五%だと予想されます。もちろん、高利回りを手に入れることはできますが、それに見合う（あるいは上回る）損失が生じるリスクがあります。

つまり、基金全体で想定している八%の利益率を達成するためには、残りの七二%の資産――主に株式で、直接またはヘッジファンドやプライベートエクイティへの投資を通じて保有されています――で、九・二%の利益率が必要となります。そして、この利益率はすべての手数料を差し引いたあとのものでなくてはならず、現在の手数料は従来よりもはるかに高くなっています。

これを期待することはどの程度現実的なのでしょうか。二〇世紀中にダウは六六ドルから一万一四九七ドルまで上がりました。この値上がりは非常に大きなものに見えますが、複利年率に直すと五・三%になります。また、二〇世紀中ダウを保有し続けたとすれば投資家はほとんどの期間で多額の配当を得ることができました。ただし、最後の数年間についてはおよそ二%程度にすぎません。なんと素晴らしい一世紀だったのでしょう。

さて、今世紀について考えてみましょう。投資家がこの五・三%に見合う市場価値の上昇を得るためだけでも、ダウ――最近、一万三〇〇〇ドルを下回りました――が二〇九九年一二月三一日に約二〇〇〇万ドル近くまで達している必要があります。今世紀に入って八年たちますが、これまでに記録されたダウの上昇幅は二〇〇〇ポイントに満たないものです。一〇〇年たって最後に五・三%に達するために市場が必要とする上昇幅は一九八万八〇〇〇ポイントなのです。

面白いことに、評論家はダウが一万四〇〇〇ポイントとか一万五〇〇〇ポイントといった一〇〇〇ポイントの大台に達する見込みになると過呼吸に陥ります。彼らがこのような反応を続けるとすれば、今世紀中に年率換算で五・三%の利益率を達成することは今後九二年間に少なくとも一九八六回の発作を起こすということを意味するでしょう。何が起きても不思議はありませんが、これが最も起こりそうなことだと、だれが実際信じるでしょうか。

配当利回りは約二%で推移しています。株式が一九〇〇年代に平均で年率五・三%値上がりしていたとしても、年金資産の株式部分――費用として〇・五%を見ておいた場合――の利益率は七%程度でしょう。また、コンサルタントや高くつく経営者たち（いわゆる「助っ人」）が居ることを考えると、〇・五%の費用というのは極めて控えめな見積もりかもしれません（第4章「A．売買に関する問題点――取引コスト」参照）。

当然のことながら、だれしも平均以上の報酬を期待します。そしてこうした助っ人は――いやはや――、顧客が間違いなくこう確信するよう仕向けるのです。しかし、グループ別に見てみると、助っ人の助けを借りるグループというのはそもそも平均を下回っているはずです。理由は単純です。①投資家は全体として見れば必然的に平均的な利益率を達成し、そこから発生した費用を差し引くことになる、②パッシブ投資家やインデックス投資家はあまり活発に取引を行わないことから、平均的な利益から極めて少ない費用を差し引いただけの利益が獲得できる、③このグループは平均的な利益率が獲得できることになり、したがって残りのグループはアクティブ投資家ということになる。しかし、このグループは取引費用、経営者への報酬、顧問報酬が高くなる。したがって、アクティブ投資家は、活発に取引を行わない投資家よりも利益のうちのはるかに高い割合を失うことになる、ということです。すなわち、パッシブ投資家のグループ――「何も知らない」グループ――が勝つことになるのです。

今世紀の間に株式から年率で一〇％の利益を得る――そのうち二％が配当によるもので、残りの八％が値上がりによる――ことを期待している人々は、ダウが二一〇〇年までに約二四〇〇万ドルの水準に達すると言外に予想していることになる、ということに触れておかなくてはなりません。あなたの投資顧問が二桁の利益率について話しているとしたら、この計算について話してあげてください――これは彼らを驚かせるためではありません。助っ人の多くは、間違いなく『不思議の国のアリス』に出てくる女王の末裔です。女王はこのように語るのです――「私はどうして、ときどき朝食の前に六つもの不可能なことを信じたのかしら」。みなさんの頭の中を空想でいっぱいにし、自分の懐を報酬でいっぱいにするような口達者の助っ人にはどうぞご注意ください。

会社のなかには、アメリカだけでなくヨーロッパにも年金制度を持っているところがあります。こうした会社ほとんどすべての会計では、アメリカの制度のほうがアメリカ以外の制度よりも利益率が高いと想定しています。こうした不一致によって矛盾が浮かび上がっています。なぜこれらの会社は、アメリカの運用担当者にアメリカ以外の年金資産を担当させ、その資産に同じように魔法をかけさせないのでしょうか。私はこのパズルが解決されたのをけっして目にしたことが一回もありません。しかし、利益率の想定を綿密に調べる責任のある会計士や年金数理人にとってはまったく問題ではないようです。

一九九三年に施行された会計基準の変更によって、退職者健康保険の現在価値を債務として計上しなければならなくなりました。一般会計原則は、将来支払う年金債務については認識しなければならないとしていたものの、非論理的に健康保険での負担は無視していました。新しい会計方針は多くの企業で巨大なバランスシート上の債務を発生させ（結果として純資産を減らし）、年度収益を計算する際にかなり大きな費用を認識しなければなりません。

自分の会社も無制限の退職者健康保険を引き受けたらどうかという提案を抱えて取締役会に臨もうなどと考える経営者は、ここ数十年間において一人もいません。人の寿命が長くなったため、健康保険の負担が増大し、保険者にとってその企業の財政的な基盤を揺るがすほどになることが間違いないことを理解するために、経営者が医学の専門家である必要はありません。しかし多くの経営者が、不注意にも被保険者にまったく同様の約束を行う自己保険制度を採用して、その株主に対して避けられない結果を運命づけてしまっています。健康保険における無制限の約束とは、いくつかの主要なアメリカ企業が国際競争力を脅かされるほど巨大な、無制限の債務を抱えることにほかなりません。

このような向こう見ずな経営者の態度は、長い間、会計原則が退職者健康保険の費用を計上することを求めてこなかったからだと思います。その代わりに会計原則は現金主義会計を認め、結果として、それにかかわる債務が積み上がっていることをほとんど理解してこなかったのです。事実上、これらの債務に対する経営者や会計士の態度はまったく見えていないか、想像だにしなかったというわけです。皮肉にも、同じ経営者や会計士の一部は似たような規模の社会保障制度や会社に将来の債務を生み出すその他のプログラムに対して現金主義会計を認めていることをもって、議会を批判してきたのです。

会計上の問題を検討する経営者はアブラハム・リンカーンの好んだ謎掛けを忘れるべきでないと思います。「もしあなたが犬の尻尾を足と呼ぶとして、犬の足は何本ですか」。答えは「四本です。あなたが尻尾を足と呼んだからといって、尻尾が足になるわけではありません」。たとえ会計監査人が犬の尻尾が足であると証明しようとしても、経営者はリンカーンの正しい言葉をしっかりと肝に銘じておくべきです。

F．実現イベント（二〇一〇年）

さて、メディアの多くが何にもまして大々的に取り上げる数字である純利益に注目しましょう。この数字は大半の会社で重視されていますが、バークシャーではほとんどの場合、意味がありません。私たちの事業がどのように行われていようとも、マンガーと私は、ある期間の純利益を――実に合法的に――、ほぼ私たちが望むような数字にすることができるからです。

私たちにこのような柔軟性があるのは、投資の実現利益や損失は純利益に反映される一方、未実現利益（および多くの場合は未実現損失）は除かれるためです。例えば、バークシャーがある年に未実現利益が一〇〇億ドル増加し、同時に一〇億ドルの未実現損失を抱えていたとしましょう。バークシャーの純利益――ここには損失のみが計上されています――は、営業利益を下回るものとして公表されるでしょう。その一方で前年度に実現利益を計上していたとすると、実際には事業が大きく上向いていたとしても、全体の純利益からはX％の減益になったと公表されることになります。

私たちが純利益を本当に重要だと考えるなら、規則的に実現利益を出すことはできます。これは巨額の未実現利益があって、そこから引き出すことができるというだけのことです。しかしご安心ください。マンガーも私も、売却によって間もなく発表される純利益に影響を与えるために、証券を売ることはけっしてありません。私たちは数字のうえでの「ゲームに興じる」

ことに強い嫌悪感を抱いています。このようなゲームは一九九〇年代のアメリカ企業全体に蔓延し、かつてほど頻繁であからさまではないにしても、今でも根強く残っています。

営業利益にはいくつか欠点もありますが、一般的には事業がどのような状況にあるかを示す合理的な指標です。しかし、純利益の数字は無視してください。ルール上、みなさんに純利益を公表しなくてはならないのですが、純利益を追いかけている記者がいれば、そちらのほうを問題視すべきでしょう。

実現損益も未実現損益も私たちの簿価の計算にはすべて反映させています。基準の変更と営業利益の動向に注意を払うことです。そうすれば道を誤ることはないでしょう。

第8章
税務

Taxation

バフェットとビル・ゲイツ（右）

もし保有株を年度末の時価ですべて売却するならば何十億ドルもの税金を支払うことになります。この繰延税債務は、年度末から一五日後に支払い予定の買掛金と似たようなものといってよいのでしょうか。それらが監査済みの純資産に与える影響はまったく同じにもかかわらず、明らかに二つは異なります。

一方で、繰延税の実際の支払いは株式の売却に伴って発生するものであり、多くの株式に関して当面売却の計画がないということから、繰延税債務は無意味な会計上のフィクションだとしてよいのでしょうか。これに対する答えもまた、ノーです。

経済的には繰延税債務とは米財務省から無利息で調達し、私たちが返済時点を決められる借入金のようなものです(もちろん議会が売却前の株式含み益に課税するようなことがないとしての話ですが)。この「借入金」は特殊なものです。それは、特定の値上がりした株式の所有に関してのみ利用でき、しかもその金額は、株式価格が動くことで日々変化し、また税率が変更されることで定期的に変化します。事実上、繰延税債務は、もし私たちが一つの資産を別の資産に換えることを選んだ場合に支払わなければならない多額の移転税に他なりません。

税制度のこのような仕組みのため、私たちが好むリップ・バン・ウィンクル風の眠り続けるような投資方法は、もし成功するならば、より熱狂的な投資方法に比べて数学上の利点があります。ただ強調しますが、長期投資を好むという私たちの戦略はこのような税金をめぐる数学から来るものではありません。実際、ある投資対象から別の投資対象へと頻繁に資金を動かしたほうが税引き後利益が増えることもあるかもしれません。何年も前に、マンガーと私は実際そのようなことをやっていました。

今では、仮に長期投資することで収益率が若干落ちても、そちらを好みます。理由は単純です。素晴らしいビジネス関係は非常にまれで、見つかった場合非常に楽しく、そこから発展するものすべてを保っていきたいと思うからです。この決定は私たちにとって容易でした。素晴らしいビジネス関係は、最適ではないとしても好ましい金融上の結果をもたらすであろうということを知ったからです。このようなことから、興味深く、尊敬できる人々と過ごす時間をあきらめ、まだ見ず知らずの、恐らく平凡に近い人的資質しか持たない別の人々と過ごすのは無意味だと考えています（一九八六年、一九九八年）。

A．法人税負担の分配について（一九八九年）

法人税を実質的に負担しているのは企業なのか、その顧客なのかについては、曖昧で偏った意見が過去に多く見られました。当然ながら、こうした論議が通常行き着く先は、減税への反対ではなく増税への反対です。法人税率引き上げに反対する人々が往々にして主張する意見とは、企業は実際には法人税を負担しておらず、経済的なパイプラインとしてすべての税金を消費者に転嫁しているのだというものです。彼らの考え方に基づけば、法人税を引き上げれば商品価格の引き上げにつながるだけで、企業はそれによって増税の負担を相殺することになります。この「パイプライン」理論を進めると、法人税が減税となっても企業利益は増加せず、消費者にとっては商品価格が引き下げられることになるのだという結論も正しいことになります。

対照的に、企業は法人税を支払うだけではなく、それを吸収しているのだと言う人たちもいます。この考えによれば、法人税が引き上げられても消費者にはまったく影響がないことになります。

本当のところはどうなのでしょうか。法人税が引き下げられたとき、バークシャーやワシントン・ポスト、キャピタル・シティーズは、その恩恵を自らのものとするのでしょうか。それとも商品価格を引き下げることで消費者に恩恵を与えるのでしょうか。これは投資家や経営者、そして当然ながら政策立案者にとっても、重要な問題です。

私たちの結論は、法人税が引き下げられることによる恩恵は、企業とその株主が独占的に享受するか、さもなくば、ほとんどすべての恩恵がその企業の顧客のものとなるというものです。どちらになるかを決定するのは、企業のフランチャイズがどれだけ強力か、またフランチャイズの収益性が規制されているかどうかという点にかかっているのです。

例えば電力会社などのように、税引後の利益がかなり厳密に規制された強固なフランチャイズの場合、法人税率が変わると、企業利益ではなく電力料金にはね返ります。税率が切り下げられれば、通常即座に電力料金が引き下げられ、税率が引き上げられれば、ただちにではなくとも、電力料金は引き上げられることになります。

　同様の結果が起きるのは第二の分野、つまり価格競争が激しく、企業のフランチャイズが非常に弱い業界の場合です。こうした業界では、自由市場の原理が遅れがちで不規則ではあっても、全般として効率的な方法で税引き後利益が「調整」されます。電力業界において公共企業委員会が電力企業を管理しているように、価格競争が激しい業界では市場が同様の役割を果たしているのです。したがってこうした業界では、税率の変更は企業利益ではなく商品価格に影響を及ぼす結果となります。

　しかし規制を受けていない強固なフランチャイズを持つ企業では、状況が異なります。そこでは、法人税率引き下げの恩恵を受けるのは、企業であり、株主です。こうした企業が減税による恩恵を享受する状況はまるで、電力料金を引き下げるよう圧力を加える規制当局が存在しない電力会社のそれなのです。

　当社が完全にまたは部分的に所有する企業の多くは、こうした強固なフランチャイズを有しています。結果として、法人税引き下げによるメリットの多くは、各企業の顧客ではなく私たちのものになります。このようなことを言うのは賢策ではないかもしれませんが、否定もできません。このことに納得できない方は、お住まいの地域で最も優秀な脳外科医か弁護士を思い浮かべてください。彼らの最高個人所得税率が五〇％から二八％に引き下げられたからといって、彼らが専門家（つまり地元でのそれぞれの分野における「フランチャイズ所有者」）としての報酬額を現実的に引き下げると考えられますか。

しかし、損害保険は極めて価格競争の激しい業界であるにもかかわらず、増税がバークシャーの損害保険会社の収益に影響を与えています。損害保険業界が前述したルールの例外になる理由は、必ずしもすべての大手保険会社が同じような納税環境にあるとは限らないからです。大きな差異が生じる理由はいろいろあります。例えば、選択式の最低課税標準によって、実質的に影響を受ける企業とそうでない企業がありますし、また大手の保険会社のなかには、巨大な繰越損失があるために少なくとも数年間にわたって多額の納税をしないで済む企業もあります。さらには大手保険会社のなかには、非保険事業の関連会社との連結利益ベースで課税されるところもあるのです。このようなさまざまな状況の違いから、損害保険事業における限界税率はまちまちとなっています。しかし、例えばアルミニウムや自動車、デパートなど、その他の価格競争が激しい業界のほとんどでは状況が異なり、大手企業は一般的に同様の納税環境に置かれているのです。

損害保険業界に共通した納税環境が存在しないということは、典型的な価格競争の激しい業界ほどには、この業界に対する増税がその顧客に転嫁されることは恐らくないだろうということです。換言すれば、保険会社は追加の納税負担の大半を自ら負うことになります。

バークシャーの財務状況は時として誤解されることがあります。第一に、私たちはキャピタルゲインには特に魅力を感じていません。企業は課税所得に対して三五％の税金を支払いますが、これはその所得がキャピタルゲインによるものであっても通常の事業によるものであっても変わりはありません。すなわち、長期のキャピタルゲインに対してバークシャーが支払う税金は個人が支払う税金に比べて実に七五％も上回る、ということになります。

別の誤解をしている人々もいます。私たちが課税所得から受け取る配当すべての七〇％を控除できると信じているのです。実際、大半の企業に七〇％の控除率が適用されており、バークシャーについても保険以外の子会社で株式を保有する場合には当てはまります。しかし、私たちの株式投資のほぼすべては保険会社で持っており、この場合の控除率は五九・五％です。つまり、私たちにとって配当の一ドルは経常利益の一ドルよりもかなり重要だということになりますが、しばしば考えられているほどではないのです。

B．税制と投資哲学（一九九三年、二〇〇〇年、二〇〇三年）

バークシャーは、法人税の高額納税者です。一九九三年の法人税支払額は、全体で三億九〇〇〇万ドル、うち約二億ドルは事業利益に関するもので、一億九〇〇〇万ドルはキャピタルゲイン実現によるものです。

納税額に関しては、マンガーも私も何の不満もありません。バークシャーが事業を展開しているのは市場経済のなかであり、私たちと同様かそれ以上の社会的な貢献をその生産活動によって行っている企業と比較しても、かなり寛大な報酬を得られていることも理解しています。税金はこうした不平等を部分的に和らげるものです。私たちはそれでもかなり優遇されていると思っています。

バークシャーとその株主は、もしもバークシャーがパートナーシップ、あるいは「S」企業——ともに事業形態としてビジネス上用いられるものですが——であれば、ずっと少ない税金を支払えば済んだでしょう。それは諸々の理由からバークシャーではあり得ないことです。しかし私たちが株式会社の形態を取っていることによるハンディは、長期投資の戦略を取っていることで、ゼロには遠く及ばないとしても、部分的には軽減されています。たとえまったく課税されないとしても、マンガーと私はバイ・アンド・ホールド戦略を取り続けるでしょう。それが最も堅実な投資方法だと考えていますし、私たちの性分にも合っているからです。しかし、バイ・アンド・ホールドを好むもう一つの理由は、利益が実現されたときに初めて課税が行われるからです。

私はお気に入りの連載漫画『リル・アブナー』を通じて、少年時代に税金の繰り延べによるメリットを知りました（もちろんその時点でそれを実地に試すことはできませんでしたが）。

リル・アブナーは貧しいドッグパッチ地区で楽しげに間抜けなヘマをやらかし、読者に優越感を味わわせます。あるとき彼は、ニューヨークからやってきた魅惑的な女性に夢中になりますが、結婚を断念します。彼は一ドルしか持っていないのに、彼女のほうは百万長者にしか興味がなかったのです。落胆したアブナーは、ドッグパッチで賢者と慕われるモーゼ老人のところに相談に行きます。賢者いわく、「おまえのお金を二〇回二倍にすれば、もうあの女はお前のものじゃ」（一、二、四、八……一〇四万八五七六）。

私の記憶によれば、アブナーは酒場でスロットマシンに彼の一ドルを投入します。そしてジャックポットを当てて、床中がコインで埋め尽くされました。モーゼ老人の助言にくそマジメに従おうとするアブナーは床から二ドルだけをつかむと、それをどうやって倍にしようと考えながら酒場をあとにするのです。そこから先はアブナーの漫画を読むのはやめ、ベンジャミン・グレアムを読み始めました。

モーゼ老人を町のグルと敬うのは明らかに過大評価でした。彼はアブナーが盲目的に指示に従うことを予想できなかったばかりでなく、税金についても忘れていました。もしもアブナーがバークシャーに課された法人税と同様に三五％の税金を支払うとすると、仮に毎年投資額を倍にできたとしても、二〇年後に手元に残るのはたったの二万二三七〇ドルです。実際アブナーが彼女を得るために必要な一〇〇万ドルを手にするには、毎年資産を倍にして三五％の税金を支払うとすると、さらに七年半の歳月が必要です。

それではもしも、アブナーが一つの対象に一ドルを投資して同じく二七・五回、それぞれ倍になるまで持ち続けていたらどうなるでしょうか。その場合は、税引前で二億ドルになり、最後の年には七〇〇〇万ドルの税金を支払って、税引後一億三〇〇〇万ドルを手にすることになります。これなら彼女のほうから這ってでもドッグパッチにやってきたことでしょう。もちろん一億三〇〇〇万ドルを手にしたアブナーの目に「二七年半後の美女」がどう映ったかは別問題ですが。

この話から学びとれるのは、「税金を支払わなければならない投資家にとっては、一回の投資によって一定の収益率で内在的に価値が複利で増加していくほうが、同じ収益率で何回も投資を繰り返すよりもはるかに大きな投資成果を得ることができる」ということです。ただしバークシャーの株主の多くは、ずっと前からこのことに気づかれていたことと思いますが。

バークシャーが事業のごく一部ではなく一〇〇％を保有することを望むのは、はっきりとした財務面での理由があるからです。それは税金に関することです。税法によると、割合で考えた場合、事業の八〇％以上を保有するほうが一部を保有するよりもはるかにバークシャーにとって収益性が高まります。私たちが一〇〇％保有する会社の税引き後利益が一〇〇万ドルの場

合、全額が私たちの利益になります。この一〇〇万ドルがバークシャーに納められれば、配当に関する税金を支払う必要はないのです。また、利益を留保して、この会社の買収時の価格よりも一〇〇万ドル高く売却した場合でも――バークシャーではありそうにないことですが――、キャピタルゲイン税を支払わずに済みます。なぜならば、売却の際の「税務費用」には、事業に対して支払った額と子会社が留保するすべての利益の両方が含まれるからです。

この状況を市場性のある証券に投資している場合と比べてみましょう。税引き後で一〇〇万ドルの利益を上げている企業の一〇％を保有している場合、利益のうち私たちの分け前である一〇〇万ドルについては次の州税および連邦税が追加で課されます。①私たちに分配される場合には約一四万ドル（配当に対する税率はほとんどの場合一四％）、②一〇〇万ドルが留保され、キャピタルゲインの形で認識される場合には少なくとも三五万ドル（キャピタルゲインに対する税率はほとんどの場合三五％ですが、四〇％近くになる場合もあります）。利益をすぐに実現せず三五万ドルの支払いを繰り延べることもできますが、最終的には税金を支払わなくてはなりません。株式への投資によって企業の一部を保有する場合、事実上、政府は二回、私たちの「パートナー」となるのですが、企業の少なくとも八〇％を保有しておけば一回で済むのです。

二〇〇三年五月二〇日、ワシントン・ポスト紙は私の論説を掲載しました。これはブッシュ大統領の税制案を批判する内容でした。その一三日後、財務省で租税政策を担当するパメラ・オルソン次長が新しい税制について演説を行い、次のように語ったのです。「つまり、ある中西部の賢者は、ぜひとも注意していただきたいのですが、バイオリンを奏でるかのように税制をもてあそび、いまだに利益をすべて抱えこんでいる、ということなのです」。彼女は私のことを言っているのだなと思いました。

残念ながら私の「バイオリン演奏」ではカーネギーホールには立てませんし、高校の演奏会すら無理でしょう。バークシャーは、みなさんの代わりと私自身の分として二〇〇三年の利益について三三億ドルの税金を財務省に納める予定です。この合計額は、すべてのアメリカ企業が納める所得税合計額の二・五％に相当します（一方、バークシャーの企業価値はアメリカ企業全体の価値の約一％にすぎません）。

私たちが支払っている額からすれば、私たちはほぼ間違いなくわが国の高額納税者上位一〇社に入るでしょう。実際、わずか五四〇人の納税者がバークシャーが支払う額と同じだけを支払えば、ほかの個人や法人はアメリカ政府に何も払う必要がなくなります。そうなのです。二億九〇〇〇万人のアメリカ国民とそのほかの企業は、所得税、社会保障費、相続税、固定資産税を一セントたりとも連邦政府に支払う必要はなくなるのです（計算してみましょう。二〇〇三年の社会保障費などの連邦税の合計額は一兆七八二〇億ドルです。そして、五四〇の「バークシャー」がそれぞれ三三億ドルを支払えば、同額の一兆七八二〇億ドルに達します）。

一七億五〇〇〇万ドルを納めた二〇〇二年の確定申告では、申告書は八九〇五ページに及びました。私たちは求められているとおりに、申告書を謹んで二部作成し、七フィートもの書類の山を積み上げました。バークシャーの本社では、一五・八人の部隊が疲れ切っているにもかかわらず、一瞬誇らしさで頬を赤らめたのです。バークシャーは紛れもなく、わが国の財務負担の割り当てを引き受けていると私たちは感じました。

財務省が今やアメリカ企業に不満を感じ、怒りを爆発させる傾向にあることは理解できます。しかし、彼らが目を向けるべきは議会や政府の是正であり、バークシャーではないでしょう。二〇〇三年度の法人所得税はすべての連邦税収の七・四％を占めていました。この割合は戦後のピークである三二％から低下しています。一年の例外（一九八三年）を除き、昨年の割合は統計が開始された一九三四年以降で最低を記録しました。

そうではあっても、企業（およびその投資家、特に大口投資家）に対する税控除は政府の二〇〇二年と二〇〇三年の政策の大部分を占めていました。アメリカで階級闘争が行われている場合、私の階級は間違いなく勝ち組です。現在、多くの大企業――バイオリンを演奏する才能にたけ、みなさんの会長がぶざまに見えてしまうようなＣＥＯの経営する会社です――が支払っている連邦税は、規定された三五％とは程遠いものです。

バークシャーは一九八五年に一億三二〇〇万ドルの連邦所得税を納めました。すべての企業が支払った額の合計は六一〇億ドルです。一九九五年については、バークシャーは二億八六〇〇万ドル、すべての企業の合計は一五七〇億ドルです。そしてすでにお話ししたように、二〇〇三年について私たちは約三三億ドルを納める予定であり、すべての企業の合計は一三二〇億ドルです。私たちは将来も納める税金の額が増え続けてほしいと願っています――それはすなわち私たちが発展することだからです――。しかし、ほかのアメリカ企業も私たちに倣って納める額を増やしてほしいと思っています。これは、オルセン女史が扱うべき作業かもしれません。

第9章
バークシャー五〇周年とその後

Berkshire at Fifty and Beyond

卓球をして元気なところを見せるバフェット

バークシャーは、今や幅広い分野に広がるコングロマリットで、さらに広がり続けています。コングロマリットは、投資家の評判が非常に良くありません。そして、それはたいていは正当な評価です。ここでは、コングロマリットが不人気の理由と、これがバークシャーにとっては膨大かつ永続的な利益をもたらしている理由を説明していくことにします（二〇一五年の五〇周年記念のあいさつ文の導入部分）。

A．コングロマリットと継続性（二〇一五年の五〇周年記念あいさつ文）

私がビジネスの世界に入ってから数回、コングロマリットが人気を博した時期がありました。なかでも最もバカげていたのが、一九六〇年代末でした。当時のコングロマリットのCEO（最高経営責任者）のすべきことは単純でした。彼らは、人柄か、売り込みか、怪しげな会計によって――たいていは三つすべてを駆使して――、できたばかりのコングロマリットの株価を、例えば収益の二〇倍に押し上げると、できるだけ素早く株を発行して株価が収益の一〇倍程度の会社を買収します。そして、すぐに「プーリング法」を用いて買収を計上すると、本来の事業価値はまったく変化していなくても、自動的に一株当たり利益が上がり、それによって経営者は経営の天才と称されました。彼らは投資家に対して、このような才能のおかげで買収企業のPER（株価収益率）の維持や向上ができるのだと説明していました。そして最後に、このような買収を繰り返すことで、一株当たり利益を永続的に上げていくと約束していたのです。

ウォール街がこのようなまやかしをもてはやす傾向は、一九六〇年代に加熱していきました。この界隈の住人は、怪しげな操作で一株当たり利益を上げている会社があっても、平気で疑惑を先送りします。この離れ業的な操作が企業合併につながって、投資銀行に巨額の手数料をもたらすならばなおさらです。監査人も、コングロマリットの会計に進んで聖水をふりかけ、見栄えをさらに良くする提案をすることすらあります。あぶく銭は、多くの人の倫理感覚を押し流してしまうのです。

この場合、拡大を続けるコングロマリットの一株当たり利益の源泉はPERの差なので、CEOはPERが低い会社を探す必要に迫られます。しかし、そのような会社は当然二流の会社で、長期的な展望も期待できないという特徴があります。このような目的で安い会社を買っていけば、コングロマリットはますます価値のない会社の集まりになっていきます。しかし、それは投資家にとってどうでもよいことでした。彼らが求めていたのは、素早い買収とプーリング法によって利益を上げていくことだったからです。

その結果起こる合併の嵐をさらにあおっていたのが、それらを絶賛していたマスコミです。ITT、リットン・インダストリース、ガルフ&ウエスタン、LTVなどは大いにもてはやされ、CEOは有名人になりました（かつての有名コングロマリットも、今では見る影もありません。ヨギ・ベラの言葉を借りれば、「どんなナポレオンでも、ウォーターゲート事件に見舞われる」「どんな英雄でも失脚につながるピンチに見舞われる」といったところでしょうか）。当時、あらゆるタイプの会計のごまかしは（その多くはあきれるほど明らかでした）、見逃されたり見過ごされたりしていました。実際、会計の魔術師がコングロマリットを拡大する指揮を取っていることは、大きな強みだとみなされていました。そのような会社の株主は、実際の事業収益がどれほど悪くても、必ず良い「報告利益」が期待できたからです。

一九六〇年代末に、私は強欲なCEOが「大胆かつ創造的な会計」を自慢する会に行ったことがあります。このとき出席していたアナリストの多くがこのCEOの話を満足げにうなずきながら聞いていました。業績がどうであれ、予想を必ず達成する経営者を見つけたと思ったのでしょう。しかし、一二時の鐘が鳴ると魔法がとけてすべてはカボチャとネズミに戻ってしまいました。高すぎる株を発行し続けることで成立するビジネスモデルは、不幸の手紙と同様、富を再配分しているだけで、創造しているのではないからです。しかし、これらの現象はアメリカでは定期的に花開きます。これは発起人の夢であり、彼らはたいてい上手に偽装して登場します。ただ、結末はいつも同じで、お金がカモから詐欺師に流れます。ちなみに、株の場合は、不幸の手紙と違って、取られるお金が驚くほどの大金になることもあります。

それでは、マンガーと私はバークシャーがコングロマリットの構造であることのどこに魅力を感じているのでしょうか。話を単純にして見ていきましょう。コングロマリットの形態は、賢く使えば長期的な資本成長を最大にするための理想の構造です。資本主義の称賛すべき美徳の一つは、資本が効率的に配分されることです。マーケットは投資を有望な事業に振り向け、枯れる運命の事業は拒否するからだとも言われています。これは本当で、マーケットによる超過資本の配分は、たいていそれ以外のどの方法よりもはるかに優れています。

しかし、資本の合理的な移動には、多くの障害があります。衰退している事業に資本を投じているCEOは、それまでとは関連のない事業に多額の資金を投じる道を選ぶことはほぼありません。そのためには、長年の仲間をクビにして、間違いを認めなければならないからです。さらに言えば、このようなCEOは、本人が新たな事業を率いたいと望んだとしても、株主が望むような経営者になる可能性は低いでしょう。

株主として、それまでとは別の会社や業界に資本を再配分しようとすると税金と摩擦コストが、投資家個人に大きくかかってきます。非課税の機関投資家でも、通常、資本を動かすときには仲介業者に多額の費用を払っています。高額な支払いを要求してくる連中はほかにもいます。投資銀行、会計士、コンサルタント、弁護士、資本再配分のプロ（例えば、LBO［対象企業の資産を担保とした借入金による買収］会社）などです。お金をシャッフルする連中は安くはありません。

一方、バークシャーのようなコングロマリットは、資本を合理的かつ最低コストで配分できる完璧な形態になっています。もちろん、この形だから成功するという保証はありません。私たちもたくさんの間違いを犯しましたし、この先もそうでしょう。とはいえ、私たちの構造的な強みはなかなかのものです。

バークシャーでは、追加投資をしても可能性が限られた会社から、別の業界の有望な会社に、税金やそれ以外の費用をあまり発生させることなく多額の資金を投じることができます。そのうえ、私たちには業界で長年培われてきたバイアスや、現状維持を固持する同僚の圧力もありません。これは重要なことです。もし重要な投資判断を馬が下してきたならば、自動車業界は存在しなかったでしょう。

私たちのもうひとつの強みは、素晴らしい会社の一部——つまり普通株——を買うことができることです。ほとんどの経営者には、このような選択肢はありません。過去を振り返っても、この戦略的代替策は大きな助けになってきました。幅広い選択肢があることは、よりよい意思決定につながるからです。株式市場で毎日売られている会社は、会社のなかのほんの一部分であっても、買収先として私たちに提案されてくる会社よりもはるかに魅力的なものが数多くあります。それに、流動性のある有価証券で得た利益は、私たちの資金力だけではとうていかなわない大型買収を可能にしてくれました。

つまり、世界はバークシャーの思いのままなのです。私たちには、ほとんどの会社が現実的に持てるよりもはるかに幅広いチャンスが与えられているからです。もちろん、私たちは自分たちで経営見通しが評価できる会社に限定して投資をしています。これは重要なことです。世の中には、マンガーも私も、一〇年後の姿がまったく想像できない会社が数多くあります。それでも、この限界は、一つの業界での経験しかない経営者よりははるかにマシです。しかも、私たちは自分の業界での可能性に限った展開しかできない多くの会社よりも効果的に規模を拡大することができます。

　バークシャーにはもう一つ、年月とともにより重要になってきた強みがあります。それは、私たちが素晴らしい会社の所有者や経営者にとって、望ましい売却先になっていることです。成功している会社を運営している一族が売却を検討するときは、さまざまな選択肢があります。このようなとき、たいていは何もしないことが最善策です。人生には、自分がよく理解できる事業で繁栄している会社を所有することよりも悪いことがあるのです。しかし、じっとしていることがウォール街で推奨されることはほとんどありません（理容師に髪を切ったほうがよいかどうか聞いてはならないのと同じことです）。

　一族のなかに、売却したい人と事業の継続を望む人がいれば、株式公開は理にかなっています。しかし、所有者が完全に売却することを望む場合は、たいてい二つの選択肢があります。一つは統合して「相乗効果」を狙う競合他社への売却です。この買い手は、買収すると、それまで会社の発展に大きく貢献してきた人たちの多くを追い出します。しかし、思いやりのある所有者は（大勢います）、長年の仲間が昔のカントリーソングを口ずさみながら去っていく姿は見たくありません。「彼女（元妻）が金鉱を取って、俺にはつるはしの柄が残った……」

　売り手にとって二つ目の選択肢は、ウォール街の買い手です。彼らは一時期、自らを「レバレッジド・バイアウト会社」と呼んでいました。しかし、一九九〇年代初めにこの言葉に悪いイメージが付きまとうと――RJRとそれを題材にした映画『野蛮な来訪者（Barbarians at the Gate）』を思い出してください――、彼らは慌てて名称を「プライベート・エクイティ会社」に変更しました。しかし、名前が変わっただけで、彼らが買えば資本が劇的に減り、負債が増大することに変わりはありません。実際、プライベート・エクイティ会社が売り手に提示する金額は、買収した会社が借り入れ可能な最大額も考慮して決められています。

そして、もし買収した会社が順調で、資本が増えると、買い手は再び借り入れによるレバレッジを模索し始めます。このとき、よく行われるのは、大きな配当を行って資本を急激に減らすことで、時にはマイナスになることもあります。実のところ、「資本」は多くのプライベート・エクイティ会社にとっては禁句で、彼らが好きなのは負債です。彼らは、金利がかなり低いと、たいてい最高の金額を支払うことができます。そして、しばらくするとこの会社を再び売るのですが、買い手はたいてい別のレバレッジ会社です。要するに、この会社は売買するための商品にすぎなくなるということです。

バークシャーは会社を売りたい所有者に、第三の選択肢として、社員と文化が維持される終の住み家を提供しています（たまに、経営者の変更が必要なことはあります）。バークシャーが買った会社は、財務体質と成長力が劇的に強化されます。また、銀行やウォール街のアナリストを相手にする必要は永遠になくなります。売り手のなかには、このようなことには関心がない人もいますが、関心がある人ならば、バークシャーの競合相手はほとんどいません。

バークシャーについて、いくつかの事業をスピンオフすべきだと提案する評論家もいますが、それはまったく意味がありません。バークシャーの子会社は別会社になるよりも、傘下にいるほうが価値が高いからです。理由の一つは、私たちが子会社間で資金を移動したり、新しい事業に即座に税負担なく資金を投じたりできるからです。そのうえ、別会社にすれば、一部もしくは全部が重複する費用も出てきます。最も分かりやすい例を挙げましょう。現在、バークシャーは取締役会にほとんど費用をかけていませんが、何十とある子会社が分社すれば、その費用だけでも急増します。もちろん、規制や管理にかかわる費用も高騰します。

最後に、子会社Bを所有していることで、子会社Aについて大きな租税効果が見込める場合もあります。例えば、現在、バークシャーの子会社にさまざまな控除が認められているのは、ほかの子会社に巨額の課税所得があるからです。そのおかげで、バークシャー・ハサウェイ・エナジーも、ほとんどの公益事業会社よりもはるかに有利に風力発電や太陽光発電の開発を進めることができているのです。

投資銀行は行動しなければ手数料を得られないため、必ず公開会社の買い手に市場価格の二〇～五〇％のプレミアムを上乗せするよう勧めます。銀行は買い手に、プレミアムは「支配権の価値」であり、買い手のCEOが経営権を得てからの素晴らしい展開には必要な費用だと主張します（買収を切望する経営者がそれに反論するはずもありません）。

しかし何年かたつと、投資銀行はすました顔で再び現れ、「株主の価値を開放」するために先に買収した会社をスピンオフするよう熱心に勧めてきます。もちろん、スピンオフは親会社の「支配権の価値」と称されるものを無償で手放すということです。銀行は、スピンオフすれば親会社の官僚主義的支配から解放され、子会社の経営者は起業家的意識が高まって繁栄するのだと説明します（以前語った有能なCEOによる素晴らしい展開などどこ吹く風です）。

もし親会社があとになってスピンオフした会社を買い戻したくなることがあるとすれば、おそらくそれはたっぷりプレミアムを支払って「支配権」という特権を買い戻すよう投資銀行に熱心に勧められてのことでしょう（銀行業界のこの種の発想の「柔軟性」によって、「取引が手数料を生むのではなく、手数料が取引を生むことが多すぎる」と言われています）。

もちろん、いずれ規制などによってバークシャーもスピンオフや売却を強いられる日が来るかもしれません。実際、一九七九年に銀行持ち株会社に関する新しい法律が施行されたときは、当時所有していたイリノイ州ロックフォードの銀行をスピンオフせざるを得ませんでした。

しかし、私たちにとって自らスピンオフを行う理由はありません。それをすれば、支配権の価値や、資本配分の柔軟性、場合によっては重要な節税のチャンスを失うことになるからです。バークシャーの子会社を運営している優れた経営者たちも、バークシャー傘下だからこそ得られる運営面と財務面のメリットを失えば、スピンオフ後も同じ経営効率を維持するのは難しいと思います。さらに言えば、親会社とスピンオフした会社の分離後の経費は、一緒だったときよりもある程度増える可能性が高いでしょう。

＊　＊　＊　＊　＊　＊　＊　＊　＊　＊

今日、バークシャーは次のような特性を持っています。

①たくさんの比類ない子会社を所有し、現在そのほとんどが素晴らしい経済展望を示しています。

②幹部である優れた経営者たちがいて、その多くは自分が経営する子会社とバークシャーに心から尽くしています。

③利益の驚くべき多様性と最強の財務体質と流動性があり、それはどのような状況においても維持していくつもりです。

④自分の会社の売却を検討している多くの所有者や経営者が望む売却先の第一候補になっています。

⑤前述のとおり、ほとんどの大企業とはさまざまな意味で異なるバークシャーの企業文化は私たちが五〇年かけて培ってきたものであり、今や盤石です。これらの強みが素晴らしい基盤となり、バークシャーを支えています。

次は、今後について目を向けていきましょう。もし、五〇年前に同じことをしていたら、予想のいくつかは大きく外れていたと思います。そう警告したうえで、もし今日、家族にバークシャーの将来について聞かれたら、私は次のように答えるでしょう。

●まず、何よりも大事なことですが、バークシャーの忍耐強い株主の資本が永遠に失われる可能性は、どの会社に投資した場合よりも低いと私は考えています。理由は、バークシャーの一株当たりの本質的事業価値が、今後もほぼ間違いなく上昇していくからです。

ただし、この明るい予想には、大事な注意点があります。もしバークシャーの株を非常に高い価格で買った場合は――例えば、ときどき付けることがある簿価の二倍近い価格のとき――、利益が出るまでに何年もかかるかもしれません。つまり、高値で買うと、堅実な投資が軽率な投機に変わってしまうかもしれないということです。バークシャー株もこの真実を免れることはできません。

しかし、私たちが自社株買いをする水準よりも多少高い価格で買えば、ある程度の期間で利益が出るはずです。バークシャーの取締役会は、彼らが本質的価値よりもかなり安いと考える価格でなければ、自社株買いを認めないからです（私たちは、それが自社株買いの必須条件だと思っていますが、多くの経営者はそのことを無視しています）。

ただ、買値がいくらであっても、一～二年で売却しようと思っている投資家に利益を保証することはできません。このような短期間ならば、投資結果に与える影響は、株式市場全体の動きのほうが、バークシャーの本質的価値の変化に伴う株価の動きよりもはるかに大きくなる可能性が高いからです。マーケットの動きを予想する信頼できる方法は分からないため、私はバークシャー株を最低でも五年は保有するつもりの人にのみ買うことを勧めています。短期的な利益を目指している人は、ほかを探すべきです。

警告はもうひとつあります。バークシャー株を借金で買うべきではありません。一九六五年以降で株価がそのときの高値から約五〇％下落したことが三回ありました。いつか同じような下落が再びあるでしょうが、それがいつになるかはだれにも分かりません。バークシャーが投資家にとって、満足できる投資先になることはほぼ間違いありません。しかし、レバレッジを掛けた投機先としては、悲惨な選択肢にもなり得るのです。

●私は、バークシャーが資金難に陥るような問題が起こる可能性は実質的にゼロだと考えています。当社は常に、一〇〇〇年に一回の大洪水に備えています。むしろ、もしそうなったときは、準備を怠ってきた人たちに救命胴衣を売るつもりです。二〇〇八～二〇〇九年の金融危機において、バークシャーは「第一応答者」という重要な役割を担い、それ以降も、財務内容と潜在収益力は倍増しています。あなたが所有している会社は、アメリカ産業界におけるジブラルタル（難攻不落の砦）であり、今後もそうあり続けます。

金融の世界で持久力のある会社は、いかなる状況においても三つの強みを維持しています。それは、①大きくて信頼できる収入源があること、②大量の流動資産があること、③短期的に大きな資金需要がないこと――です。ちなみに、予想外の危機に見舞われるのは、たいてい③を無視した場合です。黒字会社のＣＥＯの多くは、どれほど大きな債務でも、期限が来たら必ず返済できると思っています。しかし、二〇〇八～二〇〇九年に、多くの経営者がその考えがいかに危険かを学ぶことになりました。

バークシャーでは、この三つの必須条件について、常時、次のように対応しています。まず、当社には巨大な収益源があり、しかもそれが膨大な数の事業からもたらされています。当社の株主は現在、持続的な競争力を持ったたくさんの大企業を所有しており、当社は今後もこのような会社を買収していくつもりです。もし大災害によって、傘下の保険会社が過去のケースをはるかに上回る損失を計上したとしても、当社はその多様性によって収益率を維持できることは間違いありません。

次は、現金の状況です。現金は、健全な会社においては生産性の低い資産であり、ＲＯＥ（自己資本利益率）などの指標の妨げになるため、最小限あればよいと考える人もいます。しかし、会社にとっての現金は人間にとっての酸素のようなもので、あれば考えることすらないのに、なければそれ以外のことは考えられなくなる、という存在です。

アメリカの産業界が、二〇〇八年にこのことを実証するケーススタディーを提供しています。二〇〇八年の九月、長年繁栄してきた多くの会社が突然、彼らの小切手が不渡りにならないかを心配せざるを得なくなったのです。彼らの会社の酸素が一晩でなくなってしまったからです。しかし、バークシャーの「呼吸」が止まることはありませんでした。実際、九月末から一〇月初めにかけた三週間で、当社は一五六億ドルの新規資金をアメリカの産業界に供給しました。それができたのは、当社が常に最低でも二〇〇億ドル（たいていはそれをはるかに上回る額）の現金等価物を保有しているからです。これは具体的には、米国短期国債のことです。ちなみに、それ以外の現金の代替資産にも流動性があると言われているものはありますし、実際そのとおりなのですが、本当に必要に迫られたときはそのかぎりではありません。しかし、期日が来たら、現金が唯一の法定通貨なのです。「出かけるときは、忘れずに」

最後の点については、当社は急に多額の資金需要が生じるような事業や投資にはけっしてかかわらないことにしています。言い換えれば、私たちはバークシャーを短期的に大きな債務にさらしたり、デリバティブやそれ以外の巨額な追証が発生したりするような取引をするつもりはないということです。

何年か前に、当社はいくつかのデリバティブ契約を締結しました。これは価格が相当割安で、要求される担保額も最低水準だと考えたからです。そして、かなりの利益を上げました。しかし、最近のデリバティブは完全担保が要求されます。これによって、潜在利益がどれほどであってても、私たちのデリバティブへの関心はなくなりました。当社では、公共事業会社の運営上必要となるいくつかの契約を除いて、もう何年もこのような取引は行っていません。

さらに言えば、当社の保険会社は、契約者が特約部分を現金化できるような商品は扱っていません。例えば、多くの生命保険商品は、極端なパニックが起こると償還が増える性質を持っています。このような契約は、当社がかかわる損害保険の世界には存在しません。もし当社の保険料収入が減れば、フロートも下がりますが、それが急激に起こることはないのです。

当社の保守的な経営方針については、極端だと感じる人もいるかもしれません。しかし、こうする必要があるのは、人々が時にパニック状態になることは完全に予想できても、それがいつになるかはまったく予想がつかないからです。もちろん、ほとんどの日は比較的平穏にすぎていきますが、どのようなときも明日のことは分かりません（一九四一年一二月六日も、二〇〇一年九月一〇日も特に不安は感じませんでした）。もし明日何が起こるか予想できないならば、何が起こっても大丈夫なように備えておくべきです。

六四歳のCEOが六五歳で引退しようと思っているならば、残りの任期に何かが起こるリスクはわずかだと計算するかもしれません。実際、その計算は九九％は「正しい」でしょう。しかし、この可能性は私たちにとって何の意味もありません。株主に委託された資金でロシアンルーレットをするつもりはありません、たとえ薬室が一〇〇ある銃に弾が一発しか入っていないとしてもです。私たちにとって、ただ欲しいものを手に入れるために、必要なものを失うリスクをとることは考えられません。

●バークシャーは保守的な経営を行っていますが、私は、当社が一株当たりの基礎的な収益力を毎年増やしていくことができると考えています。これは、毎年営業利益が増えるという意味ではまったくありません。アメリカ経済は良いときも悪いときもあり——たいていは良いのですが——、悪くなったときには当社の経常利益も下がります。しかし、当社は今後もボルトオン買収や新分野への参入によって、本質的な利益が上がっていきます。だからこそ、私はバークシャーが毎年、基礎的な収益力が増していくと考えているのです。

利益は、年によって素晴らしく多いときもあれば、かなり少ないときもあります。好機の到来は、マーケットと競合相手とチャンスによって決まります。しかし、当社はその間もずっと、たくさんの堅実な子会社とこれから買収する新しい子会社の力を借りて前進し続けます。しかも、ほとんどの年は、アメリカ経済が強い追い風となってくれます。当社の本拠地がアメリカにあることも、幸運なことです。

●悪い知らせもあります。バークシャーの長期利益は——金額ではなく比率で見た場合——、劇的に伸びることはありませんし、過去五〇年間には到底及びません。規模が大きくなりすぎたからです。バークシャーの利益はアメリカ企業の平均は上回るでしょうが、それでも当社の過去の平均よりも素晴らしい結果にはならないと思います。

当社の利益と資本資源は、いずれ――おそらく今から一〇～二〇年後――経営陣が当社のすべての利益を賢く再投資することはできない水準に達するでしょう。そのときが来たら、取締役会は超過利益を分配する最善の方法が配当か、自社株買いか、その両方かを決めなければなりません。もし株価が本質的価値を下回っていれば、大量の自社株買いが最善策であることはほぼ間違いないでしょう。取締役会が正しい判断を下すことについては安心していてください。

●バークシャーほど株主志向の会社はほかにはありません。当社は三〇年以上にわたり、毎年、「株式会社という形態をとっていても、バークシャーはパートナーシップであるという姿勢で経営に当たっています」という文から始まる株主に関する原則（「プロローグ」を参照）を明示してきました。この株主との約束は、絶対的なものです。そして、当社には、パートナーシップとしての約束を遂行する並外れて博識でビジネス志向の取締役がいます。

当社の企業文化を確実に継続させていくため、私の後任の非常勤会長候補に私の息子のハワードを提案しました。これを望む唯一の理由は、もし当社にそぐわないＣＥＯが誕生して、会長が強制的に交代させる必要が生じたときに、それを実行しやすくするためです。ただ、このような問題がバークシャーで起こる可能性はほかの公開会社と同様、非常に低いので安心してください。ただ、私がこれまで一九社の上場会社の取締役を務めてきたなかで、二流のＣＥＯ

を交代したくても、その人が会長を兼ねていると非常に難しいケースを見てきました（たいてい交代することにはなりますが、ほぼ確実に時間がかかります）。

もしハワードが選出されれば、彼は報酬は受け取らず、すべての取締役の出席が必要な場合のみ出社します。彼は取締役のなかにCEOについて懸念を持つ人がいたときに、ほかにも疑問を呈する取締役がいるかどうかを確認するための安全弁のような存在です。もし複数の取締役が同様の危惧を抱いているときは、ハワードが会長という立場を使って速やかかつ適切にこの問題に対処します。

●正しいCEOを選ぶことは、極めて重要であり、取締役会でも長い時間を割いています。バークシャーの経営者の最も重要な仕事は、資本配分と傘下の子会社を率いる優れた経営者を選び、つなぎとめることです。もちろん、子会社のCEOを退任させたときには後任も探す必要があります。これらの義務を果たすため、バークシャーのCEOは合理的で冷静で決断力があり、事業について幅広く理解し、人の行動を見抜くことができる人物でなければなりません。また、自分の限界を知っていることも重要です。

CEOは、性格も極めて重要です。バークシャーのCEOは、「すべて」を彼自身のためではなく、会社のために捧げなければなりません（ここでは便宜上、彼と書きましたが、CEOの選考に性別は関係ありません）。CEOは、必要額をはるかに超える利益を上げずにはいられないような人物であるべきです。しかし、エゴや強欲に負けて、自分よりも働きが劣るのに高額の報酬を得ている経営者と同じ報酬を要求するようなことがあってはなりません。CEOの行動は、傘下の経営者たちにも大きな影響を及ぼします。もし経営者たちに株主の利益こそ最も優先されるべきだという態度を明確に示せば、彼らの多くはこの考えを受け入れてくれるでしょう。

私の後継者には、もうひとつ特別な力が必要です。それが、会社を衰退させるABC（傲慢［Arrogance］、官僚主義［Bureaucracy］、自己満足［Complacency］の頭文字）を撃退することです。会社のガンともいえるこれらの悪が転移すれば、最強の会社でも行き詰まります。このことを実証する例はたくさんありますが、周りに迷惑をかけないように、過去の例を掘り起こして紹介します。

ゼネラルモーターズやIBM、シアーズ・ローバック、USスチールなどの会社は、全盛期には巨大な業界のトップに君臨していました。当時、彼らの強さは難攻不落に見えたものです。しかし、先に書いたような破壊的な行動がこれらの会社を、CEOや取締役たちが少し前まで思いもしなかったほどの深みに突き落としました。彼らがかつて持っていた財務力や過去の収益力も、落ち込みを防ぐ助けにはなりませんでした。

バークシャーがこれまで以上の規模になったとき、会社を衰退させるこのような悪の力を撃退できるのは、慎重かつ強い決意を持ったCEOだけです。マンガーの言い分――「知りたいのは私がどこで死ぬかだ。そうすれば、そこにはけっして行かないから」――を忘れてはなりません。もしバークシャーの非経済的な価値が失われれば、経済的な価値の多くも一緒に崩壊するでしょう。「トップの姿勢」は、バークシャーの特別な文化を維持するためのカギとなるのです。

幸い、当社の将来のCEOたちがうまくいく仕組みはすでに整っています。当社では、並外れた権限の委譲がすでに行われており、これは官僚主義への理想的な対抗策になっています。また、経営面において、バークシャーは巨大企業というよりも、大会社の集合体です。本社には、委員会のたぐいは存在せず、子会社に予算申請を要求したこともありません（ただ、子会社の多くはこれを内部ツールとして利用しています）。また、当社には普通の会社に当然のようにある法務部や、人事、広報、ＩＲ、戦略、Ｍ＆Ａなどを担う部門もありません。

一方、当社には活発な監査機能があり、彼らの目は節穴ではありません。ただ、私たちは傘下の経営者が強い責任感を持ってそれぞれの会社を運営していることについて、絶大な信頼を置いています。結局、彼らは私たちが買収する前とまったく同じことをしているのです。さらに言えば、まれに例外もありますが、信頼したほうが、繰り返し指示したり官僚主義的な報告を何度も求めたりするよりもはるかに良い結果につながっています。マンガーと私は、傘下の経営者に対して、立場が逆ならばこうしてほしいと思う関係を築くようにしています。

●当社の取締役は、将来のCEOを、彼らが年月をかけてよく知り得た内部の候補から出すべきだと考えています。また、彼らは新しいCEOは長くその職にとどまってくれるよう、比較的若い人を選ぶべきだとも考えています。当社のCEOは、一〇年をはるかに超えて務めてくれたほうがうまくいくでしょう（新しく来た犬に芸を仕込むのは大変です）。それに、お気づきだと思いますが、彼らはおそらく六五歳では引退しないでしょう。

バークシャーが行う企業買収と当社の条件に見合う大型投資については、どちらも取引相手がバークシャーのCEOをよく知り、安心して仕事ができることが重要です。このような信頼を築き、関係を強化していくには時間がかかります。しかし、そのメリットは計り知れません。取締役会も私も、私の後任のCEOにふさわしい人物がいると考えており、その人は私が死ぬか退任したその日から職務を遂行することができます。それどころか、いくつかの重要な件については、私よりも優れた手腕を発揮してくれるでしょう。

●バークシャーにとって、投資の重要性は今後も続くため、これは数人の専門家が対処していくことになります。投資については、バークシャー傘下の事業や買収計画とさまざまな意味で調整していく必要があるため、彼らはCEOの下で判断を下していきます。とはいえ、投資責任者は全体的にかなり自由に動くことができます。この分野も、少なくともこの先の何十年かについては良い状態を維持できると思っています。

このように、バークシャーはマンガーと私がいなくなっても、理想的な状態を維持していく体制が整っています。正しい人材――正しい取締役や経営者とその後継者候補――も確保できています。そのうえ、私たちの企業文化が、末端まで行き渡っています。また、当社のシステムには再生力があります。良い文化も悪い文化も、多くは自己選択によって継続していきます。私たちと似た価値観を持つ会社の所有者や経営者が、今後もバークシャーという比類ない終の住み家に魅力を感じてくれるのには、正当な理由があるのです。

B．マンガーが語る「バークシャーシステム」（二〇一四年年次報告書のなかの五〇周年記念セクションに掲載されたマンガーの株主への手紙）

バフェットが構築したバークシャーの経営システムと方針（「バークシャーシステム」）は、早い時期に確立されていました。バークシャーは、拡張していくコングロマリットで、意味のある予測ができない事業を避けながら、ほぼすべての事業を買収した子会社の、極端に大きな自治権を持つCEOの下で行っています。本社は小さな事務所で、そこには会長とCFO（最高財務責任者）とアシスタントが何人かいるだけです。バークシャーの子会社のなかでも目立つ存在は損害保険会社で、これらは相当額の保険料収入が期待できると同時に、投資可能なかなりの「フロート」を生み出しています。このシステムには、全体を統括する人事制度やストックオプション、そのほかの奨励制度、定年制などもありません。それぞれの子会社が、異なる制度をすでに持っているからです。
バークシャーの会長の仕事は、そう多くはありません。

①ほぼすべての証券投資の管理。通常は当社の損害保険会社が所有している。
②重要な子会社のCEOを選んで報酬を決め、後任者として推薦したい人物を聞く。
③子会社が競争力を高めたあと、残った資金を運用する。理想的な活用方法は新しい会社の買収。
④子会社のCEOが連絡を取りたいときにすぐに対応できるようにしておく。ただし、CEOたちが本社に連絡する義務はほとんどない。
⑤年次報告書に掲載するために、株主に向けた論理的で役に立つ長い手紙を書く。この手紙は、もし彼が長期的な株主だった場合に読みたい内容になっている。あとは、毎年の株主総会で質疑応答のために十分な時間を空けておく。
⑥在任期間もそのあとも、顧客と株主とそのほかの構成員のためにうまく機能する企業文化の規範となる。
⑦静かに読んだり考えたりする時間を確保する。このことがいくつになっても学び続けるという決意をより強くしているのかもしれない。
⑧ほかの人の成果を積極的に称賛することに多くの時間を使う。

新しい会社は、たいてい増資をせず現金で買います。バークシャーでは、留保した一ドルがそれを上回る市場価値を株主に提供できるかぎり配当はしません。また、新しく会社を買うときは、会長が理解できる優れた会社を正当な価格で買うことを目指します。子会社には、優れたCEOがいて、その人が長期間、本社の手助けなしにうまく運営してくれることを望みます。バークシャーでは子会社のCEOを選ぶとき、その人物の信頼性や能力、活力、会社を愛し、自分の置かれた状況を楽しんでいることなどを確認します。

私たちが重視しているのは次のようなことです――子会社を売ることはほぼない、子会社のCEOを別の関連のない子会社に異動させない、子会社のCEOを年齢だけを理由に引退させない、負債を抑えてどのような状況においても実質的に完璧な信用を維持し、並外れたチャンスが訪れたときにすぐに現金と信用が使えるようにしておく、大きな会社を売却したい人にとって常に会社を託したい相手である。売却の提案があれば、すぐに対応します。もし買収に至らなかったときは、会長とあと一人か二人以外がその件を知ることは永遠にありません。もちろん、外部に漏れることもけっしてありません。

バークシャーシステムは、その構成要素も全体の規模も桁外れです。このような要素の半分でも備えている大企業は、私の知るかぎりありません。バークシャーはなぜ普通とはまったく違う性格を持つようになったのでしょうか。バフェットは、三四歳という若さでバークシャーの四五％の株を取得し、ほかの大株主にも完全に信頼されるようになりました。こうして、彼が望むシステムを導入できるようになったのです。バフェットはそれを実行し、バークシャーシステムを作り上げました。すべての要素は、バフェットが彼の下で最高の業績を上げる助けになると考えて選択したことです。彼は、どの会社でも通用するシステムを目指しているわけではありません。実際、バークシャーは子会社にこのシステムを義務付けてはいません。なかには、別のシステムを使って繁栄している会社もあります。

バフェットはどのような目的でバークシャーシステムを策定したのでしょうか。私は年月をかけていくつかの重要なテーマを分析してきました。バフェットは、彼自身をはじめとしたこのシステムに携わる大事な人たちの合理性とスキルと献身が、常に最大限生かされる状態にあるようにしておきたいのです。これはみんながウィン・ウィンの結果を得ることであり、例えて言えば、誠実に対応することで相手も忠誠心を持つようなことです。また、意思決定者には長期的な結果を最大にする判断を下し、長くその地位にとどまってその結果を見届けることを期待しています。本社が官僚主義的な組織になればほぼ避けられない弊害を、最小限に抑えてほしいとも思っています。そして、ベンジャミン・グレアム教授のように、自ら得た知恵を広めるという個人的な貢献をしたいと思っているのです。

バフェットは、バークシャーシステムの構築途中で、それがもたらしたすべての恩恵を予測していたでしょうか。ノーです。システムを構築する過程で偶然分かった恩恵もあるのです。ただ、彼は役に立つ結果が出ると、それをもたらした構造を強化していきました。バークシャーは、なぜバフェットの下でこれほどうまくいっているのでしょうか。私が思い当たる要素は四つあります。まずは、①バフェットの建設的な特性、②バークシャーシステムの建設的な特性、③幸運、④一部の株主とそのほかのファン（このなかには一部のマスコミも含まれています）の異常に激しい伝染性のある献身的な愛――です。これらの要素すべてが助けになってきたのだと思います。なかでも大きなウエートを占めていたのは、建設的な特性と奇妙な献身愛とその相互作用です。

バフェットが、活動をいくつかに絞ってそれらに最大限の時間を割くと決め、それを五〇年間続けてきたことが、ロラパルーザ効果を生みました。バフェットは実質的に、有名バスケットボールコーチのジョン・ウッデンが行っていた勝つための方式を実践していたのです。ウッデンは、試合を実質的に七人のトップ選手で戦うという作戦を始めてから、最高の勝率を上げるようになりました。こうすれば、相手チームは常にトッププレーヤーと戦うことになり、二番手は出てきません。また、トッププレーヤーのほうも試合時間が増えることで、普通よりも力がつきました。

しかし、バフェットの成果は、ウッデンをはるかに超えていました。バフェットの場合、七人ではなく一人に集中し、彼のスキルは五〇年間、年齢を重ねるごとに向上していきました。バスケットボール選手が年とともに衰えていくのとは逆です。そのうえ、重要な子会社の、長く勤めることが多いＣＥＯに大きな権力と権威を集中させ、ここでもウッデンのような効果を生み出しました。そうすることで、CEOたちのスキルと子会社の業績も向上していったのです。

このようにして、バークシャーシステムは多くの子会社とCEOに望ましい自治権を与え、バークシャーが成功して有名になると、そのことがより多くの優れた会社と優れたCEOを引き付けるようになりました。そして、優れた子会社やCEOには本社が時間を割く必要があまりないため、いわゆる「好循環」が生まれたのです。

それでは、重要な子会社として必ず損害保険会社を持っておくことについてはどうでしょうか。これも素晴らしい効果がありました。バークシャーは不当なほど極端な野望を抱いていましたが、それを実現してしまいました。通常、損害保険会社は自己資本と同じくらいの規模で株式投資を行っており、バークシャーの保険子会社もそうしています。S&P五〇〇の過去五〇年間の税引き前利益は年率約一〇%で、これも大きな追い風となってくれました。

バフェットが経営を担うようになった初期のころ、バークシャーの保険子会社で保有していた普通株は、彼の期待どおり指標を大きく上回るパフォーマンスを上げていました。しかし、バークシャーの保有株が多くなると、税金が指標を上回った分をほぼ相殺するようになりましたが（ずっとそうとは限りませんが）、ほかのさらに良い利益がもたらされました。アジット・ジェインが、ゼロから作り上げた巨大な再保険事業が、巨額の「フロート」と保険料収入を生み出しているのです。GEICOがバークシャーの完全子会社になると、同社のシェアは四倍になりました。それ以外のバークシャーの保険事業も、高い評価と引き受け規律、有望なニッチ分野の開拓とその事業の継続、優れた人材を採用し、とどまらせることなどによって大きく成長しました。

最後に、バークシャーの独特で信頼の厚い社風と規模の大きさがよく知られるようになると、保険子会社は、非公開企業のさまざまな証券の購入を打診されるようになりました。これはほかの保険会社にはないことです。これらの証券の多くは満期が確定しており、素晴らしい利益を生んでいます。バークシャーの保険子会社の優れた業績には、理由があるのです。通常、損害保険というのは、うまく経営してもそこそこの業績しか出ない事業です。しかし、それでは何もなりません。もしバフェットが今の知識を持ったままもう一度若いころに戻って小さい会社からやり直しても、現在のような驚くほどの成果を再現することはできないと思います。

バークシャーは、さまざまな分野に広がるコングロマリットですが、そのことによるデメリットはあるのでしょうか。ノーです。幅広い分野で事業を行っていることが、むしろチャンスを広げています。コングロマリットであることによる悪影響は、ほかのことと同様、バフェットの能力で阻止しています。それでは、なぜバークシャーは株ではなく現金で会社を買おうとするのでしょうか。それは、バークシャー株に匹敵する価値があるものはめったにないからです。保険会社以外の買収についても、ほかの会社では株主のためにならない場合が多いのに、なぜバークシャーの株主は素晴らしい恩恵を受けているのでしょうか。

バークシャーは、意図的に良いチャンスを供給する方法論的な強みを備えています。当社には、ノルマがあるような「買収部門」のたぐいはありません。また、間違いなく特定の取引に肩入れした「手助け」を申し出てくる連中の助言に頼ることもけっしてありません。その一方で、バフェットは自己欺瞞を寄せ付けず、自らの専門知識も過信していませんが、パッシブ投資家としての長年の経験から、ビジネスにおいて何がうまくいって何がうまくいかないかをほとんどの企業幹部よりもよく知っています。そして最後に、彼はほかの会社よりもはるかに良いチャンスがあっても、人間離れした忍耐力を見せて、めったに買うことはありません。例えば、彼がバークシャーの経営権を握ってから最初の一〇年間は、一つの事業（繊維事業）がほぼ衰退して二つの新しい事業が加わったため、差し引き一つ増えたにすぎないのです。

それでは、バフェットの下でバークシャーが大きな間違いを犯したことはあるのでしょうか。高すぎる手数料を支払うという間違いは何回も犯していますが、本当に大きな間違いのほとんどは、買うべきものを買わなかったことです。このなかには、大成功が間違いなかったウォールマート株を買わなかったことも含まれています。不作為の間違いは非常に重要です。いくつかの成功が間違いなかった件について、当時にそのことを見極める能力があれば、バークシャーの純資産は少なくともあと五〇〇億ドルは増えていたでしょう。

もし近い将来、バフェットがバークシャーを去っても、この異常に素晴らしい業績を続けることはできるのでしょうか。答えはイエスです。バークシャーの子会社の大きな推進力は、かなり耐久性がある競争力に基づいています。さらに言えば、公共事業や鉄道事業にかかわる子会社は今や、新たな固定資産に大きな資金を投資する非常に望ましいチャンスを提供する存在になっています。また、多くの子会社が賢いボルトオン買収を行っています。バークシャーシステムの大部分がこのまま存続すれば、現在の勢いとチャンスを合わせた大きな力によって、バークシャーが長く平均以上の会社であり続けることはほぼ間違いありません。

最後に、バークシャーの過去五〇年間の素晴らしい業績は、ほかの会社でも役に立つ教訓を含んでいるでしょうか。明らかに、イエスです。バフェットが経営を始めたとき、この小さな会社を、大きくて価値のある会社に変えるという大きな課題がありました。この会社では、官僚主義を排し、思慮深いリーダーが長い長い時間をかけてより優れた経営者に育ち、同じようなタイプの人材を呼び込むことに大いに頼ることで、これを達成したのです。

これに比べて、典型的な大企業のシステムは、本社に官僚主義がはびこり、ＣＥＯに就任するのは五九歳くらいです。そうなると、じっくり考えようとしてもすぐに定年になって退任せざるを得なくなるということの繰り返しです。官僚主義は、会社のガンのような最悪の特性です。私は、ほかの会社もこれを排し、バークシャーシステムのような制度を試してみるべきだと思っています。

C. メトセラの境地（一九九四年、二〇〇五年、一九九六年株主マニュアルは毎年随時修正）

分厚すぎる札入れを持つことは……投資で優れた結果を得る上でのマイナスです。そして、マンガーと私がバークシャーを始めたころと比べると現在の純資産は巨額になっています。世の中にはかつてないほどたくさんの優れた会社がありますが、バークシャーの資本に対して目立った貢献をしないような企業を買うのは得策ではありません。そう考えると、バークシャーの投資対象は極めて限られたものになってしまいます。

しかし、私たちはこれまでの方針を変えることなく、また基準を下げることのないようにしたいと思っています。大リーガーだったテッド・ウィリアムズの著書『大打者の栄光と生活』（ベースボール・マガジン社）のなかに、このことを説明する言葉があります。「良い打者になるための私が考える条件とは、ヒットになりそうな良い球を打つことだ。これが第一条件。私のストライクゾーンから外れている球も打たなければならないとしたら、三割四分四厘も打てるはずがない。せいぜい二割五分どまりかもしれない」。マンガーも私もこの考え方には賛成であり、「ストライクゾーン」に十分収まっているような機会を待ちます。

私たちは今後も政治的、あるいは経済的な予想などは気に止めません。それらは多くの投資家や企業家を迷わせ、その結果、高くつくものになるからです。ベトナム戦争の激化、賃金や価格の統制、二度のオイルショック、大統領の辞任、ソビエト連邦崩壊、一日でダウが五〇八ポイントも下落、米財務省短期証券の二・八％から一七・四％までの利率変動などを、三〇年前に予想し得た人などいないはずなのです。

しかし驚くべきことに、これらの歴史的大事件が起こったにもかかわらず、ベンジャミン・グレアムの理論は常に有効でした。また、素晴らしい企業を相応な価格で買うことへのお墨付きも与えてきました。もしも私たちが「未知のもの」への不安から、投資を縮小したり先延ばしにしたりしていたとしたら、どれほどの利益を逸失したことでしょう。実際に私たちが最高の買い物をしたタイミングは、こうした出来事で人々の不安がピークに達したときも多かったのです。恐れは、流行に流される人には敵であっても、原理に忠実な者にとっては友だちなのです。

今後の三〇年もまた新たな衝撃的出来事が起きるでしょう。でも、私たちはそうしたことを予測したり、それによって利益を得ようなどとは考えません。過去に投資してきた企業と同様に優れた企業を見分けることができれば、世の中が動揺していようとも、私たちの長期的な収益は何ら影響を受けないのです。

私たちはごく当たり前のようにみえる事業によって並外れた業績を実現する優れた経営陣の努力を通じて利益を達成しました。ケーシー・ステンゲルは野球チームの経営を「ほかのチームメートのヒットがあるから、ホームランで点が入る」と評しました。これはバークシャーにおける私の定跡でもあります。

偽ダイヤを持つよりも世界最大のブルーダイヤであるホープダイヤモンドの一部を所有するほうがはるかに理想的であるように、「本物」と鑑定されているような今までに述べてきた企業に投資するのが理想的なのです。何より最高なのは、こうした保有銘柄がほんの数社にとどまらず、数を増しているということです。

株価は常に――時として激しく――変動し、経済にも浮き沈みがあります。しかし私たちは、投資先の企業群が長期的にみて満足のいくレベルで価値を高め続けるであろうと信じているのです。

みなさんはオーナーですから、私が衰え始め、それでもCEO（最高経営責任者）としてとどまることを強く望むのかどうか、そしてもしそれを強く望んだ場合、取締役会はこの問題をどのように扱うのかを心配するのは自然なことです。この問題は私だけに限ったことではありません。マンガーも私も、バークシャーの子会社でこのような問題にたびたび出くわしました。

人間の老化の速度は人によって大きく違いますが、遅かれ早かれ才能も活力も衰えていきます。八〇歳代まで有能であり続ける経営者もいますが、六〇歳代でひどく老いてしまう経営者もいます。能力が衰えれば、だいたいにおいて自己評価力も衰えます。そのようなときは、たいていだれかが笛を吹いて教えてあげなければなりません。私にそのようなときが訪れれば、取締役会はその義務を果たさなくてはなりません。財務的な観点からすれば、当社の取締役会にはそうすべき理由が大いにあります。私の知るかぎりで、わが国で取締役たちの財務的な関心が株主のそれとまったく一致している取締役会はほかにはないからです。それに近い会社もほとんどありません。しかし、だれかにその仕事を務めるだけの能力がないと告げることは、人としてはとても難しいことです。それが友人であるような場合は、なおさらです。

しかし私がそのメッセージを告げられる候補となった場合には、取締役会はそのように伝え、退出を頼んでくることでしょう。私が保有しているバークシャーの株式はすべて寄付されることになっています。私はこうした寄贈や遺贈によって社会に最大の利益がもたらされることを望んでいます。同僚が私に退出を命じること（優しく伝えてほしいと思っていますが）を避け、責任逃れをすることで、私が保有する慈善行為の可能性が小さくなってしまうとしたら、それは憂うべき事態です。しかし、これについては心配なさらないでください。私たちには素晴らしい取締役たちがおります。彼らは常に株主にとって正しいことをしてくれるでしょう。

私が保有する大量のバークシャー株については、五つの慈善基金に寄付するよう手配してい

ます。これによって、私が保有する株式すべてを最終的には慈善の目的で使うという生涯にわたる計画の一部が実行されることとなります。私は遺言のなかで、自分が死んだ時点でまだ持っているバークシャーの株式についてはすべてを売却し、遺産整理が完了してから一〇年以内に慈善のために使うよう明記しています。私の身辺はさほど複雑でもありませんし、遺産整理はせいぜい三年もあれば終わるでしょう。この一三年の期間を、予想される私の人生の残り時間に加えれば、この先二〇年間にわたって私のバークシャー株の売却代金は社会的な目的のために供されることとなるでしょう。

私がこのような予定を組んだのは、能力があり、活動的で意識も高いと私が認めている人たちに、比較的速やかにお金を使っていただきたいと望んでいるからです。このような経営上の特質は、組織が長い期間を経るにつれて衰えていきます。特に、市場の力学を免れている組織ではなおさらです。現在、この五つの基金は素晴らしい人々に管理されています。そうであるのなら、私が死んだあと、残されたお金をただちに送って賢く使ってもらうのが当然でしょう。

基金の永続性を望む人であれば、慈善活動が取り組む必要があるのは間違いなく将来の大規模で重要な社会問題なのだ、とおっしゃるかも知れません。この考えに私は賛成です。しかしそのときになれば、現在のアメリカ国民を上回るほどの財産を持つ非常に豊かな個人や家族もたくさんいて、慈善団体はこうした問題についての寄付を頼むことができるでしょう。

その後、こうした資金提供者は、そのときの重要な社会問題を扱うに当たってどの事業が最も活発で的を射ているのかを直接判断することができます。このように、発想と効率性についてて市場によるテストを当てはめることができるのです。大きな支援に値する組織もあるでしょうし、有効性を失ってもなお残っている組織もあるでしょう。たとえ現世の人たちが不完全な決め方をしても、地下六フィートに眠る死者が何十年も前に決めておいたものよりは合理的に資金を割り振ることができているはずです。言うまでもないことですが、遺言は書き直すことができます。しかし、私の考え方が大きく変わることはなさそうです。

陰気な話で締めくくりたくありませんので、みなさんに私がすこぶる良好な健康状態にあることもお知らせしておきたいと思います。私はバークシャーの経営を非常に楽しんでおり、もし人生を謳歌することで長寿が促進されるとすれば、メトセラ（ノアの洪水以前のユダヤの族長で、九六九歳まで生きたとされる長命者）の記録さえも破れそうな勢いなのです（聖書によればメトセラは九六九歳まで生きたとされる。創世記第五章二七）。

用語集

しけモク手法（Cigar Butt Investing）　道端に落ちているあとひと吸い分だけ残ったしけモクを拾って吸うような投資手法。長期的な収益力は悲惨な会社でも十分に安い価格で買うことによって利益を出すこと（第２章Ｇ参照）。

コアコンピタンス領域（Circle of Competence）　事業の経済性について判断することのできる能力の範囲。賢明な投資家は確固たる境界を設け、投資先を自身が理解できる会社にとどめておくものである（第２章Ｆ参照）。

収益の配当・留保基準（Dividend Test）　留保収益一ドル当たり少なくとも一ドル以上の市場価値が株主のために創造される場合に、収益を留保することが正当化される（第４章Ｃ参照）。

二通りの投資アプローチ（Double-Barreled Acquisition Style）　買収交渉のうえで企業全体を買収するか、市場を通じて企業の株式の一部を買うかを選択する賢明な投資政策（プロローグ参照）。

組織由来の旧習（Institutional Imperative）　変化への抵抗、最適とは言えない事業や企業買収への投資、経営陣の無節操な欲求や、同業他社を無分別に模倣することによって、不合理な経営判断へと導く、組織に蔓延する力学（第2章G参照）。

内在価値（Intrinsic Value）　算出するのは困難だが重要な企業価値の尺度であり、企業が存続期間中を通じて生むすべてのキャッシュフローを割り引いた現在価値（第6章B参照）。

ルックスルー利益（Look-through Earnings）　一般会計原則（GAAP）の財務諸表に反映されない二〇％以下の株式を保有する投資先企業の持ち分に応じた（税控除後の）収益も考慮に入れた投資家の業績を測る尺度（第6章C参照）。

安全域（Margin-of-Safety）　より確実に投資で成功するための、恐らく最も重要な原則。ベンジャミン・グレアムが生み出したこの原則は、得られる価値と比較して支払う価格が十分安いと信じるに足る確かな根拠がない場合には株に投資すべきではない、というものである（第2章E参照）。

ミスターマーケット（Mr. Market）　ベンジャミン・グレアムが創造した株式市場について

の寓話上の人物。むら気が強く感情の起伏が激しいため、価格と価値が乖離したところにつけ込むことで、卓越した賢明な投資を可能にする（第2章B参照）。

株主利益（Owner Earnings）　キャッシュフローや一般会計原則（GAAP）上の利益よりも優れた業績の評価尺度。［（A）会計上の利益］＋［（B）減価償却費やそれ以外の非現金費用］－［（C）その企業が長期的な競争力と生産高を維持するために必要な投資費用］に等しくなる（第6章E参照）。

構成表

下の構成表は、本書に掲載した抜粋がどの年の報告書であるかを示したものである。左右両端の列には報告書の年次を、表の上には本書の章とA～Hは「中見出し」を示している（章の最初に抜粋された部分は、表では該当する章のAに掲載）。この構成表は、旧版

第4章							第5章						第6章						第7章						第8章		第9章			
A	B	C	D	E	F	G	A	B	C	D	E	F	A	B	C	D	E	F	A	B	C	D	E	F	A	B	A	B	C	年
															●															79
															●															80
							●																							81
							●			●					●															82
			●													●														83
		●						●																						84
														●																85
●																	●								●					86
														●																87
●	●												●						●											88
									●																●					89
										●	●								●											90
															●															91
				●			●								●						●		●							92
																										●				93
							●																						●	94
					●					●																				95
					●									●		●													●	96
							●																							97
																					●	●			●					98
		●									●					●														99
												●	●													●				00
																														01
																				●										02
																										●				03
																					●									04
●														●															●	05
														●															●	06
																							●							07
												●						●												08
																														09
																		●						●						10
		●																												11
						●																								12
																														13
						●																					●	●		14

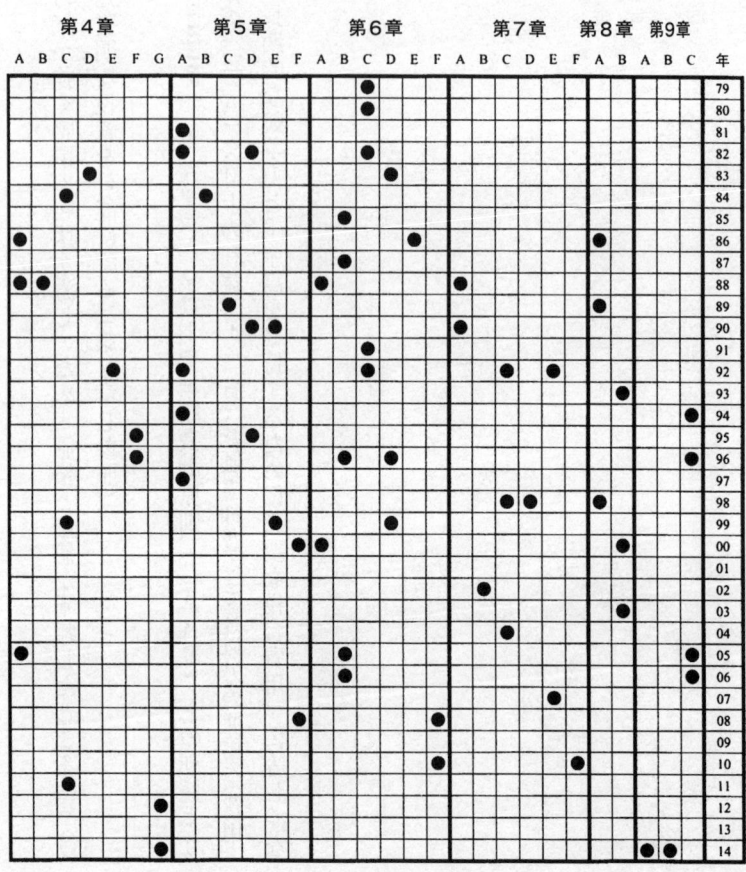

を注意深く読んだ読者にとって新たな掲載内容や再編集について確認するうえで特に興味深いものかもしれない。

	第1章								第2章								第3章						
年	A	B	C	D	E	F	G	H	A	B	C	D	E	F	G	H	A	B	C	D	E	F	G
79																							
80																							
81					●																		
82																							
83																							
84																							
85			●			●				●			●										
86		●																					
87					●					●		●	●				●						
88		●									●	●											
89											●				●				●	●			
90					●													●		●			
91					●	●						●											
92					●								●										
93		●			●							●											
94						●														●			
95																				●			
96														●						●			
97										●				●						●			
98		●																					
99														●									
00	●																						
01																							
02	●	●				●	●											●			●		
03					●	●																●	
04		●																				●	
05		●				●										●					●	●	
06			●																				
07																							
08																					●		●
09				●			●																
10				●			●	●								●							
11																	●						●
12																							
13									●														
14																							

■著者紹介

ローレンス・A・カニンガム（Lawrence A. Cunningham）

ジョージワシントン大学ロースクールのヘンリー・セント・ジョージ・タッカー三世リサーチ教授。著書として、ハンク・グリーンバーグ氏との共著『ジ・AIGストーリー（The AIG Story）』『コントラクト・イン・ザ・リアルワールド（Contracts in the Real World : Stories of Popular Contracts and Why They Matter）』がある。コロンビア、コーネル、ハーバード、ミシガン、ＵＣＬＡ、バンダービルトなど、多くの主要大学の学報に研究論文を掲載。ボルチモア・サン、フィナンシャル・タイムズ、ニューヨーク・デイリー・ニュース、ニューヨーク・タイムズなどに社説を寄稿。アマゾンではビジネス・投資の部門で上位100人の著者として挙げられている。

■監修者紹介

長尾慎太郎（ながお・しんたろう）

東京大学工学部原子力工学科卒。北陸先端科学技術大学院大学・修士（知識科学）。日米の銀行、投資顧問会社、ヘッジファンドなどを経て、現在は大手運用会社勤務。訳書に『魔術師リンダ・ラリーの短期売買入門』『新マーケットの魔術師』（いずれもパンローリング、共訳）、監修に『高勝率トレード学のススメ』『ラリー・ウィリアムズの短期売買法【第２版】』『コナーズの短期売買戦略』『続高勝率トレード学のススメ』『ウォール街のモメンタムウォーカー』『システマティックトレード』『株式投資で普通でない利益を得る』など、多数。

■訳者紹介（第４版）

井田京子（いだ・きょうこ）

翻訳者。主な訳書に『トレーダーの心理学』『トレーディングエッジ入門』『FXスキャルピング』『プライスアクショントレード入門』『トレーダーのメンタルエッジ』『バリュー投資アイデアマニュアル』『FX ５分足スキャルピング』『完全なる投資家の頭の中』『株式投資で普通でない利益を得る』（いずれもパンローリング）など、多数。

■訳者紹介（第１版）

増沢浩一（ますざわ・ひろかず）

明治大学商学部商学科卒。国内金融機関および外資系金融機関にて資金取引や各種デリバティブ取引に従事後、各種金融市場や不動産での運用・助言業務を行う。

■訳者紹介（第３版）

藤原康史（ふじわら・やすふみ）

早稲田大学政治経済学部政治学科卒。信金中央金庫入会、2009年にフリーランス翻訳者。日本証券アナリスト協会検定会員。

2016年9月4日　初版第1刷発行
2018年2月2日　初版第2刷発行

ウィザードブックシリーズ㉓⑨

バフェットからの手紙【第4版】
――世界一の投資家が見たこれから伸びる会社、滅びる会社

著　者　ローレンス・A・カニンガム
監修者　長尾慎太郎
訳　者　増沢浩一、藤原康史、井田京子
発行者　後藤康徳
発行所　パンローリング株式会社
〒160-0023　東京都新宿区西新宿 7-9-18-6F
TEL 03-5386-7391　FAX 03-5386-7393
http://www.panrolling.com/
E-mail　info@panrolling.com
編　集　エフ・ジー・アイ（Factory of Gnomic Three Monkeys Investment）合資会社
装　丁　パンローリング装丁室
組　版　パンローリング制作室
印刷・製本　株式会社シナノ
391pと505pの写真＝ロイター/アフロ、その他の本文扉の写真＝AP/アフロ

ISBN978-4-7759-7208-3

関　連　書

ウィザードブックシリーズ 233

完全なる投資家の頭の中　マンガーとバフェットの議事録

トレン・グリフィン【著】

定価 本体2,000円+税　ISBN:9784775972021

当代随一の投資家は人生でも成功者だった！　バフェットのビジネスパートナーの決定版！

バークシャー・ハサウェイの洞察力に満ちた副会長であり、ウォーレン・バフェットの無二のパートナーであるチャーリー・マンガー。本書は、マンガーへのインタビューや彼の講演、文章、投資家への手紙、そして、たくさんのファンドマネジャーやバリュー投資家やビジネス事例史家の話から抽出した要素を再構築して、マンガーの投資戦略に不可欠なステップを明かした初めての試みである。ベンジャミン・グレアムのバリュー投資システムから派生したマンガーの手法は非常に明快で、普通の投資家でもすぐに自分のポートフォリオに応用できる。しかし、本書はただの投資本ではない。これはあなたの人生を助けるメンタルモデルを育んでいくための教えでもあるのだ。

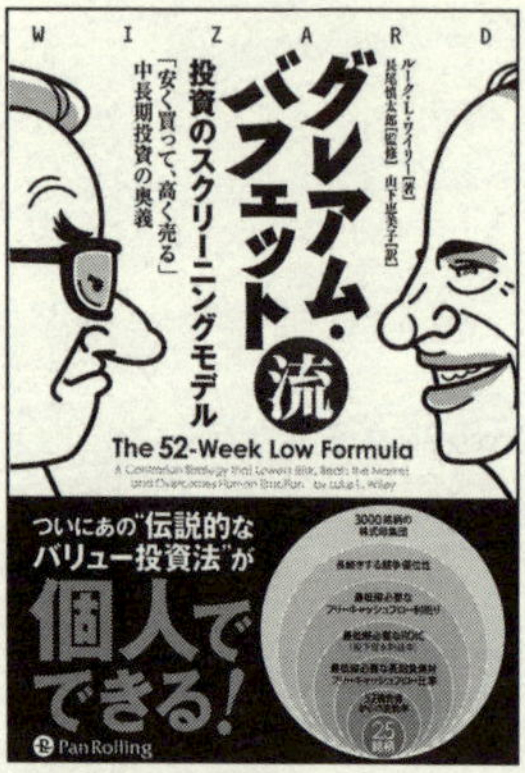

ウィザードブックシリーズ 229

グレアム・バフェット流　投資のスクリーニングモデル

ルーク・L・ワイリー【著】

定価 本体3,800円+税　ISBN:9784775971963

「安く買って、高く売る」中長期投資の奥義　「個人投資家」のために初めて開発された伝説的バリュー投資法

本書は、従来の戦略の殻を打ち破り、よくある過ちを避けたいと思っている中長期の投資家、マネーマネジャー、金融アドバイザーにとっての必読書だ。本書が提供する時代を超えた新しい戦略と考え方に従うことで、リスクを低減し、市場をアウトパフォームすることが可能になるのである。

ウィザードブックシリーズ116

麗しのバフェット銘柄
下降相場を利用する選別的逆張り投資法の極意

定価 本体1,800円+税　ISBN:9784775970829

投資家ナンバー1になったバフェットの芸術的な選別的逆張り投資法とは

ビル・ゲイツと並ぶ世界的な株長者となったバフェットの選別的な逆張り投資法とは、下降相場を徹底的に利用したバリュー投資であり、本書ではそれを具体的に詳しく解説。

ウィザードブックシリーズ203

バフェットの経営術
バークシャー・ハサウェイを率いた男は投資家ではなかった

定価 本体2,800円+税　ISBN:9784775971703

銘柄選択の天才ではない本当のバフェットの姿が明らかに

企業統治の意味を定義し直したバフェットの内面を見つめ、経営者とリーダーとしてバークシャー・ハサウェイをアメリカで最大かつ最も成功しているコングロマリットのひとつに作り上げたバフェットの秘密を初めて明かした。

ウィザードブックシリーズ189

バフェット合衆国

定価 本体1,600円+税　ISBN:9784775971567

バークシャーには「バフェット」が何人もいる!

ウォーレン・バフェットの投資哲学は伝説になるほど有名だが、バークシャー・ハサウェイの経営者たちについて知る人は少ない。バークシャーの成功に貢献してきた取締役やCEOの素顔に迫り、身につけたスキルはどのようなものだったのか、いかにして世界で最もダイナミックなコングロマリットの一員になったのかについて紹介。

ウィザードブックシリーズ 10

賢明なる投資家

電子書籍版あり　オーディオブックあり

割安株の見つけ方とバリュー投資を成功させる方法

ベンジャミン・グレアム【著】

定価 本体3,800円+税　ISBN:9784939103292

市場低迷の時期こそ、威力を発揮する「バリュー投資のバイブル」

ウォーレン・バフェットが師と仰ぎ、尊敬したベンジャミン・グレアムが残した「バリュー投資」の最高傑作！　だれも気づいていない将来伸びる「魅力のない二流企業株」や「割安株」の見つけ方を伝授。

ウィザードブックシリーズ 214

破天荒な経営者たち

8人の型破りなCEOが実現した桁外れの成功

ウィリアム・N・ソーンダイク・ジュニア【著】

定価 本体2,800円+税　ISBN:9784775971826

非常識なことこそが優れたパフォーマンスを上げるコツ！

優れたCEO(最高経営責任者)とはどのような人たちなのだろうか。たいていの人は「業界に深く通じた経験豊富な経営者」のような定義を思い浮かべるだろう。しかし、何をもってCEOの並外れたパフォーマンスと言えるのだろうか。
それは、株主の長期リターンである。

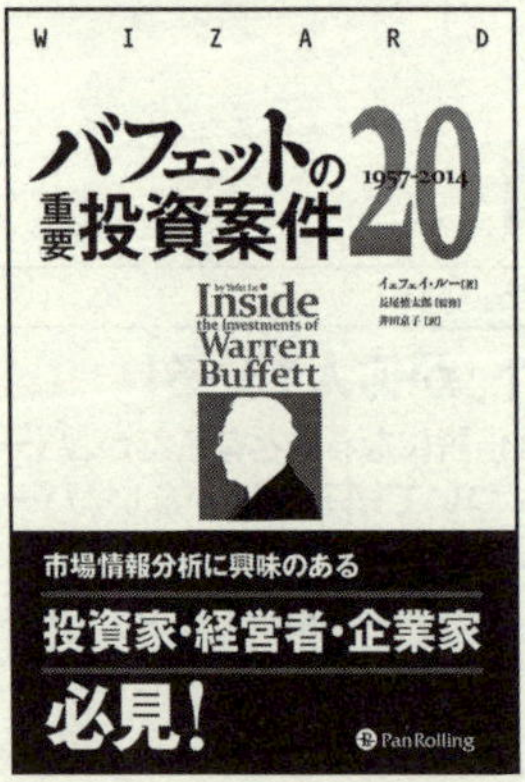

ウィザードブックシリーズ 249

バフェットの重要投資案件20 1957-2014

イェフェイ・ルー【著】

定価 本体3,800円+税　ISBN:9784775972175

バフェットは何をどう分析して投資をしてきたのか？

1950年代以降、ウォーレン・バフェットと彼のパートナーたちは、20世紀の流れを作ってきた最も利益率が高い会社のいくつかに出資してきた。しかし、彼らはそれが正しい投資先だということを、どのようにして知ったのだろうか。前途有望な会社を探すために、何に注目したのだろうか。そして、何をどう分析すれば、彼らと同じような投資ができるのだろうか。

ウィザードブックシリーズ 247

ハーバード流ケースメソッドで学ぶ バリュー投資

エドガー・ヴァヘンハイム三世【著】

定価 本体3,800円+税　ISBN:9784775972182

バフェットに並ぶ巨人（ウォール街最高の知恵）の手法が明らかに！
成功するための戦略と分析と決断と感情

バリュー投資家として成功するために、筆者が実際に用いる25の戦略と回避すべき落とし穴とが明らかにされている。本書でつづられている一連の知恵を目の当たりにすれば、経験豊富な投資家が日ごろ取り組んでいることが明らかとなるし、それは読者自身の投資戦略を改善させることになるであろう。

ウィザードブックシリーズ 230

勘違いエリートが 真のバリュー投資家になるまでの物語

ガイ・スピア【著】

定価 本体2,200円+税　ISBN:9784775971994

バフェットとのランチ権を65万ドルで買った男！
心安らかに投資で利益を得るために

本書は、ウォール街の闇に直面した若者が、賢明な道を見つけ、それによってはるかに大きな報酬（金銭的にも人間的にも）を得るまでの興味深い物語である。投資の世界に関心を持ち、自分の道を切り開いていきたい人にとっては素晴らしい実用的な指針になっている。

ウィザードブックシリーズ 242

市場ベースの経営 価値創造企業コーク・インダストリーズの真実

チャールズ・G・コーク【著】

定価 本体2,800円+税　ISBN:9784775972113

「良い利益」とは、顧客が進んでお金を使い、生活を豊かにする商品やサービスから生まれる！

本書では、およそ60年間にわたるビジネスを通じて、これまで語られることのなかった真実のストーリーをひも解きながら、コークのMBMの5つの要素を紹介していく。どのような規模の企業・業界・組織においても、より多くの良い利益を生みだすために、MBMのフレームワークをどう適用すればよいのかを示していく。

フィリップ・A・フィッシャー

1928年から証券分析の仕事を始め、1931年にコンサルティングを主としたフィッシャー・アンド・カンパニーを創業。現代投資理論を確立した1人として知られている。本書を執筆後、大学などでも教鞭を執った。著書に『株式投資で普通でない利益を得る』、『投資哲学を作り上げる／保守的な投資家ほどよく眠る』（いずれもパンローリング）などがある。なお、息子であるケネス・L・フィッシャーは、運用総資産300億ドル以上の独立系資産運用会社フィッシャー・インベストメンツ社の創業者・会長兼CEO、フォーブス誌の名物コラム「ポートフォリオ・ストラテジー」執筆者、ベストセラー『ケン・フィッシャーのPSR株分析』『チャートで見る株式市場200年の歴史』『投資家が大切にしたいたった3つの疑問』（いずれもパンローリング）などの著者である。

ウィザードブックシリーズ 238

株式投資で 普通でない利益を得る

定価 本体2,000円+税　ISBN:9784775972076

成長株投資の父が教える バフェットを覚醒させた20世紀最高の書

バフェットが莫大な資産を築くのに大きな影響を与えたのが、成長株投資の祖を築いたフィリップ・フィッシャーの投資哲学だ。10倍にも値上がりする株の発掘法、成長企業でみるべき15のポイントなど、1958年初版から半世紀を経ても、現代に受け継がれる英知がつまった投資バイブル。

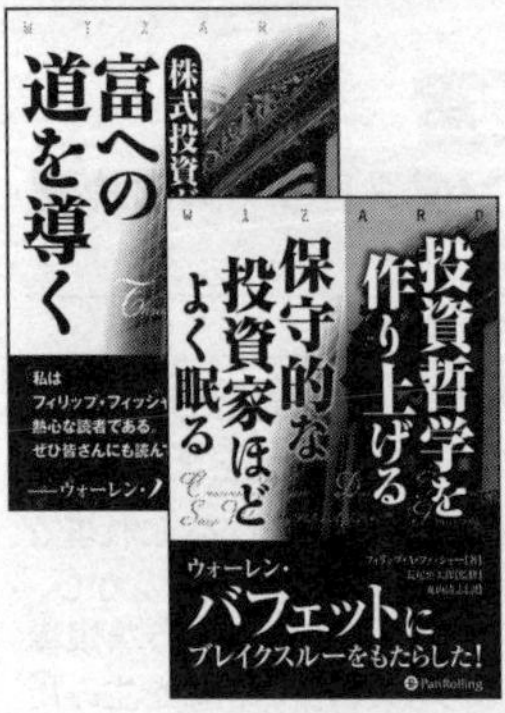

ウィザードブックシリーズ 235

株式投資が富への道を導く

定価 本体2,000円+税　ISBN:9784775972045

バフェットの投資観を変えた本！

ウィザードブックシリーズ 236

投資哲学を作り上げる／保守的な投資家ほどよく眠る

定価 本体1,800円+税　ISBN:9784775972052

バフェットにブレイクスルーをもたらした大事な教え